农业开放：挑战与应对

国务院发展研究中心农村经济研究部 著

Opening Up in Agriculture:
Challenges and Strategies

中国发展出版社
CHINA DEVELOPMENT PRESS

图书在版编目（CIP）数据

农业开放：挑战与应对/国务院发展研究中心农村经济研究部著．—北京：中国发展出版社，2020.11

ISBN 978－7－5177－1142－1

Ⅰ.①农… Ⅱ.①国… Ⅲ.①农业经济—开放经济—研究—中国 Ⅳ.①F32

中国版本图书馆CIP数据核字（2020）第211786号

书　　名：农业开放：挑战与应对
著作责任者：国务院发展研究中心农村经济研究部
出 版 发 行：中国发展出版社
联 系 地 址：北京经济技术开发区荣华中路22号亦城财富中心1号楼8层（100176）
标 准 书 号：ISBN 978－7－5177－1142－1
经　销　者：各地新华书店
印　刷　者：北京市密东印刷有限公司
开　　本：710mm×1000mm　1/16
印　　张：26.5
字　　数：320千字
版　　次：2020年12月第1版
印　　次：2020年12月第1次印刷
定　　价：108.00元

联 系 电 话：（010）68990525　68990692
购 书 热 线：（010）68990682　68990686
网 络 订 购：http：//zgfzcbs.tmall.com
网 购 电 话：（010）68990639　88333349
本 社 网 址：http：//www.develpress.com
电 子 邮 件：1523499796@qq.com

DRC

2020

国务院发展研究中心研究丛书

“高水平开放背景下的农业战略性调整”课题组

课题顾问：

王安顺　国务院发展研究中心党组成员、副主任（正部长级）

课题负责人：

叶兴庆　国务院发展研究中心农村经济研究部部长、研究员

课题协调人：

程　郁　国务院发展研究中心农村经济研究部副部长、研究员

课题组成员：

张云华　国务院发展研究中心农村经济研究部副部长、研究员

金三林　国务院发展研究中心对外经济研究部副部长、研究员

肖俊彦　国务院发展研究中心农村经济研究部二级巡视员、研究员

秦中春　国务院发展研究中心农村经济研究部二级巡视员、研究员

赵俊超　国务院发展研究中心农村经济研究部第二研究室主任、研究员

伍振军　国务院发展研究中心农村经济研究部第三研究室主任、研究员

韩　杨　国务院发展研究中心农村经济研究部第四研究室主任、研究员

李　青　国务院发展研究中心农村经济研究部一级调研员、副研究员

周群力　国务院发展研究中心农村经济研究部四级调研员、副研究员

宁　夏　国务院发展研究中心农村经济研究部副研究员

殷浩栋　国务院发展研究中心农村经济研究部助理研究员

陈　兵　中国奶业协会经济分析师

吕向东　农业农村部农业贸易促进中心研究员

李圣军　国家粮油信息中心高级分析师

杨晓婷　中国人民大学农业与农村发展学院博士生

总　序

为决战决胜全面建成小康社会贡献高端智库更大智慧和力量

2020 年是全面建成小康社会决战决胜之年和“十三五”规划收官之年。面对突如其来的新冠肺炎疫情，在以习近平同志为核心的党中央坚强领导下，全国人民以习近平新时代中国特色社会主义思想为指导，坚决贯彻落实中央各项方针政策，紧扣全面建成小康社会目标任务，统筹推进疫情防控和经济社会发展工作，迎难而上、奋力拼搏，决战决胜全面建成小康社会，确保如期全面建成得到人民认可、经得起历史检验的小康社会。

小康社会是中华民族对幸福生活的千年期盼，全面建成小康社会是中国共产党的奋斗目标和庄严承诺。党的十八大以来，以习近平同志为核心的党中央顺应我国经济社会新发展和广大人民群众新期盼，提出了全面建成小康社会新的目标要求，赋予了“小康”更高的标准、更丰富的内涵、更全面的要求。全面建成小康社会，是“两个一百年”奋斗目标的第一个百年奋斗目标，是中国共产党向人民、向历史作出的庄严承诺，是中国特色社会主义进入新时代的重大历史任务，也是乘势开启全面建设社会主义现代化国家新征程、实现中华民族伟大复兴中国梦的重要里程碑，具有十分重要的实践意义、历史意义和世界意义。在习近平新时代中国特色社会主义思想指引下，我国决战全面建成小康社会生动展开、决胜在即。

一是经济迈向高质量发展。习近平总书记指出，我国经济已由高速增长阶段转向高质量发展阶段，正处在转变发展方式、优化经济结构、转换增长动力的攻关期。以经济建设为中心是兴国之要，经济迈向高质量发展是全面建成小康社会的重要物质基础。党的十八大以来，我国积极推进一系列体制机制改革和政策创新，大力推动经济发展质量变革、效率变革、动力变革，经济高质量发展取得了显著成效。2012～2019 年，我国经济增长平均速度达到 7.0%，在世界主要经济体中保持领先，持续成为推动世界经济增长的动力源。2019 年，我国 GDP 达到 990865 亿元，接近 100 万亿元，人均 GDP 按年平均汇率折算达到 10276 美元，标志着我国经济发展迈上了新的台阶。同时，产业结构持续优化，制造业内部结构升级趋势明显，化解产能过剩取得实效，供给体系质量逐步提高。

二是创新驱动成效显著。习近平总书记强调，创新是引领发展的第一动力。全面建成小康社会，解决我国发展面临的突出短板问题，守住安全底线，提高发展的平衡性、包容性和可持续性，根本的出路唯有实现创新驱动。党的十八大以来，我国持续加大创新资源投入，通过全面深化改革不断释放和激发全社会的创业创新热情，自主创新能力显著增强，创新型国家和人才强国建设取得决定性进展。2012～2019 年，全社会研发经费投入从 10298 亿元增长到 21737 亿元，7 年间翻了一番，目前研发经费支出占 GDP 比重已达到 2.19%，超过欧盟 15 个初创国家平均水平。持续投入结出了累累硕果，我国在基础研究、前沿技术等领域取得诸多重大突破，产生一批在世界上叫得响、数得着的重大成果。创新对经济社会发展的引领力不断增强，全员劳动生产率稳步提高，2019 年已达到 115009 元/人。科技与经济深度融合，智能制造、无人配送、在线消费、医疗健康等新产业新业态新商业模式持续高速发展，对经济社会发展的支撑作用不断增强，不少领域在全世界处于领先水平，这一点在新冠肺炎疫情暴发期间表现得尤为突出。

三是发展协调性明显增强。习近平总书记指出，现代化建设各个环节、各个方面要协调发展，不能长的很长、短的很短。协调发展是全面建成小康社会的应有之义。从发展目标上说，协调就是要让全体人民共享发展的成果；从发展手段上说，协调就是要扬长避短，既要巩固和厚植原有优势，也要着力破解难题，补齐短板，克服“木桶效应”，从而提高整体发展质量，挖掘发展潜力，增强发展后劲。党的十八大以来，我国一系列重点发展战略举措都体现了协调发展的理念，取得了明显成效。在区域协调发展方面，我国提出了京津冀协同发展、长江经济带发展、粤港澳大湾区建设、长三角一体化发展、黄河流域生态保护和高质量发展等重大战略，持续支持革命老区、边疆地区、贫困地区加快发展，不断缩小地区发展差距。2019 年我国东部地区人均 GDP 是西部的 1.76 倍，比 2012 年下降了 0.08 倍。反映 31 个省区市人均 GDP 不均等程度的基尼系数从 2012 年的 0.237 下降到 2019 年的 0.235。在城乡协调发展方面，着力实施乡村振兴战略，坚持工业反哺农业、城市支持农村和多予少取放活的方针，促进城乡资源均衡配置，加快推进农业农村现代化步伐。2019 年城镇居民人均可支配收入是农村居民的 2.64 倍，比 2012 年明显下降。

四是人民生活水平和质量普遍提高。习近平总书记强调，让老百姓过上好日子是我们一切工作的出发点和落脚点。全面建成小康社会，人民是最终的阅卷人，必须坚持以人民为中心的发展理念，紧紧抓住人民最关心最直接最现实的利益问题。2013~2019年，我国全年城镇新增就业人数都在1300万人以上，在一个有14亿人口的大国实现了比较充分的就业。2012~2019年，我国居民人均可支配收入从16510元增长到30733元，收入分配差距问题有所缓解，中等收入人口比重持续上升，经济增长和社会发展成果真正被广大人民共享。截至2019年底，全国参加城镇职工基本养老保险的有43482万人，参加城乡居民基本养老保险的有53266万人，参加基本医疗保险的有135436万人。作为一个发展中国家，我国建成了全世界覆盖面最广的社会保障网，有效解除了广大人民的后顾之忧。全面小康是惠及全体人民的小康，是没有一个人掉队的小康，其中最艰巨的是打赢精准脱贫攻坚战。习近平总书记多次强调，小康不小康，关键看老乡。2012~2019年，我国年末贫困人口从9899万人减少到551万人，连续7年年均减贫1000万人以上，9000多万人已经稳定脱贫，贫困发生率从10.2%降到0.6%，脱贫攻坚取得了决定性成就。这是人类减贫史乃至发展史上前无古人的壮举。

五是国民素质和社会文明程度显著提高。习近平总书记指出，只有物质文明建设和精神文明建设都搞好，国家物质力量和精神力量都增强，全国各族人民物质生活和精神生活都改善，中国特色社会主义事业才能顺利推向前进。党的十八大以来，中国梦和社会主义核心价值观深入人心，已经内化为人们的精神取向、外化为人们的自觉行动，成为当代中国精神的集中体现，凝结着全体人民共同的价值追求。随着对教育、卫生等公共事业的持续投入，2018年我国劳动年龄人口的平均受教育年限达到10.63年，人均预期寿命达到77岁，国民思想道德素质、科学文化素质、健康素质明显提高，为创建知识型、技能型、创新型劳动者大军提供了坚实人力基础。特别是在2020年初新冠肺炎疫情暴发后，习近平总书记亲自指挥、亲自部署，始终把人民群众生命安全和身体健康放在第一位，带领全党全国人民打响疫情防控的人民战争、总体战、阻击战，并迅速扭转局面，取得疫情防控持续向好态势，有力保障了人民健康安全。

六是生态环境质量总体改善。习近平总书记强调，环境就是民生，青山就是美丽，蓝天也是幸福。良好的生态环境是最公平的公共产品和最普惠的民生福祉，是全面建成小康社会的重要内容，否则，就会影响小康社会的“成色”。党的十八大以来，我国明确实行了最严格的生态环境保护制度，逐步健全了以主体功能区制度为核心，以源头预防、过程控制、损害赔偿和责任追究为主要内容的生态文明制度体系。党的十九大提出要坚决打好污染防治攻坚战，以改善生态环境质量为核心，以解决人民群众反映强烈的突出生态环境问题为重点，围绕污染物总量减排、生态环境质量提高、生态环境风险管控三类目标，全面推进蓝天保卫战，着力打好碧水保卫战，扎实推进净土保卫战，大力开展生态保护和修复，强化生态环境督察执法，保证党中央关于生态文明建设决策部署落地生根见效。由于这些努力，近年来我国环境质量改善速度之快前所未有，生态环境发生了历史性、转折性和全局性的变化。空气质量明显改善。2019年，在监测的337个地级及以上城市中，空气质量达标的城市占46.6%，比最近可比的2015年提高了25个百分点；全国细颗粒物（PM2.5）未达标地级及以上城市的年平均浓度为40微克/立方米，比2015年下降了29.8%。水环境质量明显好转。全国地表水Ⅰ－Ⅲ类水体比例达到70%以上，劣Ⅴ类水体比例控制在5%以内。能源资源消费更加集约。2019年，每万元国内生产总值用能量为0.49吨标煤，比2012年下降了24.5%；每万元国内生产总值用水量67立方米，比2012年下降了38.8%。

七是各方面制度更加成熟更加定型。习近平总书记指出，新时代改革开放具有很多新的内涵和特点，其中很重要的一点就是制度建设分量更重，改革更多面对的是深层次体制机制问题，对改革顶层设计的要求更高，对改革的系统性、整体性、协同性要求更高，相应地，建章立制、构建体系的任务更重。全面小康是我国近现代发展史上的一次重大历史变革，其建成、巩固以及在此基础上开启我国社会主义现代化国家建设新征程，都要依靠沿着正确方向深化改革形成的成熟定型的国家制度和国家治理体系。党的十八届三中全会开启了全面深化改革、系统整体设计推进改革的新时代。近几年来，我国坚持和完善党的领导制度体系、人民当家作主制度体系、中国特色社会主义法治体系、中国特色社会主义行政体制、社会主义基本经济制度、繁荣发展社会主义先进文化的制度、统筹城乡的民生保障制度、共建共治共享的社会治理制度、生态文明制度体系等，主要领域的基础性制度体系基本形成，重要领域和关键环节改革成效显著，按制度办事、依法办事意识普遍提高，运用制度和法律治理国家的能力显著增强，各方面制度优势正不断转化为管理国家的效能，为全面建成小康社会提供了强大制度保障。

在决战决胜全面建成小康社会的宏伟征程中，国家高端智库肩负着光荣而重大的职责使命。今年以来，国务院发展研究中心深入学习贯彻习近平新时代中国特色社会主义思想，深入学习贯彻习近平总书记重要指示批示精神和党中央决策部署，扎实开展“不忘初心、牢记使命”主题教育，不断增强“四个意识”、坚定“四个自信”、做到“两个维护”，党的建设自觉性主动性和初心使命意识进一步增强，为党咨政、为国建言的质量进一步提高，支撑主责主业、服务中央决策的能力进一步提升，政务运转和服务保障工作进一步提效，国际交流合作机制进一步深化，“智库创新工程”带动智库体制机制建设实现新的突破，国家高端智库建设迈上新的台阶。

过去一年，我们围绕经济社会发展全局性、战略性、前瞻性、长期性和重点热点难点问题开展深入研究，推出一大批高质量研究报告，进一步提高了服务中央决策的能力和水平，共完成几十项中央交办重大课题，高质量完成长江三角洲区域一体化、海南自由贸易港制度与政策体系等多项重大研究任务。

呈现在读者面前的这套“国务院发展研究中心研究丛书2020”，就是一年多来中心部分代表性成果的集中展示。本年度丛书计划出版10余部著作，其中包括国务院发展研究中心重大研究课题报告和研究部（所）承担的重点研究课题报告。这也是“国务院发展研究中心研究丛书”自2010年至今连续第11年出版。11年来，丛书累计出书150余种，受到社会各界读者，特别是中央和地方各级领导同志以及政策咨询研究机构工作人员的高度关注和广泛好评，成为我国智库业界的知名出版物。在此，我谨代表国务院发展研究中心和丛书编委会，向广大读者表示真诚的感谢，希望丛书继续得到领导、专家、读者们的关心、指导和帮助。

当前，我国正站在一个开启全面建设社会主义现代化国家伟大征程的新起点上。国务院发展研究中心将更加紧密地团结在以习近平同志为核心的党中央周围，继续深入学习习近平新时代中国特色社会主义思想，全面贯彻党的十九大和十九届二中、三中、四中全会精神，不忘初心、牢记使命，唯实求真、守正出新，持续提高综合研判和战略谋划能力，加快智库体制机制创新，着力深化国际交流合作，奋力开拓国家高端智库建设新局面，为推进国家治理体系和治理能力现代化、决战决胜全面建成小康社会、实现“十三五”完美收官和“十四五”顺利开局、向第二个百年奋斗目标进军，贡献更大的智慧和力量！

2020 年 8 月 17 日

（作者为国务院发展研究中心党组书记、研究员）

目　录

总报告

专题报告

专题报告二

专题报告三

专题报告四

专题报告五

专题报告六

专题报告七

专题报告八

专题报告九

专题报告十

专题报告十一

专题报告十二

专题报告十三

专题报告十四

专题报告十五

总报告

在高水平开放进程中推进农业战略性调整

以2001年加入世界贸易组织（WTO）为标志，我国进入深度参与经济全球化、全面提高对外开放水平的新阶段。以党的十八届三中全会《决定》提出构建开放型经济新体制为标志，我国进入以制度型开放为重要特征、更高水平开放的新阶段。在迄今的开放进程中，我国农业作为总体上缺乏竞争优势的产业部门，经受住了考验，国家粮食安全和农民生计得到改善，农业现代化稳步推进。随着新一轮高水平开放举措效应的逐步显现、农业自身比较优势的动态变化，未来我国农业实际承受的挑战和压力将进一步加大。应对这种挑战和压力，我们的根本出路在于深化农业供给侧结构性改革，努力提高农业的产业素质和竞争力，同时也需要谋划和实施全球农业战略，提高统筹利用国内外两个市场两种资源的能力和开放条件下的国家粮食安全治理能力。

一、清醒认识加入WTO以来我国农业的发展走势

对加入WTO将给我国农业带来什么影响，我们在早期是有争论的。入世以来的农业发展绩效一定程度上回答了这些争论。但问题

并未终结，入世对农业的影响有待继续释放，压力和挑战需要逐步消解。

（一）全球领先的开放程度

我国加入 WTO 时，在农业方面作出了较高的开放承诺。无论是与 WTO 创始成员和其他新加入成员相比，还是与我国农业资源禀赋相比，这种开放程度都是偏高的。我国农业开放已处于全球领先地位，成为全球农产品关税水平较低和贸易自由化程度最高的国家之一。从 WTO《农业协定》的三大领域来看，我国农业确实做出了领先于大多数成员的开放承诺。

一是大幅降低市场准入门槛。承诺取消所有非关税措施，对全部农产品实行关税化管理。尽管入世谈判期间我国农产品平均关税税率已由 1992 年的 46.6% 降至 1999 年的 21.2%，我国仍承诺入世后继续削减，到 2010 年过渡期结束时削减至 15.2%，累计降幅达 67%，是乌拉圭回合中发达国家或地区成员 36% 降幅的近两倍、发展中国家成员 24% 降幅的近三倍。我国入世过渡期结束后的农产品最终关税税率水平，约为世界平均水平的 1/4，远低于发展中国家成员 56% 和发达国家或地区成员 39% 的平均水平；我国农产品的最高约束关税为 65%，而美国、欧盟、日本分别为 440%、408%、1706%。虽然我国对部分农产品进口实行关税配额管理，但豆油、菜籽油、棕榈油仅在过渡期内实行，自 2006 年起取消配额；自 2005 年起小麦、玉米、大米配额外最惠国税率降至 65%，食糖、棉花配额外最惠国税率分别降至 50% 和 40%。我国承诺放弃适用 WTO《农业协定》第 5 条关于特殊保障条款的权利，当农产品进口数量增加或价格下降到一定幅度、对国内相关产业造成实质损害或产生损害威胁时，只能适用触发门槛更高的 WTO《保障措施协定》进行贸易救济。

二是只获得极为有限的国内支持（Domestic Supports，DS）政策空间。我国放弃适用为发展中国家成员量身定制的 WTO《农业协定》第 6.2 条关于“发展箱”的权利，对农业可普遍获得的投资补贴、低收入或资源贫乏生产者可普遍获得的农业投入品补贴必须计入现行综合支持总量，而不能像其他发展中国家成员一样免于削减。我国以 1996～1998 年为减让基期，此期间扭曲生产或贸易的农业综合支持量为负值：非特定产品综合支持量为 294.02 亿元，占农业总产值的 1.44%；特定产品综合支持量中仅玉米为 9.35 亿元，其他产品均为负值；此期间我国农业税费负担约为 1200 亿元。综合计算，我国农业综合支持量约为 -900 亿元，这意味着我国农业国内支持水平约为 -5%。基于这一情况，我国未能根据 WTO《农业协定》第 6.3 条的规定获得基期农业综合支持量（AMS）权利，这意味着我国入世以后的“黄箱”措施仅限于微量允许。根据 WTO《农业协定》第 6.4 条的规定，发达国家或地区成员特定产品微量允许（某一产品的“黄箱”措施占该产品产值的比例）和非特定产品微量允许（各产品普遍受益的“黄箱”措施占农业总产值的比例）上限分别为 5%，发展中国家成员分别为 10%，但我国分别只有 8.5%，未能充分享受到发展中国家成员的特殊和差别待遇。

三是承诺不使用任何出口补贴措施。入世之前的一个时期内，由于国内玉米和棉花出现过剩，我国曾给予过出口补贴。入世时我国承诺不再对农产品出口提供补贴。与此形成鲜明对比的是，美国、欧盟等发达国家或地区成员自 WTO 成立以来一直为其农产品出口提供各种形式的补贴。尽管 2015 年 WTO 第十届部长级会议形成具有约束力的决议，同意停止和逐步淘汰农业出口补贴，要求发达国家或地区成员立即取消出口补贴、发展中国家成员 2018 年取消出口补贴，只有征对特定的“加工品、奶制品和猪肉”等产品的出口补贴政策可延至 2020 年，25 个国家作出了削减出口补贴的承诺，但从实际执行情况看，出口补贴的削减并未达到预定目标。

入世以来，我国在按入世承诺扩大农业对外开放和按 WTO 规则调整完善国内农业政策的同时，还通过签订双边或诸边区域贸易协定实行更大程度的开放。截至 2019 年底，我国已与 25 个国家和地区签署 17 个自贸协定。在这些自贸协定中，农产品市场开放程度比 WTO 框架下的开放程度更高。例如，中国—东盟自贸区自 2004 年 1 月 1 日起实施早期收获计划，下调农产品关税，到 2006 年约 600 项农产品的关税降为零；自 2005 年 7 月起，除 2004 年已实施降税的早期收获产品和少量敏感产品外，双方对其他约 7000 个税目的产品实施降税。又如，2005 年 11 月 18 日签订的《中国—智利自贸协定》、2008 年 4 月 7 日签订的《中国—新西兰自贸协定》、2015 年 6 月 17 日签订的《中国—澳大利亚自贸协定》，由于这些国家的农业具有较强的比较优势，显著扩大了这些国家的农产品对华出口。

（二）总体平稳的发展绩效

尽管农业的开放程度很高，入世以来我国农业发展依然总体平稳、延续了入世之前的向上走势，并未出现入世前夕一些人所担心的农业将受到冲击、农民将大规模失业的情景。

一是农业增加值平稳增长。2002 ~ 2019 年全国第一产业增加值年均增长 4.01%，比 1979 ~ 2001 年年均 4.62% 的增长速度略有下降。这种下降，主要是农产品需求增长速度随恩格尔系数下降而下降导致的，是经济发展到一定阶段后的正常现象。与此前的大起大落相比，我国入世以来的农业增长稳定性得到显著改善。在 1979 ~ 2001 年的 23

个年份中，第一产业增加值增长速度峰谷相差 14.4%；在 2002～2019 年的 18 个年份中，峰谷差仅为 3.7%（见图 1－1）。第一产业增长稳定性的增强，与农业基础设施在防汛抗旱中发挥了支撑作用、举国体制在抗御重大植物病虫害和动物疫情风险中发挥了保障作用等有关，也与国家对农业的调控作用密不可分。粮食最低收购价和重要农产品临时收储政策、缓解生猪市场价格周期性波动调控预案等市场调控政策的制定实施，降低了农产品市场波动幅度，为提高农业增长的稳定性创造了有利条件。

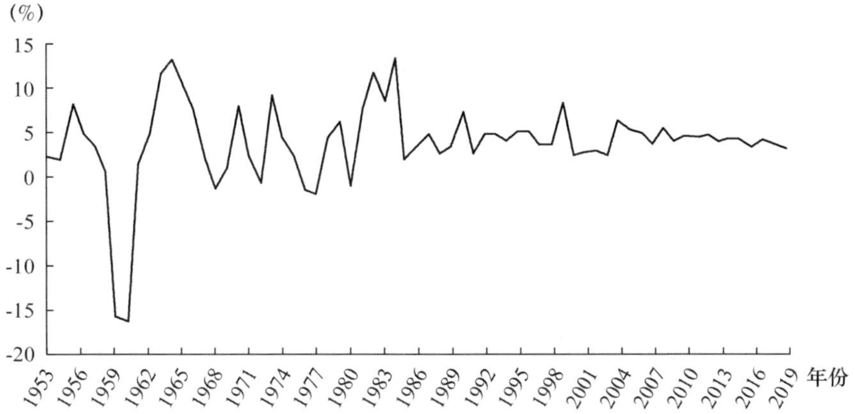

图 1－1　全国第一产业增加值增长速度

二是农产品生产全面增长。入世前夕，一些研究认为我国缺乏比较优势的土地密集型大宗农产品，如玉米，将面临进口冲击，生产将出现下降。实际结果表明，即使是缺乏比较优势的土地密集型农产品也保持了增长势头。2002～2019 年全国粮食产量提高了 21120 万吨，超过了 1979～2001 年 14787 万吨的增长幅度；在 2002～2019 年的粮食产量增长中，玉米产量增长占 69.4%。棉花、油料、糖料等典型土地密集型农产品也都维持了长期增长走势（见图 1－2）。高度依赖粮食的畜牧养殖业，在玉米产量增长和大豆进口增加的支撑下，同样维持了长期增长走势。具有较强竞争优势的劳动、资金、技术密集型农产品，如蔬菜、水果、茶叶、水产品等，更是实现了较快增长（见图1－3）。就连进口大量增加的大豆，其国内生产规模也未明显萎缩。可以认为，入世以来没有一种农产品的生产规模因遭受进口冲击而明显萎缩。入世以来我国工业化、城镇化快速发展、居民收入水平快速提高创造的新增需求，既容纳了不断增加的农产品进口，也为国内农产品生产增长提供了巨大市场空间。

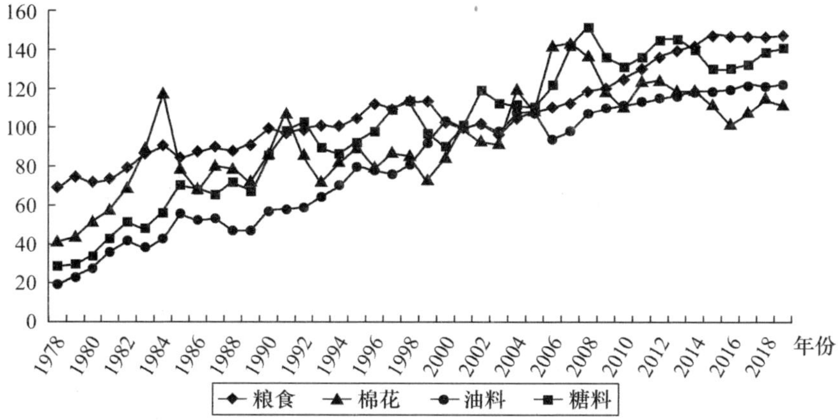

图1－2　土地密集型农产品生产指数（2001＝100）

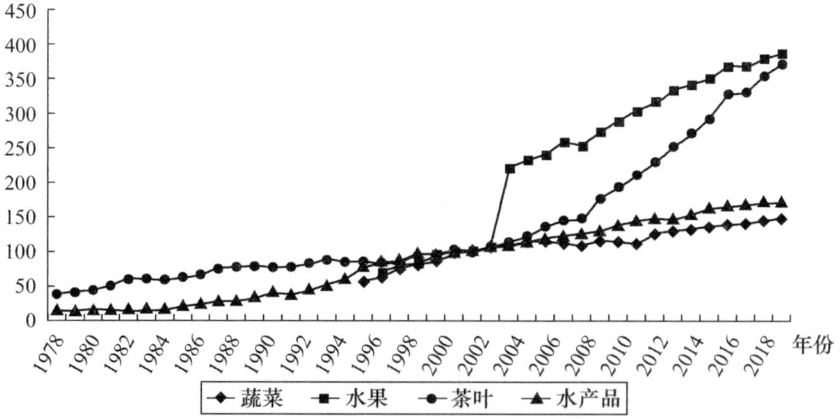

图1－3　劳动密集型农产品生产指数（2001＝100）

三是农业现代化进程得到快速推进。在入世以来快速工业化、城镇化的带动下，我国农业现代化也进入快速推进阶段。农业生产规模化水平明显提高，全国农村承包地流转面积从 2004 年的 0.58 亿亩提高到 2018 年的 5.3 亿亩。2016 年末，全国耕地规模化耕种面积占全部实际耕地耕种面积的 28.6%、规模化养殖生猪存栏占生猪存栏总数的 62.9%、家禽规模化存栏占比达到 73.9%。[①] 农业生产机械化程度快速提高，全国农作物耕种收综合机械化水平从 2001 年的 32% 提高到 2019 年的 70%，农业已进入全程、全面机械化新阶段。农业生产绿色化迎来转折性变化，全国化肥使用量从 2015 年 6022.6 万吨的峰值下降到 2018 年的 5653.4 万吨、农药使用量从 2014 年 180.69 万吨的峰值下降到 2018 年的 150 万吨，2018 年全国畜禽粪污综合利用率达到 70%、秸秆综合利用率达到 84%、农用地膜回收率达到 60%。全国农业科技进步贡献率从 2005 年的 48% 提高到 2019 年的 59.2%。

四是农业就业份额快速下降。全国第一产业就业人数从 2001 年的 36399 万人减少到 2018 年的 20258 万人，累计减少 16141 万人；第一产业就业份额从 2001 年的 50% 下降到 2018 年的 26.1%，累计下降 23.9%。这种下降是在农业劳动生产率和农业产出上升的基础上实现的，是工业化、城镇化带来的积极变化，与农业生产萎缩情景下的农业就业减少有本质的不同。

五是农民收入快速增长。全国农民人均可支配收入 2002～2019 年

---

① 国家统计局："农业生产跃上新台阶，现代农业擘画新蓝图——新中国成立 70 周年经济社会发展成就系列报告之十二"，国家统计局网站。耕地规模化耕种指南方 50 亩以上、北方 100 亩以上，规模化养猪指年出栏生猪 200 头以上，家禽规模化存栏指肉鸡肉鸭年出栏 10000 只及以上、蛋鸡蛋鸭存栏 2000 只及以上、鹅年出栏 1000 只及以上。

年均增长8.1%，高于1979～2001年年均7.4%的增长速度。农民收入来源发生深刻变化，2001～2019年工资性收入占比从32%提高到41.1%、转移性收入占比从3.7%提高到20.6%。这意味着入世以来我国工业化、城镇化对农民收入的拉动作用、社会保障和农业补贴政策对农民收入的支撑作用，远远超过了农产品进口增加对农业经营收入的不利影响。

（三）悄然发生的深刻转型

观察入世以来的我国农业发展，我们在看到平稳的一面的同时，还要看到已经和正在发生的深刻转型。既不能夸大入世对农业的冲击，也不能对深层次的矛盾和问题视而不见。必须清醒地认识到，入世给我国农业带来的挑战会随工业化、城镇化水平提高而进一步显现。目前来看，有两大挑战已经摆在我们面前：

1. 农业进口依存度快速上升

入世之前，由于我国工业化、城镇化程度不高，农业劳动力的机会成本低，我国主要农产品的生产成本和市场价格普遍低于国外水平，农业在低水平地满足国内消费需求的同时，甚至还承担着出口创汇的功能。这是我国在入世谈判过程中对农产品市场准入作出偏高开放承诺的“底气”所在。入世初期，这一格局没有发生实质性变化。在这种情况下，尽管农产品市场开放程度较高，农业却未受到进口的明显冲击。但2004年开始，我国农产品贸易持续出现逆差（见图1-4）。在逆差的背后，孕育着深刻的变化。

第一，国内外农产品生产成本和价格倒挂幅度不断扩大，价差驱动型进口压力逐步增加。2004年前后，我国农业剩余劳动力转移迈过刘易斯第一拐点，农民工工资出现跳跃式上涨，农业生产用工的机会

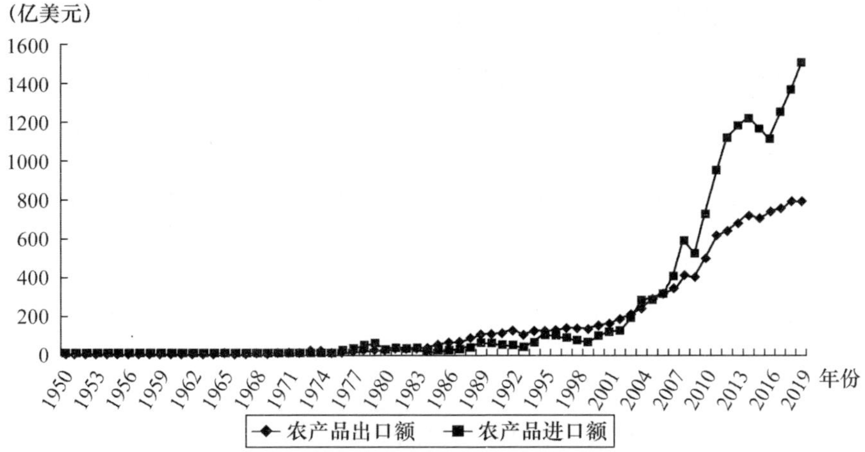

图1－4　全国农产品进出口走势

成本随之上涨。土地流转率提高导致地租显性化，农业补贴，特别是对新型经营主体补贴的增加导致单位面积土地租金上涨。受此推动，大宗农产品成本和价格逐步超过主要出口国水平，国外农产品逐步覆盖运费、关税等贸易成本进入我国市场，价差驱动型进口开始成为常态。目前，配额外最惠国税率已无法减缓棉花和食糖的进口，配额税率也已无法影响大米、小麦、玉米的进口，实行单一关税管理的大豆、油菜籽、食用植物油、奶粉、肉类等产品早就无法阻挡国外产品的进入。

第二，国内生产增长赶不上需求增长，缺口驱动型进口压力逐步增加。入世以来，我国粮食、棉花、油料、糖料、蔬菜、水果、畜产品、水产品等大宗农产品产量都有不同幅度的增长。但我国人均国内生产总值已从2001年的1053美元提高到2019年的10276美元，同期人口总量从12.76亿人增加到14亿人，增加了1.24亿人；同期城镇人口总量从4.81亿人增加到8.48亿人，增加了3.67亿人，这些变量共同推动全社会对农产品的需求不断增长。总体而言，尽管目前稻谷、小麦等产品依然存在一定的超出正常值库存，棉花、食糖、玉米等产品一度出现过超正常值库存，但即便剔除这一因素，我国多数大宗农产品的生产增长未能赶上需求增长。2001 ~ 2019 年，棉花进口总量从 19.7 万吨扩大到 193.7 万吨，食糖进口总量从 119.9 万吨扩大到 339 万吨，大豆进口总量从 1394 万吨扩大到 8851.1 万吨，油菜籽进口总量从 172.4 万吨扩大到 273.7 万吨，食用植物油进口总量从 167.5 万吨扩大到 1152.7 万吨，这种进口增长具有缺口驱动型特征。

第三，劳动力成本上涨导致劳动密集型农产品的出口优势衰减。蔬菜、水果、水产品是我国传统的出口品类，随着劳动力成本上涨，这些劳动密集型农产品逐步丧失竞争优势。水果出口总额从 2001 年的 8 亿美元扩大到 2019 年的 74.5 亿美元，同期水果进口总额从 3.5 亿美元扩大到 103.6 亿美元，2018 年起出现逆差。蔬菜和水产品长期保持贸易顺差，顺差规模分别从 2001 年的 22.4 亿美元和 23 亿美元扩大到 2017 年的峰值 149.7 亿美元和 98 亿美元，2018 年蔬菜和水产品的贸易顺差总额分别同比下降 3.7% 和 23.9%，2019 年蔬菜贸易顺差与上年基本持平、水产品贸易顺差同比进一步下降 74.1%。这是一种短期回调还是趋势性下降，需要给予密切关注。

第四，农产品进出口结构基本体现了农业资源禀赋特征。2001 ~ 2019 年，我国农产品进出口贸易总额从 279 亿美元增长到 2300.7 亿美元，年均增长 12.4%。其中，出口总额从 160.5 亿美元增长到 791 亿美元，年均增长 9.3%；进口总额从 118.5 亿美元增长到 1509.7 亿美元，年均增长 15.2%；贸易平衡从顺差 42 亿美元变为逆差 718.7 亿美元。这表明，我国农业进口依存度已步入快速上升通道。在农产品进口结构中，以土地密集型农产品为主，目前主要土地密集型农产品已全部处于净进口状态；在农产品出口结构中，以劳动密集型农产品为主。这种进出口结构，大体符合我国人多地少的农业资源禀赋特征，既满足了全社会对优质农产品不断增长的需求，又减轻了国内资源环境承受的压力。

2. 农业国内支持水平快速上升

入世之前，我国部分农产品的政府收购价低于固定外部参考价，农民需要缴纳农业税，农业总体上还是工业化的原始积累者。当时不少人认为，国内支持承诺的高低并没有多大实际意义，问题不在于国家有钱担心有违 WTO 规则而发不出去，而在于如何将有限的国家财政资源用好。基于这种现实，我国在农业国内支持承诺方面作出了较大让步。但随着工业化城镇化水平提高，工农和城乡关系开始出现转折性变化，我国农业政策经历了急剧转型。入世以来我国农业国内支持政策的变化呈现以下特征。

第一，国家对农业从索取转向补贴。以 2004 年为转折点，农业反转为工业化的反哺对象。一方面，从 2000 年开始实行农村税费体制改革试点，逐步降低农业税税率，最终于 2006 年废除农业税。另一方面，先后从 2004 年和 2006 年起在主产区实行稻谷和小麦最低收购价政策，后来一度拓展到对玉米、棉花、油菜籽、食糖实行临时收储政策；从 2004 年起实行种粮农民直接补贴、农作物良种补贴和农机具购置补贴，从 2006 年起实行农资综合补贴。

第二，农业国内支持总量持续快速增长。根据我国向 WTO 的通报，我国农业国内支持总量从 2001 年的 885 亿元，增长到 2016 年的 15070 亿元，年均增长 16%；同期全国农林牧业总产值从 23364.87 亿元增长到 87213.11 亿元，年均增长 9%，农业国内支持总量占农林牧业总产值的比重从 7% 提高到 17%。

第三，农业国内支持结构发生较大变化。在“绿箱”政策持续快速上升的同时，“黄箱”政策的力度逐步加大，2016 年首次出现了“蓝箱”政策。尤其是自 2011 年起，出现了特定产品现行综合支持量（AMS）越过了微量允许上限的问题。这表明，虽然入世以来对 WTO 规则的熟知程度在提高，但在政策设计过程中运用 WTO 规则的意识和能力依然不够（见表 1 – 1）。

表 1 – 1　　我国农业国内支持水平变化情况　　单位：百万元

年份	黄箱			绿箱	蓝箱
	特定产品微量允许	特定产品现行 AMS	非特定产品微量允许		
1999	– 96501	—	700	184335	—
2000	– 93656	—	745	207898	—
2001	– 76076	—	748	242332	—
2002	– 38771. 73	—	234. 74	252117. 1	—
2003	– 27308. 57	—	1282. 61	257962. 74	—
2004	4194. 91	—	1974. 72	308493	—
2005	– 9491. 45	—	2200. 31	309566. 06	—
2006	– 17760. 77	—	14951. 36	356524. 48	—
2007	4252. 12	—	30754. 22	457856. 8	—
2008	10241. 41	—	78863. 54	593014. 94	—
2009	19471	—	89123	477460	—
2010	25351	—	97664	534632	—
2011	34073	25883	103697	564819	—
2012	39323	61775	132449	686667	—
2013	56915	104450	133346	766232	—
2014	69325	113872	134592	836382	—
2015	61635	144809	133532	1083214	—
2016	47645	81357	25759	1313152	39039

资料来源：中国向 WTO 的通报。

二、从两个维度研判新一轮高水平开放对我国农业的深远影响

我国已进入以全面开放、制度型开放、自主开放为主要特征的高水平开放新阶段。在新一轮开放中，农业一方面要继续消化入世承诺和已签订区域贸易协定逐步释放出来的挑战和压力，另一方面还要承受开放的新举措、农业产业优势的新变化带来的新挑战和新压力。从经贸规则来看，开放标准的提高、约束纪律的加严、补贴空间的收窄，使农业日益真切感受到压力。从产业优势来看，成本水平的上升、国内外价格倒挂幅度的扩大、竞争优势的衰减、比较劣势的凸显，使农业日益真切地感受到冲击。

（一）经贸规则之变对农业的深远影响

1. 自主谋变

构建开放型经济新体制对农业的影响。党的十八届三中全会《决定》强调，“构建开放型经济新体制”“促进国际国内要素有序自由流动、资源高效配置、市场深度融合”。党的十九大《报告》指出，“推动形成全面开放新格局”“实行高水平的贸易和投资自由化便利化政策”。2018 年中央经济工作会议指出，“要推动全方位对外开放，推动由商品和要素流动型开放向规则等制度型开放转变”。2019 年《政府工作报告》强调，“继续推动商品和要素流动型开放，更加注重规则等制度型开放，以高水平开放带动改革全面深化”。党的十九届四中全会《决定》要求，“建设更高水平开放型经济新体制”“实施更大范围、更宽领域、更深层次的全面开放，推动制造业、服务业、农业扩

大开放”。在中央作出的这一系列重大开放决定中，制度型开放居于核心位置，对我国经济社会各领域都将产生深远影响，农业不可能成为例外。推进制度型开放，需要借鉴和对标国际先进规则，以“第二次入世”的毅力和决心主动和自主完善我国经贸法律和规则体系。我国农业目前实行的规则、规制、管理、标准等，不少需要与国际先进水平看齐。为此，既要完善价格、收储、投资、信贷、保险等农业支持保护制度，也要完善动植物新品种保护制度，还要完善检验检疫、生物安全管理等农业技术性壁垒措施。

签订区域贸易协定对农业的影响。在 WTO 最惠国待遇基础上，为了实现更高水平的贸易和投资自由化便利化，达成双边或诸边区域贸易协定是一个流行趋势。我国也主动通过这种方式促进区域经济一体化。从我国已经签订的 17 个自贸协定来看，对农业带来的影响是非常明显的。以《中国—新西兰自贸协定》为例，自 2008 年 10 月 1 日生效以来，我国分阶段降低新西兰全脂奶粉进口关税税率，2019 年降至零关税，这导致我国全脂奶粉进口持续增长，挤占了国内奶业增长空间。由于新西兰占据我国进口全脂奶粉的绝大部分市场份额，2018 年达到 89.7%，国内客户也逐渐把新西兰全脂奶粉的风味当作了衡量其他产品的标准。《中国—新西兰自贸协定》的影响并没有完全释放出来，根据该协定，我国对全脂奶粉的特殊保障措施到 2024 年将失效，届时我国奶业将承受更大竞争压力。目前我国正与 27 个国家和地区进行 12 个自贸协定谈判或升级谈判，与 8 个国家就建立或升级双边自贸协定进行联合可行性研究。这些国家和地区中，不少在农业方面具有较强竞争优势，如加拿大、挪威，一旦达成自贸协定，我国农业将面临较大压力。

实施粮食安全新战略对农业的影响。过去一个时期，我国把实现粮食自给作为农业政策最优先目标，一度实行过“以粮为纲、全面砍光”。即便实行市场化改革以来农民获得了较大的生产经营自主权，但发展粮食生产依然居于最优先位置。这一方面使我国粮食生产取得长足发展，另一方面也导致了因过度垦殖草原和山坡地、过度开采地下水、过量使用化肥和农药等引发的资源环境问题，以及不能充分利用各地比较优势发展高附加值农产品生产等资源错配问题。2013 年中央经济工作会议和中央农村工作会议明确提出，实施“以我为主、立足国内、确保产能、适度进口、科技支撑”的国家粮食安全新战略；2016 年国务院印发的《全国农业现代化规划（2016—2020 年）》提出，2020 年小麦、稻谷自给率为 100%，但把自给率界定为“国内生产能力满足需求的程度”，而且对玉米未提出量化要求；2019 年发布的《中国的粮食安全》白皮书，未再重申 1996 年发布的《中国的粮食问题》白皮书中关于“在正常情况下，粮食自给率不低于 95%，净进口量不超过国内消费量的 5%”的量化目标。具体来看，粮食安全战略有五个方面的新变化：“保”的范围有收缩，从过去笼统地要求保障粮食安全，调整为“谷物基本自给、口粮绝对安全”，按国际通行口径剔除了豆类、薯类；“保”的要求有提高，不仅要求保障数量安全，而且要求保障质量安全；“保”的内涵有深化，更加注重产能的提高，强调藏粮于地、藏粮于技，强调可持续发展；“保”的途径有变化，首次把适度进口作为保障粮食安全的途径之一；“保”的责任有调整，在继续强调地方责任的同时，首次明确中央负首要责任。粮食安全战略的这些调整，为我国农业扩大对外开放提供了新的空间，有利于积极利用国外农业资源满足国内市场需求、促进国内土地等资源休养生息。

将国内市场作为博弈筹码对农业的影响。目前我国与全球 230 多个国家和地区有贸易往来，对其中部分贸易伙伴长期存在贸易顺差，面临其扩大进口、促进贸易平衡的压力。为主动向贸易伙伴开放市场，近年来我国不仅自主调降了进口关税，而且自2018年起开创性地举办中国国际进口博览会。在我国对其存在贸易顺差的贸易伙伴中，不少在农业方面具有比较优势，要求我国增加其农产品进口成为这些贸易伙伴的主要诉求之一。针对这种情况，在近年来的重大双边外交活动中，扩大农产品进口成为我国最常使用的承诺和优惠贸易安排之一（见表1－2）。这种做法有利于维护双边经贸关系，也有利于为国内消费者提供多样化的优质农产品，但对国内农业也将带来一定影响，特别是扩大国内有生产能力的农产品和食品的进口，将挤占其部分国内市场空间。

表1－2　扩大农产品进口的承诺：以2019年下半年为例

承诺时间	承诺对象	承诺内容	出　处
2019年9月17日	俄罗斯	全面落实《中国东北地区和俄罗斯远东及贝加尔地区农业发展规划》和《中华人民共和国商务部、农业农村部与俄罗斯联邦经济发展部、农业部关于深化中俄大豆合作的发展规划》，深化农业全产业链合作，扩大农产品相互准入，促进农产品贸易发展。 切实加强非洲猪瘟和马铃薯甲虫等重大动植物疫情防控合作，为农业和农产品贸易发展提供有力的安全保障。 积极开展两国农产品食品相互市场准入合作，不断扩大对方优质农产品食品进口，继续促进两国农业合作	中俄总理第二十四次定期会晤联合公报（2019年9月17日，圣彼得堡），《人民日报》2019年9月18日第3版
2019年10月9日	所罗门	中方欢迎所方有竞争力的优质产品扩大对华出口	李克强总理同所罗门群岛总理索加瓦雷举行会谈，《人民日报》2019年10月10日第2版

续表

承诺时间	承诺对象	承诺内容	出处
2019 年 10 月 12 日	印度	印方感谢中方积极增加进口印度大米和食糖等产品，希望用好高级别经贸对话机制，推动双边贸易平衡可持续发展	习近平主席同印度总理莫迪在金奈继续举行会晤，《人民日报》2019 年 10 月 13 日第 1 版
2019 年 10 月 13 日	尼泊尔	双方欢迎签署关于尼泊尔柑橘输华植物检疫要求的议定书，并同意尽早签署关于食品进出口安全合作谅解备忘录	中华人民共和国和尼泊尔联合声明（2019 年 10 月 13 日，加德满都），《人民日报》2019 年 10 月 14 日第 2 版
2019 年 10 月 25 日	巴西	中方愿进口更多符合中国市场需求的巴西优质产品和高附加值产品，拓展两国农业、能源、矿业、航天、基础设施建设等方面合作	习近平主席同巴西总统博索纳罗会谈，《人民日报》2019 年 10 月 26 日第 1 版
		双方对两国海关、农业部门达成的谅解及特定商品检疫议定书表示满意，这将促进两国双边农产品出口多元化增长	中华人民共和国和巴西联邦共和国联合声明（2019 年 10 月 25 日，北京），《人民日报》2019 年 10 月 26 日第 3 版
2019 年 11 月 5 日	泰国	中方鼓励扩大泰国大米等优质农产品对华出口	李克强总理同泰国总理巴育举行会谈时强调，《人民日报》2019 年 11 月 7 日第 3 版
		双方将落实好两国政府关于农产品贸易合作的谅解备忘录	中华人民共和国政府和泰王国政府联合新闻声明（2019 年 11 月 5 日，曼谷），《人民日报》2019 年 11 月 7 日第 3 版

续表

承诺时间	承诺对象	承诺内容	出　处
2019 年 11 月 6 日	法国	中方愿意根据市场需求，进口更多优质安全的法国农食产品，开展农业全方位合作	习近平主席同法国总统马克龙会谈，《人民日报》2019 年 11 月 7 日第 1 版
		双方同意加强农业全方位合作，该合作有利于扩大法国农产品对华出口	中法关系行动计划（2019 年 11 月 6 日，北京），《人民日报》2019 年 11 月 7 日第 2 版
2019 年 11 月 11 日	希腊	中方愿进口更多希腊优质农产品	习近平主席同希腊总理米佐塔基斯会谈，《人民日报》2019 年 11 月 12 日第 1 版
		双方愿深化农业政策、研究和食品安全等领域的双边合作，通过加快相关程序，推进农产品和食品贸易便利化，促进希腊符合中方要求的优质农产品对华出口	中华人民共和国和希腊共和国关于加强战略伙伴关系的联合声明（2019 年 11 月 11 日，希腊），《人民日报》2019 年 11 月 12 日第 2 版

扩大外资准入对农业的影响。在准备加入 WTO 的过程中，我国即着手规范利用外资的制度和政策。1995 年国家发布《外商投资产业目录》和《指导外商投资方向暂行规定》，1997 年进行了修订。加入 WTO 后的 2002～2017 年，国家又先后 6 次对《外商投资产业指导目录》进行修订。从 2018 年起，按照准入前国民待遇加负面清单的新要求，发布《外商投资准入特别管理措施（负面清单）》。总体而言，入世以来我国逐步扩大了外商投资农业的准入范围。以 2011 年修订的《外商投资产业指导目录》与 2019 年全国版《外商投资准入特别管理措施（负面清单）》相比，农业对外资的开放程度大大提高：在种业

方面，取消除小麦和玉米外的其他农作物新品种选育和种子生产的中方控股要求；在农产品加工方面，取消对棉花（籽棉）、大米、面粉加工和玉米深加工的限制，取消对豆油等食用油脂加工、生物液体燃料（燃料乙醇、生物柴油）生产的中方控股要求，取消对我国传统工艺的绿茶及特种茶加工（名茶、黑茶等）的禁止；在农产品和农资流通方面，取消对粮食收购，对粮食、棉花、植物油、食糖、烟草、农药、农膜、化肥的批发、零售、配送，对大型农产品批发市场建设、经营的限制（见表1－3）。此外，自2013年以来，我国先后设立18个自贸试验区，探索更大程度的开放举措。与2018年和2019年全国版《外商投资准入特别管理措施（负面清单）》相比，2018年和2019年版《自由贸易试验区外商投资准入特别管理措施（负面清单）》先后将小麦、玉米新品种选育和种子生产外资持股比例由不超过49%放宽至不超过66%。扩大外资准入，为我国农业发展带来新理念、新技术、新模式，特别是促进了畜禽养殖、饲料加工、粮油加工等的现代化进程，但对种业安全的潜在影响需要引起高度关注。

2. 积极应变

世贸争端案裁决结果对农业的影响。截至2019年底，我国在WTO争端解决机制下作为被诉方的磋商案件共44件，其中涉及农业的被诉案共4件。[①] 这些争端案的裁决结果，特别是未支持我方主张的裁决结果，对我国农业贸易政策改革产生倒逼作用。例如，2016年9月，美国贸易代表办公室向WTO提出磋商请求，指称中国对小麦、稻谷、玉米的市场价格支持超过微量允许上限；2019年2月，WTO争

---

① 包括美国诉中国农业生产者支持政策（DS511）、美国诉中国农产品关税配额管理办法（DS517）、巴西诉中国食糖进口管理措施（DS568）、加拿大诉中国油菜籽进口管理措施（DS589）。

表 1－3　　农业利用外资准入门槛的变化

《外商投资产业指导目录（2011 年修订）》涉农部分	《外商投资准入特别管理措施（负面清单）（2019 年版）》涉农部分
限制类： 1. 农作物新品种选育和种子生产（中方控股） 2. 珍贵树种原木加工（限于合资、合作） 3. 棉花（籽棉）加工 4. 豆油、菜籽油、花生油、棉籽油、茶籽油、葵花籽油、棕榈油等食用油脂加工（中方控股），大米、面粉加工，玉米深加工 5. 生物液体燃料（燃料乙醇、生物柴油）生产（中方控股） 6. 粮食收购，粮食、棉花、植物油、食糖、烟草、原油、农药、农膜、化肥的批发、零售、配送（设立超过 30 家分店、销售来自多个供应商的不同种类和品牌商品的连锁店由中方控股） 7. 大型农产品批发市场建设、经营 **禁止类：** 1. 我国稀有和特有的珍贵优良品种的研发、养殖、种植以及相关繁殖材料的生产（包括种植业、畜牧业、水产业的优良基因） 2. 转基因生物研发和转基因农作物种子、种畜禽、水产苗种生产 3. 我国管辖海域及内陆水域水产品捕捞 4. 我国传统工艺的绿茶及特种茶加工（名茶、黑茶等）	1. 小麦、玉米新品种选育和种子生产须由中方控股 2. 禁止投资中国稀有和特有的珍贵优良品种的研发、养殖、种植以及相关繁殖材料的生产（包括种植业、畜牧业、水产业的优良基因） 3. 禁止投资农作物、种畜禽、水产苗种转基因品种选育及其转基因种子（苗）生产 4. 禁止投资中国管辖海域及内陆水域水产品捕捞 5. 境外投资者不得作为农民专业合作社成员

端解决机构裁决认定中国在 2012～2015 年对小麦、籼稻和粳稻的补贴超标，要求我国遵守入世承诺。作为应对，我国不得不对小麦和稻谷的最低收购价政策进行调整，从 2020 年起把原先在主产区按最低收购价敞开收购的操作办法，调整为按最低收购价限量收购。再如，2016 年 12 月，美国贸易代表办公室向 WTO 提出磋商请求，指称中国对小麦、大米（长粒米和中短粒米）、玉米三种农产品实施的关税配额管理措施违反入世承诺；2019 年 4 月，WTO 争端解决机构认定中国的大

米、小麦和玉米进口关税配额管理办法违反中方入世承诺。作为应对，我国不得不对《农产品进口关税配额管理暂行办法》进行大幅度修订，调整国营贸易配额分配、未利用配额再分配等操作办法。[①] 未来不排除一些 WTO 成员对我国其他农业政策提起诉讼，作为应对之举采取的开放措施也会随之出台。

WTO 改革对农业的影响。目前 WTO 农业领域改革集中在 7 大议题上，包括国内支持、粮食安全公共储备、市场准入、特殊保障机制（SSM）、出口竞争、出口限制、棉花。这些议题中对我国有可能产生直接影响的有 4 个：一是国内支持。部分成员主张对包括综合支持量和微量允许在内的贸易扭曲型支持进行封顶改革；有些成员主张把"蓝箱"纳入封顶改革范围，对"蓝箱"措施实行更严格的限制，甚至主张逐步取消"蓝箱"措施；一些成员要求加强对"绿箱"措施的纪律约束，确保没有或只有极小的贸易扭曲效应，防止转箱。二是粮食安全公共储备。一些成员要求粮食安全公共储备项目不计入"黄箱"，甚至要求扩大适用范围；一些成员赞成不把粮食安全公共储备计入"黄箱"，但对储备规模、透明度等要进行严格的纪律约束；也有成员对发展中国家成员按管理价格收购和销售的粮食安全公共储备项目不计入"黄箱"提出质疑。三是市场准入。一些成员指出，应持续推进关税削减改革，各成员应修订其减让表、把所有农产品的约束关税转换为简化的从价税，按阶梯公式削减关税峰值，避免关税升级、加工品的关税不超过初级产品关税的一定倍数。在农产品关税配额管

① 根据 2020 年 1 月 15 日在华盛顿签署的《中华人民共和国政府和美利坚合众国政府经济贸易协议》，我国不仅需要根据世贸组织裁决结果调整完善小麦、大米、玉米关税配额管理办法和国内支持政策，而且需要在卫生和植物卫生措施（SPS）领域进行大量调整完善。以乳品为例，既要对部分现有标准和规制进行修改完善，又要针对延长货架期乳、强化乳、乳渗透物粉等细分产品制定标准和规制。

理方面，一些成员指出应加强配额管理的透明度、强化成员及时通报配额完成情况的义务，配额未完成机制应适用于所有成员，应督促成员及时通报配额完成情况和未完成配额的再分配机制，同时应进一步明确未完成配额再分配的方法，以促进成员更透明、有效地分配未完成配额。四是棉花。在改革棉花的国内支持方面，一些成员提出了不同的方法：将扭曲贸易的国内支持限制在棉花总产值的一定比例范围内；设定所有支持总额的比例；设立向棉花生产者的转移支付占总产值比例的限额；建立一个阶梯公式，让有较多支持的国家削减更多。"棉花四国"（贝宁、布基纳法索、乍得、马里）指出，棉花国内补贴的归类计算方法仍存在不足，"蓝箱"措施作为仅次于"黄箱"措施的贸易扭曲型政策，也应受限额约束。在棉花市场准入方面，一些成员表示，希望还没有为发展中国家提供"零关税、零配额"市场准入的国家加快落实 WTO 第十届部长级会议的决议。WTO 农业领域的这些改革诉求和主张短期内未必都能达成共识、形成具有约束力的决议，但其代表的改革动向值得我们重视，对我国未来农业政策的调整完善具有借鉴意义。

（二）产业优势之变对农业的深远影响

从开放视角研判我国农业中长期发展趋势，除了需要密切关注我国新一轮高水平开放新动向、全球多边贸易体制改革新趋势及其对我国农业的深远影响外，还需要准确把握未来我国农业在全球范围内成本和价格比较的变化趋势、以品质为核心的综合竞争能力的提高幅度及其对农业发展的长远影响。

1. 土地密集型大宗农产品的成本和价格倒挂幅度将进一步扩大

随着工业化、城镇化程度的提高，我国土地密集型大宗农产品的比较劣势已逐步得到暴露，未来会进一步加剧。一是从成本比较看，未来我国主要土地密集型大宗农产品的成本倒挂幅度会进一步扩大。我国稻谷、小麦、玉米、大豆、花生、棉花的单位产品成本已分别于2011年、2012年、2001年、2004年、2010年和2012年起稳定地超过美国同类农产品成本水平，倒挂幅度逐步扩大，2018年分别达到47%、53%、116%、139%、66%和27%（见表1-4）。在决定单位产品成本倒挂幅度的各种因素中，人工成本倒挂幅度最为明显，2018年这6种产品的人工成本倒挂幅度分别为404%、627%、181%、130%、911%和720%；其次为土地成本倒挂幅度，2018年这6种产品分别为82%、57%、105%、193%、181%和79%；在其他成本中，2018年仅玉米和大豆比美国分别高出15%和21%，而稻谷、小麦、花生和棉花则分别比美国低14%、2%、31%和37%（见表1-5）。我国单位产品人工成本之所以高出美国这么多，根本原因在于土地经营规模小、机械化程度低。未来我国土地密集型农产品生产的经营规模、社会化服务程度、机械化水平和土地生产率、劳动生产率均将持续提高，但其对成本的抑制作用，不足以对冲单位时间工资水平、单位面积地租水平增长对成本的抬升作用，单位产品成本仍将长期持续提高，国内外土地密集型大宗农产品的成本倒挂幅度还将继续扩大。

表1-4　入世以来中美土地密集型农产品单位产量成本比较　单位：元/50千克

年份	稻谷		小麦		玉米	
	中国	美国	中国	美国	中国	美国
2000	46	78.23	57.58	70.34	43.72	44.68
2001	44.61	78.2	57.39	80.84	40.42	39.45
2002	47.13	75.72	60.56	95.76	41.92	40.66
2003	48.69	78.56	61.94	71.48	44.67	38.77
2004	49.06	80.1	50.44	72.85	42.72	36.41

续表

年份	稻谷		小麦		玉米	
	中国	美国	中国	美国	中国	美国
2005	55.84	89.23	57.33	78.23	44.65	41.86
2006	57.99	89.93	55.48	95.61	46.9	46.58
2007	60.3	81.71	58.8	87.75	51.7	46.51
2008	70.2	89.13	62.2	85.76	55.6	50.3
2009	72.4	85.81	73	89.93	62.2	47.11
2010	84	90.82	81.6	71.03	67.9	49.9
2011	95.2	92.92	89.2	89.25	78.9	55.08
2012	108.7	88.91	105.6	78.93	91.6	68.83
2013	120.34	87.48	119.48	91.22	101.07	52.84
2014	119.78	86.15	110.53	96.32	103.86	48.98
2015	120.45	82.34	114.41	88.55	107.55	49.69
2016	122.34	87.57	121.49	71.74	107.12	48.12
2017	124.24	87.78	115.89	91.54	99.14	47.92
2018	122.81	83.82	133.13	87.1	104.07	48.12

年份	大豆		花生		棉花	
	中国	美国	中国	美国	中国	美国
2000	84.56	94.68	103.91	327.66	385.41	747.14
2001	86.25	93.73	100.44	261.46	350.23	678.73
2002	84.79	88.61	93.82	258.76	364.74	703.09
2003	102.23	102.37	118.79	201.05	444.35	501.92
2004	93.88	84.05	102.67	173.21	419.42	452.67
2005	98.66	85.77	116.1	190.57	460.68	486.01
2006	100.32	88.04	113.54	203.55	437.7	595.74
2007	129.36	104	138.94	195.02	467.4	485.13
2008	121.81	101.21	151	188.78	530.7	703.94
2009	143.4	96.08	147.68	177.98	522.3	720.74
2010	142.38	100.93	183.53	182.40	710.3	582.5
2011	163.4	108.79	200.97	195.94	799.9	939.14
2012	193.37	121.3	243.16	164.88	900.4	724.72

续表

年　份	大　豆		花　生		棉　花	
	中国	美国	中国	美国	中国	美国
2013	222. 39	123. 75	259. 34	168. 90	1035. 89	825. 15
2014	228. 21	112. 24	284. 14	174. 24	953. 7	703. 06
2015	238. 86	113. 71	288. 93	227. 01	996. 4	531. 21
2016	275. 36	98. 03	269. 88	266. 31	936. 34	546. 88
2017	234. 07	104. 04	275. 51	162. 77	922. 95	570. 70
2018	257. 22	107. 48	271. 69	163. 21	913. 18	718. 81

资料来源：国家发改委价格司篇：《全国农产品成本收益资料汇编》（相关年份）。

表1－5　2018年中美土地密集型农产品单位产量成本构成比较　单位：元/50千克

农产品	国　家	人　工	土　地	其　他
稻　谷	中　国	48. 17	23. 90	52. 32
	美　国	9. 56	13. 12	61. 14
小　麦	中　国	47. 53	28. 72	61. 01
	美　国	6. 54	18. 24	62. 32
玉　米	中　国	44. 51	23. 36	39. 40
	美　国	2. 34	11. 37	34. 41
大　豆	中　国	80. 76	102. 03	80. 66
	美　国	5. 75	34. 81	66. 93
花　生	中　国	134. 72	48. 91	91. 60
	美　国	13. 33	17. 39	132. 48
棉　花	中　国	564. 54	153. 43	356. 97
	美　国	68. 83	85. 69	564. 25

资料来源：课题组根据《中国（上海）自由贸易试验区外商投资准入特别管理措施（负面清单）（2013年版）》《自由贸易试验区外商投资准入特别管理措施（负面清单）（2020年版）》整理而成。

二是从价格比较看，未来国际市场价格对国内市场价格上升的“天花板”效应将进一步强化。我国主要土地密集型大宗农产品的国内市场价格已全面超过进口到岸税后价格。对稻谷、小麦、玉米而言，按配额税率计算的进口到岸税后价已分别于2013年7月、2013年6月和2013年7月起持续低于国内市场批发价；未来只要国内农产品生产成本上升的速度持续高于主要出口国水平、人民币汇率不出现持续性大幅贬值，按配额外最惠国税率计算的进口农产品到岸税后价终究也将低于国内市场批发价格。棉花按滑准税计算的进口到岸税后价格曾一度持续高于国内市场价格，取消临时收储政策后已趋于并轨。食糖按配额税率计算的进口到岸税后价已于2011年2月起持续低于国内市场价格，按配额外最惠国税率计算的进口到岸税后价也已于2015年2月起在大部分时段低于国内市场价格。未实行关税配额管理的大豆，其进口到岸税后价已于2012年10月起持续低于国内市场价格。需要注意的是，最低收购价和临时收储政策的实行，一度人为地抬高了国内市场价格，使国内外价格倒挂的拐点提前到来。2014年以来重要农产品价格形成机制和收储制度的改革，在逐步矫正扭曲的国内市场价格，使国内外价格倒挂的幅度有所收窄，但成本倒挂这一最为本源的决定性因素没有发生逆转，价格倒挂也就不可能发生逆转。此外，由于在畜产品生产成本中饲料成本占比大，以玉米为主的饲料粮的成本和价格出现倒挂，已经并将继续导致畜产品成本和价格出现倒挂。

2. 劳动密集型农产品的出口增长速度将进一步放缓

入世以来我国具有较强比较优势的劳动密集型农产品出口增长较快，出口规模和贸易顺差持续扩大。但近年来出口增长速度明显放缓。一方面，受全球经济和贸易增长放缓影响，国外市场对我国劳动密集型优势农产品的需求增长放缓。另一方面，我国劳动密集型优势农产品在生产成本快速增长的同时品质没有相应提高，削弱了其国际市场竞争力。

以苹果为例，2001～2018年其单位产品生产成本年均增长8.4%，其中物质与服务费用、人工成本和土地成本分别年均增长5.2%、11.6%和5.1%；物质与服务费用、人工成本和土地成本占比方面，2001年分别为51%、38%和11%，2018年分别为31%、62%和7%（见图1-5）。在成本上涨的同时，苹果品质却没有明显提高，甚至出现下降，从而使我国苹果靠价格竞争赢得国际市场的局面难以为继，出口增长陷入徘徊状态（见图1-6）。

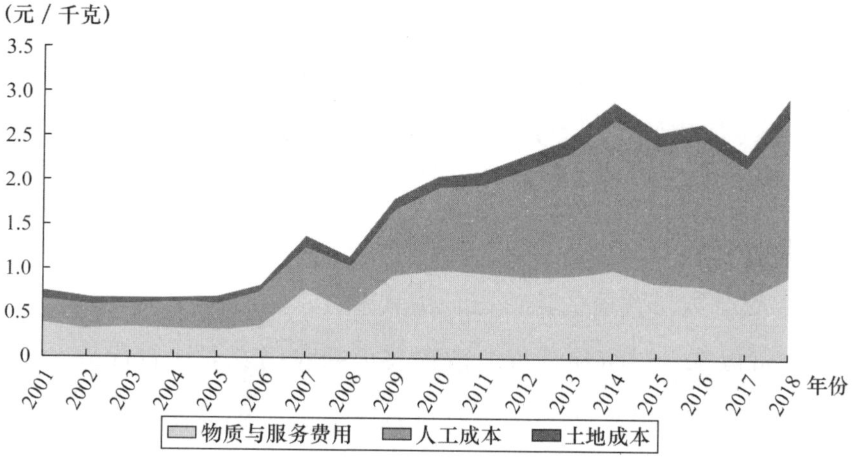

图1-5 全国苹果生产成本变化趋势

资料来源：全国农产品成本收益资料汇编（2002—2019）。

需要引起高度重视的是，近年来劳动密集型农产品在出口增长乏力的同时，进口快速增长，导致劳动密集型农产品进口占全部农产品进口的比重快速提高、净出口快速减少，部分产品甚至由顺差转为逆差。动物产品中的畜产品、园艺产品中的水果都具有这一变化特征。受以下因素影响，未来这一变化趋势仍将持续下去：以品质提高对冲成本和价格上涨、维持和扩大出口竞争优势的空间有限，特别是园艺作物机械化水平的提高不足以对冲单位时间工资水平的上涨；随着信息化程度的提高、电子商务等新模式的普及、中等收入群体的扩大，国内消费者对国外优质农产品的需求将不断扩大；主动扩大市场开

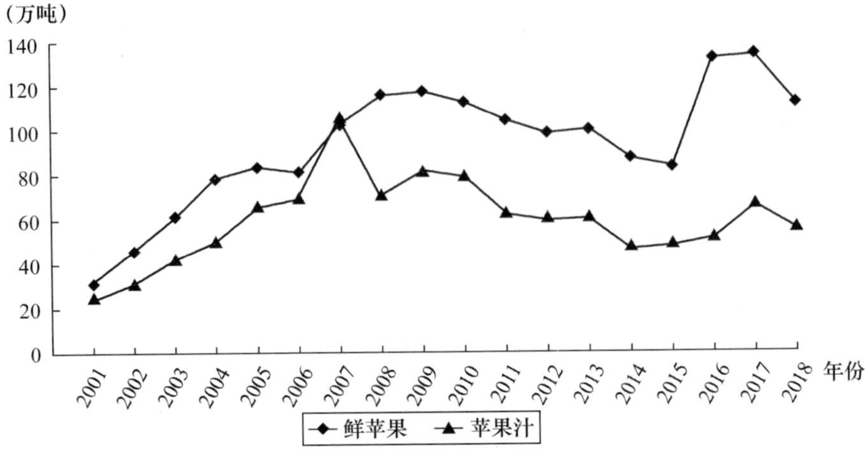

图 1－6　全国苹果出口变化趋势

资料来源：中国农产品贸易发展报告（2002—2019）。

放，使进口国外优质农产品更加便利、制度性成本不断降低。

3. 农业贸易竞争优势将进一步衰减

入世以来，以贸易竞争力指数表示的我国农业比较优势发生了转折性变化。① 从 2004 年起，农业总体上失去了贸易竞争优势，且不断下降（见图 1－7）。在土地密集型农产品中，谷物一度具有贸易竞争优势，但 2009 年以后其贸易竞争力指数持续为负；油籽、植物油、食糖、棉花等土地密集型农产品一直缺乏贸易竞争优势，且不断下降（见图 1－8）。在劳动密集型农产品中，除蔬菜、茶叶一直具有明显的贸易竞争优势外，畜产品的贸易竞争力指数不仅早已于 2000 年转负，而且此后急剧下滑；水果的贸易竞争力指数已于 2018 年转负；水产品的贸易竞争优势也已开始下降，即将转负（见图 1－9）。

① 贸易竞争力指数，即 TC（Trade Competitiveness）指数，是测度国际竞争力常用的指标之一，表示一国进出口贸易的差额占进出口贸易总额的比重，即 TC 指数 =（出口额 - 进口额）/（出口额 + 进口额）。该指数越接近于 0，表示竞争力越接近于平均水平；该指数为 -1 表示该产业只进口不出口，越接近于 -1 表示竞争力越弱；该指数为 1 表示该产业只出口不进口，越接近于 1 则表示竞争力越大。

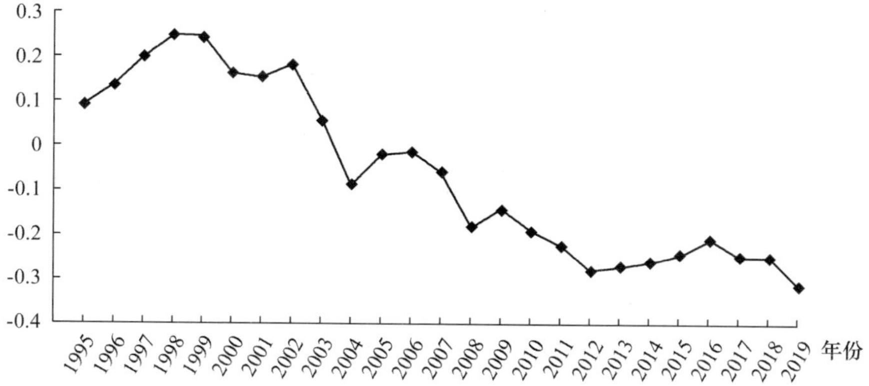

图1-7　全部农产品贸易竞争力指数变化趋势

资料来源：作者根据中国农产品贸易发展报告数据测算。

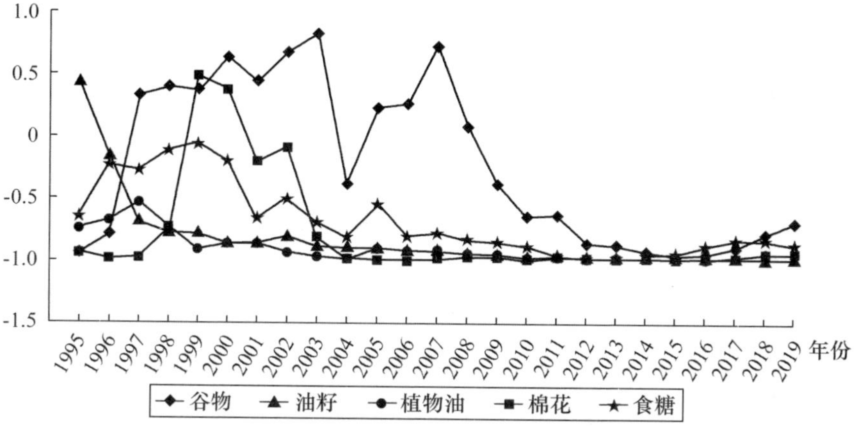

图1-8　主要土地密集型农产品贸易竞争力指数变化趋势

资料来源：作者根据中国农产品贸易发展报告数据测算。

面向未来，我国农业将呈现以下三个趋势：第一，我国人口总量、城镇化率、人均收入水平等将继续提高，食物消费结构的转型升级过程远未完成，食物需求峰值也远未到来。第二，我国农业超载的边际产能将继续主动退出，低效的边际产能将继续被迫退出，可持续、有竞争力的产能难以等量跟进。我国棉花和糖料先后于2007年和2008年达到产量峰值，奶类产量已连续7年未能超过2012年的历史最高水平，猪肉产量也已连续5年未能超过2014年的历史最高水平。从日本

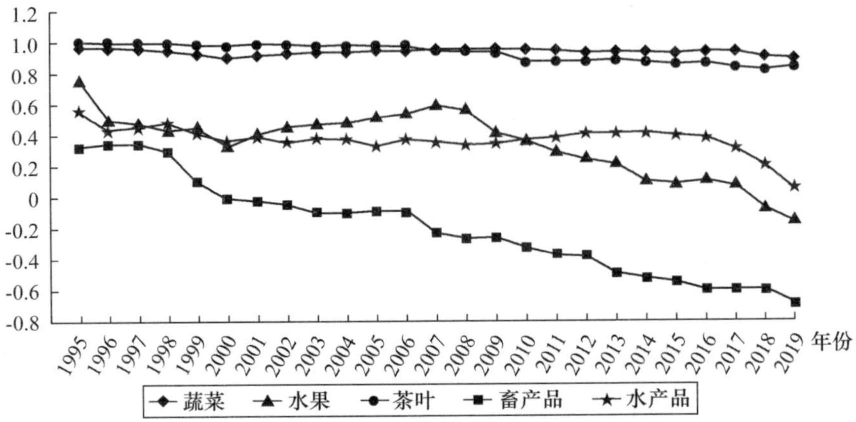

图1－9　主要劳动密集型农产品贸易竞争力指数变化趋势

资料来源：作者根据中国农产品贸易发展报告数据测算。

的历史经验看，工业化程度越高，跨过产量峰值、步入下降通道的农产品种类也越多（见表1－6）。第三，我国主动推进的高水平开放和多边贸易体制改革，将使农业的边境保护和国内支持受限。在这三大趋势性力量的作用下，未来我国农业承受的缺口驱动型进口压力和价差驱动型进口压力将长期叠加，农业贸易竞争优势将进一步衰减。

表1－6　　　日本农业生产指数变化趋势

年份	农业	大米	麦类	豆类	薯类	蔬菜	水果	畜产品
1960～1964	100	100	100	100	100	100	100	100
1965～1969	117	107	78	73	82	123	142	151
1970～1974	120	94	27	64	60	135	184	205
1975～1979	129	99	25	49	59	141	206	241
1980～1984	129	84	44	49	63	145	199	280
1985～1989	134	87	55	57	70	147	194	307
1990～1994	128	81	38	40	63	137	172	313
1995～1999	122	79	28	38	58	129	161	297
2000～2004	115	70	40	46	53	121	150	286

资料来源：［日］生源寺真一："面对岔路的日本的粮食和农业——从顺应经济成长向对成熟的社会做贡献转变"，在中国农业大学的演讲，2017年5月22日。

一个时期以来，对我国工业化城镇化进程中农产品成本和价格走势的认识滞后，对国内外农产品成本和价格比较的转折性、趋势性变化认识不足，导致一些人对我国土地密集型大宗农产品生产经受住了入世冲击的本质原因认识不清，对我国农业的竞争力过于自信，从而导致我国农业发展政策设计一度缺乏前瞻性。必须清醒地认识到，成本倒挂幅度扩大是未来我国土地密集型大宗农产品生产发展的基准情景，成本继续上升、出口竞争力下降是未来我国劳动密集型大宗农产品生产发展的基准情景，需要据此重塑我国农业发展战略和政策体系。

三、适应高水平开放新形势　推进我国农业战略性调整

面对经贸规则之变和产业优势之变，必须对我国农业进行战略性调整。这种战略性调整，应面向农业现代化，以有利于遵循 WTO 规则和区域贸易协定、更好发挥我国农业比较优势为原则，以持续推进农业供给侧结构性改革为主线，既包括促进农业发展从增产导向转向竞争力导向、对农业支持保护制度进行重构，也包括更加积极主动地利用全球农业资源和农产品市场。

（一）按照“突出重点、有保有放”的思路调整农业生产结构

在我国未来现代化进程中，全社会对农产品的消费需求结构会继续发生深刻变化，农业的整体进口依存度也会逐步上升，但部分农产品所引发的社会和政治敏感性也会长期存在。这就需要在保住重点的农业品种前提下，对农业生产结构进行前瞻性、战略性调整。

一是对品种结构进行战略性调整。目前我国农业生产的品种结构是在市场和政府共同作用下形成的，基本符合我国的资源禀赋、发展

阶段和需求结构。市场的作用体现在价格信号对国内农业生产结构和农产品进出口结构的调节上。政府的作用体现在国内农业支持政策和边境保护政策对不同农产品的力度差异上。未来在市场的作用下，我国农业生产的品种结构还会继续发生变化，总体趋势是特色农产品、可贸易性低的鲜活农产品的总量和占比会继续上升，均质化程度高、可贸易性强、成本和价格倒挂幅度大的土地密集型农产品的生产总量越过峰值后将会逐步下降。政府未来对农业生产品种结构的调整，核心在于以新的理念确定该保的重点产品。哪些农产品是关系国计民生、在开放进程中需要得到重点支持的敏感产品，在不同发展阶段、不同文化背景下的国家是有较大差异的。我国在入世谈判中，把小麦、大米、玉米、棉花、食糖、羊毛视作敏感产品，争取到实行关税配额管理的保护制度；把大豆、食用植物油、奶类、肉类等视作一般农产品，实行单一关税管理。而在农业缺乏竞争优势的日本、韩国、欧盟，对奶类、肉类的保护程度远远超过对玉米、棉花的保护程度。我国入世过程中对敏感农产品的界定，具有明显的时代局限性。之所以出现这种偏差，原因在于对玉米属性的认知停留在饥饿年代，依然将其视作“三大主粮”之一。实际上目前我国玉米仅5%用作口粮，其饲料属性和工业原料属性更为突出。与我国具有相同资源禀赋的日本，很早就对玉米实行零关税，但对奶类、肉类实行较高的关税，以此降低本国畜牧业生产成本、提高国外畜产品进入日本的关税成本。[①] 这种做法值得我国借鉴。应根据时代的变化，合理确定敏感农产品的范围，

---

① 日本尽管大米自给有余，但玉米、大豆、小麦的进口依存度分别高达100%、92%和88%。

做到有保有放。[1]

二是对区域结构进行战略性调整。受全国农产品市场一体化程度提高的影响，农业生产向优势产区集中的趋势已经形成。由于各地工业化、城镇化水平不同，受农产品进口冲击和农产品出口带动的程度不同，农业增长的区域分化特征也较明显。农业生产区域结构的这种深刻调整，是市场配置资源的必然结果，与政府的农业区域布局政策也有密切关系。政府未来对农业生产区域结构的调整，应在遵循市场规律、顺应对外开放趋势的基础上，把着力点放在以下方面：合理划定粮食生产功能区和重要农产品生产保护区，合理确定其政策定位，将"绿箱"措施和非特定产品"黄箱"措施向这些地区倾斜，增强其应对进口冲击的能力；保持战略定力，进一步加大边际产能退出的力度，扩大土壤污染区、地下水超采区治理范围，降低生态环境承载力低地区的畜牧和水产养殖强度；稳步推行粮食安全省长责任制、"菜篮子"市长负责制，把握好政府与市场的边界，鼓励各地在保护好基本农田的前提下充分发挥比较优势，不宜过分强调各地在具体品种上必须达到的"自给率"，更不宜层层分解种植面积、养殖头数等计划指标。

（二）按照"突出优势、两手并举"的思路重塑农业竞争力

在价格倒挂拐点到来之前，我国农业凭借丰富的劳动力资源和较高的土地生产率维持着较强的国际竞争力。随着工业化、城镇化程度的提高，尽管农业劳动生产率在快速提高，但赶不上农业劳动力机会成本的上涨，导致单位产品人工成本持续提高，无论是土地密集型还

---

① 2019年9月9日，中央全面深化改革委员会第十次会议审议了《关于实施重要农产品保障战略的指导意见》，在这个方面进行了顶层设计。

是劳动密集型农产品逐渐失去国际竞争力。在国内支持不足的约束条件下，必须寻求提高我国农业竞争力的有效途径。综合考虑我国发展阶段、农业资源禀赋、他国有益经验，未来提高我国农业竞争力应坚持两手抓：

一是拼成本、拼价格。瞄准导致我国农产品生产成本快速提高的主要因素，有针对性地采取摊薄措施。第一，以规模效益摊薄成本。在农户或农场经营规模层面，调整完善土地承包办法，通过互换并地尽量实现“一户一块田”，降低承包地块过度分散导致的作业效率损失；深化承包地“三权分置”改革，对承包权适度赋权，鼓励有条件的地方实行确股不确地的土地股份合作制，以降低土地流转交易成本。在服务规模层面，鼓励农户或农场把部分对专用设备、专业技术依赖程度较高的作业环节委托给社会化服务组织，提高这些作业环节的规模效益；鼓励农机专业户、农民合作社、农业龙头企业、农资生产和经销商等从事农业生产性服务业，提供托管、半托管服务。在区域规模层面，促进农业生产向优势产区集中布局，共享大型基础设施的外溢效应、产业技术体系的创新成果、区域公用品牌的市场影响力。第二，以科技进步摊薄生产成本。长期以来，受增产导向影响，我国农业科技进步以提高产量为核心，对农业生产的物质消耗水平关注不够。今后应以竞争力为导向，调整农业科研项目的布局，在继续提高土地产出率的同时，更加注重破除制约资源利用率、劳动生产率的技术瓶颈。第三，以基础设施投资摊薄生产成本。遵循“绿箱”措施标准，加强农田水利建设，扩大有效灌溉面积，提高水资源利用率和土地产出率；加强高标准农田建设，提高耕地地力等级，减少田埂、沟渠等无效土地占比。

二是拼品质、拼特色。尽管在控制乃至降低农业生产成本方面还有潜力，但人多地少的资源禀赋决定了我国农业在成本方面难以竞争过南、北美洲和大洋洲国家，甚至难以竞争过中亚、东南亚部分国家。提高我国农业竞争力，最终要靠品质和特色。第一，以更严格的标准倒逼农业提高品质。应把“以高价格覆盖高成本、以高品质支撑高价格”作为我国农业发展的终极模式，让消费者愿意为国产农产品支付更高价格，以消费者信任溢价维持我国高成本农业的发展空间。对我国农业适应更严格标准的韧性应有足够估计，加大力度促进农业标准化生产。探索全产业链提高品质的有效途径，发挥龙头企业对产业链上的农户、农场、合作社的标准化生产的牵引作用。探索区块链应用于农产品质量追溯体系的可行途径，提高追溯体系的运行效率和可靠性。培育和保护农产品品牌，使生产者可以收获品牌溢价，增强其提高品质的内在动力。第二，以特色产品守住国内市场空间。在均质化程度高、可贸易性强的农产品之外，还有大量具有地域特色的农产品，这应成为未来提高我国农业竞争力的拳头产品。与粮食生产功能区、重要农产品生产保护区相比，特色农产品优势区更应受到重视和扶持。第三，释放多种功能增强农业综合竞争力。农业不仅具有提供物质产品的功能，而且具有休闲观光、生态涵养、文化传承等多种功能。这些功能附着在特定地域、不可移动，可贸易性弱，是增强我国农业综合竞争力的潜力所在。应通过三产融合发展、生态效益补偿等途径把这些功能逐步释放出来，让农业在收获物质产品的同时，收获多种功能的价值。

（三）按照“黄蓝相济、以绿为主”的思路重塑农业支持保护制度

以 2004 年为转折点，我国农业剩余劳动力转移迈过刘易斯第一拐

点、农业劳动力机会成本跳跃式上升，与此同时我国开始对农业实行支持保护政策，陆续出台粮食最低收购价、重要农产品临时收储、种粮农民直补、农作物良种补贴、农机具购置补贴、农资综合补贴等政策，并取消农业税。在增产导向压力和成本抬升推力的共同作用下，上述农业支持保护政策的力度持续加大，我国农业生产者获取的补贴增多。这套政策确实促进了农业增产，但也催生了价格倒挂拐点提前到来、托市收购库存增加、“黄箱”政策触顶等新问题。为解决这些新问题，2014 年开始，陆续出台东北地区大豆和新疆棉花目标价格补贴试点、取消油菜籽和食糖临时收储、玉米生产者补贴、价格（收入）保险、“保险 + 期货”、增强稻谷和小麦最低收购价政策弹性等调整措施，以及将种粮农民直接补贴、农作物良种补贴、农资综合补贴合并为耕地地力保护补贴。[①] 总体而言，这些探索是碎片化的，对如何处理好“保产能”与“保收入”的关系缺乏整体考虑，在 WTO 合规性方面也存在隐患。应综合考虑对国计民生的敏感性、国际竞争能力、WTO 农业改革走向等因素，重构我国未来的农业支持保护制度：[②]

一是对边境保护进行结构性调整。我国入世谈判中争取到的边境保护总体不高，未来不仅不可能总体加严，而且鉴于 WTO 农业改革走向、我国发展中国家地位等方面存在的变数，现有的边境保护面临削减的压力。如果未来不得不进行削减，应统筹考虑主要粮食品种敏感性的时代变化、粮食进口与畜产品进口之间的替代关系，确定优先削减的品种。

---

① 2015 年将这三项补贴合并时称作“农业支持保护补贴”，2018 年以后改称“耕地地力保护补贴”。

② 2019 年 11 月 26 日，中央全面深化改革委员会第十一次会议审议了《关于完善农业支持保护制度的意见》。

二是对扭曲生产和贸易的国内支持措施进行结构性调整。在尽量坚守入世谈判中争取到的“黄箱”政策空间的前提下，可以现有支持措施为起点，进行三方面调整：第一，低水平、宽范围实施特定产品“黄箱”措施。2016 年向 WTO 申报的特定产品“黄箱”措施涉及的农产品，我国仅有 10 种，美国达到 85 种，欧盟也达到 30 种。可借鉴美国、欧盟经验，对更多产品实施特定产品“黄箱”措施，但必须使每个产品接受的“黄箱”措施力度保持在 8.5% 的上限之内。[①] 第二，选择部分产品实施“黄转蓝”。截至 2018 年底，我国向 WTO 申报的“蓝箱”措施只有 2017～2019 年实施的新疆棉花目标价格补贴、2016～2018 年实施的东北地区玉米生产者补贴。在中央对省区层面，这两项措施具有“蓝箱”措施特征；但对省和自治区以下直至生产者的具体操作办法是否符合“蓝箱”措施标准是存在争议的。下一步应严格按照“蓝箱”措施的标准，完善省和自治区以下棉花目标价格和玉米生产者补贴的具体操作办法。此外，还可选择部分“保收入”比“保产能”更迫切的产品实施“蓝箱”措施。第三，用足非特定产品“黄箱”政策空间。目前我国向 WTO 申报的非特定产品“黄箱”措施只有农机具购置补贴一项，剩余空间很大，可在继续加大农机具购置补贴力度的同时，扩大农机作业补贴范围和水平。可考虑重启农资购置补贴、实施农业社会化服务作业补贴，以降低农业生产经营者的费用支出。

三是对“绿箱”措施进行结构性调整。按向 WTO 的通报，2016 年我国“绿箱”措施总量为 13131.52 亿元，占农业总产值的 13.07%；

---

① 我国的 10 种产品中，微量许可的为 7 种，超过 8.5% 的上限值而计入现行 AMS 的为 3 种。美国的 85 种产品中，微量许可的为 72 种，超过 5% 的上限值而计入现行 AMS 的为 13 种。欧盟的 30 种产品中，微量许可的为 15 种，超过 5% 的上限值而计入现行 AMS 的为 15 种。美国和欧盟因为有基期 AMS，其现行 AMS 未超过基期 AMS，因而并未违规。我国没有基期 AMS，任何超过微量许可上限值的措施都不符合入世承诺而需要进行调整。

美国为1194.92亿美元，占其农业总产值的33.6%；日本为19045亿日元，占其农业总产值的20%；欧盟为617亿欧元，占其农业总产值的17%。由此可见，我国“绿箱”措施运用得还很不够，只要国家财力许可，今后我国尽可增加这方面投入。同时，应注意调整优化我国“绿箱”措施的结构。将我国向WTO通报的2016年“绿箱”措施与WTO《农业协定》附件2规定的12类“绿箱”措施对照，我国在“收入保险和收入安全网计划中的政府资金参与”“通过生产者退休计划提供的结构调整援助”“通过投资援助提供的结构调整援助”3类措施中没有任何投入。将我国“绿箱”措施结构与美国、日本、欧盟对照，我国在粮食安全公共储备等方面的支出明显较多，而在营销和促销服务、国内粮食援助等方面的支出明显偏少。从这两个参照系来看，我国未来加大“绿箱”措施力度的着力点应当是：加强农业科研和推广、开展高标准农田建设、加强农田水利建设、加强病虫害防治、促进土地承包权退出和经营权流转、生产结构调整①、农业收入保险等。

（四）按照“多元、均衡、可控”的思路扩大农产品进口

从2011年开始，我国取代美国成为世界最大农产品进口国。目前我国大豆、食用植物油、棉花、食糖等农产品进口量均位居世界第一。面向未来，我国需要科学确定主要农产品自给水平，合理安排农业产业发展优先序，在提高国内农业生产质量、效率和竞争力的基础上，多元、均衡、可控地释放农产品进口需求。多元，就是要促进进口来源地和进口渠道多元化，避免市场和渠道过分集中；均衡，就是要逐

---

① 指要求不得生产某一产品，但不要求必须生产某另一产品的结构调整政策。

步地、缓慢地增加进口，稳定出口国预期，避免短期内进口量暴涨或进口量断崖式下降；可控，就是要处理好进口增加与国内农业发展、出口国生产潜力释放的关系，充分考虑到农业对我国为数众多的小规模经营农户的重要性、农产品出口国增加产量和出口量的艰巨性，避免对国内农业生产者和国际农产品市场带来大的冲击。

一是进一步明确进口品种优先序。应继续根据不同产品比较优势的差异，优先进口缺乏比较优势的土地密集型大宗农产品。在遵循比较优势原则的基础上，确定未来农产品进口优先序时还应考虑三个因素：第一，不同产品自给率的敏感性。根据“谷物基本自给、口粮绝对安全”的原则，大米和小麦自给率的敏感性最高，未来将继续保持100%的产能自给率；其他产品可以更多地利用国际市场和全球农业资源。第二，产品可贸易性。耐储存、均质化程度高的农产品，应为优先进口产品。对蔬菜、水果、畜产品等生鲜产品、易受疫情影响的产品，则应保持较高的自给率。第三，产业利益。大豆和植物油都是我国缺乏比较优势、需要进口的产品，进口大豆不仅相当于进口了植物油，还相当于进口了蛋白饲料，也有利于发展大豆压榨产业。从长远看，进口玉米、大麦、高粱等饲料作物，为畜牧业提供低成本饲料，增强畜牧业竞争力，是符合我国利益的战略选择。

二是进一步明确进口来源国的优先序。我国农产品进口来源结构总体上是由市场决定、遵循商业原则的，但我国目前的农产品进口来源地集中度确实较高。考虑到我国的市场体量之大，应着力促进进口来源地分散化，把增产潜力大、单产稳定性高、政治风险低的国家，作为增加进口的优先来源地。总体来看，未来几年，随着“一带一路”建设的推进，玉米进口来源地逐步呈现多元化，除美国等传统进口国外，乌克兰、俄罗斯、保加利亚、越南等周边国家进口量存在逐步增加的可能性。从中亚地区如哈萨克斯坦等国家进口小麦的数量有望进一步增长。另外，巴西、美国、阿根廷将仍然是我国大豆进口的主要来源国。新西兰、澳大利亚、美国、德国、法国等仍然是我国主要的乳品进口来源国。加拿大仍然是中国第一大油菜籽进口国。美国、加拿大仍然是中国生猪产品的主要进口来源国。需要注意的是，为提高进口的稳定性、可靠性，需要促进进口来源多元化、降低对单一国家的依存度；为发挥农产品进口在双边经贸关系中"锚"的作用、提高农产品进口在经贸摩擦中的反制威慑力，需要提高我国在主要贸易对象国农产品出口市场中的份额，这两者是有矛盾的，需要从战略的高度把握好平衡。

（五）按照"务实、低调、依规"的思路扩大境外农业投资

保障重要农产品进口的稳定性、可靠性，需要提高对国外农业资源和农产品市场的掌控能力。① 为此，需要从战略上进行总体布局，按照务实、低调、依规的思路，加强和改进境外农业投资，拓展我国农业参与全球化的广度和深度。务实，就是要遵循商业可持续原则，投资要有足够的回报；低调，就是要踏踏实实开展对外农业投资，多做少说，避免炒作和被炒作；依规，就是要遵守投资目的国的法律和文化习俗、注重保护生态环境、履行社会责任，避免法律和社会风险。

---

① 日本的经验值得我们学习。日本全国农业合作社联合会（JA－全农）为在美国建立安全稳定的粮食和大豆供应基地，供全农在日本国内的饲料加工厂生产复合饲料，1979 年在美国路易斯安那州新奥尔良成立子公司 Zen Noh Grain Corp.（ZGC）。ZGC 依靠其附属公司 CGB 股份公司（Consolidated Grain and Barge）提供玉米、饲料和大豆出口货源。CGB 已拥有 100 多家粮库，主要分布在密西西比河、俄亥俄河、阿肯色河和伊利诺伊河沿岸。2020 年初，CGB 与邦吉北美公司（Bunge North America，Inc.）达成协议，将收购邦吉在美国沿密西西比河运行的 35 家粮库。

一是注重对产业链关键环节的投资。我国农业“走出去”，已不可能像部分国家早期那样去海外大规模“种地”，而是应注重加大对重点领域和关键环节的投资。应借鉴国际知名大粮商的经验，从全产业链布局出发，在种子、农化、收购、加工、仓储、码头等环节合理布点，形成对全产业链的掌控能力。应加强战略性物流通道建设，探索以合资、合作等形式投资“一带一路”沿线国家仓储、港口、船运等物流体系，以整合现有农产品物流资源为主建设一批骨干农产品物流节点，实现骨干农产品物流节点与国际铁路水路公路运输的有效衔接。应加强投资平台建设，鼓励有国内园区开发建设经验的农垦企业等在境外投资建设生产基地，对现有的境外农业合作资源进行适度整合，逐步建立由农场、农机具制造出口、仓储、物流、农产品加工及交易市场等组成的现代化境外农业产业体系。

二是注重发挥企业的主体作用。鼓励涉农大型企业集团“走出去”，发挥其在投资管理、农业技术、市场渠道等方面的优势。鼓励农垦企业在东道国投资建设农业基础设施和农业园区，鼓励中粮集团等粮食流通企业在东道国建设仓储物流设施，鼓励中远集团等大型运输企业在东道国建设港口设施，共同打造从生产、收购、仓储、运输到贸易加工的全球农产品供应链，切实解决我国在主要出口国缺乏农产品出口渠道控制能力的问题。鼓励企业集群投资，引导龙头企业和产业基金组建合作开发联盟，以贸易合作区、农产品加工园区等为平台，以产业链为纽带，组织国内各类企业赴投资国开展投资，带动上下游企业入园集聚发展。

三是完善支撑服务体系。针对境外农业投资面临的突出问题，逐一采取解决措施。在激励机制方面，应加快制定国际农业合作支持政策目录，对参与农业合作开发投资的企业，优先给予财政和税收政策支持；对国有企业战略性的、投资回收期较长的境外农业投资项目，在考核政策上必须给予区别对待。在金融服务方面，应对具有战略意义的项目给予专项金融支持，特别是在出现重要并购机会时，应通过主权基金入股、长期无息或低息贷款等方式给予企业大规模资金支持；提升国内银行跨境农业金融服务能力，鼓励支持其在重点投资地区进行业务布局，为涉农企业提供符合农业特点的金融服务；完善境外农业投资保险服务，鼓励各类保险公司扩大保险覆盖面、提高保险额度，降低境外农业投资面临的各种风险。在投资便利化方面，推动解决好人员签证期限过短、劳务人员限制、入境生产资料关税过高、产品返销时征税过高等问题；对部分国家针对我国农业企业，特别是国有企业投资的安全审查问题，应及时予以关注和协调。在服务支撑方面，应加强信息支持与服务，定期发布主要东道国的农业投资国别评估报告、为农业企业境外投资和运营提供指导，建立统一的境外投资农业企业数据库、跟踪了解企业运营情况，支持行业协会、产业基金等在东道国建立信息窗口；应搭建行业服务平台，组建境外农业企业商会或协会，发挥其在规范企业行为、应对贸易纠纷等方面的作用；应注重人才培养，加快培养熟悉东道国农业投资法规和语言文化、具有跨国经营理念和经验的复合型人才。

四、提高开放条件下的国家粮食安全治理能力

我国人口规模和市场体量大的基本国情、对饥饿记忆深刻的国民心态，决定了提高农业对外开放水平在认识层面会出现一些担忧。突出的担忧如下：第一，担忧小规模经营农户能否承受得住开放带来的冲击。从静态看，“大国”小农的确是我国农业的基本现实，生计型

农业确实无法与进口农产品竞争。但从动态看，小农在分化，部分将转型为家庭农场，部分将离农退村进城。即便在封闭条件下，也会存在小农现代化转型的难题。我们只能通过多元选择以减轻转型阵痛，而不应拖延和逃避转型。第二，担忧国际市场的供给能力。从静态看，由于我国体量大，具有典型的大国效应，大多数农产品的中国市场体量确实远超现有国际贸易量，即便买空全球市场也无法满足中国市场需求。[①] 但从动态看，只要有足够规模、足够稳定的需求刺激，大多数农产品的全球生产和贸易增长潜力可以得到逐步释放，我国大豆进口需求长期持续增长拉动了全球大豆生产和出口贸易长期持续增长就是典型案例。[②] 第三，担忧"卡脖子"。从静态看，目前我国部分产品进口的来源地、贸易商、贸易通道等的集中度确实过高，有较大的断供风险。但从动态看，主要进口产品存在替代来源国，通过促进进口多元化可以大幅降低断供的风险。舒缓上述担忧，除了要转变观念外，最为根本的还是要提高开放条件下的国家粮食安全治理能力，妥善管控各类风险。

（一）把提高国家治理能力作为提高粮食安全保障能力的基础

放眼全球，各国实现粮食安全有三种模式，即自给安全（self-sufficiency）、自立安全（self-reliance）和合作安全（cooperative security）。粮食自给安全，就是依靠国内的耕地资源、水资源和农业技术，生产出足够的粮食，以满足本国不断增长的粮食需要。粮食自立安全，

---

① 例如，2018 年我国大米消费量约 13500 万吨，全球贸易量约 4600 万吨；玉米消费量约 27000 万吨，全球贸易量约 16600 万吨；猪肉消费量约 5500 万吨，全球贸易量 800 多万吨。

② 我国自 1996 年起出现大豆持续净进口，净进口量从 1996 年的 92 万吨扩大到 2019 年的 8840 万吨。我国净进口量的持续、均衡增长，拉动了主要出口国的生产和贸易增长，既满足了我国市场不断扩大的需求，又没有造成全球其他净进口国买不到大豆。

就是发展经济，提高粮食购买力，通过自由贸易实现粮食安全。粮食合作安全，就是把自给安全和自立安全结合起来，建立国家间的粮食合作安全模式。在自给安全模式下，并不一定意味着该国的居民都能获得充足的粮食，一些粮食净出口国的居民也存在营养不良问题，例如印度、巴西。而随着全球市场越来越开放，一些缺少粮食的国家运用国际合作的策略，很好地保障了国家粮食安全，例如新加坡、日本、韩国。[①] 事实表明，如果经济发展滞后，收入差距过大，国家调节能力太低，即使粮食自给率很高甚至净出口，也并不能保障国家粮食安全；只要国家治理能力提高了，即使粮食自给率降低了，粮食安全也能得到保障。在开放条件下，我国应把提高经济发展水平、改善收入分配、增强国家治理能力作为保障粮食安全的基础；把粮食自给、粮食自立两个策略结合起来，走粮食合作安全之路。

（二）培育具有国际竞争力的大粮商和农业企业集团

企业是建设稳定可靠农产品贸易体系、实施农业“走出去”战略的主体。从世界各国经验来看，大型农业企业在保障本国农产品国际贸易权益、保障和提升供应链等方面，发挥了极为重要的作用。我国应鼓励有条件的企业，加强企业间合作，探索农业对外合作新途径，形成对外合作整体优势，通过海外并购、资本运作等形式，实现做大做强，参与到世界农业资源配置的产业链条中，重点在产业链关键环节加大投入、加速布局，建设若干在国际上有影响力的大粮商和农业企业集团。同时，也应鼓励我国大型农业企业提高国

---

① 根据英国《经济学人》杂志发布的《2018 年全球粮食安全指数报告》，尽管新加坡 90% 以上的粮食需要进口，进口国家达 180 个，但在纳入排名的 113 个国家和地区中，新加坡粮食安全指数名列第一。

际化水平，与其他世界大粮商开展国际合作，在全球粮食贸易体系中发挥引领作用。[①]

（三）以全球农产品贸易监测体系建设为依托，提升重点农产品贸易的监测预警和贸易政策管理水平

充分掌握信息是科学决策的基础和前提。应以全球农产品贸易监测体系建设为依托，加强对重点产品、重点区域、重点国家、生产、消费、价格、储备等方面数据信息的收集和积累，加快建设覆盖全产业链的农业信息采集平台，建立以市场为核心的大宗农产品市场信息搜集、研判和发布机制，及时发布国内外大宗农产品供求、贸易和价格信息，为农业生产决策和政策制定者提供面向全球市场的形势变化预警、科学决策支撑等农业大数据辅助决策服务。应支持各类智库加强对全球农产品供求状况及贸易政策应对方面的研究，提升农业贸易政策制定及决策的科学化水平。

（四）抓紧培育全球化的农产品交易市场

我国是全球大宗农产品的主要买家，但还不是价格的主导者；是全球大宗农产品市场的主要参与者，但还不是规则的制定者。我国迫切需要在全球大宗农产品交易规则制定和价格形成中发挥主导作用。为此，需要推动我国大宗农产品交易市场融入世界平台，吸引全球买家、卖家和投资者参与。在成为国际大宗农产品定价中心过程中，我

---

① 例如，中粮集团已与世界大粮商艾地盟、邦吉、嘉吉、路易达孚、嘉能可农业共同发起成立实体公司 Covantis S. A，此公司专注于全球农业航运交易标准化、数字化和现代化，使全球贸易变得简单、安全和高效，为整个国际供应链中的公司带来效率改进和成本节约。该实体公司在瑞士日内瓦注册成立后，重点推动区块链技术在谷物和油籽交易后执行过程的自动化上，将按不同的贸易通道逐一实施，并优先用于巴西桑托斯港至中国的大豆贸易通道上。

国还有很多事情要做。应把大宗农产品交易市场的培育发展上升到国家战略的地位，支持发展国际化的农产品交易所。应支持现有农产品交易所积极探索通过稳健可靠的方式引进境外企业参与交易，用离岸账户的方式为境外客户服务、为国内客户的国际贸易服务，待市场有一定规模后再顺应市场需求增加其他服务，最终形成具有世界影响力的中国价格，推进国际贸易人民币结算。

（五）积极参与全球和区域粮食安全治理

在全球层面，应积极参与 WTO 框架下的农业改革，在粮食安全公共储备、出口限制等议题上发挥引领作用，争取达成有利于维护我国农业发展利益的谈判成果；积极参与联合国粮农组织（FAO）、国际农发基金会、世界粮食计划署等联合国涉农机构的改革，推动这些组织提高效率、焕发活力，在帮助发展中国家提高粮食生产能力和粮食安全保障水平方面发挥建设性作用；参与和推动联合国粮安委倡议建立的全球和区域粮食储备体系、禁止粮食禁运等行动计划，以及 G20 粮食安全和营养框架、G20 粮食安全与可持续粮食行动计划，主动承担国际责任，促进全球粮食安全形势改善，增强全球粮食安全政策的一致性和协调性。在区域层面，参与和推动 APEC 粮食安全政策伙伴关系机制、东盟与中日韩“10 + 3”大米紧急储备等机制，加强与南美国家、“一带一路”沿线国家的农业合作，加强农业发展战略和粮食安全政策的沟通对话，增进农业贸易和粮食安全互信，共同维护全球粮食市场稳定。

执笔人：叶兴庆

参考文献

[1] 张陆彪．新形势下构建我国农产品贸易新格局．见：韩长赋主编．农村改革40年：理论与实践．北京：中国农业出版社，2019.
[2] 崔卫杰．四措并举建设更高水平开放型经济新体制．中国经济时报，2019-11-20（5）.
[3] 国务院新闻办．中国与世界贸易组织白皮书．见：商务部网站.
[4] 柯炳生．加入WTO与中国农业发展．见：2001-2002年：中国农村经济形势分析与预测．北京：社会科学文献出版社，2002.
[5] 郭庆海．加入WTO后吉林农业面临的挑战和对策．见：2001-2002年：中国农村经济形势分析与预测．北京：社会科学文献出版社，2002.
[6] 隆国强．中国新一轮对外开放呈现三大特点．中国经济时报，2019-09-09（3）.
[7] 崔卫杰．以制度型开放推动全方位对外开放．中国经济时报，2019-02-27（5）.
[8] 韩文秀．建设更高水平开放型经济新体制．宏观经济管理，2019（12）.
[9] 许英明．外商投资法开启制度型开放新时代．中国经济时报，2019-03-13（5）.
[10] 叶兴庆．我国农业支持政策转型：从增产导向到竞争力导向．改革，2017（3）.
[11] 倪洪兴．开放视角下的我国农业供给侧结构性改革．农业经济问题，2019（2）.
[12] 叶兴庆．演进轨迹、困境摆脱与转变我国农业发展方式的政策选择．改革，2016（6）.
[13] 朱晶．李天祥，林大燕．开放进程中的中国农产品贸易：发展历程、问题挑战与政策选择．农业经济问题，2018（12）.
[14] 杨军，董婉璐．中国农产品贸易变化新特征及其政策启示．经济与管理，2019（5）.
[15] 朱满德，邓丽群，袁祥州．价格支持抑或直接补贴：中等收入经济体农业政策改革趋向．世界农业，2019（12）.
[16] 张在一，毛学峰，杨军．站在变革十字路口的玉米：主粮还是饲料粮之论？中国农村经济，2019（6）.
[17] 王建英，陈志刚，张成龙．转型时期稻米价值链成本竞争力的国际比较——来自中国、印度、越南、孟加拉国、老挝五国的证据．农业经济问题，2018（10）.
[18] 叶兴庆．“一带一路”农业合作与我国全球农产品供应体系多元化．见：国务院发展研究中心《调查研究报告》，2017（69）（总5144号）.
[19] 张振，刘志颐，胡恒松．我国农业国际化的成效及经验．农村工作通讯，2020（1）.
[20] 周曙东，赵明正，陈康，肖宵．世界主要粮食出口国的粮食生产潜力分析．农业经济问题，2015（6）.
[21] 王永春，王秀东．改革开放40年中国粮食安全国际合作发展及展望．农业经济问题，2019（11）.
[22] 程郁，叶兴庆．高水平开放背景下继续深化中国与南美国家农业合作．世界农业，2019（12）.
[23] 魏素豪．中国与“一带一路”国家农产品贸易：网络结构、关联特征与策略选择．农业经济问题，2019（11）.
[24] 吴思．粮食安全新战略——2015年中国粮食与食品安全战略峰会综述．中国经济报告，2015（12）.
[25] 石光．2019：加快构建面向现代化的金融和商品衍生品市场．见：建设适应现代化目标的金融体系，北京：中国农业出版社.

专题报告一

WTO 农业改革的可能走向及对我国的影响

我国作为世界贸易组织（WTO）成立之后新加入的成员，《农业协定》未能充分反映我国农业发展利益；我国加入 WTO 以来工业化、城镇化和对外开放快速发展，工农和城乡关系、国内外农业关联特征均发生了深刻转变。面向未来，我国经济发展水平将继续快速提高，农业比较优势将继续快速下降，农业发展利益势必出现新的变化。WTO 农业改革对我国农业发展势必带来深刻影响。多哈回合启动以来，WTO 农业改革进程步履蹒跚，目前各方仍在其主要领域激烈博弈。我国作为农业生产和农产品进口大国，在 WTO 农业改革的博弈中，必须综合考虑发展阶段和农业比较优势的变化，立足长远，在扩大开放和维护我国农业发展利益之间把握好动态平衡。

一、WTO 农业改革的简要回顾[①]

农业曾长期游离于多边贸易规则的约束范围之外，各国农业政策

---

① 本文所涉及议题仅限与 WTO《农业协定》直接相关的内容。根据 WTO《农业协定》对“农产品”的定义，渔业产品不包括在内，本报告所涉及的农业议题不含渔业议题。卫生与植物卫生措施由 WTO《实施卫生与植物卫生措施协定》规范，所以本文也不涉及卫生与植物卫生方面的议题。

自行其是。特别是部分发达国家为其农业提供高关税保护和严重扭曲贸易的农业补贴，这种以邻为壑的农业政策严重阻碍全球农产品自由贸易。自 20 世纪 60 年代以来的连续几轮关贸总协定（GATT）谈判，都试图解决这个问题。经过 GATT 最后一轮谈判，即乌拉圭回合谈判，终于在 1994 年 4 月达成《农业协定》，全球农业多边贸易规则正式确立。1995 年 WTO 成立后，乌拉圭回合《农业协定》也称为 WTO《农业协定》，各成员方以此约束自己的农业政策。自 2001 年启动多哈回合谈判以来，农业依然是各方博弈最激烈的领域。经过迄今 8 届部长级会议①、多次总理事会会议、多次农业委员会例会和特别会议的磋商，各成员方在农业领域的谈判取得了一些进展，但总体而言农业领域的改革步履维艰、分歧巨大，离《多哈部长宣言》设定的改革目标还有很长的路要走。

（一）WTO《农业协定》的主要内容

乌拉圭回合农业谈判的主要目标是削减扭曲贸易的国内支持和出口补贴，提高市场准入水平。这三个方面紧密相连，国内支持是核心，过高的国内支持导致国内产能过剩；为了向国际市场推销剩余农产品，部分出口国实施出口补贴，降低农产品进入国际市场的价格；进口国为了保护本国农业，只好提高关税等市场准入壁垒。经过乌拉圭回合谈判达成的《农业协定》，其主要内容包括：

一是扩大市场准入。核心是将非关税壁垒关税化，并实行关税减让。各方根据减让基期 1986 ~ 1988 年某农产品国内市场平均价与相同或接近农产品国际市场平均价格的差额，确定非关税措施的关税等

---

① 即 2001 年第四届部长级会议至 2017 年第十一届部长级会议。

值，加上现行关税后得出基础税率，从1995年开始发达国家或地区成员在6年内、发展中国家成员在10年内，平均关税和单项农产品关税分别削减36%、15%和24%、10%，过渡期结束后的税率即为最终约束税率。此外，还要求维持现行市场准入，规定了最低市场准入机会，为关税化的农产品建立特殊保障机制（SSM）。

二是削减国内支持。国内支持措施分为绿箱措施、蓝箱措施和黄箱措施。绿箱措施是指由政府提供且费用不转嫁给消费者，对生产者不具有价格支持作用的政府服务计划，往往不针对特定产品，这些措施对农产品贸易和农业生产不会产生或仅有微小的扭曲作用，各成员无须承担约束和削减义务。蓝箱措施是指农业生产限制计划下的直接收入支持措施，是满足限产条件下的黄箱措施，如以基期85%或更少产量为基础的直接收入支持，对这些支持措施免予削减。黄箱措施是指政府直接支持农产品价格的措施或与农业生产直接相关的补贴，这些措施对农产品生产和贸易产生扭曲作用，各成员须承担约束和削减义务。黄箱措施又分为计入现行综合支持总量的措施和不计入现行综合支持总量的微量允许措施。微量允许措施是指对特定农产品或所有农产品不超过规定比例的黄箱措施，即对特定农产品的支持不超过该农产品相关年度生产总值的5%（发展中国家成员为10%），以及非特定农产品的支持不超过相关年度农业生产总值的5%（发展中国家成员为10%），对符合这些标准的黄箱措施免予削减。根据《农业协定》规定，国内支持以1986～1988年为减让基期，以综合支持总量为基础进行削减，自1995年起，发达国家或地区成员在6年内削减20%的AMS，发展中国家成员在10年内削减13%的AMS。

三是规范出口竞争。以1986～1990年的平均水平为基础，在实施期结束，发达国家或地区成员将享受补贴的农产品出口数量减少21%

和出口补贴支出额减少 36%，发展中国家成员享受补贴的农产品出口数量减少 14% 和出口补贴支出减少 21%。如果在基期没有对某种农产品进行过出口补贴，则禁止该成员将来对该种农产品进行出口补贴。

（二）WTO 农业改革的有限进展

在乌拉圭回合谈判中，为尽快达成《农业协定》，参与谈判的各方对发达国家或地区成员的要求作出较多让步，对发展中国家成员的发展利益考虑不够，加之当时部分国家的农业保护政策积重难返、大幅度削减难过国内政治关，因而该协定只是一个低水平的多边贸易协定，在实质性降低市场准入障碍和国内支持力度、处理好不同类型成员的利益平衡、提高措施的精准性和可操作性等方面存在诸多缺陷。解决好这些问题，成为多哈回合农业谈判的重要使命，也是过去八届 WTO 部长级会议的重要任务。

2001 年 11 月，在卡塔尔多哈召开 WTO 第四届部长级会议，通过了《多哈部长宣言》，全面启动包括农业在内的新一轮谈判，即多哈回合谈判。谈判的主要目的是改革不公平的国际贸易体制，为发展中国家成员创造更多的贸易和发展机会。

2003 年 9 月，在墨西哥坎昆召开 WTO 第五届部长级会议，由于农业对多数成员具有重要性和敏感性，各谈判方分歧较大，会议没有取得任何成果。

2005 年 12 月，在中国香港召开 WTO 第六届部长级会议，绕开分歧大的难点问题，就部分内容达成共识：一是在国内支持方面。分三层削减 AMS 最终约束水平和总体削减扭曲贸易的国内支持，其中层数越高线性削减幅度越大。允许的支持水平最高的成员将分在最高层，支持水平次之和再次之的成员将分在中层，所有其他成员、所有发展中国家成员将分在最低层。无 AMS 承诺的发展中国家成员将免于对微量允许进行削减和对扭曲贸易的国内支持进行总体削减。绿箱标准将参照框架第 16 段进行审议，将特别保证发展中国家成员所产生的贸易扭曲作用不超过最小值的计划真正涵盖其中。二是在出口补贴方面。在 2013 年底前平行取消所有形式的出口补贴，并规范所有具有同等效力的出口措施，发展中国家成员将在取消所有形式的出口补贴的终止日期后 5 年内继续从《农业协定》第 9.4 条中获益。三是在特殊保障机制方面。发展中国家成员在根据基于粮食安全标准、生计安全和农村发展的指数，在自我指定特殊产品的适当税目数方面具有灵活性。发展中国家成员还将有权使用基于进口量和价格触发的特殊保障机制，明确安排有待进一步确定。特殊产品和特殊保障机制应成为农业谈判模式和谈判结果的组成部分。四是在棉花方面。发达国家或地区成员将在 2006 年取消所有形式的棉花出口补贴；发达国家或地区成员将自实施期开始时起给予来自最不发达国家或地区成员的棉花出口免关税免配额待遇；棉花生产方面扭曲贸易的国内补贴的取消比任何议定的总体公式更快且更具抱负水平，且实施期短于普遍适用的实施期；承诺在谈判中对达成此种结果给予优先考虑。

2009 年 12 月和 2011 年 12 月在瑞士日内瓦分别召开 WTO 第七届和第八届部长级会议，由于各成员存在较大分歧，谈判没有取得实质性进展，多哈回合陷入僵局。

2013 年 9 月，在印度尼西亚巴厘岛召开 WTO 第九届部长级会议，自多哈回合谈判启动 12 年来，首次取得具体成果：一是在关税配额（TRQ）管理方面。发展中国家成员组成的农业谈判二十成员协调组（G20）根据 2008 年模式案文提出，严格 TRQ 管理透明度纪律，明确配额申领和配额期限等相关信息公布和通报义务；建立 TRQ 未完成机制，如连续 3 年未达到设定的配额完成率（65%），成员必须改变原有的配额管理方式，采用完全放开，或先来先领等更自由的管理方式；发展中国家成员在配额完成率未达到 65% 的情况下，可以享受维持现有管理方式的特殊差别待遇。二是在粮食安全方面。印度、印度尼西亚、中国、菲律宾等发展中国家成员组成的农业特殊产品和特殊保障机制谈判三十三成员协调组（G33）根据 2008 年模式案文，对 WTO《农业协定》绿箱条款提出修订意见：在“政府一般服务”条款下增列发展中国家成员用于农民安置、土地改革、乡村发展和生计安全方面的支持内容；部分发展中国家成员用于粮食安全公共储备的补贴不计入黄箱；在达成永久方案之前，传统主粮品种的储备收购补贴不计入黄箱，但不能扭曲贸易或对其他成员的粮食安全造成负面影响。三是在出口竞争方面。G20 重申了 2005 年中国香港部长级会议宣言内容，重点为削减出口补贴和严格出口信贷纪律。

2015 年 12 月，在肯尼亚内罗毕举行 WTO 第十届部长级会议，有 4 个农业议题取得谈判成果。一是在出口竞争方面。包括 4 项内容：①出口补贴。发达国家或地区成员将立即取消农业出口补贴，但对“加工产品、奶制品和猪肉”的出口补贴可以延至 2020 年。发展中国家成员也必须在 2018 年底前取消出口补贴。发展中国家成员用于运输和市场推广目的的出口补贴可以延至 2023 年。最不发达国家或地区成员和粮食净进口发展中国家成员获准可以到 2030 年取消出口补贴。②出口信贷、出口信用担保或保险项目。发达国家或地区成员出口信贷最长还款期限为 18 个月。发展中国家成员将在 4 年的过渡期后将最长还款期减少到 18 个月，并给予最不发达国家或地区成员和粮食净进口发展中国家成员更为优惠的待遇。③出口国营贸易企业。各成员必须确保出口国营贸易企业的运营不会规避规则，要求各成员尽力确保相关企业的垄断不会扭曲贸易。④粮食援助。如可能对本地或区域性生产的同类或替代产品造成负面影响，各成员不可提供实物形式的粮食援助。各成员应确保，国际粮食援助不会过度影响已经形成的、正在运转的农业大宗商品市场。二是在特殊保障机制（SSM）方面。G33 积极倡导为发展中国家成员建立特殊保障机制，允许发展中国家成员在进口激增和价格下跌时临时提高关税，确认发展中国家成员拥有根据“中国香港部长宣言第 7 段”使用 SSM 的权利，并承诺将寻求未来在 WTO 农业委员会的特别会议中进行谈判。三是在粮食安全公共储备（PSH）方面。在发展中国家成员以粮食储备及救助贫困人口为目的的国内支持措施接近或突破其承诺的黄箱上限时，应免于起诉。进一步明确在达成永久解决方案前临时方案始终有效。四是在棉花方面。发达国家或地区成员和“宣称有能力的”发展中国家成员将从 2016 年 1 月 1 日起开始向最不发达国家或地区成员棉花出口给予免关税和免配额的市场准入待遇。对削减棉花生产的国内支持，仍需要采取更多行动。发达国家或地区成员将立即取消对棉花的出口补贴，而发展中国家成员在 2017 年 1 月 1 日前取消。

2017 年 12 月，在阿根廷布宜诺斯艾利斯召开第十一届部长级会议，农业谈判聚焦于国内支持、粮食安全公共储备两大议题。由于各方分歧严重，本次会议未达成任何涉及农业的会谈成果。会前，美国片面夸大中国农业支持水平，宣称“中国是最大的扭曲贸易农业补贴国”，提出中国等新兴国家削减农业国内支持是完成多哈谈判的前提条件。欧盟、日本、澳大利亚、加拿大等发达国家或地区成员，以及阿根廷、巴西等农业出口国家成员附和美国，要求发展中大国在削减国内支持上做出贡献。针对美国的提案，会前我国与印度联署提案，提出“首先削减 AMS 到零再考虑其他国内支持纪律”的方案，2018 年我国和印度再次提出“分步削减特定产品 AMS”联署提案，同时强调国内支持改革也应包含蓝箱和绿箱改革，反对削减发展中国家成员的微量允许，提案得到了更多发展中国家成员以及最不发达国家或地区成员的呼应。

特别值得一提的是，2008 年时任 WTO 农业委员会特别会议主席、新西兰大使法克纳（Crawford Falconer）以 2004 年 7 月达成的谈判《框架协议》和 2005 年达成的《香港宣言》为基础，编纂了一份长达 123 页的农业谈判模式案文，覆盖全部农业议题，对每个议题都提出了详细的解决方案。这份模式案文尽管未形成决议，但为后来的农业议题谈判提供了重要基础，时至今日一些提案仍将其作为起点。

二、WTO 农业改革主要议题的基本背景和各方诉求

多哈回合以来，各成员方由于经济发展水平、利益诉求等不同，形成多个农业谈判联盟，不少成员加入了多个谈判联盟。各谈判联盟先后提出了各自的提案，部分成员就自己关注的问题单独或联合其他成员提出提案，这些提案涉及《农业协定》的方方面面。在梳理这些提案、总结各方诉求的基础上，WTO 农业委员会特别会议主席和农业贸易问题谈判机构在2018 年5 月确定了几个谈判议题（见附表1 -1）。下面围绕这几个议题，以及农业领域的发展中国家成员特殊和差别待遇，梳理各方诉求和改革走势。

（一）国内支持

1. 基本背景

规范国内支持、创造公平竞争的市场环境，是《农业协定》的核心内容。由于达成《农业协定》之前部分国家农业支持力度很大，支

持政策种类繁多，而不同国家使用的政策种类不同、不同支持政策对生产和贸易的扭曲程度不同，因此对不同支持政策提出了不同的约束纪律。这种差异化处理的做法看起来合理，实际上掩盖了不少矛盾，为日后的谈判增加了难度：一是享受“发展箱”的权利不平等。《农业协定》第6.2条赋予发展中国家成员农业投资补贴、投入品补贴等免于削减的农业发展权利，但部分发展中国家成员在加入WTO时未能争取到适用这个权利，例如中国、哈萨克斯坦。二是对“综合支持量”的纪律约束不公。根据《农业协定》第6.3条的规定，各成员的国内支持以1986~1988年为减让基期，以AMS为基础进行削减。这意味着只有在减让基期有“综合支持量”的成员，才能在加入WTO之后，既可以利用国内支持措施中的微量允许措施，又可以在过渡期内利用各年度AMS承诺值以内、过渡期结束后的最终约束综合支持总量（FBTAMS）以内的黄箱措施。目前164个WTO成员中，只有32个成员拥有基期AMS。问题在于，发达国家拥有的基期AMS高达1600亿美元，占全部基期AMS的90%，例如，欧盟达到943.77亿美元，日本达到402.98亿美元，美国达到191.03亿美元。[1] 减让基期没有实行黄箱补贴或黄箱补贴低于微量允许上限的国家，随着经济发展水平提高、有能力对农业提供补贴，但却面临《农业协定》的约束而不能为之。这造成不同成员的国内支持政策空间出现巨大差异。问题还在于，拥有基期AMS的成员，可以将AMS集中在少数关键产品上（如美国的棉花、欧盟的牛奶和家禽），集中使用AMS的产品可以随意进行调整，这使这些成员在扶持他们想要扶持的特定产品上拥有巨大的政策空间。三是对“微量允许”的纪律约束不公，未能防止其随

① 各成员向WTO提交的国内支持通报一般以本国货币为单位，此处按2010年名义汇率换算成美元。

农业生产发展而不断扩大。虽然《农业协定》第6.4条对发达国家和发展中国家成员制定了差异化的微量允许上限，但多数发展中国家成员由于财力不足无法采用微量允许措施，发达国家或地区成员实际使用的微量允许远远超过发展中国家成员。例如，2014年美国微量允许措施达到97.88亿美元，而印度只有30.44亿美元。由于微量允许上限为当年生产值的一定比例，导致微量允许措施的可使用量随农业发展而不断提高，这与削减扭曲生产和贸易的国内支持措施的改革初心背道而驰。四是使用蓝箱的实际权利不平等，缺乏对蓝箱措施扭曲效应的监测和评估办法。《农业协定》第6.5条规定，对限产计划下的直接补贴免予削减承诺，但对具体办法缺乏清晰的界定，为一些国家利用蓝箱措施替代原先需要削减的黄箱措施提供了合法途径。受国家财力、政策设计和执行能力等影响，仅少数国家或地区采用了蓝箱措施，主要包括挪威、冰岛、欧盟、日本，美国也曾实行过蓝箱措施。2014年，挪威、冰岛、欧盟、日本的蓝箱补贴分别为8.11亿美元、0.06亿美元、38.19亿美元和7.05亿美元，占其农业产值的比重分别为16%、2%、1%和0.9%。一些研究表明，所谓的蓝箱措施并非没有扭曲作用。

2. 各方诉求

对国内支持的改革，因不同措施扭曲作用不同、不同国家受影响程度不同，因此出现巨大分歧。目前比较活跃的提案方及其主张如下。

一是关于“全部贸易扭曲型支持”（Overall Trade-Distorting Support，OTDS）封顶改革。这涉及固定封顶和浮动封顶两种改革思路。在固定封顶思路中，又大致分为与历史农业生产总值挂钩和与现有黄箱权利挂钩的两种思路。巴西、欧盟、哥伦比亚、秘鲁、乌拉圭在联署建议中提出，可按两种方案确定OTDS：①包括AMS和微量允许在内的贸易扭曲型国内支持措施，发达国家或地区成员不得超过其最近3年通报的农业生产总值的X%，发展中国家成员不得超过其最近3年通报的农业生产总值的（X+2）%；②包括AMS和微量允许在内的贸易扭曲型国内支持措施，发达国家或地区成员不得超过其［　　］年农业生产总值的X%，发展中国家成员不得超过其［　　］年农业生产总值的X%，从2022年至［　　］年发展中国家成员不得超过其最近3年通报的农业生产总值的（X+Y）%。新西兰、澳大利亚、加拿大、智利、巴拉圭在联署提案中则强调，固定封顶比浮动封顶更有利于增强市场预期、降低行政成本，鉴于各成员黄箱权利并没有足额使用，制定OTDS限额而又不影响各成员的现行政策是一项有意义的、渐进的改革，可以将各成员以下三者中的最大值作为其OTDS限额。按2011~2015年年均农业总产值计算的微量允许，最近3年通报的年均AMS与微量允许之和的1.1倍，发展中国家成员为20亿美元或等值本国货币。阿根廷、菲律宾在联署提案中提出了类似的建议。墨西哥提出，对包括AMS和微量允许在内的贸易扭曲型支持措施进行封顶是国内支持改革的关键一步，发达国家或地区成员不得超过FBAMS与按2011~2015年平均产值计算的微量允许之和的（1-X）%，没有AMS的发展中国家成员不得超过按2011~2015年平均产值计算的微量允许的（1-Y）%，有AMS的发展中国家成员不得超过FBAMS与按2011~2015年平均产值计算的微量允许之和的［Y+A］%，其中X>Y，A适用于FBAMS大于或等于5亿美元的发展中国家成员，发展中国家成员的削减幅度不超过发达国家或地区成员的2/3。在浮动封顶思路中，主要根据目前《农业协定》第6.4条规定的微量允许办法，与未来年度的农业生产总值挂钩。瑞士代表G10集团提出，改革应以各成员现有的AMS和微量允许权利为起点，不反对对贸易扭曲型支持进行封顶，但任何改革都不应当直接影响本集团成员的现行国内支持措施，对按农业生产总值的一定比例确定封顶线的观点表示严重关切，因为这会严重影响到本集团成员，忽视了农业多样化的重要性。日本也提出，任何改革都应考虑现实性和平衡性，按农业生产总值确定封顶线的方案（VoP-based OTDS）未充分考虑到不同国家农业的差异性，对那些农业生产总值较小、追求农业多样化的成员不公平，而且也不能解决一些成员因农业生产发展其微量允许空间不断增长、对发展箱的利用越来越大等问题，因此应以《农业协定》中的既有规定为讨论的起点。新加入成员集团（Article Ⅶ Members）提出，为 OTDS 制定一个封顶线，无论是固定封顶还是浮动封顶，均有可能进一步收缩本集团成员使用 AMS 和微量允许的空间，而这些成员在加入时获得的空间本来就小。澳大利亚代表凯恩斯集团指出，从推动改革进程的角度，对所有生产和贸易扭曲型国内支持进行更严格检查；采用澳大利亚常驻代表团开发的国内支持计算工具，9 个最大成员（澳大利亚、巴西、加拿大、中国、欧盟、印度、印度尼西亚、日本、美国）贸易扭曲型国内支持的权利空间高达 6250 亿美元，必须对如此巨量的权利空间进行实质性削减；必须解决特定产品特别是大米、食糖、奶制品、小麦、大豆、牛肉、棉花得到的支持过度集中的问题。

二是关于 AMS 改革。阿根廷提出，应分层削减“最终约束综合支持总量”：FBTAMS 超过 400 亿美元的成员削减 30%，150 亿 ~400 亿美元的成员削减 21%，150 亿美元以下的成员削减 15%；发达国家或地区成员在 2 年内完成削减，发展中国家成员在 4 年内完成削减，累计削减幅度为上述幅度的 2/3，不足 1 亿美元的发展中国家成员和最不发达国家或地区成员无须削减。菲律宾也提出了分层削减 FBTAMS 的思路，分层标准与阿根廷一样，但相应削减幅度分别为 70%、60%

和45%。菲律宾还提出，为解决AMS过度集中于少数产品带来的不公平竞争问题，应对发达国家或地区成员特定产品使用的AMS进行约束，其AMS不得超过其通报的1995~2000年的平均值，且应对每一个产品的AMS约束值进行计算。卢旺达代表非洲集团提出，拥有FBTAMS的成员应取消这些AMS，这是改革的第一步、推进其他改革的基础，也有利于减少将国内支持集中于少数产品的倾向。中国和印度在联署提案中强调，消除发达国家或地区成员和发展中国家成员在使用特定产品AMS方面的不平衡是国内支持改革的前提，并提出了渐进式改革构想：第一步，根据截至2018年底通报的最近3年特定产品超过微量允许的AMS平均值，确定发达国家或地区成员每一种农产品以产品产值比例衡量的超微量允许AMS基期值，没有超过微量允许的产品从2019年起不得再超过；第二步，在2019至202x年，至少削减各特定产品AMS值的10%，累计削减各产品超过微量允许的AMS基期值与10%的差额的一半；第三步，到202y年，至少削减特定产品AMS值的10%，削减至相当于该产品产值的10%；第四步，到202z年，至少削减特定产品AMS的5%，削减至相当于该产品产值的5%。

三是关于蓝箱改革。早在2004年7月，多哈回合谈判框架协议就曾提出对农业国内支持的蓝箱措施制定新的规则：一是将蓝箱措施的使用量限定在一成员农业产值的5%以内；二是将蓝箱标准从原来的“限产”扩大到“不对生产进行要求”。这被称为“新蓝箱”。在2017年第十一届部长级会议前夕，巴西、欧盟、哥伦比亚、秘鲁、乌拉圭在联署提案中指出，应把蓝箱措施纳入贸易扭曲型国内支持“总量封顶（overall ceiling）”范围作为改革目标，在为此而进行的谈判中应考虑区别对待没有贸易扭曲效应的蓝箱以激励一些成员把黄箱措施调整为蓝箱措施，需要一定的过渡期。圭亚那代表非加太集团提出，发达国家或地区成员和发展中国家成员的微量允许和蓝箱措施之和不得超过《农业协定》第6.4条规定的微量允许限额，允许有特殊困难的发达国家或地区成员可以有更长的过渡期，农业生产总值小、大部分支持用于生计和资源贫乏农民的发展中国家成员其微量允许限额可以高于《农业协定》第6.4条的规定值。墨西哥提出，应制订一个工作计划以寻求对《农业协定》第6条所涵盖的所有支持措施进行削减和加严纪律；对蓝箱措施，应考虑如何纳入总量封顶范围，制定专门的纪律以限制这种类型的支持措施。卢旺达代表非洲集团提出，应按分阶段退出的思路，制定关于蓝箱措施的纪律。

四是关于绿箱改革。圭亚那代表非加太集团提出，单单制定OTDS封顶线是不够的，因为主要发达国家或地区成员的实际OTDS低于其允许的OTDS，应加强对绿箱措施的纪律约束，确保没有或只有极小的贸易扭曲效应，防止转箱。卢旺达代表非洲集团提出，根据《农业协定》附件2实施的绿箱措施必须符合没有或只有极小扭曲效应的条件，对附件2第5~13款包括的措施应提出严格的标准。

（二）粮食安全公共储备（Public Stockholding，PSH）

1. 基本背景

用于粮食安全目的的公共储备要追溯到多哈回合谈判早期。当时，一部分成员担心高度的贸易自由化会影响其粮食市场稳定，特别是影响城乡贫困人口的粮食可获得性，需要实施政府储备项目。另一部分成员则担心政府储备项目在实际运作中会产生扭曲效应。作为折中，《农业协定》把“用于粮食安全目的的公共储备”和“国内粮食援助”作为免除削减承诺的国内支持措施，即绿箱措施，纳入附件2第3款、第4款。同时，对粮食安全公共储备项目制定了严格的纪律要求："此类库存的数量和积累应符合仅与粮食安全有关的预定指标，库存的积累和处置过程在财务方面应透明，政府的粮食采购应按现行市场价进行，粮食安全库存的销售应按不低于所涉产品和质量的现行国内市场价进行"。这个规定的核心，是政府储备粮的购进和销售必须实行市场定价，从而将各成员利用政府储备项目提供贸易扭曲型支持的空间限定在利息、保管费用、市场价格波动产生的价差损失等方面。这也使这个措施具有一定的扭曲作用。

为照顾发展中国家成员的特殊利益，在附件 2 第 3 款的脚注 5 中，又明确规定："就本附件第 3 款而言，发展中国家为粮食安全目的而实施的政府储备计划，如运营是透明的并依照正式公布的客观标准或准则实施，则应被视为符合本款的规定，包括按管理价格收购和投放的、用于粮食安全目的的粮食储备计划，只要收购价格与外部参考价格的差额计入综合支持量。"从这个脚注看，虽然允许发展中国家成员实施用管理价格收购和投放的政府储备粮项目，但要计入黄箱，并非实质性的特殊和差别待遇。在实际执行过程中，一些成员混淆了附件 2 第 3 款与脚注 5，把本应按脚注 5 的要求计入黄箱的粮食安全储备项目视作适用第 3 款的项目。这自然引起了另一些成员的不满。双方围绕如何改革《农业协定》附件 2 第 3 款及脚注 5 展开了激烈博弈。

2013 年在巴厘岛召开的 WTO 第九届部长级会议就粮食安全公共储备问题发表决议指出，各成员同意就用于粮食安全为目的的公共储备问题实施临时机制，并谈判一项适用于所有发展中国家成员的永久解决办法的协定提交第十一届部长级会议通过。这个临时机制为：直至找到永久解决办法前，并在满足下列条件的前提下，对于在本协定通过之日已存在的、为实施用于粮食安全目的的公共储备项目而对传统主粮作物提供的且符合《农业协定》附件2第3款、脚注5及脚注5和脚注6的支持，各成员应克制通过WTO争端解决机制对发展中国家成员是否遵守其在《农业协定》第6.3款和7.2（2）项下的义务提出质疑。这些前提条件是：在通报和透明度方面，已向WTO农业委员会通报因实施上述项目而超过或可能超过其综合支持总量上限之一或全部上限（该成员AMS或微量允许上限），已经履行并将继续履行《农业协定》项下的国内支持通报要求，对于其为粮食安全目的而维持的每一公共储备项目已经并将每年继续提供额外的信息，尽早提供这些额外信息并对早前提供的任何额外信息进行更正；在反规避或保障措施方面，受益此临时机制的任何发展中国家成员应保证此类项目下采购的储备不扭曲贸易或对其他成员的粮食安全造成不利影响，不导致增加对受综合支持总量上限之一或全部上限（该成员AMS或微量允许上限）约束的其他项目的支持；在磋商方面，受益此临时机制的发展中国家成员应请求，应与其他成员就已超过或可能超过其综合支持总量上限之一或全部上限（该成员AMS或微量允许上限）的公共储备项目的运行情况进行磋商；在监督方面，WTO农业委员会应监督根据此临时机制提交的信息。

2015年在内罗毕召开的WTO第十届部长级会议再次就粮食安全公共储备问题发表决议强调，各成员应建设性地参与谈判并共同努力，从而就为粮食安全目的的公共储备达成和通过永久解决方案；为达成该永久解决方案，关于此问题的谈判应在WTO农业委员会特别会议中，以专门会议的方式和在加快的时间框架下进行，独立于多哈发展议程项下的农业谈判；总理事会应定期审议进展情况。

2017年在布宜诺斯艾利斯召开的WTO第十一届部长级会议陷入僵局，未能如期就粮食安全公共储备问题达成永久解决方案。

2. 各方诉求

目前主要利益相关方就粮食安全公共储备的永久解决方案仍在进行激烈博弈，立场分歧较大。

一是坚决要求粮食安全公共储备项目不计入黄箱，甚至要求扩大适用范围。印度尼西亚代表 G33 强调，自巴厘岛部长级会议以来他们已就永久性解决方案多次提交了材料，但有些成员仍质疑达成永久性解决方案的公正性、不把自己的意见拿到桌面讨论，这意味着他们在质疑部长级会议决议这一 WTO 方案作为一个机构的基石；永久性解决方案中的透明度条款不能太苛刻，以免很多发展中国家成员不能使用这一机制；达成永久性解决方案不仅事关贸易，更关系到保障城乡贫困人口的粮食安全、食物的可获得性、价格稳定，听说有些成员关心的是储备出口对其他成员粮食安全产生不利影响，希望他们拿出书面意见。他们还提出，应在《农业协定》中增加附件 6 “发展中国家成员方内支持措施：粮食安全公共储备”，主要内容是：（1）粮食安全公共储备项目，包括发展中国家成员和最不发达国家或地区成员政府出于支持低收入或资源贫乏生产者之目的，以管理价格收购粮食的项目；发展中国家成员和最不发达国家或地区成员政府出于保障城乡贫困人口粮食安全、维护食物适当的可获得性、保障食品价格稳定之目的，以管理价格收购粮食、以补贴价格销售粮食的项目；（2）这些项目的运营应当透明，并依照正式公布的客观标准或准则实施；（3）这些项目不应计入 AMS；（4）各成员应每年向农业委员会通报根据本附件实施的项目。菲律宾提出，永久性解决方案应包括以下内容：将适用 2013 年巴厘岛部长级会议和 2014 年总理事会关于粮食安全公共储备的决议的范围，扩大到任何发展中国家成员截至 2017 年已存在的粮食储备项目；最不发达国家或地区成员任何时候的粮食储备项目均可适用此条款；除非经进口成员同意，适用此条款的粮食储备不得直接或间接出口。在2017年WTO第十一届部长级会议上，印度甚至提出，达成关于粮食安全公共储备的永久性方案，是推动《农业协定》其他议题谈判的前提。

二是赞成不把粮食安全公共储备计入黄箱，但对储备规模、透明度等要进行严格的纪律约束。巴西、欧盟、哥伦比亚、秘鲁、乌拉圭在联署提案中提出，根据《农业协定》附件2第3款、脚注5、脚注5和脚注6的标准，为传统主粮作物提供的以粮食安全为目的的公共储备，只要符合下列条件之一，就不应被纳入OTDS封顶限制的范围，也不应计入黄箱：①最不发达国家或地区成员的项目；②其他发展中国家成员，某产品储备收购值不超过通报的该产品最近3年平均产值的10%，产值数应当每年更新；③2013年巴厘岛部长级会议召开时即已存在的以粮食安全为目的的公共储备项目，且该成员尊重巴厘岛部长级会议决议提出的要求。适用这一规定的发展中国家成员，必须履行关于产量、产值、库存等的年度通报义务，必须确保不扭曲贸易、不影响其他成员的粮食安全，出库的产品不得用于出口。俄罗斯和巴拉圭在联署提案中提出，适用于所有发展中国家成员的永久性解决方案应是，各成员不应通过WTO争端解决机制，对发展中国家成员以下为保障粮食安全而对传统主粮作物提供的公共储备项目是否符合《农业协定》第6.3和7.2（2）条的规定提起诉讼，这些储备项目包括：截至巴厘岛部长级会议已存在的、符合《农业协定》附件2第3款、脚注5、脚注5和脚注6之规定的储备项目；最不发达国家或地区成员提供的储备项目；其他任何发展中国家成员提供的、储备收购值不超过其通报的最近3年平均产值X%的项目，并每年向WTO秘书处更新该产品产值。适用这一规定的发展中国家成员必须严格履行详尽、及时的通报义务，遵守反规避和保障措施的相关纪律。挪威和新加坡在联署提案中提出，适用于所有发展中国家成员的永久性解决方案应是，各成员不应通过 WTO 争端解决机制，对一发展中国家成员根据《农业协定》附件2 第3 段、脚注5、脚注5 和脚注6 为传统主粮作物提供的以保障粮食安全为目的的公共储备是否符合《农业协定》第6.3 和7.2（b）条的规定，提起诉讼；适用这一规定的发展中国家成员必须严格履行详尽、及时的通报义务，不得扭曲贸易、对其他成员的粮食安全产生不利影响。

三是对发展中国家成员按管理价格收购和销售的粮食安全公共储备项目不计入黄箱提出质疑。针对巴西、欧盟、哥伦比亚、秘鲁、乌拉圭的联署提案，挪威在其提交的一份通讯中提出了6 点质疑：第一，《农业协定》第1（a）条将除附件2 规定的措施以外的其他“农业支持”界定为 AMS，如果将粮食安全公共储备中的市场价格支持排除在 AMS 之外，这是否意味着要建立一个新的关于农业支持的分类？第二，通过公共储备项目为主粮提供的市场价格支持，如何纳入国内支持通报，需要为《农业协定》增加一个附件吗？第三，关于《农业协定》附件2 脚注5 的建议的法律含义是什么，此建议与脚注5 是否相冲突？第四，根据此建议，截至巴厘岛部长级会议时已存在的储备项目无须计入“AMS”或新的 OTDS。那么，贸易扭曲型支持的总权利是随着储备项目覆盖的主粮的产值向下修正，或者产值不变，最终为未来向其他农产品提供补贴留出更大空间？第五，假设一个成员 30% 的国内小麦产量被公共储备项目覆盖，那么是全部小麦产量还是仅这 30% 的小麦产量免于计入“AMS”或新的 OTDS？第六，对新的储备项目，意味着新增了 10% 的微量允许。这是否意味着这新增的微量允许无须计入“AMS”或新的 OTDS，各成员仍可根据《农业协定》向储备项目覆盖的产品提供相当于其产值 10% 的市场价格支持？

（三）市场准入（Market Access，MA）

1. 基本背景

说《农业协定》是一个低水平的多边自由贸易协定，很重要的一点在于，其在改善和保障市场准入方面取得的进展极为有限。一是农产品约束关税“水分”很高，增加了贸易的不确定性。尽管自多哈回合谈判启动以来，为促进更加开放的贸易，以关税为主的市场准入壁垒已经下降，但目前农产品关税仍然比工业品高出 8 倍。据 2016 年世界关税报告，WTO 所有成员方农产品的平均约束关税税率为 54.7%，平均实施关税税率为 14.5%，约 35% 的成员方的约束关税税率与实施关税税率的差额（Water Tariff，即关税含水量）超过了 WTO 所有成员方的平均差额水平。2018 年世界关税报告显示，无论是发达国家或地区成员还是发展中国家成员，多数仍有较大的削减空间。由于这些成员方的平均实施关税税率与约束关税税率还有较大调整空间，可以在约束水平内调节不同实施关税税率，这就导致了成员方间实施关税税率的不平衡，从而带来国际市场准入的极大不确定性。二是关税高峰问题突出，隐含着对部分产品的高度保护。2018 年世界关税报告显示，为保护本国敏感农产品，多数成员方在特定农产品上设置了关税高峰。美国虽然采取了比较低的平均实施关税税率，但对特定农产品采取的最高实施关税税率高达 350%；欧盟 28 国、日本和韩国，虽然也采取了较低的平均实施关税税率，但特定产品关税高峰分别达到 189%、736% 和 887%，是其平均实施关税税率的 17.5 倍、55.3 倍和 15.6 倍。一些成员方尤其是发达国家或地区成员，通对大多数农产品采用较低实施关税税率、对少数特定农产品采取关税高峰的结构化关税，虽然履行了“关税削减”的承诺，但也维持了对特定产品的高度保护。三是进口配额的纪律约束松弛，隐含着对相关产品进口的非关税壁垒。从部分成员的通报情况看，配额完成率很低。例如，2016 年美国实行进口配额管理的农产品多达 54 种，完成率在 65% 以上的仅 22 种。不少成员多年未履行通报义务。不通报、低完成率，在很大程度上隐藏着进口数量限制，这有违非关税措施关税化的大方向。

针对这些问题，2008 年编纂发布的农业谈判模式案文提出了详尽的改革构想：①按阶梯公式削减最终约束关税。发达国家或地区成员关税税率大于 0、小于或等于 20% 的产品削减 50%，关税税率大于 20%、小于或等于 50% 的产品削减 57%，大于 50%、小于或等于 75% 的产品削减 64%，大于 75% 的产品削减 70%，最低平均削减幅度为 54%；发展中国家成员大于 0、小于或等于 30% 的产品削减幅度相当于发达国家或地区成员第一档的 2/3，大于 30%、小于或等于 80% 的产品削减幅度相当于发达国家或地区成员第二档的 2/3，大于 80%、小于或等于 130% 的产品削减幅度相当于发达国家或地区成员第三档的 2/3，大于 130% 的产品削减幅度相当于发达国家或地区成员第四档的 2/3，包括敏感产品在内的最高平均削减幅度为 36%，小型和脆弱经济体的削减幅度可再降低 10 个百分点；新加入成员可比发展中国家成员少削减 8 个百分点，其最终约束关税税率小于或等于 10% 的产品免于削减。②指定敏感产品。发达国家或地区成员可以指定最多 4% 的海关编码产品为“敏感产品”，如果超过 30% 的税号产品处于阶梯削减的最高档则可增加 2% 的税号产品为“敏感产品”。发展中国家成员指定为“敏感产品”的税号产品可比发达国家或地区成员多 1/3。各成员敏感产品的关税削减可比按阶梯公式要求的削减幅度偏离 1/3、1/2 或 2/3。发达国家或地区成员实行关税配额管理的产品，根据2/3、1/3 和1/2的不同偏离幅度，相应的新增市场准入量分别不得低于国内实物消费量的 4%、3% 和 3.5%；如果现有的约束关税配额量达到国内消费量的 10% 或 30%，新增市场准入量可以分别降低 0.5 或 1 个百分点。发展中国家成员新增市场准入量相当于发达国家或地区成员相同情形下的 2/3。③在其他方面。关税升级：加工产品的关税削减幅度应比按阶梯公式要求的削减幅度高一档，处于阶梯公式最高档的加工产品应追加削减 6 个百分点，以使加工产品和初级产品的关税税率差不超过 5 个百分点，被指定为敏感产品的税号产品不适用这一要求。关税简化：各成员减让表中所有产品的关税都应当为从价税；或者发达国家或地区成员不少于 90% 的产品为从价税、实施期结束后一年内提出对剩下部分如何实现向从价税转换的办法，发展中国家成员的实施期可比发达国家或地区成员延长 2 年。关税配额：发达国家或地区成员所有配额内关税削减 50%，或者以削减 10% 为起点；从实施期第一天起，配额内关税税率最高为 17.5%；配额内约束关税税率已经等于或小于 5% 的，在实施期第一年结束时应削减至零。发展中国家成员配额内关税削减 15%，小型和脆弱经济体为 7.5%。关税配额管理应当视同一种"进口许可"，遵循乌拉圭回合《进口许可程序协定》和《农业协定》之要求。特殊农产品保障措施（Special Agricultural Safeguard，SSG）：发达国家或地区成员应在实施期的第一天将适用 SSG 的税号产品占比减少到 1%，不迟于实施期的第 7 年底全部取消；发展中国家成员在实施期的第一天适用 SSG 的税号产品占比减少到不超过 2.5%；小型和脆弱经济体适用 SSG 的税号产品占比在 12 年内减少到不超过 5%。

2. 各方诉求

在最近两年的磋商中，关于关税削减方面的讨论比较沉闷。澳大利亚代表凯恩斯集团指出，农产品平均关税仍然比工业品高出 8 倍，超过 300% 的农产品关税也非个别现象，必须在削减保护方面取得实质性进展。巴拉圭和秘鲁在联署提案中提出，各成员农产品关税减让表表明，成员之间、成员方不同产品间的关税差异很大，包括关税高峰、关税水平、复合或混合或更复杂的约束关税形式的差异，以及关税升级、关税配额、非关税措施的存在，使按公式法削减关税极为复杂。各成员应秉承《农业协定》第20条之精神，持续推进改革，在市场准入方面取得实质性进展。根据渐进推进的思路，第一步的改革措施包括：（1）在关税简化方面。各成员应通报其约束和实施关税，包括把非从价税转换为从价税；各成员应修订其减让表，把所有农产品的约束关税（包括复合关税、混合关税、复矩阵关税）转换为简化的从价税；如有必要发展中国家成员可以延期一年完成这种转换，最不发达国家或地区成员可自愿确定是否进行这种转换。（2）在关税峰值方面。发达国家或地区成员约束关税税率超过100%的农产品，应削减其与最近3年平均实施税率的差额的［X］%；发展中国家成员约束关税税率超过150%的农产品，应削减其与最近3年平均实施税率的差额的［X］%。（3）在关税升级方面。各成员应承诺对2008年模式案文附件D（TN/AG/W/4/Rev.4）所列产品的约束关税情况进行检视，如存在关税升级问题，应进行修订，以使加工品的关税不超过初级产品关税的［X］倍。（4）关于配额内约束关税。发达国家或地区成员所有配额内关税应削减［X］%或［X］%以上；发展中国家成员的配额内关税应削减［X］%。以这些改革为基础，各成员应继续致力于扩大市场准入，包括继续深化这些改革，也包括推进热带产品、非关税措施等领域改革。俄罗斯提出，应增强实施关税的透明度，GATT和TFA要求成员方每年3月30日前提交实施关税情况，但在这一年内成员方可能会采取涉及关税的多种贸易管制措施，进而使市场主体实际面临的关税水平与通报的实施关税不同。缺乏事先对实施关税水平的了解，将使贸易主体面临不确定性风险，应建立实施关税变化情况的及时通报机制。

2013 年巴厘岛部长级会议就农产品关税配额管理作出决议后，成员方就如何落实进行了比较充分的讨论。欧盟指出，很多国家并没有按照决议要求通报配额完成情况，应加强配额管理的透明度、强化成员方及时通报配额完成情况的义务，并要求每 3 年对该决议执行情况进行常规性评估；配额未完成机制的一个严重缺陷，是不适用于所有成员方，也不是所有成员方有同等的义务，这大大降低了其有效性，配额未完成机制应适用于所有成员方。凯恩斯集团指出，该决议的执行效果不理想，40 个做出通报承诺的成员方中，只有 17 个成员方通报的配额管理情况是最新的，只有 28 个成员方通报了配额完成率，由此呼吁将配额管理通报系统更新至最新，用以评价该决议执行情况。澳大利亚也提出，应督促成员方及时通报配额完成情况和未完成配额的再分配机制，同时应进一步明确未完成配额再分配的方法，以促进成员方更透明、有效地分配未完成配额。

（四）特殊保障机制（Special Safeguard Mechanism，SSM）

1. 基本背景

为防范某项产品进口激增对国内生产同类产品或直接竞争产品的产业造成严重损害或严重损害威胁，根据《关贸总协定》第 19 条及第 12 条的规定，1994 年制定了 WTO 系列协定之一的《保障措施协定》。但该协定适用的产品范围很宽泛，触发条件比较严格，不足以消除欧盟、美国等发达国家对原先受非关税措施保护的农产品实行关税化后可能受到冲击的担忧。在他们的坚持下，在《农业协定》中加入了第 5 条“特殊保障条款”。这一条款之所以“特殊”，在于其比

《保障措施协定》更有利于进口国采取保护措施，与《反倾销协定》（《关于执行1994年关贸总协定第6条的协定》）相比也更有利于进口国采取保护措施。

根据《农业协定》第5条“特殊保障条款”，当农产品进口数量超过触发水平或者到岸价降至触发价格以下，则允许暂时提高关税。相比一般保障措施，农产品特殊保障机制不需要进行损害检验或对出口国进行补偿。但适用农产品特殊保障机制也有较严格的条件：一是只适用成员已完成关税化的产品，并且在减让表中被相关成员特别标注“SSG”的农产品；二是实施特殊保障机制不能降低进口方最低市场准入水平，也不能对关税配额内和最惠贸易产品采取该措施；三是只能采取附加关税，而不能实行数量限制；四是应遵守透明性原则，以数量为基础的特殊保障措施必须在10日内通报该行动，以价格为基础的特殊保障措施必须提供触发价格说明。目前，只有39个成员拥有适用农产品特殊保障机制的权利，涉及183个产品类别，有特殊保障权益的农产品占各方关税化产品的比例从最低0.1%到最高53%不等。

2004～2015年，有8个成员启用过特殊保障措施，分别是巴巴多斯、欧盟、日本、韩国、菲律宾、中国台北、美国、挪威，涉及77个产品类别，使78个成员受到影响；启动数量措施和价格措施的累计次数分别为1514次和1233次，适用价格措施的数量2004年后逐渐下降。从适用的产品看，价格措施主要涉及乳品、食品配料、肉、水果和蔬菜、糖，数量措施主要涉及乳品、食品配料、肉、谷物、水果和蔬菜。

2. 各方诉求

因为农产品特殊保障机制只适用关税化且特别标注的产品，而大部分发展中国家成员都是采取直接设定关税约束上限的方式，因而不具有援用特殊保障机制的权利。针对这种贸易规则约束和政策适用的不平衡性，2015 年内罗毕第十届部长级会议提出，发展中国家成员也应拥有启动特殊保障机制的权益，并将推动这项权益的协商谈判。

G33 多次诉请赋予发展中国家成员有意义的特殊产品、可适用和有效的特殊保障机制，以帮助发展中国家成员维持农业投资、应对动荡国际市场的冲击。他们认为，特殊保障机制最初设立时相对独立，并未与关税削减相关联，现在也不应以要求发展中国家成员削减关税为前提适用特殊保障机制；同时，因为很多发展中国家成员承诺的最高约束关税水平已明显低于发达国家，为确保有效的保障水平，应允许发展中国家成员使用特殊保障机制时可以超过其最高约束关税水平。G33 指出，特殊保障机制作为缓解价格波动风险和平衡农业贸易扭曲的补救性贸易工具，必须操作简单、入门容易、保障充分。他们提出了一个适应所有发展中国家成员的以数量为基础的特殊保障措施方案，根据进口量超过近 3 年平均进口量（基期进口量）的幅度不同准予不同程度地加征关税：进口量超过基期进口量的 110% 但不超过 115%，可以加征不超过 25% 的关税；进口量超过基期进口量的 115% 但不超过 135%，可以加征不超过 40% 的关税；进口量超过基期进口量的 135%，可以加征不超过 50% 的关税。同时，对最不发达国家、占全球贸易比例非常低的经济体和发展中国家成员给予特殊和差别待遇。对以价格为基础的措施，他们认为应以最近 3 年的平均价格作为参考价，而不是使用 1986～1988 年的固定外部参考价。因为进口的增加必然会导致国内价格的下跌，因此也要求约束同一产品不能同时使用以数量为基础的措施和以价格为基础的措施。

但对农产品特殊保障机制，因为各方的诉求不同，在前几轮谈判中难以达成一致。一些成员方希望寻求对特殊保障机制更有效的约束纪律，确保市场准入改革不退步、成员现有约束承诺不倒退。菲律宾提出，要限制特殊保障机制触发提高的关税水平，以价格为基础的特殊保障机制的实施应以其税号产品总数的15%为限，[①] 而且触发条件必须是以当地货币计算的进口到岸价低于以平均每月价90%计算的触发价格，但菲律宾却较为积极支持建立以数量为基础的特殊保障机制。G33尽管积极支持特殊保障机制，但也指出了现有特殊保障机制实施过程中缺乏约束的问题：以价格为基础的特殊保障机制较以数量为基础的特殊保障机制明显更容易被触发，美国、欧盟存在5年内连续启动特殊保障机制的情况，日本存在非常短时间内连续启动特殊保障机制的情况；因为条款中没有规定计算触发水平时必须排除因自由贸易协定而带来的贸易量，而是笼统地计算最惠国待遇下的贸易量，因此应要求各成员方启动特殊保障机制时明确其触发水平是以总贸易量还是以最惠国待遇下的贸易量为计算口径。更有一些成员认为，特殊保障机制的讨论必须以农业贸易自由化为前提，在市场准入谈判没有实质性成果的情况下，不应推进特殊保障机制的谈判。俄罗斯提交给2017年布宜诺斯艾利斯第十一届部长级会议的决议草案提到，为促进市场准入谈判，各成员方应继续推进以停止实施特殊保障机制为目标的工作，应努力在第十二届部长级会议削减适用特殊保障机制的税号产品数，发达国家应在3年内完成削减，发展中国家成员应在5年内完成削减。2018年俄罗斯的提案指出，特殊保障机制的影响效果不平衡，近5年8个成员国启动过特殊保障机制，影响了78个国家的77个产品大类，关税配额和优惠贸易制度下的进口不受特殊保障机制的影响，因而特殊保障机制的影响具有明显的不平衡性。巴拉圭、阿根

① 更早一点提交的建议版本甚至要求降到税号产品（关税线）总数的6%。

廷、澳大利亚等也在联署提案中主张取消《农业协定》中的特殊保障条款。

对特殊保障机制的主要分歧在于：其支持者认为，特殊保障机制是为了保护贫困、脆弱农户免受国际市场价格波动冲击，应该较容易实施并能有效对冲价格下跌和进口激增的冲击，以作为当前农业国际贸易扭曲和各成员方保护程度不平衡的一种补救措施；其反对者则认为，特殊保障机制应为不影响贸易发展和市场准入的临时性保护工具，其实施不能超出各成员方承诺的最高约束关税水平，也不能在正常市场价格波动和贸易增长下启动，而且实施期必须限定在一定时间内。

（五）出口竞争

1. 基本背景

20 世纪 90 年代中期以前，美国、欧盟等发达国家因实行农产品价格支持政策而导致农产品严重过剩，通过出口补贴缓解国内过剩矛盾成为其农业政策的重要组成部分。这些国家的出口补贴不仅挤占了出口农产品的发展中国家成员的国际市场空间，而且也抑制了进口农产品的发展中国家成员的农业发展。出口补贴成为当时对国际农产品贸易最具扭曲作用的措施之一，迫切需要加以规范和约束。在此背景下，规范出口竞争成为《农业协定》的三大支柱之一。多哈回合以来，如何进一步规范出口竞争秩序、削减出口补贴，也一直是农业议题谈判的重要内容。

2015 年内罗毕第十届部长级会议形成具有约束力的决议，同意停止和逐步淘汰农业出口补贴，要求发达国家立即取消出口补贴、发展中国家成员 2018 年取消出口补贴，特定的“加工品、奶制品和猪肉”

等产品可延至2020年。据此，25个国家作出了削减出口补贴的承诺。从3年多来的执行评估看，出口补贴的削减仍是一项未完成的事业。只有34.4%的出口补贴通过正式修改支持计划而获得取消，发达国家完成立即取消补贴的比例为7.2%，发展中国家成员完成阶段性取消补贴的比例为51.9%，而且有2个成员国出口补贴数量超过了其前5年的平均水平。各成员方对出口补贴调查问卷的响应率下降，18个提交出口补贴削减计划的成员方中，有5个没有回答调查问卷，而其他有食品援助、出口信贷、信贷保险和国有企业贸易的成员方也没有对相应的问题作出回答。缺乏信息的透明度，不利于监督出口补贴削减的执行情况。

2. 各方诉求

凯恩斯集团普遍具有农产品出口优势，但缺乏提供出口补贴的实力，其对规范和约束出口补贴的诉求最为强烈。他们提出，应强化信息通报约束和更全面通报补贴削减的信息，对允许延期削减出口补贴的品种应要求通报其补贴的数量，应要求全面通报出口信用保险和再保险项目的情况。鉴于很多国家试图通过国有企业、国际食物援助和出口信贷绕开出口补贴削减承诺，加拿大强调了增强出口信贷（包括出口信贷、出口信用保险等）、农业出口国有企业、国际食物援助透明性的重要性，建立削减内罗毕部长级会议决议锁定18个月出口信贷的最大支持限额。

一些发展中国家成员则指出，出口补贴导致国际农产品市场价格被人为压低，使其国内生产者在进口冲击下缺少发展空间。一些发展中国家成员通过比较不同类型出口补贴产生的倾销效果，以证明出口补贴对其农民造成了明显的伤害。还有一些发展中国家成员突出强调了现行规则的不平等性，因为发展中国家成员没钱而没有补贴基础，实际补贴水平在时空上存在不平衡，要求对发展中国家成员必须有平衡性考虑。东盟和印度要求所有发达国家或地区成员取消出口补贴，但应允许发展中国家成员针对特定目的的营销进行补贴。一些发展中国家成员则要求，除非发达国家或地区成员实质性取消出口补贴，否则要保留高关税壁垒或调整当前的关税限定水平以保护其国内生产者。

（六）出口限制

1. 基本背景

WTO 创立之初正处于全球粮食过剩、国际市场粮食价格低迷的市场环境中，因此《农业协定》的制定集中于解决农产品市场开放和削减扭曲贸易的国内补贴问题。但进入 21 世纪后，国际市场粮价持续走高、粮食供应短缺现象频发，部分粮食主产国采取了出口限制措施，国际市场波动下粮食安全保障问题日益引起粮食净进口国的关注。2007 年 1 月至 2011 年 3 月，105 个国家中有 33 个国家实施了粮食出口限制措施。因为国际粮食贸易中出口高度集中于少数几个国家，出口限制将极大影响国际市场粮食供应，进而使高度依赖于粮食进口的国家面临粮食安全风险。FAO 等国际组织的一项研究显示，主要粮食出口国采取的出口限制措施能将世界粮价 10 个百分点的上涨转变为 20～50 个百分点的上涨。2007～2008 年和 2011～2012 年，粮食出口大国的出口限制助推了国际市场粮食价格的飙升，使净进口国面临采购粮食困难，这引起国际组织和净进口国对完善出口限制规则的关注。

2011 年日内瓦第八届部长级会议将全球粮食供给和粮价波动作为讨论内容，起草了两项关于取消出口限制或禁止措施的提议：一是各国不能对世界粮食计划署基于人道主义目的而购买的粮食实施出口限制措施；二是探索建立“主要粮食出口商免除对最不发达国家和粮食净进口发展中国家实施出口数量限制”的机制。这两项提议虽没有获得通过，但却提高了各成员方对此问题的关注，成为未来关于粮食出口限制议题讨论的基石。

2. 各方诉求

日本等农产品净进口国认为，出口限制或出口税的设置干扰了国际农产品市场供应，应建立对出口限制的规范纪律，比如应将出口限制像进口限制一样进行“关税化”然后削减出口税。瑞士提出，应完全取消出口限制措施，但对发展中国家成员给予一定操作弹性。鉴于出口限制的通报时间普遍滞后，[①] 影响了净进口国的及时应对，净进口国普遍要求加强对提前通报的约束。新加坡提出，出口限制的实施应至少提前30天通报，只有在食物严重短缺的特殊情况下才允许事后通报，但也应在实施后10天内进行通报；成员方不得对非商业性人道主义援助的国际项目限制出口，并应免除对发展中国家成员出口限制的约束。以色列、日本、韩国等要求，即使在出现食物短缺的情况下，也必须在实施30天前通报，并且实施的期限不能长于12个月，特定情况可以延长至18个月，如果超过18个月必须经过净进口成员方同意。

很多专家和净进口成员方认为，WTO关于出口限制的规则较为模糊、缺乏明确的限定和约束。贸易和可持续发展国际研究中心对改进WTO出口限制规则提出了以下建议：不得向进行食物援助的国际组织实施出口限制；进一步具体化实施出口限制的约束性条件，强化对实施出口限制的提前通报，并明确出口限制的取消时间；积极限制出口税等限制措施对国际市场和粮食安全的影响，应对出口国实施条件和

① 16条出口限制通报中，只有8条是在实施前提前通报的，平均是在实施的9.6天之前通报。

特定产品出口量进行约束，比如要求实施出口限制时应保持特定产品出口量与国内产量的比例不变；禁止对粮食净进口的发展中国家和最不发达国家实施出口限制；对出口限制和出口税制定更严格的纪律；让进口与出口限制规则具有对等性，要求出口限制措施“税收化”，即替换为等量的“出口税”，对出口配额内的量实施最低出口税，按照参考其国内生产量的一定比例制定最低出口量。

（七）棉花

1. 基本背景

棉花并非全球农产品贸易中最重要的品种，2017 年仅占全球农产品出口额的 0.9%，但却能够在多哈回合农业谈判中单独成为磋商议题，其特殊性可见一斑。多哈回合以来，有两个因素使棉花议题格外引人关注。

一是巴西诉美国棉花补贴案增强了发展中国家成员挑战发达国家或地区成员农业补贴政策的信心。2002 年 9 月，巴西就美国棉花补贴，向 WTO 提出磋商请求。巴西认为，美国 1999～2002 年度提供的棉花生产者补贴和出口补贴，以及对棉花使用者的补贴，违反了相关承诺。巴西指出，2001 年度，美国棉花生产者获得的国内支持超过了其产值的 100%，国内支持和出口补贴共计超过 40 亿美元；2002 年美国农业法案出台的措施，包括新的反周期支付、直接支付（原生产灵活性合同支付）、贷款差额支付、营销贷款支付、作物保险支付、第 2 步和其他出口补贴，这些补贴的金额远远超过了 1996 年美国农业法案所包含的补贴金额；美国的补贴措施具有明显地促进生产和出口的效果，使美国棉花产量在生产成本高于市场价格、市场价格不断下降的情况下依然实现了明显增长，使美国棉花期末库存和出口明显增长；

美国的补贴政策压制了国际市场棉花价格、挤占了其他国家的出口份额，给巴西和其他棉花出口国造成严重损失，2001 年仅巴西棉花产业遭受的损失就超过了 6 亿美元。

2005 年 3 月，WTO 争端解决机构采纳上诉机构和专家组报告，判定美国棉花出口信贷担保计划、2002 年农业法案第 1207（a）节规定的提供给棉花出口者的使用者营销支付（第 2 步补贴）和提供给国内棉花使用者的营销支付（第 2 步补贴）具有出口补贴和国内支持性质，要求美国在 6 个月内（或 2005 年 7 月 1 日前）消除相关补贴的负面影响或取消这些补贴措施。此外，上诉机构还认定美国通报为绿箱的“生产灵活性合同支付”及直接支付有可能刺激生产，不符合绿箱没有或仅有微小扭曲作用的标准。2014 年 10 月，巴西和美国达成和解，决定终结这场争端，条件是美国给巴西棉花研究所 3 亿美元技术援助。

巴西诉美国棉花补贴案取得成功，对推进 WTO 框架下的棉花改革具有标志性意义，既给提供大量农业补贴的发达国家或地区成员带来很大压力，也给发展中国家成员利用 WTO 争端解决机制挑战发达国家或地区成员的贸易扭曲型农业补贴政策、维护本国农业发展利益提供了示范。

二是“棉花四国”挑头推动改革，把棉花议题推上了道义制高点。2003 年，贝宁、布基纳法索、乍得、马里四个最不发达国家或地区成员（简称“棉花四国”或“C4”）向 WTO 提交棉花议案，要求对最不发达国家或地区成员用以维持生计的棉花予以优先和特殊考虑，希望削减对棉花的边境限制和各类国内支持措施，并对最不发达国家或地区成员在棉花领域的损失给予过渡性的经济补偿。C4 突出强调了棉花对其农民家庭生计的重要性，撒哈拉沙漠以南非洲有 5% 的人口以棉花生产为生，40%的出口收入来自棉花，而发达国家或地区成员的国内支持压低了全球棉花价格，使其棉农遭受巨大损失。

2004 年，在日内瓦达成的“7 月框架协议”（July Package），肯定了最不发达国家或地区成员对与棉花贸易相关的发展议题的诉求，确定了对涉及棉花的市场准入、国内支持和出口竞争进行谈判。同年，还正式成立 WTO 农业委员会棉花分委员会，建立总干事棉花咨询框架机制。

2005 年，在中国香港召开的 WTO 第六届部长级会议就棉花问题达成共识：发达国家或地区成员将在 2006 年取消所有形式的棉花出口补贴；发达国家或地区成员将自实施期开始时起给予来自最不发达国家或地区成员的棉花出口免关税、免配额待遇；棉花生产方面扭曲贸易的国内补贴的取消比任何议定的总体公式更快且更具抱负水平，且实施期短于普遍适用的实施期；承诺在谈判中对达成此种结果给予优先考虑。然而，由于各方在其他核心问题上的分歧，导致本届部长级会议在棉花问题上取得的成果难以得到有效执行。

2013 年，在巴厘岛召开的 WTO 第九届部长级会议同意了 C4 对棉花的提议：从 2015 年 1 月 1 日起对最不发达国家或地区成员棉花进入发达国家或地区成员给予免关税、免配额支持；削减发达国家或地区成员对棉花的出口补贴。但谈判结果缺乏对棉花国内支持的约束。

2015 年，在内罗毕召开的 WTO 第十届部长级会议就棉花问题形成决议：发达国家或地区成员和发展中国家成员中声称有能力的国家，将从 2016 年 1 月 1 日起对产自最不发达国家或地区成员的棉花给予免关税、免配额的市场准入支持；① 发达国家或地区成员立即取消

① 在这次会议上，我国宣布“在优惠贸易安排和政治承诺所规定的范围内具有此种能力”。

棉花出口补贴，发展中国家成员最迟 2017 年 1 月 1 日前取消；强调了削减具有贸易扭曲效应的国内棉花补贴的重要性，督促各成员方在补贴削减进程中应加强通报、保障必要的透明性；要求对发展中国家成员尤其是最不发达国家或地区成员棉花产业发展提供援助。

从上述回顾可以看出，自 2003 年 C4 提出改革议案以来，棉花议题在多哈回合农业谈判中受到的重视程度最高，WTO 相关部门为此付出的努力最大。在这背后，有其内在逻辑。多哈回合的最鲜明特征，是要维护发展中国家成员，特别是最不发达国家或地区成员的发展权。多哈回合启动后，受部分发达国家或地区成员补贴政策影响，以棉花为代表的全球大宗农产品价格持续低迷。这使部分对棉花出口具有较高依存度的最不发达国家或地区成员遭受巨大冲击。在这样的时代背景下，由这些遭受冲击的最不发达国家或地区成员提出棉花改革议案，自然使棉花议题站上了道义制高点。理解棉花改革走过的这一历程，认清当前各方立场背后的逻辑，必须充分考虑到棉花议题的这种特殊性。

2. 各方诉求

由于取消农产品出口补贴的谈判已取得明显进展，目前涉及棉花改革的讨论集中在国内支持和市场准入方面。中国近年来的棉花政策，也是各方关注的焦点。

一是关于棉花国内支持改革。C4、欧盟等成员认为，2017 年召开的 WTO 第十一届部长级会议没能就削减棉花国内支持达成实质性进展令人遗憾，希望在 2020 年召开的第十二届 WTO 部长级会议上提出具有现实性和平衡性的解决方案。目前各成员对如何约束棉花国内支持，提出了不同主张。

以 C4 的主张最为激进。2017 年 10 月，在 WTO 第十一届部长级会议前夕，C4 对棉花国内支持改革提出了完整的思路：1. 对包括综合支持总量、蓝箱、微量允许在内的棉花贸易扭曲型支持总量按如下方式进行限制：（1）对发达国家或地区成员，最终约束综合支持总量大于 400 亿美元或其他等值货币的，削减 90%；FBTAMS 大于 150 亿美元、小于等于 400 亿美元或其他等值货币的，削减 80%；FBTAMS 小于等于 150 亿美元或其他等值货币的，削减 70%。（2）有 FBTAMS 的发展中国家成员，相应的 AMS 削减幅度为发达国家或地区成员的 2/3。（3）以上削减，以各成员通报的 2009 ~ 2013 年的 AMS、蓝箱、微量允许值的算术平均值为基数。（4）发达国家或地区成员和发展中国家成员在向棉花生产者叠加提供 AMS 和蓝箱支持方面应保持克制。（5）关于 AMS、蓝箱、微量允许的削减，发达国家或地区成员从决议通过之日起实施，发展中国家成员从决议通过之日起 5 年内实施。2. 各成员不应为棉花生产者提供符合《农业协定》附件 2 第 5 至第 13 款标准的各类绿箱支持。[①] 对绿箱的削减，发达国家或地区成员从决议通过之日起 2 年内实施，发展中国家成员从决议通过之日起 5 年内实施。有 FBTAMS 的成员，在过渡期内如果将维持或采取符合《农业协定》附件 2 第 5 至第 13 款标准的绿箱措施，必须采取一系列措施确保这些措施的透明度，否则将会触发贸易争端解决机制。3. 最不发达国家或地区成员无须作出削减承诺。在最近的讨论中，C4 还希望能够以数据为基础比较各“箱”类棉花支持政策水平及其削减程度。C4 贸易部长在乍得召开第 6 次定期协调会议后发布部长宣言，再次呼吁

① 这些绿箱措施包括：对生产者的直接支付、不挂钩的收入支持、收入保险和收入安全网计划中政府的资金参与、自然灾害救济支付、通过生产者退休计划提供的结构调整援助、通过资源停用计划提供的结构援助、通过投资援助提供的结构援助、环境计划下的支付、地区援助计划下的支付。

提供扭曲贸易的国内支持措施的成员，提高其支持措施的透明度，按规定及时更新其通报；第十二届 WTO 部长级会议应是执行早在 2004 年贸易部长们就已确定的棉花改革任务的最后期限。

多哥、巴基斯坦和巴西等多个国家均表示，在 2020 年召开的 WTO 第十二届部长级会议上将支持 C4 提出的削减棉花国内支持的目标。巴基斯坦认为，C4 的建议是最长效的解决方案。巴西和澳大利亚均指出，削减扭曲贸易的补贴应是优先解决的问题。土耳其等建议以扭曲贸易支持占棉花产值比例设定限额。

C4 的改革主张，特别是把蓝箱纳入 OTDS 进行限制、对部分绿箱措施进行限制，令部分成员难以接受。一些成员认为 C4 的建议当下不现实，而另一些成员则直接反对 C4 的建议。特别是巴西、欧盟、哥伦比亚、秘鲁、乌拉圭认为，蓝箱不具有贸易扭曲效应，应被排除在 OTDS 之外。

作为反击，欧盟和美国均质询了印度 2011 年后实施的棉花价格支持政策。美国认为印度没有规定有资格接受管理价格收购的限额，所有棉花产量均应计入价格支持，由此计算的印度棉花 AMS 占其产值比重，2010/2011 年度至 2016/2017 年度分别为 53.7%、55.9%、78.9%、70.9%、81.4%、80.9%和67.9%，远远超过了 10%的微量许可上限。

二是关于棉花市场准入改革。美国向 WTO 提交的“棉花形势”报告指出，发展中国家成员平均实施关税水平为 3.9%、发达国家或地区成员为0.5%，发展中国家成员平均约束关税税率达到 51%、发达国家或地区成员只有 2.4%，发展中国家成员约束关税与实施关税水平之间的“水分”明显高于发达国家或地区成员，并专门指出中国的实施关税水平最高。巴西认为，棉花实施关税和约束关税的巨大差距是谈判不足导致的，应当削减约束关税。巴基斯坦指出，以进口关税为主的准入限制对最不发达国家成员和发展中国家成员的损害也非常突出。印度指出，自己进口棉花中来自发展中国家成员的比例达到23%，希望还没有为最不发达国家或地区成员提供零关税、零配额市场准入的成员加快落实 2015 年在内罗毕召开的第十届 WTO 部长级会议的决议精神。中国强调了棉花自由贸易应全产业链推进，中国进口了大量棉花生产加工，但却因发达国家关税升级而制约了棉纺织制品出口。

三是关于棉花其他议题的改革。在棉花议题上还包括其他一些关注。(1) 棉花替代品问题。美国指出，中国产业补贴政策导致产能过剩、压低了全球人造纤维价格，棉花市场受到来自低价人造纤维的冲击，希望增加人造纤维产业政府补贴的透明度。C4 强调，人造纤维对棉花的替代带来很大影响，呼吁支持更环保、绿色的棉制品消费。(2) 棉花副产品问题。C4 提出，应支持其棉花副产品发展及市场准入。欧盟支持在 2020 年召开的 WTO 第十二届部长级会议上建立关于棉花副产品的工作项目，寻求为最不发达国家或地区成员棉花副产品提供零关税、零配额的准入机制。(3) 棉花政策通报问题。总干事棉花咨询框架机制、C4、美国等均多次提出，各主要成员应切实履行通报义务，提高通报的及时性、准确性、充分性，以便为棉花改革提供数据支撑。此外，各成员原则上同意加强对 C4 的棉花产业发展的支持，包括技术援助、价值链提升等。

(八) 农业领域的发展中国家成员特殊和差别待遇 (Special and Differential Treatment，SDT)

1. 基本背景

WTO《农业协定》的一大不足，就是对发展中国家成员的农业发展问题关注不够。尽管如此，从总体上看在 WTO 的各类协定、决议中，《农业协定》赋予发展中国家成员的特殊和差别待遇条款数是较多的。经梳理，WTO 的各类协定、决议中，共有 155 条“特殊和差别待遇”条款。由于农业贸易自由化对发展中国家的影响较大，在《农业协定》中的“特殊和差别待遇”条款数量也较多，达到了 13 条（见附表 1－2），但含金量不高。例如，尽管在微量允许的上限方面，发展中国家成员为 10%，比发达国家或地区成员的 5% 高出 1 倍，但发展中国家成员普遍没有基期 AMS，对需要重点发展的农产品缺乏支持政策空间。《农业协定》中对发展中国家成员的“特殊和差别待遇”条款，主要是赋予发展中国家成员农业支持政策更大的灵活性，包括补贴约束、关税削减、粮食储备和粮食援助等方面放松限制，13 个条款中有 9 条属于这类（见附表 1－3）。这些条款，含义模糊，可执行性差。

为弥补这些不足，多哈回合的各领域特别是农业领域的谈判中，普遍把发展议题作为核心。在多哈回合以来形成的各类协定、决议中，农业领域的发展中国家成员“特殊和差别待遇”条款数也较多，在 32 个“特殊和差别待遇”条款中，农业领域也占到了 8 条，主要集中在“发展箱”扩围、改进配额管理、保障粮食安全、设立特殊保障机制、促进生产棉花的最不发达国家发展等方面（见附表 1－4）。

2. 各方诉求

多哈发展议题被提出后，WTO 成员方对促进发展中国家发展在大方向上是基本一致的，但对赋予发展中国家成员哪些特殊和差别待遇则存在较大分歧。

发展中国家成员普遍认为，当前对发展中国家成员的特殊和差别待遇没有给出实质性的优惠，各项条款在措辞上均以“尽最大努力”

“积极考虑”等文字呈现，规则具有模糊性和“软约束性”。2019 年，中国、印度、南非等 10 个国家在关于发展中国家成员特殊和差别待遇的联合提议中指出，当前的特殊和差别待遇条款缺乏精准性、有效性、操作性和执行力，促进发展中国家成员实现包容性发展的作用并没有充分体现出来；当前贸易和发展的不平衡以及规则的不公平，使得 WTO 规则实际上存在“逆向”的特殊和差别待遇，即发达国家或地区成员实质上获得国内支持、市场准入、出口补贴等方面更宽松的政策空间；而且发展中国家成员参与贸易协定谈判的能力不足，也使得其不能在谈判中积极参与、充分争取与保护其权益。因此，发展中国家成员一直努力诉求能够以“发展箱”政策形式给予更明确的政策优惠。比如，印度认为，支持发展中国家成员提高贸易参与能力，应允许发展中国家成员仍能够在一些产品上实施出口补贴；非加太集团提出，应允许发展中国家成员补贴在其领海内开展的只涉及手工捕鱼、小规模捕鱼、自给性捕鱼、渔民及其以家庭生计为目的的沿海捕鱼活动等。

发达国家或地区成员不反对给予发展中国家成员特殊和差别待遇。凯恩斯集团支持对发展中国家尤其是最不发达国家或地区成员的特殊和差别待遇，希望 WTO 改革继续支持这些成员方经济发展和技术援助的需要。但认为特殊和差别待遇必须要有相应的监督机制保障其不被滥用。

最近两年，争论的焦点集中在“发展中国家”的界定、特殊和差别待遇的监督机制上：一是关于发展中国家的自我认定。美国发布的《2018 年贸易政策议程和 2017 年度报告》和欧盟发布的《WTO 现代化方案》均指出，自我认定的方式使很多富裕国家（比如新加坡）通过自称“发展中国家”以规避规则的约束，应对发展中国家的认定提出标准。欧盟还主张建立发展中国家成员“毕业”机制，逐步退出特殊和差别待遇，并要求特殊和差别待遇条款转向以需求为导向和以证据为基础的方法，确保其具有明确针对性、避免集体豁免。发展中国家成员则认为，自我认定的方式并没有导致WTO谈判的僵局，恰恰促进了发展中国家成员履行贸易促进承诺，对协议的达成和有效执行起着关键作用。二是关于建立特殊和差别待遇的监督机制。巴厘岛第九届部长级会议决议提出，要建立特殊和差别待遇的监督机制。发达国家或地区成员明确要求建立特殊和差别待遇的监督机制，日本、欧盟、加拿大等均表示没有看到监督机制实质建立而遗憾。大多数发展中国家成员也同意建立监督机制，也认为监督机制的建立有助于促进更具实质意义的特殊和差别待遇条款的达成，但希望监督机制具有可操作性。南非等不少发展中国家成员还指出，因为特殊和差别待遇缺乏明确性，而实际中很多发展中国家成员并没有实质享受到其特殊优惠，监督机制应在特殊和差别待遇充分落实和有效加强的基础上建立。WTO农业委员会则指出，因为一直没有关于特殊和差别待遇监督机制的明确提案，所以没有办法推动监督机制的建立。

三、WTO农业改革对我国农业发展的可能影响

WTO框架下的农业改革诉求和主张短期内未必都能够达成共识、形成决议、付诸实施，但其代表的改革走向值得我们重视，需要对其一旦付诸实施对我国农业发展可能带来的影响做好预判与预案。

（一）国内支持政策领域的改革对我国农业发展的可能影响

在农业国内支持方面，我国既属于没有AMS权利的新加入成员，

又属于经济发展速度快、有能力提供农业支持且实际农业支持总量快速增长的成员；既具有支持总量大的特征，又具有相对支持水平（人均或相对农业产值的比重）低的特征。特别是我国农业国内支持政策的类型几乎涵盖《农业协定》第6条和附件2所涉及的所有种类，包括具有争议的蓝箱、脱钩的直接收入支付等。美国甚至指责我国已成为“最大的农产品贸易扭曲国”。一些发展中国家成员对我国的农业补贴政策也颇多微词。因此，关于国内支持改革的任何主张都会涉及我国农业发展利益。关于贸易扭曲型措施封顶改革，按静态方法制定改革方案，由于我国没有基期AMS，微量允许比例只有8.5%，不利于我国未来增加支持总量；与未来农业生产总值挂钩的动态封顶方案，有利于我国随着农业发展而不断扩大支持政策空间。关于AMS改革，无论是取消，还是限制其集中用于少数产品，都符合我国利益，应成为我国在国内支持政策议题上优先推动的选项。关于蓝箱和绿箱改革，任何加严的改革动议，特别是把蓝箱纳入封顶范围的改革动议，不利于我国未来建立新型农业支持政策体系，在谈判中应坚决反对。关于“发展箱”，即《农业协定》第6.2条，我国入世时承诺可以使用其涵盖的措施，但需计入黄箱，目前绝大多数改革提案都主张维持此条不变，这对我国农业影响很小，可在关于此条的谈判中持中立立场。

（二）粮食安全公共储备改革对我国农业发展的可能影响

我国已根据《农业协定》附件2第3款的规定，建立起庞大的中央和地方两级粮食储备制度。其基本特征是：有公开发布的储备管理制度；对储备的数量规模有明确规定；轮入和轮出严格按市场价进行；财政对履行储备职能的企业补贴利息和保管费用，按2016年通报数据，此项支出为 1149.19 亿元人民币，且按绿箱进行通报。在目前关于粮食安全公共储备的博弈中，任何改革主张都不会对我国现行粮食储备制度构成实质性的负面影响。未来的改革，如果沿着不计入黄箱且扩大适用范围的方向推进，有利于我国采用管理价格收购和销售储备粮，这相当于为实行粮食市场价格支持开辟了一条新途径；如果沿着不计入黄箱，但要控制在一定幅度内的方向推进，比如不超过该产品产值的 10%，这也可以扩大我国的政策操作空间；如果沿着按管理价格收购和销售产生的价差必需计入黄箱的方向推进，我国只需维持现行粮食储备制度即可。

（三）市场准入改革对我国农业发展的可能影响

我国入世时在农产品市场准入方面作出了较大让步，入世后积极履行减让承诺。截至 2010 年，我国农产品进口平均约束关税税率为 15.2%，约为世界平均水平的 1/4，远低于发展中国家成员 56% 和发达国家或地区成员 39% 的平均水平；我国农产品进口最高约束关税税率为 65%，而美国、欧盟、日本分别为 440%、408% 和 1706%；[①] 我国农产品进口关税已全部转换为从价税，关税结构简单，约束关税与实施关税之间“水分”很小。我国入世时即已放弃适用《农业协定》第 5 条。我国对小麦、玉米、大米、食糖、棉花、羊毛、毛条实行关税配额管理，已按要求对配额完成率进行了通报，也已按 WTO 争端解决机构的裁决结果完善了农产品关税配额管理办法。今后在农产品市场准入方面可能的改革措施对我国农业的可能影响主要有：（1）如果按 2008 年模式文案提出的阶梯公式对农产品最终约束关税税率进行

① 见《中国与世界贸易组织》白皮书，2018 年 6 月。

削减，我国部分缺乏比较优势的大宗农产品将面临削减进口关税税率的压力，这将进一步扩大国内外价格倒挂的幅度、增加价差驱动型进口；（2）我国部分农产品存在关税升级问题，如大豆、油菜籽和豆油、菜籽油进口关税税率分别为3%和9%，如果缩小加工品和初级产品之间的税率差，将对国内大豆、菜籽压榨等农产品加工行业带来压力。

（四）特殊保障机制改革对我国农业发展的可能影响

我国入世时采取设定关税约束上限的方式，并且没有特别标注适用特殊保障机制的产品，实际上放弃了采用特殊保障机制的权益。当时我国为农产品净出口国，主要农产品国内市场价格低于国际市场价格，未承受进口压力。但随着我国由农产品净出口国转变为净进口国，国际市场上低价农产品的大量进口对国内生产者的冲击日益凸显。随着国内外农产品生产成本和价格倒挂幅度的扩大，我国对国际农产品市场融入程度的加深，迫切需要风险防范机制的保护。虽然根据《1994年关贸总协定》第19条第1款（a）项和第3款、《保障措施协定》第8条第2款的规定，以及《中华人民共和国保障措施条例》的规定，可以对包括农产品在内的产品进口采取保障措施，但触发条件更严格、适用的门槛更高。

（五）出口竞争改革对我国农业发展的可能影响

我国入世时承诺不实行农产品出口补贴，入世以来实际上也不存在出口补贴。履行内罗毕部长级会议所要求的削减出口补贴的义务，对我国而言没有任何压力。削减出口补贴对我国既有利又有弊。从“利”来看，我国当前仍有大量生计型小农，出口国削减出口补贴，会降低我国农产品的进口量，从而为国内小规模生产者留出更多发展空间。从“弊”来看，我国已日益成为农产品的净进口国，出口国的出口补贴压低了国际农产品价格，有利于增加我国消费者剩余，削减出口补贴则会减少这种消费者剩余。综合权衡，削减出口补贴对我国利大于弊。而且从长远看，出口补贴的削减有助于建立公平的市场环境，也是全球贸易自由化的重要方向，支持削减出口补贴属于站在道义的一边。

（六）出口限制改革对我国农业发展的可能影响

自 2004 年以来，我国已持续成为农产品净进口国。农产品净进口额从 2004 年的 47.2 亿美元扩大到 2018 年的 573.8 亿美元，我国已步入农业进口依存度长期上升通道，大豆、食用植物油、棉花、食糖等重要农产品的进口依存度已经很高。特别是 2009 年以来，小麦、玉米、稻谷先后持续出现净进口，如果说这三大谷物目前的净进口还是价差驱动型进口造成的，未来则极有可能出现缺口驱动型进口。总体而言，利用国际市场保障国内粮食和食物多元化供给将成为必然趋势。在全球农产品供大于求的时期，我国作为净进口国处于有利地位，可以把农产品进口作为处理国际经贸关系的重要砝码。但在全球农产品供不应求的时期，主要农产品，特别是口粮等敏感农产品的净进口则意味着巨大的不安全风险。因此，防范因部分国家的出口限制对我国食物进口来源可能带来的安全威胁是非常重要的。

（七）棉花改革对我国农业发展的可能影响

棉花议题的两个焦点，即削减国内支持和进口关税，都与我国棉花产业有直接关系，都将给我国棉花生产带来明显压力。我国既是棉花生产大国，又是棉花进口和棉纺织工业大国；既是目前的发展中国家，又会是将来的发达国家。需要统筹考虑棉花生产和棉纺织工业、当前利益与长远发展。第一，在削减国内支持方面，要维护蓝箱措施不计入黄箱总量、绿箱措施不受限制的政策立场。我国已将 2017 ~ 2019 年的棉花目标价格补贴政策按蓝箱通报，尽管需要进一步完善，但必须坚持蓝箱政策没有明显的贸易扭曲效应、不应计入综合支持总量的立场。在棉花的国内支持方面，还必须努力争取绿箱政策空间。尽管 C4 提出的对棉花绿箱政策加强约束纪律的提议没有获得更多支持，但这是一个值得警惕的动向，我国宜在未来的谈判中努力争取更多政策能够放入绿箱。第二，在降低棉花进口关税方面，我国宜努力争取以各国棉纺制品关税的削减为条件削减棉花进口关税，或要求对棉花进口量超过一定水平的成员方豁免关税削减。我国棉花生产成本已明显高于其他国家，关税配额制度是我国入世时为保护国内棉花生产争取到的主要政策工具，棉花进口配额使用率已连续多年达到 100%，配额外 40% 的最惠国税率已不足以抵挡国外棉花的进入。如果配额外关税税率进一步下降，我国棉花生产者更无法承受。美国棉花进口配额的完成率非常低，应竭力争取净进口国在配额足额用完条件下豁免关税削减的权利。

（八）农业领域特殊和差别待遇改革对我国农业发展的可能影响

我国从加入 WTO 时起就没有充分享受《农业协定》赋予发展中国家成员的特殊和差别待遇。从对我国的实际意义的角度来看，《农业协定》赋予发展中国家成员的 13 个特殊和差别待遇条款可分为三类：一是有 5 个条款我国在加入 WTO 时已放弃适用，主要包括："发展箱"措施，如农业投资补贴、出口补贴；以最低准入的形式实行农产品进口数量限制。作出这些妥协是当时谈判的需要，有些妥协对我国农业影响不大，但也有些妥协带来了不利影响，如农业投资补贴。二是有7个条款尽管适用，但已无实际意义。包括两种类型：与加入和实施期有关的特殊和差别待遇，这些条款已自动失去意义，如发展中国家成员应拥有在最长10年内实施削减承诺的灵活性；随着我国经济发展水平提高和农产品供求关系变化而逐步失去意义，如粮食净出口发展中国家成员可以不受出口禁止或限制纪律的约束。三是只有1个条款有限度适用，即有限度适用关于微量许可的特殊和差别待遇。发达国家或地区成员特定产品微量许可上限为该产品生产总值的5%、非特定产品微量许可上限为农业生产总值的5%，发展中国家成员分别为10%和10%。我国加入WTO时，经过谈判，相应上限分别为8.5%和8.5%，介于发达国家或地区成员和发展中国家成员之间。

我国能够从多哈回合农业谈判主要议题的发展中国家成员特殊和差别待遇中受益的部分非常有限。经各方博弈，涉及发展中国家成员特殊和差别待遇的农业谈判取得8项初步成果。对我国而言，这8项初步成果可分为两种情况：一是有5项成果不适用我国。主要包括：新加入的最不发达国家可以确定较高的约束关税水平；对最不发达国家棉花的扶持；为发展中国家成员建立特殊保障机制，允许其在进口激增和价格下跌时临时提高关税；延期取消出口补贴；在缩短出口信贷还款期限方面有更优惠的安排。这些成果，有的因我国入世时即已放弃相关权利而不能适用，有的则因只给予最不发达国家或地区成员而不能适用。二是有3项成果适用我国，但对其实际意义需要进行具体分析。从政府一般服务方面的谈判成果看，在原有7种绿箱政策外新增“土地复垦、土壤保持和资源管理、干旱管理和洪水控制、农村就业、产权证发放、农民安置”6种绿箱政策，对我国实施乡村振兴战略具有重要意义，但这取决于未来财政愿意投入多少资金。从粮食安全公共储备方面的谈判成果看，还没有形成最终方案。从农产品配额管理方面的谈判成果看，“发展中国家成员在配额完成率未达到65%的情况下，可以享受维持现有管理方式”的特殊和差别待遇，对我国有一定意义，可以减轻目前小麦、玉米配额内进口的压力，但从长远看我国需要增加这些产品的进口，配额终将足量使用。

总体而言，农业领域发展中国家成员特殊和差别待遇的强化或减弱，对我国农业的实质性影响都是有限的。如果被进一步强化，由于我国入世时就没有充分享受到发展中国家成员的权利，以我国现在和今后的工业化程度就更难享受到新出台的发展中国家成员特殊和差别待遇。如果被弱化，无论是因我国发展中国家地位受到挑战、不得不退出特殊和差别待遇，还是因我国正享受着的特殊和差别待遇在改革中被平行削减，都可以通过深化国内支持政策改革，将其影响控制在可承受范围内。

四、应对 WTO 农业改革的原则与建议

从多哈回合以来的农业谈判历程看，尽管迄今只在部分议题上取得了早期收获、各成员方对大部分议题存在巨大分歧，但对改革的必要性和紧迫性是有共识的，在纷繁复杂的改革提案中主要博弈方的主张也是清晰和坚定的。由于入世时我国在农业方面作出了较大让步、入世以来我国农业的比较优势和发展政策发生了较大变化、未来我国经济发展水平仍将较快提高，WTO 农业改革将给我国农业发展带来全方位挑战。这一新挑战，丝毫不亚于入世初期我国农业承受的挑战。应审时度势，积极参与和引领 WTO 农业改革，为我国农业争取尽可能多的发展利益。

（一）基本原则

1. 符合我国基本农情

在 WTO 农业改革的博弈中，各成员由于发展阶段、资源禀赋不同而持有不同立场。我国在参与和引领 WTO 农业改革过程中，必须考虑我国农业的基本特征，以有效维护我国农业发展利益。一要清醒认识到我国农业的低保护特征。从我国入世承诺看，为农业设置的边境保护和国内支持水平是严重偏低的。我国农产品平均约束关税仅为 WTO 成员平均水平的 1/4。虽然可以对大米、小麦、玉米等敏感产品实行关税配额管理，但配额外最高约束关税税率仅 65%，比一些成员的最高约束关税税率低得多。我国没有 AMS 权利，对特定产品和非特定产品仅可实行 8.5% 的微量许可，而一般发展中国家成员为 10%。我国承诺在加入 WTO 后不对农产品采取任何出口补贴，不适用特殊保障条款（第 5 条）、发展箱条款（第 6.2 条）。二要清醒认识到我国农业的低政策空间特征。入世初期，低保护对我国农业发展并未构成实质性挑战。但随着入世以来国内农业生产成本的快速上涨，国家补贴力度的逐步加大，特定产品微量允许剩余空间逐步收窄。棉花和食糖的最惠国税率已无法对国内市场形成有效保护，配额外进口已成现实；大米、小麦、玉米的配额外进口到岸税后价与国内市场价格的差距在逐步缩小，最惠国税率这道防护墙即将失守。三要清醒认识到我国农业的低竞争优势特征。2013 年以来，我国主要土地密集型农产品已全面出现价格倒挂，高度依赖粮食成本优势的畜产品也已全面净进口。随着未来工业化、城镇化程度的提高，我国农产品的生产成本还将长期持续提高，粮食、棉花、食用植物油、食糖、肉类、奶类等大宗农产品缺乏比较优势和竞争优势的问题将进一步暴露。四要清醒认识到我国农业的多元化、动态性特征。我国既是农产品生产大国，也是农产品进口大国；既有大量生计型小农，也有现代化规模经营主体；既是现在的发展中国家，也在向高收入国家行列迈进。我国入世谈判中以1996～1998年为减让基期，当时我国还在征收农业税、部分产品政府收购价低于固定外部参考价、主要农产品可以出口创汇，而现在我国已广泛运用各类农业补贴政策、主要农产品全面净进口。这种多元化、动态性特征，要求我国在主要农业议题的谈判中必须瞻前顾后、留有余地。

2. 讲求方法策略

参与和引领WTO农业改革，涉及国内外立场协调、工农业利益互济、开放与改革联动，必须以综合研判和战略谋划为基础。一是善结盟友。在多哈回合的前11轮部长级会议及各种磋商中，各方立场和主张分歧很大，我国在不同议题上的利益共同者差别较大，我国宜在最主要的利益关切点上与相关成员方加强协调，同时也要做好与我国有利益分歧的成员方的沟通工作。二是以工补农。随着我国工业化程度的提高，制造业的全球比较优势逐步上升、农业的全球比较优势逐步下降。可考虑通过纺织等制造业的更大幅度减让，以换取保留敏感农产品的支持政策空间。三是加快改革。一方面要在农业减让改革谈判中尽量为我国农业转型争取时间和空间，另一方面要加大国内农业政策改革力度。要切实按入世承诺，推进稻谷、小麦价格形成机制和收储制度改革，将其市场价格支持率控制在微量许可范围内。改进棉花目标价格补贴、玉米和大豆生产者补贴的操作办法，把蓝箱或脱钩的收入支付作为改革方向。①

---

① 据媒体公开报道，2017年度、2018年度黑龙江大豆生产者补贴分别高达173.46元/亩、320元/亩，2019年度按不低于270元/亩安排，而且均强调要按当年实际合法种植面积发放该补贴，鼓励发展大豆生产。

3. 尊重全球农业的多重属性

多哈回合以来农业改革之所以艰难曲折，与农业的产业特性密不可分。以土地为核心的资源禀赋是决定农业竞争力的关键，而土地的不可移动性使国家间农业竞争力不可能像制造业那样出现趋同化，效率因素与环境、农民、文化等非效率因素交织往往使农业贸易问题政治化。在绝大多数国家，特别是发展中国家，农业是事关国计民生的基础产业，一方面关系到保障国民食物和营养安全，另一方面关系到保障农民收入和解决农村贫困问题。在国际社会，一些机构和人士认为，完全商业化导向的贸易自由化将使国家粮食安全置于世界粮食市场波动风险之中；如果缺乏有效的国内支持政策，国际低价粮食大量进入会使国内农民破产而加剧未来粮食生产保障的困难，引发饥饿、贫困等一系列社会问题。2012 年，联合国人权理事会发表的《世贸组织与后全球粮食危机时期议程》甚至指出，WTO 贸易规则和对农业政策的改革应首先考虑粮食安全，贸易自由化应放在次要地位。受这些认识的影响，一些国家将粮食主权放到国家主权的高度，要求在全球贸易谈判中例外讨论和设立专门规则。尽管在贸易自由化推进过程中，农业也在逐步削减关税、壁垒和补贴，但对农业而言没有一个国家愿意做到真正的自由贸易。农业谈判试图追求的目标并非彻底的自由贸易，而是关注公平的贸易条件，强调削减扭曲生产和贸易的补贴、配额使用的公平和透明、关税设置的简化和降低配额内关税、卫生与植物卫生措施不被滥用。我国在参与和引领 WTO 农业改革过程中，既要坚守“建立一个公平的、市场导向的农产品贸易体制”的改革方向，又要充分考虑农业的产业特性和农业在各国经济社会生活中的重要性。

（二）政策建议

1. 审慎跟进WTO框架下国内支持措施改革

我国入世时争取到的国内支持政策空间本身就很有限，这些年来部分产品的微量允许空间已得到较大程度利用；甚至“爆箱”，只有非特定产品微量允许还有较大剩余空间。我国刚刚开始探索蓝箱措施，总量不大，经验不足。未来要想促进农业稳定发展、保持敏感产品足够高的自给率，我国农业还需要加大补贴力度。我国宜化被动为主动，推动取消AMS或约束单一产品AMS使用水平的改革，推动从人均补贴额的角度建立新的补贴纪律。

2. 大力促成粮食安全公共储备永久性解决方案

我国以大米和小麦为核心的传统主粮在城乡居民日常生活中具有特殊重要性、需要保持常年均衡供应，而我国幅员广阔，年度间和地区间生产波动较大，有必要实施粮食安全公共储备项目。尽管目前我国的粮食储备项目完全符合《农业协定》附件2第3条之规定、无须按脚注5之规定计入黄箱，但如果就粮食安全公共储备达成永久性解决方案，也是符合我国利益的。如果所有发展中国家成员按管理价格收购和投放的、用于粮食安全目的的粮食储备计划，其收购价格与外部参考价的差额无须计入黄箱，可以为我国传统主粮的市场调控赢得更大的政策空间；如果收购价格与外部参考价格的差额所形成的市场价格支持必须符合一定的限量标准，比如不超过该产品产值的10%，可以使我国传统主粮的微量允许空间得到放大；如果以城乡贫困人口为对象，按管理价格收购和销售的粮食援助项目无须计入黄箱，也可以扩大我国传统主粮的调控政策空间，我国应支持和推动这一主张。

3. 高姿态推进市场准入、出口竞争、出口限制改革

我国作为农产品净进口国家和拥有大量生计型小农的国家，本应

在农产品市场准入方面处于“守势”、对扩大市场准入的各类主张持审慎态度，但鉴于两方面原因，我国应以高姿态推进市场准入改革。这两方面原因是：我国入世时在市场准入方面已作出巨大让步，目前关于市场准入的主要改革主张对我国的不利影响不大；我国未来需要更大程度地利用国际农产品市场和国外农业资源。我国作为人多地少水缺的国家，尽管部分产品具有出口竞争优势，但总体而言大规模出口农产品并不符合我国利益，遑论补贴出口，我国完全可以在加严出口竞争纪律方面主动出击。我国作为农产品净进口国，保障进口来源稳定可靠关乎我国战略利益。在高姿态推进市场准入、出口竞争、出口限制改革的同时，应在以下方面守住和拓展我国农业发展利益：（1）力争扩大发展中国家，特别是粮食净进口发展中国家的特殊产品、特殊保障机制的适用范围，力争在扩围过程中我国能够被包括进去；（2）支持削减出口补贴有助于建立公平的市场环境，属于站在道义的一边，我国应与各支持削减出口补贴的成员方一起积极推动出口补贴的削减、监督主要农产品输出国出口补贴削减的落实情况；（3）与日本、新加坡等主要净进口国一道积极参与和督促主要贸易国取消出口限制，在争取发展中国家成员为保障食物安全可实施出口限制的权益方面应持十分慎重的立场。

4. 积极维护农业领域的发展中国家成员特殊和差别待遇

综合考虑我国经济发展水平、农业比较优势等的动态变化，以及平衡我国自身利益与其他发展中国家成员利益的需要，应在农业改革的主要议题中积极维护发展中国家成员的农业发展利益：（1）在国内支持方面，大力支持发展中国家成员少削减 OTDS、拥有更长过渡期，支持发展中国家成员拥有更宽泛的发展箱措施，支持发展中国家成员的粮食安全公共储备项目不计入黄箱；（2）在市场准入方面，大力支持发展中国家成员少削减约束关税税率、拥有更长过渡期，支持发展中国家成员一律可以适用特殊保障措施；（3）在出口限制方面，应引导发展中国家成员严格遵守纪律，审慎使用出口限制措施；（4）在涉及棉花的会谈中，应从道义出发，积极支持非洲“棉花四国”的合理诉求。

执笔人：叶兴庆　程　郁　韩　杨

附表 1－1　　多哈回合农业谈判主要议题、选项和方法

主要问题	需要解决的议题	选项或方法
国内支持		
1. 应当规范哪些类型的国内支持？	从任何限额或者削减中排除的国内支持的类型，比如，因为它们在提供公共产品中的重要性，或者与低收入或缺乏资源的生产者之间的相关性。 一些国家免于特定类型的削减承诺。	①使用一些或者所有的现有的类型，比如，综合支持总量，微量允许，蓝箱，6.2 条，绿箱。 ②对最具贸易扭曲性的支持建立一个总的限额。 ③取消 AMS 的权利。 ④上述因素的混合使用。
2. 应当如何对待被规范的国内支持？	应当设置的限额的水平。 支持限额应当被削减的比率，以及时间期限。 主要出口国提供给生产者的支持是否应当受到更加严格的规范；如果是的话，可以怎么做。	①支持的限额是一个固定的金额。 ②支持的限额是一个浮动的限制，比如，与产值挂钩。 ③在一个约定的期限内，逐步削减至允许的最高额度。
3. 成员们如何解决某些特定农产品支持集中度高的问题？	成员们如何平衡总量限制和对特定产品的支持。 对于最不发达国家具有重要性的产品，WTO 成员们如何建立更加强有力的规则进行约束。	①设立特定产品限额，或者是一个固定的金额或者是产值的一个比率。 ②设定特定产品限额作为总的贸易扭曲支持量的一个比率。 ③设立一个特定产品的限额，在新的总的限额下贸易扭曲性支持总额的一个比率。
粮食安全公共储备		
1. 成员们应当寻求什么类型的永久性解决方案？	这个领域的协定如何为 WTO 成员提供充分的法律确定性。 成员们如何确保永久性解决方案不削弱 WTO 关于农业国内支持规则的完整性。	①在粮食安全公共储备项目下的支持可以免受 WTO 农业补贴规则的约束。 ②同意不通过 WTO 争端解决程序去投诉粮食安全公共储备项目下提供的支持。

续表

主要问题	需要解决的议题	选项或方法
同上	这个永久性解决方案在多大程度上可以基于巴厘岛部长级会议成果。	同上
2. 永久性解决方案应当涵盖哪些类型的支持?	是否可以为最不发达国家或者其他国家集团制定一个特别条款；政府采购价低于国际市场价格的情形；采购数量很小的情形；自给农业占“合格生产”中的一部分的情形。 永久性解决方案如何为新的项目制定规则。	①粮食安全公共储备项目提供的所有支持。 ②支持仅限于特定的产品、特定的项目、特定的国家集团或者根据一些特点，比如产值的一个比率。
3. 提供这些支持措施的成员国应当遵守哪些类型的其他规范?	从这个规则中受益的成员是否应当通报WTO它们违反了国内支持的限额或者存在违反限额的风险。 成员们是否需要提前通报此类支持项目。	①通报和透明度要求。 ②反对规避措施和保障措施要求。 ③磋商要求。
市场准入		
1. 如何解决关税保护?	需要削减的关税比例，以及执行这些削减的期限。 可以免于承诺或者较弱承诺的产品或者相关国家。	①简化复杂的关税，从而可以表述为从价关税。 ②设立一个关税削减公式，从而平等地削减所有关税。 ③使用阶梯式公式，对高关税给予更多的削减。 ④设立关税封顶以限制关税高峰。 ⑤设立一个公式防止关税升级（对高附加值的产品征收高关税）。
2. 如何处理配额形式的市场准入壁垒?	应当扩大的配额比例。 应当削减的配额内关税水平。	①扩大现有的关税配额。 ②削减配额内的关税。

续表

主要问题	需要解决的议题	选项或方法
3. 在使用特殊农产品保障措施（SSG）方面应当制定什么规则？	如果要逐步取消 SSG，那么在执行期内，特殊农产品保障措施涵盖的产品范围和救济措施。	①维持现有的 SSG。 ②立即取消 SSG。 ③在一个约定期限内逐步取消 SSG。
特殊保障机制		
1. 什么条件下构成进口激增或价格下降？	如何保护“正常的贸易增长”。 在进口激增或价格下降的计算中，是否应当包括优惠贸易。 保障措施是否应当以数量上升和价格下降同时出现为条件。	①价格下降或进口激增超过平均水平的程度。 ②用来界定平均进口价格或进口量使用的参考期限。
2. 成员们可以采取什么类型的救济措施？	价格和数量保障措施两者之间关系的性质。 保障措施的模式如何解决不同区域生产的季节性。 保障措施救济是否会影响没有提供补贴的成员。	①允许保障措施关税超过现有的关税限额（或者不允许超过）。 ②在允许的最高保障措施关税和约束关税之间建立关联（或者不建立关联）。 ③在首次使用保障措施后，再次使用之前的期限。
出口竞争		
1. 如何把出口信贷、出口担保和保险对贸易扭曲的影响降低到最小？	如何把出口信贷、出口担保和保险对贸易扭曲的影响降低到最小。	①发达国家还款最长期限缩短为 180 个月。 ②维持现有的最高还款期。

续表

主要问题	需要解决的议题	选项或方法
2. 如何在提供国际粮食援助时避免实施伪装了的出口补贴？	如何有效地监督货币化的纪律。	①终止成员把粮食援助“货币化”（把援助的粮食出售变为现金）。 ②为货币化粮食援助提供更加强有力的纪律。
3. 如何把农业出口的国有贸易公司（STEs）对贸易扭曲的影响降低至最小？	全球贸易中很小份额的产品是否可以从总体规则中豁免。	①政府给予农业出口国有贸易公司垄断权力的程度。 ②政府可以为所有贸易企业提供低于市场的融资或者抵消营业损失的程度。 ③透明度要求。
出口限制		
1. 修订通报和磋商要求可否改进透明度？	需要提前多长时间的通报（比如 30 天或者 90 天）。 协定条款是否为符合通报要求的行为提供激励机制。	①提供该措施的事先通报。 ②与有关的国家和地区进行磋商。 ③向 WTO 农业委员会报告措施并进行磋商。
2. 人道主义援助可否免于出口禁令、限制和出口税？	这样的承诺可以采取什么样的法律形式。	①出口限制不应当使用于世界粮食计划署为非商业和人道主义目的而采购的粮食。 ②不应当对类似采购征收额外的出口税。 ③成员们可同意将来不采取这样的措施。
3. 可否通过谈判澄清现有的 GATT 和 WTO 协定中含义模糊的概念？	在 WTO 争端解决程序中考虑这种澄清可以采取哪些不同的法律形式。	①可以通过部长会议或者总理事会的决议澄清 GATT 第十一条 2a 款，比如“临时性的”“防止”“减缓”“严重短缺”和“基本”这些概念。 ②通过 WTO 农业委员会的解释性声明澄清这些术语的含义。

续表

主要问题	需要解决的议题	选项或方法
4. 可否达成有关出口禁令、限制和出口税的规则？	应该有多长的执行期。 成员们如何解决通过第三国的食品出口。	①非粮食净进口发展中国家（non - NFIDCS）不应当对粮食净进口发展中国家或者最不发达国家实施出口禁令或限制。 ②非最不发达国家采取的粮食出口禁令或限制应当不适用于向最不发达国家的出口，如果该出口成员是该特定产品的净出口国。
棉　花		
1. 如何消除对棉花的贸易扭曲性支持？	哪些贸易扭曲性支持措施应当受到总体限制。 支持量的限额应当设为多少。 限额总量削减的比率是多少。 如何区分对发达国家和发展中国家的规定。 削减支持的参考基数是多少。 削减的实施期应当多长时间。	①对给予棉花生产的所有贸易扭曲性国内支持设立一个固定的限额，比如一个数字。 ②设立一个产值的比率为限额。 ③设立所有特定支持总额的一个比率。 ④设立向棉花生产者的转移支付占生产总值的一定比例作为限额。 ⑤建立一个阶梯公式，提供较多支持的国家削减更多。
2. 如何削减棉花的市场准入壁垒？	给予最不发达国家棉花出口免关税免配额市场准入的期限。	①应当立即向 LDCs 的棉花出口提供免关税免配额的市场准入待遇。 ②成员们逐步实施对 LDCs 的棉花出口免关税免配额

资料来源：ICTSD. 2018. Achieving Progress in Multilateral Trade Negotiations on Agriculture. WTO：Paths Forward. Geneva：International Centre for Trade and Sustainable Development（ICTSD）。

附表 1－2　　WTO 协定和决议中发展中国家成员特殊和差别待遇条款数

协　定	增加发展中国家成员贸易机会	要求 WTO 成员保障发展中国家成员利益	承诺、行动、政策工具使用方面的灵活性	过渡期	技术援助	与最不发达国家相关的条款	各协定合计
1994 年关贸总协定	8	13	4	—	—	—	25（25）
关于 1994 年关贸总协定国际收支条款的谅解	—	—	1	—	1	—	2（2）
农业协定	1	—	9	1	—	3	14（13）
实施卫生和植物卫生（SPS）措施协定	—	2	—	2	2	—	6（6）
贸易技术壁垒协定	3	10	2	1	9	3	28（25）
与贸易有关的投资措施协定	—	—	1	2	—	1	4（3）
关于执行 1994 年关贸总协定第 6 条的协议	—	1	—	—	—	—	1（1）
关于执行 1994 年关贸总协定第 7 条的协议	—	1	2	4	1	—	8（8）
进口许可程序协定	—	3	—	1	—	—	4（4）
补贴和反补贴措施协定	—	2	10	7	—	—	19（16）
保障措施协定	—	1	1	—	—	—	2（2）
服务贸易总协定	3	4	4	—	2	2	15（13）
与贸易有关的知识产权协定	—	—	—	2	1	3	6（6）

续表

协　定	增加发展中国家成员贸易机会	要求 WTO 成员保障发展中国家成员利益	承诺、行动、政策工具使用方面的灵活性	过渡期	技术援助	与最不发达国家相关的条款	各协定合计
关于争端解决规则与程序的谅解	—	7	1	—	1	2	11（11）
政府采购协定	—	3	6	—	1	2	12（10）
贸易便利化协定	—	—	3	7	7	9	26（10）
全部协定合计	15	47	44	27	25	25	183（155）

注：各协定合计栏中，括弧内的数字为该协定实际特殊和保障措施条款数，括弧外的数字为按条款属性分类统计数，同一条款有可能具备两种属性。

资料来源：WTO 贸易与发展委员会秘书处. *Special and Differential Treatment Provisions in WTO Agreements and Decisions*（WT/COMTD/W/239）。

附表 1 – 3　　WTO《农业协定》框架下发展中国家成员特殊和差别待遇及我国适用情况

条款	发展中国家成员特殊和差别待遇	我国适用情况评估
序言	同意在实施其市场准入承诺时，发达国家成员将充分考虑发展中国家成员的特殊需要和条件，对这些成员有特殊利益的农产品在更大的程度上改进准入机会和条件，包括在中期审议时议定地给予热带农产品贸易的全面自由化，以及鼓励对以生产多样化为途径停止种植非法麻醉作物有特殊重要性的产品。	适用，但已无实际意义。发达国家成员已在其减让表中对发展中国家成员有特殊利益的农产品以高于平均水平的幅度降低进口关税。
第 6 条 第 2 款	依照中期审评协议，政府直接或间接鼓励农业和农村发展的援助措施属发展中国家发展计划的组成部分，对于发展中国家成员中农业可普遍获得的投资补贴和发展中国家成员中低收入或资源贫乏生产者可普遍获得的农业投入补贴，应免除在其他情况下本应对此类措施适用的国内支持削减承诺，对于发展中国家成员鼓励对以生产多样化为途径停止种植非法麻醉作物而给予生产者的国内支持也应免除削减承诺。符合本款标准的国内支持不需包括在一成员关于其现行综合支持总量的计算之中。	不适用。根据我国入世议定书，这类“发展箱”措施需计入现行综合支持量。
第 6 条 第 4 款	（a）对于下列两项内容，成员不需将其包括在现行综合支持总量的计算中，也不需削减： （i）其他情况下本应要求包括在一成员关于其现行综合支持总量计算中的特定产品的国内支持，如此类支持未超过该成员一基本农产品在相关年度内生产总值的 5%； （ⅱ）在其他情况下本应包括在一成员关于其现行综合支持总量计算中的非特定产品的国内支持，如此类支持未超过该成员农业生产总值的 5%。 （b）对于发展中国家成员，本款下规定的微量百分比应为 10%。	有限适用。根据我国入世议定书，微量百分比为 8.5%，介于发达国家成员和发展中国家成员分别享有的微量百分比数值之间。

续表

条款	发展中国家成员特殊和差别待遇	我国适用情况评估
第9条第2款第b项	（Ⅳ）在实施期结束时，该成员出口补贴预算支出和得益于此类出口补贴的数量分别不高于1986年至1990年基期水平的64%和79%。对于发展中国家成员，这些百分比应分别为76%和86%。	不适用。我国加入WTO时承诺不实行农产品出口补贴，因而不存在按较低比例削减的问题。
第9条第4款	在实施期内，发展中国家成员不需就以上第1款（d）［为减少出口农产品的营销成本而提供的补贴（可广泛获得的出口促进和咨询服务除外），包括处理、升级和其他加工成本，以及国际运输成本和运费］和（e）［政府提供或授权的出口装运货物的国内运费，其条件优于国内装运货物］项所列出口补贴作出承诺，只要这些补贴不以规避出口削减承诺的方式实施。	不适用。我国加入WTO时承诺不实行农产品出口补贴。
第12条第2款	本条的规定［出口禁止和限制的纪律］不得适用于任何发展中国家成员，除非该措施是由有关特定粮食净出口国的发展中国家采取的。	适用，但已无实际意义。我国为粮食净进口国可以对粮食出口实施禁止和限制措施，然而我国粮食市场价格已经并将长期高于国际市场价格。
第15条第1款	与关于针对发展中国家成员的差别和更优惠待遇为谈判组成部分的认识相一致，应提供本协定有关条款列出的及包含在减让和承诺表中的特殊和差别待遇。	适用，但已无意义。我国已加入WTO，减让和承诺表已成既成事实。
第15条第2款	发展中国家成员应拥有在最长为10年的时间内实施削减承诺的灵活性。最不发达国家成员不需作出削减承诺。	适用，但已无实际意义。我国已加入WTO，而且加入时不存在综合支持量和出口补贴，因而不存在削减问题；根据我国入世减让表，农产品关税减让的实施期普遍至2004年，仅有极少数产品实施期至2008年。

续表

条款	发展中国家成员特殊和差别待遇	我国适用情况评估
第16条 第1款	发达国家成员应采取《关于改革计划对最不发达国家和粮食净进口发展中国家可能产生消极影响的措施的决定》范围内所有规定的行动。	适用，但已无实际意义。根据《关于改革计划对最不发达国家和粮食净进口发展中国家可能产生消极影响的措施的决定》，我国已无可能接受其推动的粮食援助、技术和财政资助。
第16条 第2款	农业委员会应酌情监督该决定的后续行动。	同上
附件2 第3条 脚注5	就本附件第3款而言，发展中国家为粮食安全目的而实施的政府储备计划，如运营是透明的并依照正式公布的客观标准或准则实施，则应被视为符合本款规定，包括按管理价格收购和投放的、用于粮食安全目的的粮食储备计划，只要收购价格与外部参考价格的差额计入综合支持量。	适用，但无实际意义。我国采用这类措施所产生的价差要计入黄箱。
附件2 第4条 脚注5和 脚注6	就本附件第3款和第4款而言，以定期和按合理价格满足发展中国家城乡贫困人口的粮食需要为目的按补贴价格提供的粮食，应被视为符合本款的规定。	不适用。我国采用这类措施所产生的价差要计入黄箱。
附件5 B节	7. 自《WTO 协定》生效后，第4条第2款的规定也不得适用于作为一发展中国家成员传统饮食中主要食品的初级农产品，且这些产品除应符合第1款（a）项至（d）项列明的对有关产品适用的条件外，还应遵守以下条件： （a）有关发展中国家成员减让表第一部分第1－B节列明的有关产品的最低准入机会自实施期第1年年初起占基期国内消费量的1%，此后每	不适用。根据我国入世减让表，我国农产品进口全部关税化。

续表

条款	发展中国家成员特殊和差别待遇	我国适用情况评估
同上	年均等增长，实施期第5年年初达到相应基期国内消费量的2%。自实施期第6年年初起，有关产品的最低准入机会占相应基期国内消费量的2%，此后每年均等增长，实施期第10年年初达到相应基期国内消费量的4%。此后按此公式产生的第10年的最低准入机会应维持在有关发展中国家成员的减让表中； （b）已对本协定项下的其他产品提供适当的市场准入机会。 10. 如自实施期开始启用的第10年结束后不再继续适用第7款规定的特别处理，则有关产品应适用以依照后附件中规定的准则计算得出的关税等值为基础确定的普通关税，并应约束在有关成员的减让表中。在其他方面，应适用经本协定项下给予发展中国家的有关特殊和差别待遇修改后的第6款的规定。	同上

资料来源：根据WTO《农业协定》、WTO贸易与发展委员会秘书处公布的 *Special and Differential Treatment Provisions in WTO Agreements and Decisions*（WT/COMTD/W/239）、中国入世议定书整理。

附表 1-4　　多哈回合农业谈判主要议题中的发展中国家成员特殊和差别待遇及对我国的意义

依据	议题	发展中国家成员特殊和差别待遇	对我国的意义
2012 年总理事会决议	约束关税	根据《农业协定》，各成员在加入 WTO 时已明确所有农产品的约束关税水平。最不发达国家加入 WTO 时亦应如此。新加入的最不发达国家可以将全部农产品平均约束关税水平确定为 50%。	不适用。仅限新加入的最不发达国家。
2013 年第九届部长级会议决议	政府一般服务	在《农业协定》附件 2 第 2 条“政府一般服务”项下增列发展中国家成员用于“土地复垦、土壤保持和资源管理、干旱管理和洪水控制、农村就业、产权证发放、农民安置”等促进乡村发展、保障粮食安全和减贫的支持内容。	适用。在《农业协定》附件 2 第 2 条规定的 7 种情形外新增了 6 种情形，这新增的 6 种情形对我国有现实意义，但该决议未形成最终方案。
2013 年第九届部长级会议决议 2014 年总理事会决议 2015 年第十届部长级会议决议	粮食安全公共储备	就以粮食安全为目的的公共储备形成临时方案，在达成永久方案之前该临时方案始终有效。根据该临时方案，对发展中国家成员在传统主粮品种的公共储备方面是否遵守了《农业协定》第 6 条第 3 款和第 7 条第 2（b）款的规定，在寻求通过 WTO 争端解决机制解决纷争时保持适当克制； 各成员应建设性地参与形成关于发展中国家成员以粮食安全为目的的公共储备的永久方案，应以农业委员会专门会议的形式加快谈判进程，与多哈发展议程下的农业谈判区别开来。	适用。但该决议未形成最终方案。
2013 年第九届部长级会议决议	配额管理	严格关税配额（TRQ）管理透明度纪律，明确配额申领和配额期限等相关信息公布和通报义务；建立 TRQ 未完成机制，如连续 3 年未达到设定的配额完成率（65%），成员必须改变原有的配额管理方式，采用完全放开，或先来先领等更自由的管理方式；发展中国家成员在配额完成率未达到 65% 的情况下，可以享受维持现有管理方式的特殊和差别待遇。	适用。但实际意义不大，经 WTO 裁决，并与磋商发起方美国协商，我国于 2019 年 12 月 31 日前完成对农产品关税配额管理政策的调整。

续表

依据	议题	发展中国家成员特殊和差别待遇	对我国的意义
2013 年第九届部长级会议决议 2015 年第十届部长级会议决议	棉花	棉花生产对部分发展中国家特别是最不发达国家具有重要性，各成员和多边机构应加强对最不发达棉花生产国的技术援助； 在市场准入方面，发达国家成员和“宣称有能力的”发展中国家成员将从 2016 年 1 月 1 日起开始向最不发达国家成员棉花出口给予免关税和免配额的市场准入待遇； 在国内支持方面，仍需要采取更多行动； 在出口竞争方面，发达国家成员将立即取消对棉花的出口补贴，而发展中国家成员在 2017 年 1 月 1 日前取消。	不适用。仅限于最不发达国家，我国没有出口补贴。但我国作为棉花进口国，一旦失去发展中国家身份，就必须对最不发达国家的棉花提供零关税、零配额市场准入机会。
2015 年第十届部长级会议决议	特殊保障机制	为发展中国家成员建立特殊保障机制，允许发展中国家成员在进口激增和价格下跌时临时提高关税，确认发展中国家拥有根据“香港部长宣言第 7 段”使用 SSM 的权利，并承诺将寻求未来在 WTO 农业委员会的专门会议中进行谈判。	不适用。我国加入 WTO 时放弃了使用《农业协定》第 5 条“特殊保障条款”的权利，在今后的谈判中争取适应新的特殊保障机制很难，且该决议仍在磋商中。
2015 年第十届部长级会议决议	出口补贴	发达国家成员将立即取消农业出口补贴，但对“加工产品，奶制品和猪肉”的出口补贴可以延至 2020 年。发展中国家成员也必须在 2018 年底前取消出口补贴。发展中国家成员用于运输和市场推广目的的出口补贴可以延至 2023 年。最不发达国家成员和粮食净进口发展中国家成员获准可以到 2030 年取消出口补贴。	不适用。我国加入 WTO 时承诺不实行农产品出口补贴，且该决议执行不到位。
2015 年第十届部长级会议决议	出口信贷	发达国家成员出口信贷最长还款期限为 18 个月。发展中国家成员在 4 年的过渡期后将最长还款期减少到 18 个月，并给予最不发达国家成员和粮食净进口发展中国家成员更为优惠的待遇。	不适用。我国没有农产品出口信贷。

资料来源：根据 WTO 贸易与发展委员会秘书处公布的 *Special and Differential Treatment Provisions in WTO Agreements and Decisions*（WT/COMTD/W/239）、中国入世议定书整理。

专题报告二

区域贸易协定对我国农业的影响及应对

我国自2001年加入WTO以来，积极履行入世承诺，农业对外开放不断迈上新台阶。在WTO多哈回合谈判受挫背景下，我国与很多WTO成员一样，采取签订双边、多边自贸协定（FTA）等形式，自主推动区域贸易投资自由化便利化。其中，包括给予农业优惠贸易安排，推动农业领域更大范围、更高水平、更深层次的区域合作。这些自主开放举措，有利于我国充分利用国内外两个市场、两种资源，一方面丰富国内农产品供给、缓解资源环境承载的压力，另一方面促进我国特色优势农产品出口。十几年来，我国先后与东盟国家、智利、巴基斯坦、新西兰等国家或地区签订了FTA。现在，有必要准确评估这些FTA对我国农业的实际影响，结合我国重要农产品国际贸易的阶段性、结构性变化，预判拟签订、正在谈判的区域贸易协定对我国农业的潜在影响，在统筹兼顾我国农业全球化与区域一体化总体战略基础上，为推动我国与重点区域、重点国别开展FTA谈判提供有益的经验借鉴。

一、我国主要区域贸易协定及涉农优惠安排

（一）我国区域贸易协定的总体情况

我国于2001年11月与东盟国家就启动自贸协定程序达成共识，经过多轮磋商于2002年11月双方签署《全面经济合作框架协议》启动自贸区建设，就早期收获项目和不同东盟成员的关税减让时间表达成一致；2004年11月，我国与东盟国家签署《框架协议货物贸易协议》和《框架协议争端解决机制协议》，标志着中国—东盟自贸区建设进入实质性执行阶段；到2010年，我国和东盟老成员国涵盖货物贸易的自贸区全面建成；到2015年，我国与东盟新成员国自贸区建成，同年双方签署了升级版《议定书》，我国和东盟自贸区全面升级。中国—东盟自贸区是我国对外商谈的第一个，也是最大的自贸区，还是目前发展中国家间最大、覆盖人口最多的自由贸易区。我国和东盟自贸区的建设以农业作为优先自由化和重点合作领域，削减关税和非关税壁垒、实施贸易便利化措施等，有力促进了双边农产品贸易的发展，也不断丰富、拓展和深化了双边农业合作领域和合作机制。

自2003年我国与东盟自贸协定生效后，先后在2006年与智利、2007年与巴基斯坦、2008年与新西兰、2009年与新加坡、2010年与秘鲁、2011年与哥斯达黎加、2014年与瑞士和冰岛、2015年与澳大利亚和韩国、2017年与格鲁吉亚等国家签订了FTA。如表2－1所示，2018年，我国与这些已签订FTA国家的农产品贸易额达到679.1亿美元，占我国农产品进出口贸易总额的31.20%，其中进口427.31亿美元，占我国农产品进口总额的31.12%，出口251.79亿美元，占我国农产品出口总额的31.31%。这些FTA的签订和落实，不仅在保障我

国重要农产品多元化供给中发挥了重要作用，也为我国具有比较优势的农产品对外出口开拓了市场。与此同时，由于部分 FTA 已经签订十多年，国际贸易规则和贸易活动都发生了深刻变化，为准确反映多边、双边经贸关系快速、动态、与时俱进的发展需要，进一步促进区域经济一体化进程，推动我国新一轮高水平对外开放，我国也在积极推动部分 FTA 的升级谈判及开展新的 FTA 谈判。①

表 2－1　2018 年我国与已生效 FTA 缔约方农产品贸易情况　单位：亿美元

生效时间	协定缔约方	出口贸易		进口贸易		进出口合计		贸易差额
		出口额	占比（%）	进口额	占比（%）	贸易额	占比（%）	
2003 年	东盟	175.6	21.83	184.8	13.46	360.62	16.56	－9.2
2006 年	智利	4	0.50	31	2.26	35	1.61	－27
2007 年	巴基斯坦	4.8	0.60	3.1	0.23	7.91	0.36	1.7
2008 年	新西兰	2.2	0.27	71.4	5.20	73.6	3.38	－69.2
2010 年	秘鲁	0.99	0.12	17.5	1.27	18.49	0.85	－16.51
2011 年	哥斯达黎加	0.64	0.08	1	0.07	1.64	0.08	－0.36
2014 年	冰岛	0.06	0.01	1.4	0.10	1.46	0.07	－1.34
2014 年	瑞士	0.41	0.05	2.1	0.15	2.51	0.12	－1.69
2015 年	澳大利亚	10.3	1.28	104.5	7.61	114.81	5.27	－94.2
2015 年	韩国	52.5	6.53	10.3	0.75	62.81	2.89	42.2
2017 年	格鲁吉亚	0.29	0.04	0.21	0.02	0.5	0.02	0.08
区域合计	20 个国家	251.79	31.31	427.31	31.12	679.1	31.20	－175.52

注：2003 年我国和东盟完成早期收获计划。

资料来源：作者根据商务部中国自由贸易区服务网和《中国农产品贸易发展报告（2019）》数据整理计算。

① 截至目前，正在进行的区域贸易协定谈判（包括已有协定的升级谈判）有 10 个，需要说明的是，RCEP 于 2020 年 11 月 15 日正式签署。本报告以已生效并正式实施的 FTA 为主要研究对象，即中国—海合会、中日韩、中国—以色列、中国—挪威、中国—新西兰自贸协定升级谈判、中国—摩尔多瓦、中国—巴拿马、中国—韩国自贸协定第二阶段谈判、中国—巴勒斯坦、中国—秘鲁自贸协定升级谈判；正在研究自贸区谈判有 8 个，分别是：中国—哥伦比亚、中国—斐济、中国—尼泊尔、中国—巴新、中国—加拿大、中国—孟加拉国、中国—蒙古国、中国—瑞士等自由贸易协定。

（二）我国部分区域贸易协定中的涉农优惠安排

我国区域贸易协定中的涉农优惠安排①主要是按已签订的协定，给缔约方提供一定灵活性。最直接的体现是农产品在货物贸易条款中对缔约国在市场准入上逐渐取消关税与非关税壁垒、众多部门的服务贸易自由化、投资准入条款、为一些缔约国提供特殊和差别待遇及灵活性、有效的贸易便利化措施，如简化海关程序和制定相互认证安排等。对缔约国农业影响最直接的是市场准入中关税条款，通常各缔约方按照协定生效前实施的最惠国关税税率为基础税率，大部分农产品按照各自实施的最惠国关税税率依照特定的减让表税率逐步削减或取消；对于少部分缔约国保护的农产品按照各自实施的最惠国关税税率依照相互统一的最终税率和最终时间削减，并在产品上设定时间上限（过渡期）；对于缔约国本身极为重要的农产品也可设置为敏感产品或例外产品，排除在协定外；纳入协定内的所有产品，同时遵守原产地原则、关税配额及配额外税率的处理、非关税措施（如动植物卫生检疫措施与技术性贸易壁垒）、基于 WTO 的保障措施［包括透明度，涵盖范围，行动的客观标准（包括严重损害或严重损害威胁及临时性）］等相关原则。尽管 FTA 在总框架、内容条款等方面大体相似，但由于与我国签订 FTA 的缔约方在农业国际竞争优势、与我国农产品进出口贸易等方面存在差异，因此，如表 2－2 所示，上述各方在农业方面的优惠安排不尽相同。②

1. 中国—东盟 FTA：我国对东盟涉农优惠安排

在关税削减方面。2004 年我国与东盟国家签订的《框架协议货物

---

① 本文中涉农优惠安排主要分析涉农产品贸易自由化方面条款，对于贸易便利化及涉农投资条款等，由于篇幅有限，不在此文中分析。

② 在已签订 FTA 缔约国中，我国与东盟、新西兰、澳大利亚和韩国的农产品进出口贸易额占我国农产品进出口总额比重较高（见表 2－1），因此，此文侧重对上述四国的 FTA 涉农条款进行分析。

表 2 – 2　　我国与部分缔约方签订的 FTA 自由贸易协定贸易优惠安排

生效时间	缔约方贸易优惠安排	敏感产品或例外产品	关税削减过渡期（最大期限）	国别关税配额	特殊保障措施实施条件与最大期限
2003 年	我国对东盟农产品贸易优惠安排	大米、小麦 、玉米 、食用植物油类（豆油、棕榈油、菜籽油）、糖类等食用农产品及加工品和农用肥	—	—	3% 进口额触发 实施期限 <3 年
2008 年	我国对新西兰农产品的贸易优惠安排	大米、小麦、玉米及其制品，食用植物油类（豆油、花生油、棕榈油、菜籽油）、食糖及其制品	<15 年	羊毛、毛条	数量触发 双边保障措施期限 <3 年 临时保障措施实施期限 <45 天
2015 年	我国对澳大利亚农产品贸易优惠安排	大米、小麦、棉花、大豆、油菜籽、植物油、食糖、烟草	<15 年	羊毛、毛条	数量触发 实施期限 <6 年
2015 年	韩国对我国农产品贸易优惠安排	—	<10 年	鲜活鱿鱼、章鱼及制品，鲜冻贝等，食用大豆、红薯淀粉和麦芽等	实施期限 <4 年

资料来源：根据已签订自由贸易协定整理。

贸易协议》明确规定，对早期收获计划产品关税于2010年1月1日全部取消；对未列入早期收获计划（包括农产品在内）的7000多个税号产品分为正常类和敏感类，新老成员方分别实施降税。其中，对于正常类产品税目，我国与东盟的老成员国在2012年1月1日、与其他新成员国在2018年1月1日已经全部取消关税；对于敏感类产品税目，可以保留实施最惠国税率，我国和东盟老成员国最多可保留400个6位关税税目（或按2001年贸易统计数据中进口额的10%）和其新成员国最多可保留500个6位关税税目。同时规定，敏感类产品税目税率，分别于2018年1月1日和2020年1月1日前削减0%～5%。敏感类产品税目可进一步划分为敏感清单和高度敏感清单，高度敏感清单中的税目数量，中国和东盟的老成员国不超过敏感类产品税目总数的40%或100个税目，低者为限；和东盟新成员国不超过敏感类产品税目总数的40%或150个税目，低者为限；对高度敏感清单税目实施的最惠国税率也分别于2015年1月1日和2018年1月1日削减至50%。我国提出的敏感类产品税目共402个，其中高度敏感产品包括稻谷和大米、小麦、玉米、食用植物油类（豆油、棕榈油、菜籽油）、糖类等食用农产品税目28个和农用肥税目3个。

在特殊保障措施方面。初始实施时间不超过3年，可最多延长1年，且保障措施期限应在该产品过渡期届满之日终止。对来自东盟某一成员方的农产品，只要其在我国所涉产品自东盟进口中的份额不超过3%，不得对该产品实施保障措施。

2. 中国与新西兰FTA：我国对新西兰涉农优惠安排

在关税削减方面。我国与新西兰在2008年正式生效的FTA[①]中明

① 本文中中国与新西兰自贸协定简称中新自贸协定，由于我国与新加坡也签署了自由贸易协定，此文中所有中新自贸协定，都是指我国与新西兰自由贸易协定。

确规定，我国除对进口原产于新西兰的粮食（大米、小麦、玉米）及制品、食用植物油（豆油、花生油、棕榈油、菜籽油）、食糖及制品适用最惠国适用税率外，自 2008 年起到 2019 年逐步取消其他税目农产品进口关税。我国在 2019 年前取消 97.2% 税目的自新西兰进口产品关税，[①] 其中 95.9% 税目的自新西兰进口农产品关税将全部削减为零，包括奶粉、奶油、黄油、牛羊肉、羊毛、葡萄酒、猕猴桃等新西兰具竞争优势的农产品。

在国别关税配额和特殊保障措施方面。根据协定附件四，我国对自新西兰进口的羊毛、毛条给予国别关税配额零进口关税待遇，[②] 配额外进口适用最惠国适用税率，并规定了实施期内的配额数量。根据协定第 3 章第 13 条和该协定附件 2，对原产于新西兰的部分税目乳制品可实施特殊保障措施，并规定了不同税目乳制品实施期内的数量触发水平。

3. 中国—澳大利亚 FTA：我国对澳大利亚涉农优惠安排

在关税削减方面。中澳自贸协定在货物贸易领域达到了很高的自由化水平，[③] 我国 96.8% 的税目实现自由化，且均采用线性等比例降税这一简单直接的降税方式。大部分原产自澳大利亚的农产品以 2013 年 1 月 1 日有效的中国最惠国税率为基础税率，从 2015 年第一次降税，其中 5 年内完成降税的税目比例为 95%，即 2020 年前关税削减至零；少数冷鲜牛、羊肉关税税率在实施期第 10 年左右逐步削减至零；

---

① 新西兰 2016 年前取消全部来自中国进口产品关税。

② 2017 年羊毛、毛条，6 个税目（税号：51011100、51011900、51012100、51012900、51013000 和 5103100）合计配额量为 36936 吨，3 个税目（税号：51051000、51052100 和 51052900）合计配额量为 665 吨，2017 年后参照 2017 年配额标准。

③ 澳大利亚 99.4% 的农产品将在协定生效后立即为零，涉及自中国进口农产品总额的 99%，其余产品将在 3 年内完成全部自由化进程。

除固状乳在实施期第 12 年即 2027 年削减至零外，其他乳品在实施期第 10 年即 2025 年逐步削减至零；水果类橙类产品在实施期第 9 年逐步削减至零，这些产品降税过渡期最长不超过 15 年。根据协定安排，在辅以适度合理保障的前提下，降税过渡期结束后，到 2030 年，我国自澳农产品进口平均关税税率将由实施前的 12.94% 下降到 0.51%，占农产品税目 93.7% 的产品关税税率将为零。中澳双方均有各自的敏感产品，我国对大米、小麦、玉米、棉花、大豆、油菜籽、植物油、食糖和烟草等产品作出例外安排，不进行关税减让。

在国别关税配额和特殊保障措施方面。根据协定第 2 章第 13 条及该章附件 1，对原产于澳大利亚的羊毛、毛条给予国别关税配额待遇，配额内进口关税税率为零①，配额外进口关税税率为最惠国适用税率，并规定了实施期内的配额数量。根据协定第 2 章第 14 条及该章附件 2，对原产于澳大利亚的牛肉和乳制品可实施特殊保障措施，并规定了实施期内的数量触发水平。

4. 中国—韩国 FTA：韩国对我国涉农优惠安排

在关税削减方面。协定规定，韩国减让表中的基准税率为 2012 年 1 月 1 日执行的韩国海关关税的最惠国税率。除了按关税减让表减让外，截至 2019 年 7 月，双方已四次削减关税，目前双方零关税产品贸易额达 50%。

在贸易救济和保障措施方面。严格规定了保障措施条款和临时保障措施，超过防止或补救严重损害和便利调整所必要的限度和时间；实施保障措施包括最初实施和延期在内，总的实施期限不得超过 4 年；

---

① 羊毛、毛条（税号：51011100/51011900/51012100/51012900/51013000/51031010）配额，2020 年为 36465 吨、2021 年为 38388 吨、2022 年为 40203 吨、2023 年为 42213 吨、2024 年为 44324 吨。

过渡期是指本协定生效之日起10年，但对于缔约方在附件农产品等敏感产品减让表中所列取消关税期限超过10年的产品，过渡期是指该减让表中所列该产品的关税减让期。根据协定附件2－A《削减或取消关税》和《韩方关税减让表》，韩国对自我国进口的原产我国的一些农产品给予零关税国别配额待遇，主要包括部分鲜活水产品（如鲜活鱿鱼、章鱼及制品，鲜冻贝类等）、食用大豆、红薯淀粉和麦芽等，并规定了国别配额数量。

二、区域贸易协定中涉农优惠安排对我国农业的影响

我国已签订的FTA缔约方可分为三种类型：既有东盟这类彼此是重要的农产品贸易伙伴国，在各自农产品贸易额中占比较高，且农产品进出口贸易相对平衡的经济体；也有新西兰、澳大利亚这类农业国际竞争力较强，在我国农产品进口贸易中占有绝对优势，对我国农产品贸易保持顺差的国家；还有韩国这类农业国际竞争力偏弱，是我国部分优势农产品主要出口目的地，对我国农产品贸易保持逆差的国家。由于东盟、新西兰、澳大利亚和韩国的农业情况各不相同，在我国与其签订的FTA中给予各国或各经济体涉农优惠安排、对其市场开放程度也各不相同。因此，在协定生效后对我国农产品贸易、国内农业发展的影响程度也各不相同。

（一）我国与东盟、新西兰、澳大利亚、韩国农产品国际贸易竞争力及比较优势变化

从各国在全球农产品出口贸易地位变化趋势看，普遍在农产品出口上保持着快速增长趋势。根据联合国贸易统计署公布的贸易统计数

据库（UN Comrade），如图2－1所示，自1995年WTO成立至今，东盟在农产品出口上相比较其他国家一直处于领先地位，年均增速为5.35%。澳大利亚和我国紧随其后，2005年前两国农产品出口金额交替上升，该阶段澳农产品出口额略高于中国；2006年之后，我国农产品出口快速增长，年均增速6.35%，该阶段澳大利亚的出口增速仅有2.46%。新西兰在2003年之后农产品出口贸易额增速明显，年均增速为5.04%。

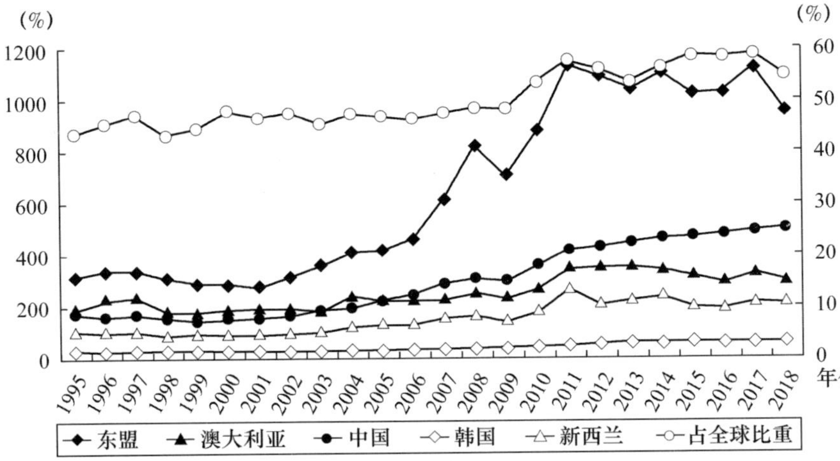

图2－1　1995～2018年东盟、新、澳、韩与中国农产品出口变化

注：为了使数据在年度间可比，根据美国消费者价格指数，将所有以美元计算的贸易额折算为2010年不变价格。

资料来源：UN Comrade。

从各国农产品出口贸易在本国对外出口贸易地位变化看，各国情况差异较大。从对全球农产品出口占总出口比重水平比较，新西兰、澳大利亚和东盟的农产品出口在本国外贸出口中占据重要地位。如表2－3所示，自1995年WTO成立到2018年，全球农产品出口贸易在全球贸易中处于缓慢下降趋势，农产品出口贸易额占全球出口贸易总额比重从9.3%下降到7.9%。东盟和新西兰农产品出口贸易在本国外贸出口中的占比则逐渐提升，尤其2001～2018年东盟农产品出口额占本国出口额比重从5.8%上升到9.3%。新西兰农产品出口贸易在本国商品出口贸易中占据更为重要地位，在1995～2008年一直保持在50%～55%，而在2008～2018年快速上升到63%。

表2－3　东盟、新西兰、澳大利亚、韩国与中国农产品出口额占本国出口额比重

单位:%

年份	东盟	新西兰	澳大利亚	韩国	中国	全球
1995	7.4	50.7	25.7	7.7	1.3	9.3
2001	5.8	54.6	24.4	4.5	1.1	7.2
2003	6.4	53.7	21.1	3.6	1.0	7.3
2008	8.3	54.9	12.9	2.1	0.7	7.1
2015	9.5	63.7	18.1	2.2	1.1	8.3
2018	9.3	63.3	13.5	2.3	1.1	7.9

资料来源：UN Comrade。

从农产品贸易比较优势来看，各国优势农产品各不相同。如表2－4所示，根据各国农产品贸易显性比较优势指数（RCA）测算结果显示①，东盟优势农产品主要有谷物、油脂油料以及少部分水产品和水果及坚果；新西兰的乳品在全球农产品出口中占绝对贸易比较优势，其次是肉类和水果、坚果类产品也具有比较强的国际竞争力；而澳大利亚的肉类占绝对贸易比较优势，其次谷物和乳品也具有比较强的国际竞争力；韩国和中国的水产品在国际市场上占绝对贸易比较优势，除水产品外中国的蔬菜和水果也具有很强的贸易比较优势。

① RCA指数通过该产业在该国出口中所占的份额与世界贸易中该产业占世界贸易总额的份额之比来表示，剔除了国家总量波动和世界总量波动的影响，可以较好地反映一个国家某一产业的出口与世界平均出口水平比较来看的相对优势。一般认为，一国RCA指数大于2.5，则表明该国该产业具有极强的国际竞争力；RCA介于2.5～1.25，表明该国该产业具有很强的国际竞争力；RCA介于1.25～0.8，则表明该国该产业具有较强的国际竞争力；RCA小于0.8，则表明该国该产业的国际竞争力较弱。

表 2－4　东盟、新西兰、澳大利亚、韩国与中国农产品显性贸易比较优势指数

产品大类	东盟	新西兰	澳大利亚	韩国	中国
谷物	0.84	0.01	1.76	0.09	0.22
油脂油料	5.23	0.08	0.19	0.22	0.28
肉类	0.12	2.35	3.28	0.07	0.17
水产品	0.78	0.53	0.40	2.72	2.88
乳品	0.22	6.72	0.88	0.13	0.16
蔬菜	0.46	0.24	0.59	0.64	3.82
水果及坚果	0.75	1.17	0.58	0.39	—

资料来源：UN Comrade，根据 2018 年贸易数据计算。

（二）我国与东盟、新西兰、澳大利亚、韩国 FTA 生效后对我国农产品进出口贸易的影响

我国与东盟、新西兰、澳大利亚、韩国各自农业发展条件、农业国际竞争力和农产品贸易比较优势不同。随着我国农产品进出口来源结构多元化（见图 2－2a、图 2－2b），双边 FTA 生效后对我国农产品进出口贸易额、贸易结构产生直接影响。

1. 中国—东盟 FTA 对我国农产品贸易的影响

从贸易额来看，FTA 为双边开拓了各自的市场。从 2003 年完成早期收获计划到 2018 年，受自贸区降税和双边需求拉动影响，我国与东盟农产品贸易发展迅速，贸易总额年均增长 14%，在 2017 年、2018 年已连续两年超过欧盟、美国、巴西等国家和地区，成为中国农产品贸易第一大伙伴。从双边进出口面临关税水平看，尽管双边对农产品适用最惠国平均税率水平不同，农产品市场开放程度不同，到 2017 年底双边大部分进出口农产品税目已经免税，其中我国对印度尼西亚进口免税农产品税目占比为 92.9%，马来西亚为 92.7%，菲律宾为 92.8%，泰国为 91.8%，越南为 90.9%。我国向东盟出口农产品贸易

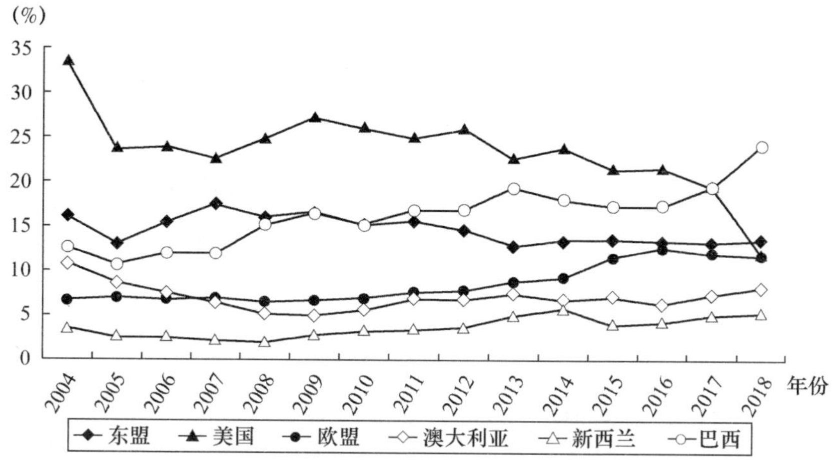

图 2－2a　我国农产品主要进口来源结构变化趋势

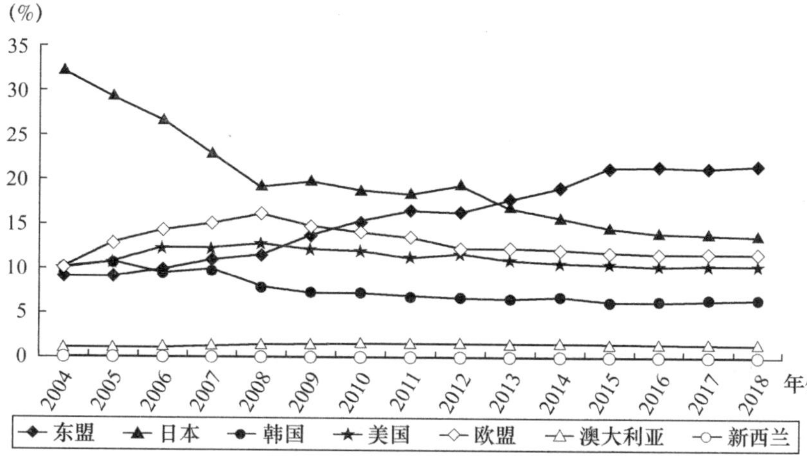

图 2－2b　我国农产品主要出口的目地结构变化趋势

资料来源：UN Comrade。

额从 23.5 亿美元增长到 175.6 亿美元，对东盟农产品出口额占出口总额从 11.05% 快速增长到 21.5%，2013 年起东盟成为我国第一大农产品出口市场。东盟对我国农产品出口贸易也快速增长，我国自东盟农产品进口额从 37.5 亿美元快速增长到 184.8 亿美元，在我国农产品进口中也具有十分重要地位，2018 年我国自东盟农产品进口额占我国农产品进口总额的 13% 左右，东盟超过欧盟和美国，仅次于近年巴西，位居第二。

从贸易结构来看，FTA 促进了双边优势农产品结构互补。我国对东盟出口主要以蔬菜（蘑菇、大蒜、木耳、洋葱）和温带水果（柑橘、苹果、梨）、水产品（墨鱼、鱿鱼）等劳动密集型农产品为主，占我国对东盟出口农产品的 60% 左右。我国自东盟进口以热带水果（榴莲、香蕉、火龙果）、棕榈油、水产品（对虾、鲶鱼、饲料鱼粉）和大米为主，占我国自东盟农产品进口额的 60% 左右。

2. 中国与新西兰 FTA 对我国农产品贸易的影响

从贸易额看，FTA 为具有农业国际竞争力的新西兰农产品开拓了极大市场，对拉动新西兰对我国出口作用十分显著。中国与新西兰自贸协定于 2008 年生效，从进出口面临的关税水平看，受双边 FTA 关税削减影响，在 2008 ~ 2018 年双边贸易额年均增长 20. 7% ，这主要来自我国对新西兰农产品进口的大幅度增长，从 10. 21 亿美元增长到 71. 4 亿美元，自新西兰农产品进口额占我国农产品进口总额的比重由 1. 75% 上升为 5. 3% ；到 2017 年底我国自新西兰进口 96. 3% 税目的农产品免税；同期，尽管新西兰高度开放本国农产品市场，适用最惠国平均关税仅为 1. 4% ，但由于新西兰具有较强的农业国际竞争力，我国对新西兰出口额从 0. 97 亿美元仅增长到 2. 2 亿美元，对新西兰农产品出口额占我国农产品出口额的比重仅约 0. 3% 。我国对新西兰农产品贸易逆差已由不足 10 亿美元迅速增加到近 70 亿美元，贸易逆差呈现逐年扩大趋势。

从贸易结构看，FTA 进一步增强了新西兰具有国际竞争优势的乳品和肉类产品及部分水果竞争力，其中乳品尤为突出。2018 年我国自新西兰进口的乳制品 103. 5 万吨，其中奶粉 64 万吨（占新西兰奶粉出口量 36. 4% ），比 2008 年增加了 12. 6 倍，年均增长 28. 8% 。由于新西兰动植物检验检疫措施严格，加之新西兰人口较少、市场容量有限，我国传统具有出口优势的水产品、蔬菜和水果等对新方市场出口面临较大阻力，难以发挥比较优势。

3. 中国—澳大利亚 FTA 对我国农产品贸易的影响

从贸易额看，FTA 为具有农业国际竞争力的澳大利亚农产品开拓了极大市场，对拉动澳大利亚对我国出口作用明显。我国与澳大利亚 FTA 于 2015 年 12 月生效，从双边 FTA 关税削减看，由于双边 FTA 实施时间较短，到 2017 年底我国自澳大利亚进口农产品税目数量 12% 免税，在 2015 ~ 2018 年，双边农产品贸易额年均增长 3.7%，澳大利亚对我国农产品出口额从 81.51 亿美元增长到 104.5 亿美元，自澳大利亚农产品进口额占我国农产品进口总额的比重由 6.95% 增长到 7.9%，我国是澳大利亚农产品第一大出口市场。尽管澳大利亚对进口农产品适用最惠国平均税率仅为 1.2%，但由于澳大利亚农产品具有较强国际竞争力，我国对澳大利亚出口农产品额仅从 5.83 亿美元增长到 10.3 亿美元，对澳大利亚农产品出口额占我国农产品出口总额的比重由 1.49% 下降到 1.29%，农产品贸易逆差趋势明显。

从贸易结构看，FTA 为澳大利亚具有国际竞争力优势的畜产品（羊毛、羊肉、牛肉、奶粉）、棉花、谷物（大麦、小麦、高粱）和葡萄酒进一步拓展了市场。我国对澳大利亚出口的农产品相对比较分散且数量较少，澳大利亚人口较少、市场容量非常有限，加之对进口农产品质量管控严格，我国传统具有优势的水产品、蔬菜和水果同样很难发挥比较优势。

4. 中国—韩国 FTA 对我国农产品贸易的影响

从贸易额看，FTA 为我国传统具有比较优势的农产品开拓了一定的市场。中国—韩国 FTA 于 2015 年 12 月生效，在 2015 ~ 2018 年，双边农产品贸易额年均增长3.7%。由于FTA实施时间较短，从进出口面临的关税水平看，尽管在双边FTA中韩国对我国个别农产品给予一定优惠贸易安排，但韩国对其农业高度保护，2018年韩国适用最惠国平均税率高达57%，我国对韩国农产品出口额从43.44亿美元增长到52.5亿美元，对韩国农产品出口额占我国农产品出口总额的比重由6.19%提高到6.6%。我国适用农产品最惠国平均税率仅为15.6%，但由于我国农业相比较韩国在总体上更具有国际竞争力及国内需求差异，我国自韩国进口农产品额从8.6亿美元增长到10.3亿美元，在我国农产品进口总额中占比较低。

从贸易结构看，FTA进一步突出双边传统农产品优势，发挥我国传统的水产品、蔬菜和韩国饮品比较优势。由于韩国为我国部分水产品提供了配额内免税，2018年我国向韩国出口的水产品增长趋势明显，水产品和蔬菜的出口占对韩国出口的62%左右，出口农产品还包括油籽、粮食制品、大米和畜产品等。我国自韩国进口农产品较为分散。

（三）中国与东盟、新西兰、澳大利亚、韩国FTA生效后对我国部分农产品生产的影响

中国、东盟、新西兰、澳大利亚和韩国的农业竞争力不同，各自农产品比较优势也不相同。协定的实施，不仅为我国传统具有比较优势的劳动密集型农产品（如水产品、蔬菜、水果等）出口开拓了一定市场，也为满足我国农产品进口多元化、丰富消费者膳食提供了更多选择。同时，也对我国国际竞争力较弱的农产品尤其是土地密集型的谷物、油脂油料、肉类、乳品等农产品生产带来一定压力。

1. 对大米的影响

大米是我国最重要的口粮之一。我国长期以来高度重视粮食安

全，设定的底线目标是谷物基本自给、口粮绝对安全，因此大米主要依靠国内生产。我国对大米进口采取配额管理，2004 年以后每年发放大米配额 532 万吨（其中，长粒米 266 万吨、中短粒米 266 万吨），配额内关税仅为 1%；配额外适用最惠国税率 65%。2018 年我国稻谷产量为 21213 万吨，进口大米 307.7 万吨，出口大米 209.1 万吨，按照表观消费量计算对外依存度仅为 1.4% 左右。

东盟的越南、泰国是我国大米主要进口来源地。根据 UN Comrade 数据库统计显示，2018 年我国自东盟进口大米精米 208.31 万吨（税号 HS10063020 和 HS10063080），进口额占我国精米进口总额的 91% 左右。近年来，我国自东盟尤其越南进口大米快速增加，从 2010 年的 31 万吨快速增长到 2018 年的 208.3 万吨。需要注意的是，这种增长主要是价格倒挂造成的，与自贸协定的实施关系不大。按照中国—东盟 FTA 协定，大米（大部分税目）作为高度敏感产品，对东盟的老成员国进口的协定税率在 2015 年前削减至 50%，对其新成员国在 2018 年前削减至 50%，仅少数碎米降至 5%（见表 2－5）。一方面，越南、泰国等国家土地、人工成本普遍偏低，大米种植成本、市场交易价格低；另一方面，近年来我国随着化肥和农药等生产资料价格上涨、土地和劳动力等成本提升，大米生产成本逐年提升。这导致国内外大米价格倒挂持续拉大，配额 1% 的关税无法阻挡越南、泰国、柬埔寨的低价大米进入我国市场。总之，截至目前，对东盟大米的协定税率尚不足以对我国大米生产构成实质性冲击。

2. 对棉花的影响

我国是全球棉花生产和贸易大国，从世界上主要产棉国进口原棉经过加工制成服装后再出口到世界各地。根据入世承诺，我国对棉花采取配额管理，2005 年以后每年发放进口配额 89.4 万吨，配额内关

表 2－5　　中国—东盟自由贸易协定中敏感类税目的关税减让安排　　单位：%

类别	国家/地区	2012/1/1	2015/1/1	2018/1/1	2020/1/1
敏感类产品	中国和东盟的老成员国	20	—	0－5	—
	越南	—	20*	—	0－5
	柬埔寨、老挝、缅甸	—	20	—	0－5
高度敏感类产品	中国和东盟的老成员国	—	50	—	—
	越南、柬埔寨、老挝、缅甸	—	—	50	—

注：＊表示在2006年签署货物贸易协定议定书中修订。

资料来源：作者根据协议整理。

税1%，配额外关税40%。为减少配额内外进口税率差距过大对纺织工业的不利影响，我国每年根据国内用棉需求，自主发放配额外优惠关税税率进口配额（简称“棉花进口滑准税配额”），2019年发放此配额80万吨。除WTO配额和滑准税配额进口外，我国每年仅少量进口的棉花适用最惠国税率40%税率。我国棉花整体税率已经处于低位水平。

根据海关数据统计，我国棉花进口量从2015年的175.8万吨增加到2019年的193.7万吨，主要从美国、澳大利亚、巴西、印度、乌兹别克斯坦进口。在已签订FTA的国家中，澳大利亚一直以来是我国优质棉的进口来源地。尽管棉花在中澳自贸协定中属于例外产品，但自协定生效以来，我国自澳大利亚棉花进口占全部棉花进口的比重，从2015年的17.1%快速提高到2018年的26.9%，由于受2019年澳大利亚自身旱灾和火灾影响，2019年略有下降到21.5%。从棉花品质和价格综合情况来看，虽然澳棉价格高但品质最优，从棉纺行业下游企业用棉来看，高价值服装、纺织行业对于澳棉需求多，澳棉对我国优质棉市场影响具有举足轻重的作用，未来如何进一步降低我国棉花的生产成本同时提升棉花质量是关键。

3. 对牛羊肉的影响

新西兰、澳大利亚的肉类产业尤其是牛羊肉产业及其相关产品具有非常强的国际竞争力。[①] 如表2－6所示，我国与新西兰自贸协定生效前的2007～2019年，[②] 我国自新西兰牛肉进口量从0.02万吨增长到21.43万吨，自澳大利亚牛肉进口量从0.22万吨增长到2015年15.59万吨。在中澳自贸协定生效以来的4年，澳大利亚对我国牛肉出口量翻了1倍，2019年达到30.72万吨，首次超过保障措施触发水平17.45万吨（见表2－7）。2007～2018年，我国进口羊肉总量从4.66万吨增长到31.90万吨，进口高度集中在新西兰和澳大利亚。按照中国—澳大利亚FTA，我国对部分敏感畜产品分别采取降税过渡期、进口关税配额和特殊保障机制保护，羊肉在2023年进口关税削减为零；除了整头及半头牛肉基础税率略高，但最高也低于20%，其他鲜冷冻牛肉协定税率都低于10%，且到2024年削减到零。根据中国—新西兰FTA，所有鲜冷冻牛肉协定税率为零。

表2－6　　中国与新西兰/澳大利亚FTA后牛羊肉进口情况　　单位：万吨

进　口	2007年	2008年	2010年	2015年	2016年	2017年	2018年	2019年
中国牛肉进口总量	0.36	0.42	2.37	47.38	57.98	69.51	103.94	165.9
自新西兰牛肉进口量	0.02	0.02	0.24	7.03	7.2	7.95	11.08	21.43
自澳大利亚牛肉进口量	0.22	0.26	0.58	15.59	11.08	11.58	17.31	30.72
中国羊肉进口总量	4.66	5.55	5.70	22.29	22.01	24.90	31.90	—
自澳大利亚羊肉进口量	1.80	2.28	2.59	8.17	7.99	10.23	13.12	—
自新西兰羊肉进口量	2.83	3.24	3.01	13.86	13.67	14.22	18.27	—

资料来源：海关数据。

① 近年来，我国自澳大利亚、新西兰绵羊毛、毛条进口量占我国羊毛进口量的60%以上。

② 2019年，由于受非洲猪瘟等多方面因素影响，我国局部地区曾出现猪肉短缺从而带来猪肉价格上涨，而牛羊肉等同是红肉类产品，在一定程度上可替代猪肉，从国际市场增加进口可以满足国内消费需求。

表 2－7　中国—澳大利亚 FTA 鲜冷牛肉特殊保障措施数量触发水平　单位：吨

阶段/时间	2015 年	2016 年	2017 年	2018 年	2019 年	2020 年	2021 年	2022 年	2023 年
鲜冷牛肉	170000	170000	170000	170000	174454	179687	185078	190630	196349
阶段/时间	2024 年	2025 年	2026 年	2027 年	2028 年	2029 年	2030 年	2031 年	—
鲜冷牛肉	202240	208307	214556	220993	227623	234451	241485	248729	—

资料来源：《中国和澳大利亚自由贸易协定》，农产品特殊保障措施条款。

我国肉牛、肉羊生产成本较高，加之受草原牧场资源限制，以及肉牛肉羊养殖的育种、养殖技术等相对滞后，自澳大利亚和新西兰进口的牛羊肉在价格、品质等方面比我国更具有优势。优质价低的牛羊肉进口，一方面有利于满足我国消费者对肉类膳食结构逐渐多元化的需求，另一方面也不可避免地对我国肉牛、肉羊养殖业带来一定冲击。

4. 对乳业的影响

新西兰、澳大利亚是全球乳品生产和出口大国。根据我国和新西兰、澳大利亚的 FTA，我国对自新、自澳进口乳品按协定税率逐步削减，截至目前大部分乳品的协定税率已经削减为零。尽管根据协定也可对部分乳品进口采取特殊保障措施，数量触发水平如表 2－8a、表 2－8b所示，但由于乳制品触发量水平设置方式问题，且启动保障措施后所适用的最惠国关税最高仅为 15%，奶粉等最惠国关税仅为 10%，无法阻挡新、澳对我国乳制品市场的拓展。根据中国—新西兰 FTA，中方可对 11 个税目的奶类及制品实施特殊保障措施，主要包括一类产品（脂肪含量 >1% 未浓缩未加糖的乳及奶油）；二类产品（固状乳及奶油和浓缩未加糖的非固状乳及奶油）；三类产品（黄油和其他从乳中提取的脂和油）；四类产品（乳酪）。[①]

① 一类产品税号为 HS0401200 和 0401300；二类产品税号为 HS0402100、0402100、04022900 和 04029100；三类产品税号为 04051000 和 04059000；四类产品税号为 04061000、04063000 和 04069000。

表2－8a　　中国—新西兰FTA中乳品特殊保障措施数量触发水平　　单位：吨

分类	一类产品	二类产品	三类产品	四类产品
生效时间	1300	95000	9400	3600
2009年	1365	99750	9870	3780
2010年	1433	104738	10364	3969
2011年	1505	109974	10882	4167
2012年	1580	115473	11426	4376
2013年	1659	121247	11997	4595
2014年	1742	127309	12597	5066
2015年	1829	133675	13227	5066
2016年	1921	140358	13888	5319
2017年	2107	147376	14582	5585
2018年	2118	154745	15312	5864
2019年	2223	162482	16077	6157
2020年	2335	170606	16881	6465
2021年	2451	179137	17725	6788
2022年	—	188094	—	—
2023年	—	197498	—	—

资料来源：《中国和新西兰自由贸易协定》附件2农产品特殊保障措施。

表2－8b　　中国—澳大利亚FTA中奶粉特殊保障措施数量触发水平　　单位：吨

阶段/时间	2015年	2016年	2017年	2018年	2019年	2020年	2021年	2022年	2023年
奶粉	17500	18375	19294	20258	21271	22335	23452	24624	25855
阶段/时间	2024年	2025年	2026年	2027年	2028年	2029年	2030年	2031年	—
奶粉	27148	28506	29931	31427	32999	34649	—	—	—

资料来源：《中国和澳大利亚自由贸易协定》，农产品特殊保障措施条款。

我国乳制品进口量，从中国—新西兰FTA生效前2007年的38.7万吨，快速增加到2018年的193.22万吨。2018年我国自新西兰乳制品进口量达到103.5万吨，占我国乳制品进口总量的53.6%。尤其是奶粉进口增长迅猛，自2007～2018年我国自新西兰进口奶粉从7.15万吨快速增长到58.85万吨，2018年新西兰已占我国奶粉进口总量的73.3%（见图2-3）。我国自澳大利亚进口乳制品，在协定生效前的2015年进口量为12.4万吨、进口额为4.1亿美元，2018年进口量为14.6万吨、进口额为4.5亿美元，2018年自澳大利亚进口乳制品占我国同期乳制品进口量的6.7%，自澳大利亚进口奶粉占我国同期奶粉进口总量的6.6%，我国牧区草场退化严重，在养殖成本、养殖环境等方面与新西兰、澳大利亚存在明显差距。FTA生效以来，我国自新西兰、澳大利亚进口乳品持续扩大，每年进口量都远超保障措施数量触发水平，触发后虽适用最惠国税率，完税后价格依然低于国内养殖成本。进口激增加剧了国内乳品企业间的竞争，也给奶农带来较大的养殖压力，对国内奶业冲击比较明显；同时，由于进口奶源过于集中，也使我国奶粉进口需要承担国际市场价格波动等诸多风险。

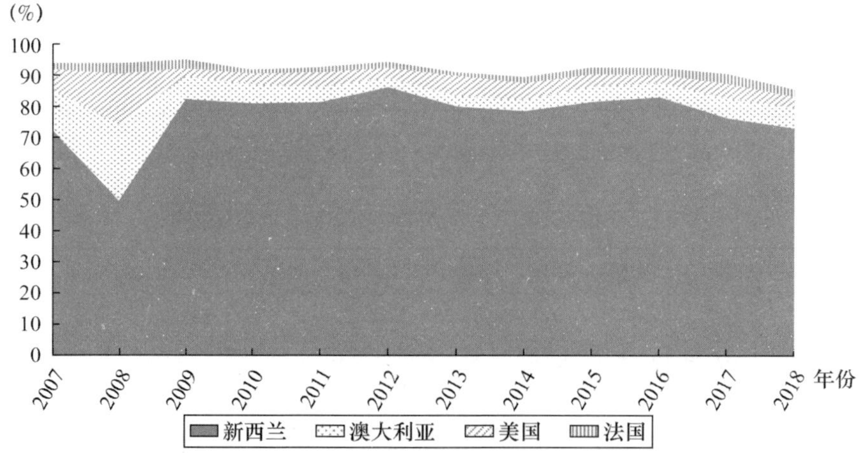

图2-3 中新、中澳FTA生效后我国奶粉进口来源国结构变化趋势

资料来源：《中国奶业统计年检》（2007~2018年）。

5. 对蔬果业的影响

劳动密集型的蔬菜、水果长期以来一直是我国具有比较优势的出口产品。蔬菜和水果出口额分别从1995年的21.8亿美元和148.2亿美元增长到2019年的155亿美元和492.1亿美元，蔬菜和水果贸易额长期保持顺差，仅2018年、2019年水果贸易额转为逆差。我国蔬菜主要出口到东盟、日本、韩国等国家，温带水果主要出口到东盟。受益于中国—东盟FTA双边进出口大部分蔬菜、水果关税为零政策，在2003~2019年我国蔬菜和水果对东盟出口额分别从21.81亿美元和7.52亿美元快速增长到48.6亿美元和39.2亿美元。目前，东盟是我国最大的蔬菜和水果出口市场，分别占我国对全球出口的52.6%和31.4%。我国自北向南气温带分布有寒温带、中温带、暖温带、亚热带、热带和东盟所处热带形成的气候差异，使水果蔬菜种植品种和收获季节具有较为明显的差异，我国对东盟出口以蘑菇、大蒜、木耳、洋葱、马铃薯等温带蔬菜和葡萄、苹果、柑橘、梨等温带水果为主，而我国自东盟的越南、泰国等国家进口榴莲、山竹、香蕉、龙眼、火龙果等热带水果。中国—东盟FTA的贸易优惠安排进一步释放我国蔬菜和温带水果出口潜力，同时也为东盟国家优势热带蔬果拓展了市场，这不仅有利于双边优势互补、综合统筹利用农业资源，也有利于双边充分利用农产品市场差异满足各自国内消费需求。但值得高度关注的是，伴随我国居民收入快速增长及对膳食营养需求结构多元化演变趋势，近两年我国水果贸易快速由顺差转为逆差。2019年我国水果对东盟出口额为39.2亿美元，自东盟进口额为52.3亿美元，水果需求的快速增长进一步刺激拉大了我国对东盟热带水果进口量增加。同样受益于中国—韩国FTA，韩国对部分果蔬等我国优势农产品实施了关税逐步减让和关税配额内免税的贸易优惠安排，2015~2018年，我国对韩国蔬菜出口从10.4亿美元仅增长到2019年的11.7亿美元。尽管FTA贸易优惠安排促进了双边贸易自由化、便利化，为我国具有比较优势的蔬菜产业开拓了一定的出口市场，但受出口目的国家严格的农产品质量标准限制，我国对主要发达国家出口蔬菜、水果等生鲜农产品受到一定制约，比如受韩国对进口农产品农药残留等严格管理制度影响，2019 年蔬菜对韩国出口略有下降。国际、国内农残限量标准的不统一是我国果蔬出口主要发达国家面临的普遍问题。如何解决蔬果农残问题及提高国内农残等质量标准，对接国际标准，满足出口目的国需求，以合理、合法规避非关税贸易措施－技术性贸易壁垒的制约，这不仅有利于提升我国蔬果产业在国际市场的竞争力，更有利于利用双边 FTA 贸易优惠安排，为我国具有贸易比较优势的蔬果产品拓展如新西兰、澳大利亚、韩国等 FTA 缔约国市场。

6. 对渔业的影响

我国是渔业大国，也是世界水产品贸易大国，自 20 世纪 90 年代以来水产品一直是我国贸易比较优势的产品。2002 年以后我国水产品贸易一直稳居世界第一，贸易额长期保持顺差；水产品主要出口到美国、日本、韩国、东盟等国家。受益于中国—东盟 FTA 对双边进出口大部分水产品关税为零的政策，2003～2018 年，我国对东盟出口水产品从 3.53 亿美元增加到 27.69 亿美元，在我国水产品出口总额中的占比从 6.43% 增长到 12.4%；同样，受益于中国—韩国 FTA，[①] 韩国对包括水产品和部分果蔬等我国优势农产品实施了关税逐步减让和关税

① 农产品领域，韩方农产品的处理方式为：对中方最终零关税的产品 1584 项，占韩国农产品税目总数 70% 和 2012 年韩国自中国农产品进口额 40%，范围包括水产品、部分果蔬、调料、干果、罐头制品及饲料等对韩出口优势农产品，上述产品关税减让年限和幅度分别为协定生效后立即零关税（2015 年）、第 5 年（2019 年）、第 10 年（2024 年）、第 15 年（2029 年）和第 20 年（2034 年）对章鱼、赤豆、麦芽、淀粉和大豆等 21 个农产品给中方一定量的国别配额，配额内进口实行零关税，不同配额产品的分配方式不尽相同，其中 11 个产品为先到先得，10 个为公开拍卖，并建立配额未完成调整机制。

配额内免税的贸易优惠安排,[①] 2015～2018 年我国对韩国水产品出口额从 15.61 亿美元提高到 19.04 亿美元，其在我国水产品出口总额比重从 7.68% 提升到 11.56%。由双边 FTA 带来的贸易自由化，为我国具有比较优势的水产养殖业、果蔬产业进一步增强了国际竞争力，给传统具有优势的淡、海水养殖产品、果蔬产品出口贸易创造了更加有利条件，在自贸区内的贸易创造效应显著增加。此外，双边 FTA 的建立，巩固了双边外交关系，加强了中韩、中越共同海域的渔业资源开发与养护、科研人文交流等，拓展了更深层次、更紧密的渔业合作。

三、未来我国推进区域贸易自由化进程中在涉农优惠安排方面应注意的问题和建议

新形势下如何持续推进农业更高水平开放，面对更为开放的区域市场，如何通过调整贸易政策以开放促改革、促发展，在确保农业面向全球、面向区域国际市场更高水平开放时，既发挥我国传统比较优势、促进劳动密集型农产品出口，又防止对我国不具有竞争优势的土地密集型农产品带来过大冲击，需要前瞻性的战略部署和政策准备。

（一）应站在农业全球化角度推进区域一体化发展

区域内的贸易自由化便利化与经济全球化紧密相连，推动区域内多边、双边自由贸易发展，对于拓展对外开放的广度和深度，提升开放型经济水平、促进经济全球化有着积极意义。目前，我国已成为全

① 世界关税报告显示，2018 年韩国对谷物实施平均关税水平高达 161.2%，关税高峰达到 800%；对水果蔬菜等平均关税税率为 65.5%，关税高峰高达 887%；对油脂类平均实施关税为 46.2%，关税高峰高达 630%；对鱼类水产品平均实施关税为 14.7%，关税高峰为 32%。

球农产品市场开放度较高的国家之一，根据2019年WTO关税报告显示，到2018年底我国对WTO成员适用的最惠国简单平均关税水平已经削减至9.8%，农产品适用简单平均关税水平15.6%，[①] 占进口额65%的农产品适用关税水平低于15%。今后，我国对农业贸易调控政策空间十分有限，应该站在全球视角统筹考虑，分品种、分区域统筹考虑我国农业的全球化战略和区域一体化战略。

（二）应灵活设置涉农尤其高敏感农产品的优惠安排

多边或双边贸易协定通常是一次性单向政策调整，一旦取消关税或确定关税减让幅度，就要严格执行，其影响是极其深远的。未来在推进区域贸易自由化进程中，应注重灵活设置例外条款，设置好我国高度敏感农产品清单和关税底线，在关税上应坚持最惠国税率为底线。尤其是应把大米、小麦作为高度敏感农产品作为例外产品处理；其他重要农产品，应依据缔约国的农业生产条件、贸易比较优势、国际竞争力等综合判断是否会对我国相关产业造成冲击，充分预估不同税率、不同过渡期下对农业、涉农企业、农民带来的冲击，从而科学合理设置关税削减幅度和过渡期。必须明确目标定位和灵活的降税方式，比如立即削减关税到零、分期线性削减关税、分期递减或递进削减关税方式。在配额管理方面，可赋予更大弹性。

（三）应善于利用保障措施条款，合理建立产业安全预警和补偿机制

未来在自贸协定谈判时，应高度重视对农业的影响，充分平衡好

① 我国农产品对WTO成员方适用的最惠国简单平均关税水平低于大多数不具有农业贸易比较优势的发达国家如日本（15.7%）、韩国（57%），发展中国家如印度（38.8%）、泰国（24%）、越南（16.5%）。

经济效率和农业安全的关系，充分利用保障措施条款，建立产业安全预警和补偿机制。我国农业处于弱势地位，农业生产要素的流动性低，面对伙伴国在特定产品上明显的出口利益诉求，需要在协定中体现产业结构变化给局部主产区生产者带来的影响，在贸易政策实施中应主动采取援助和救济等措施加以补偿。

（四）应为农业供给侧结构性改革和转型升级留出足够时间

我国农业在国民经济中占据着极其重要的地位，农业基础薄弱，属于弱势产业。在达成自由贸易协定的过程中，应充分考虑农业在自贸区建设中的优势与劣势，争取合适的过渡期。应利用好过渡期，抓紧时间进行农业政策调整，使我国农业在面对冲击时能够得到平稳过渡，农业生产者有充裕的时间调整生产结构和资源配置。

执笔人：韩　杨

参考文献

[1] 国务院关税税则委员会．中国进出口税则 2020.

[2] 联合国贸易统计署．UN Comrade 数据库.

[3] 农业农村部国际合作司，农业农村部农业贸易促进中心．中国农产品贸易报告 2019、中国农产品贸易发展报告 2020.

[4] 世界贸易组织（WTO）．World Tariff Report 2019.

[5] 中国自由贸易区服务网：http：//fta. mofcom. gov. cn/.

专题报告三

我国农业比较优势变化趋势及应对

近年来，随着工业化城镇化程度的提高，我国农业生产的劳动力和土地成本不断上升。这导致我国土地密集型农产品价格倒挂严重，劳动、资金、技术密集型农产品出口增速逐步下降，主要农产品竞争力指数逐年下滑，我国农产品贸易逆差越来越大。未来随着工业化、城镇化程度的进一步提高，我国人多地少的资源禀赋劣势将进一步彰显，需要根据比较优势的动态变化对我国农业进行战略性调整，尤其是要多措并举提高我国农业整体竞争力。

一、我国农业比较优势总体下滑

十多年来，我国农产品进出口额“剪刀差”越来越大，农产品贸易逆差额呈快速扩大趋势。根据海关数据，2007 年，我国农产品贸易逆差仅有 43.6 亿美元，到 2019 年快速上涨到 713.8 亿美元，上涨了 15.4 倍，年均增长 26.2%。

从趋势看，随着我国工业化城镇化进程继续深化，城乡居民收入水平持续提高，消费结构将稳步升级，为大量进口大豆、玉米、肉类、奶类等农产品提供了强劲动力，我国农产品进出口额“剪刀差”将继续扩大。

（一）土地密集型农产品价格倒挂严重

我国人多地少，土地要素紧张，土地密集型农产品比较劣势长期存在。近十年来，由于比较劣势突出，加上农业支持政策不尽合理，我国土地密集型农产品，主要包括粮棉油糖（把大豆列为油籽）等，以及消耗粮食的猪肉和牛奶等农产品，国内价格和国际价格倒挂程度不断加深。总体看来，当前三大主粮国内价格已比国际价格高出70%左右，食糖、猪肉、牛奶高出1倍左右，棉花高出25%上下，大豆基本一致。

（二）劳动、资金、技术密集型农产品出口增速逐步下降

2012年以来我国水海产品出口数量、金额增长逐步放缓。2018年我国水海产品出口数量425万吨，只比2017年增长1.2%。2010年以来，我国水果、坚果出口数量增长率在波动中下降，多数年份出口数量增长率在零以下；出口金额增长率也在波动中下降，2017年以来增长率下降到零以下。近十年来，我国蔬菜出口数量、金额增长率在波动中下降。2018年我国蔬菜出口数量增长率仅有2.4%，出口金额增长率则下降到-4.0%。活植物及花卉出口金额有放缓趋势。除2014年、2015年出口波动之外，植物及花卉出口金额总体呈放缓趋势。

（三）农产品整体竞争力下滑势头难以逆转

按照普遍采用测算国际贸易比较优势方法，即通过显示性比较优势指数RCA测算，我国土地密集型农产品竞争力指数整体明显下降，并处于很低水平，比较劣势突出。其中，除近两年大米竞争力指数有所提升外，玉米、猪肉、大豆指数明显下降；小麦、棉花、食糖指数保持在很低水平（见表3-1）。

表 3－1　　我国土地密集型农产品竞争力指数（RCA）

年份	2008	2009	2010	2011	2012	2013	2014	2015	2016	2017	2018
玉米	0.13	0.06	0.05	0.04	0.09	0.02	0.01	0.01	0.00	0.02	0.00
大米	0.35	0.29	0.17	0.15	0.18	0.14	0.22	0.16	0.39	0.64	1.13
小麦	0.19	0.27	0.22	0.18	0.20	0.19	0.19	0.19	0.20	0.27	0.25
大豆	0.23	0.14	0.06	0.07	0.10	0.07	0.06	0.05	0.04	0.03	0.03
棉花	0.08	0.02	0.14	0.03	0.04	0.03	0.06	0.11	0.05	0.10	0.13
食糖	0.04	0.06	0.06	0.03	0.03	0.04	0.04	0.06	0.10	0.08	0.10
猪肉	1.07	1.30	1.43	0.73	0.54	0.61	0.78	0.60	0.39	0.42	0.32

资料来源：国家统计局、美国农业部、WTO、FAO、笔者计算。

劳动、技术、资金密集型农产品竞争力指数也在下滑。2017 年水产品竞争力指数连续两年下滑到 3.22，2017 年水果和蔬菜竞争力指数也下降到 2.63（见表 3－2）。这表明劳动、技术、资金密集型农产品虽然具备较强比较优势，但也在逐步弱化。

表 3－2　　我国劳动、资金、技术密集型农产品竞争力指数（RCA）

水产品	2000 年	2001 年	2002 年	2003 年	2004 年	2005 年	2006 年	2007 年	2008 年
	2.26	2.38	2.43	2.54	3.05	2.87	3.06	2.91	3.19
	2009 年	2010 年	2011 年	2012 年	2013 年	2014 年	2015 年	2016 年	2017 年
	3.08	3.19	3.39	3.53	3.52	3.38	3.74	3.53	3.22
水果和蔬菜	2000 年	2001 年	2002 年	2003 年	2004 年	2005 年	2006 年	2007 年	2008 年
	2.04	2.10	2.02	1.93	2.14	2.10	2.26	2.36	2.51
	2009 年	2010 年	2011 年	2012 年	2013 年	2014 年	2015 年	2016 年	2017 年
	2.41	2.59	2.70	2.56	2.52	2.36	2.74	2.82	2.63

资料来源：WTO、FAO、笔者计算。

我国农业总体比较劣势非常明显。按照显示性比较优势指数 RCA 测算，1995～2003 年，我国农产品总体竞争力指数从 1.02 快速下降到 0.55，2003～2015 年，我国农产品竞争力指数逐步下滑到 0.29，近两年，我国农产品竞争力指数略有上升，缓慢提高到 0.33，但仍然难以改变整体下滑的趋势（见图3－1）。

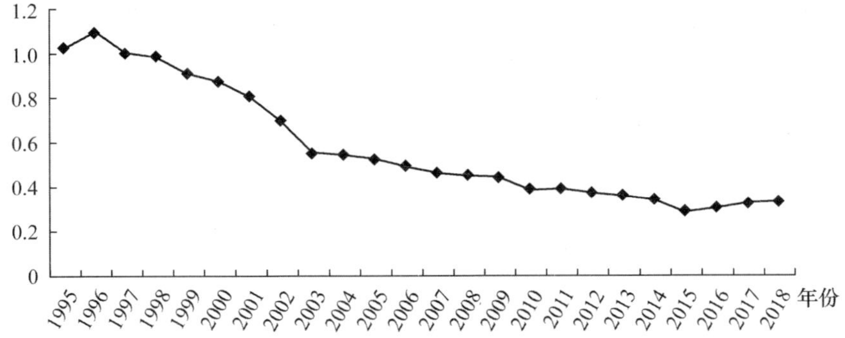

图3－1　我国农产品整体竞争力指数（RCA）

资料来源：WTO、FAO、笔者计算。

二、资源禀赋决定的成本快速上涨削弱我国农业比较优势

农业生产成本快速上涨，尤其是人工成本和土地成本过快上涨，让我国农业比较劣势进一步凸显，成为削弱我国农业竞争力的最主要因素。

（一）人工成本是推动劳动、资金、技术密集型农产品成本上涨的主要因素

21世纪以来，我国蔬菜、水果等劳动、资金、技术密集型农产品成本大幅度上涨。从蔬菜看，2004～2017年，我国蔬菜单位产量人工成本快速上涨（以下皆为单位产量成本），从0.20元/千克上涨到0.85元/千克，上涨313.4%，远超总成本上涨幅度（见表3－3）。

从水果看，以苹果为例，2004～2017年，我国苹果人工成本从0.31元/千克上涨到1.48元/千克，上涨370.50%，也远超总成本上涨幅度（见表3－4）。

表 3－3　　我国蔬菜生产成本变动情况　　单位：元/千克

指标＼年份	2004	2005	2006	2007	2008	2009	2010	2011	2012	2013	2014	2015	2016	2017
总成本	0.49	0.51	0.56	0.59	0.62	0.65	0.77	0.79	0.94	1.06	1.09	1.14	1.40	1.45
人工成本	0.20	0.22	0.23	0.24	0.25	0.28	0.38	0.40	0.51	0.59	0.63	0.68	0.78	0.85
土地成本	0.03	0.03	0.05	0.05	0.05	0.06	0.07	0.07	0.08	0.09	0.09	0.09	0.10	0.10

资料来源：全国农产品成本收益资料汇编、笔者计算。

表 3－4　　我国苹果生产成本变动情况　　单位：元/千克

指标＼年份	2004	2005	2006	2007	2008	2009	2010	2011	2012	2013	2014	2015	2016	2017
总成本	0.69	0.70	0.83	1.39	1.15	1.80	2.06	2.12	2.31	2.50	2.89	2.58	2.67	2.32
人工成本	0.31	0.33	0.39	0.47	0.51	0.76	0.92	0.99	1.22	1.40	1.70	1.57	1.67	1.48
土地成本	0.05	0.07	0.06	0.13	0.10	0.11	0.14	0.15	0.16	0.17	0.19	0.16	0.17	0.15

资料来源：全国农产品成本收益资料汇编、笔者计算。

（二）人工成本、土地成本是推动我国土地密集型农产品成本上涨的主要因素

21 世纪以来，我国土地密集型大宗农产品单位产量生产总成本、人工成本和土地成本大幅度上涨，远超其他农业大国水平。

从三大主粮来看。2004～2017 年，我国小麦单位产量生产总成本上涨 127.13%，而美国的仅上涨 10.49%，我国小麦生产总成本已经比美国的高出近一半；我国稻谷生产总成本上涨 149.48%，而美国的仅上涨 6.98%，我国稻谷生产总成本已经比美国的高出一半；我国玉米生产总成本上涨 130.76%，美国的仅上涨 27.54%，我国玉米生产总成本已是美国的 2.4 倍。值得注意的是，我国三大主粮生产总成本和美国的差距呈进一步拉大趋势。

推动中美三大主粮单位产量生产总成本差距扩大的主要因素，是

人工成本和土地成本。2004～2017年我国小麦单位产量人工成本上涨159.59%，美国的反而下降了42.21%，我国小麦单位产量人工成本提高到美国的8.5倍；我国小麦单位产量土地成本大幅度上涨279.38%，美国的仅上涨4.52%，我国小麦单位产量土地成本提高到美国的1.6倍。我国稻谷单位产量人工成本上涨164.01%，美国的下降了2.28%，我国稻谷单位产量人工成本提高到美国的5.3倍；我国稻谷土地成本大幅度上涨277.31%，美国的下降3.34%，我国的稻谷单位产量土地成本提高到美国的1.8倍。我国玉米单位产量人工成本上涨165.25%，美国的下降了25.97%，我国的玉米单位产量人工成本提高到美国的21.9倍；我国玉米土地成本大幅度上涨189.10%，美国的仅上涨了24.24%，我国的玉米单位产量土地成本提高到美国的2倍左右（见表3－5）。

表3－5　中美小麦、稻谷、玉米人工成本和土地成本比较　单位：元/千克

指标 \ 年份		2004	2005	2006	2007	2008	2009	2010	2011	2012	2013	2014	2015	2016	2017
小麦人工成本	中国	0.33	0.37	0.34	0.35	0.34	0.39	0.48	0.58	0.76	0.92	0.85	0.87	0.91	0.85
	美国	0.17	0.17	0.21	0.18	0.16	0.11	0.10	0.11	0.10	0.11	0.12	0.12	0.11	0.10
小麦土地成本	中国	0.13	0.16	0.16	0.19	0.22	0.27	0.33	0.33	0.37	0.41	0.42	0.47	0.51	0.49
	美国	0.29	0.30	0.36	0.32	0.30	0.29	0.25	0.32	0.30	0.37	0.40	0.39	0.31	0.30
稻谷人工成本	中国	0.38	0.43	0.43	0.43	0.46	0.49	0.60	0.71	0.89	1.04	1.03	1.03	1.02	1.00
	美国	0.19	0.20	0.14	0.13	0.13	0.13	0.14	0.13	0.13	0.15	0.15	0.17	0.20	0.19
稻谷土地成本	中国	0.13	0.15	0.18	0.19	0.23	0.26	0.32	0.34	0.37	0.41	0.42	0.44	0.46	0.48
	美国	0.28	0.28	0.28	0.25	0.26	0.30	0.31	0.34	0.34	0.26	0.25	0.28	0.29	0.27
玉米人工成本	中国	0.33	0.35	0.35	0.38	0.39	0.45	0.52	0.63	0.81	0.93	0.95	0.96	0.95	0.88
	美国	0.05	0.05	0.05	0.05	0.05	0.05	0.04	0.04	0.05	0.04	0.04	0.04	0.04	0.04
玉米土地成本	中国	0.15	0.16	0.17	0.22	0.23	0.27	0.30	0.34	0.37	0.40	0.45	0.49	0.50	0.42
	美国	0.17	0.19	0.19	0.18	0.19	0.20	0.19	0.22	0.30	0.24	0.23	0.26	0.22	0.21

资料来源：全国农产品成本收益资料汇编、USDA、笔者计算。

从大豆和棉花来看。2004～2017 年，我国大豆单位产量生产总成本上涨 145.74%，美国的上涨 29.13%，我国大豆单位产量生产总成本已是美国的 2.2 倍。同期，我国棉花单位产量生产总成本上涨 125.90%，美国的上涨 16.46%，我国棉花单位产量生产总成本已是美国的 1.68 倍。从发展趋势看，我国大豆、棉花单位产量生产成本和美国的差距将持续拉大。

推动中美大豆和棉花单位产量生产成本差距扩大的主要因素，同样是人工成本和土地成本。2004～2017 年，我国大豆人工成本上涨 170.63%，美国的下降了 9.53%，我国大豆人工成本提高到美国的 13.88 倍；我国大豆土地成本大幅度上涨 276.01%，美国的上涨了 23.49%，我国大豆土地成本提高到美国的 2.56 倍。我国棉花人工成本上涨 174.81%，美国的下降了 8.82%，我国棉花人工成本提高到美国的 12.74 倍；我国棉花土地成本大幅度上涨 144.24%，美国的上涨了 18.87%，我国棉花土地成本提高到美国的 2.27 倍（见表 3－6）。

表 3－6　　中美大豆、棉花人工成本和土地成本比较　　单位：元/千克

指标＼年份		2004	2005	2006	2007	2008	2009	2010	2011	2012	2013	2014	2015	2016	2017
大豆人工成本	中国	0.57	0.62	0.64	0.80	0.63	0.80	0.78	0.93	1.21	1.46	1.51	1.56	1.81	1.54
	美国	0.12	0.12	0.11	0.11	0.11	0.10	0.10	0.10	0.11	0.11	0.10	0.11	0.11	0.11
大豆土地成本	中国	0.48	0.57	0.59	0.79	0.76	1.01	1.02	1.18	1.34	1.60	1.72	1.86	2.15	1.79
	美国	0.57	0.55	0.54	0.51	0.54	0.57	0.57	0.63	0.76	0.79	0.73	0.78	0.70	0.70
棉花人工成本	中国	4.65	5.31	5.20	5.97	6.33	6.74	9.41	10.21	12.79	15.41	14.36	14.95	14.14	12.78
	美国	1.10	1.09	1.28	0.68	0.95	0.99	0.77	1.16	0.89	1.02	0.88	0.94	1.03	1.00
棉花土地成本	中国	1.19	1.32	1.23	1.57	1.79	2.01	2.27	2.35	2.49	2.86	2.80	3.02	3.07	2.90
	美国	1.07	1.10	1.23	0.97	1.36	1.57	1.27	2.06	1.70	2.00	1.76	1.28	1.32	1.27

资料来源：全国农产品成本收益资料汇编、USDA、笔者计算。

（三）生猪、水海产品、牛奶等受人工成本、土地成本上涨挤压更加严重

2009 年，我国生猪养殖成本 1149.85 元/头，美国为 436.6 元/头。到 2017 年，我国生猪养殖成本大幅度提高到 1867.05 元/头，而美国仅为 485.36 元/头，我国生猪养殖成本是美国的 3.85 倍。我国生猪生产成本和美国相比，也呈明显拉大趋势。首先，生猪受到饲料中蕴含人工成本及土地成本上涨挤压。2017 年，我国生猪养殖饲料成本为 860.80 元/头，而美国仅为 192.63 元/头，我国生猪养殖饲料成本是美国的 4.47 倍。其次，生猪受人工成本挤压。我国生猪养殖人工成本约 337.24 元/头，而美国仅为 24.96 元/头，我国生猪养殖人工成本是美国的 13.51 倍（见表 3－7）。

表 3－7　　中国、美国生猪养殖饲料成本和人工成本比较　　单位：元/头

指标	年份	2009	2010	2011	2012	2013	2014	2015	2016	2017
饲料成本	中国	652.82	715.56	801.42	876.40	921.90	938.44	892.26	860.37	860.80
	美国	200.68	181.00	259.16	236.46	269.85	268.69	213.18	218.65	192.63
人工成本	中国	135.84	163.61	207.74	271.45	319.13	333.47	342.71	342.87	337.24
	美国	32.64	31.39	29.99	30.67	30.85	31.51	23.57	25.74	24.96

资料来源：全国农产品成本收益资料汇编、USDA、笔者计算。

另外，从水海产品、乳制品等看，鱼类、奶牛饲料的主要成分为粮食，鱼类饲料还需要一部分油脂、动物蛋白等，饲料所蕴含的人工成本和土地成本将以更大的上涨幅度传递到水海产品和乳制品。并且，水海产养殖包括育苗、繁殖、投入放养、养殖管理等多个环节，也面临人工成本快速上涨的问题。

三、政策选择

提高农业竞争力，找准和发挥好比较优势是根本。应从我国发展阶段和资源禀赋出发，综合施策。

（一）加强农业基础设施建设，推动农业整体降成本提效率

针对我国农业整体上人工成本过快上涨，尤其是土地密集型农产品，以及消耗粮食的畜禽产品、水海产品等成本过快上涨问题，应充分利用 WTO《农业协定》的“绿箱”政策，以高标准农田建设为抓手，以提高机械化率为目标，加强农业基础设施建设，尤其是要加快农地集中连片整理，缓解土地细碎化问题。同时加大对农地排灌设施、机耕道等农业基础设施建设和维护的投入，为规模经营和机械化作业创造条件。通过加强农业基础设施，提高大田作物机械化率，减少人工投入，提高效率，降低成本。

（二）加大农业科技投入，提高农产品质量和附加值

应高度重视发展农业科技，推进农业知识创新，切实提高农产品品质和附加值，增强传统劳动、技术、资金密集型农产品的比较优势和出口竞争力。第一，发展土壤修复科技。加大土地修复技术投入，加快修复被污损的土地，尤其是重金属污染的耕地，从源头上提高农产品质量，打消消费者对农产品质量安全的疑虑。第二，推动种业科技创新。加快推动传统优势农产品种业科技创新，提高核心竞争力，提升比较优势。第三，促进农产品从粗浅加工向精深加工转变。研发、开发和引进先进的农产品加工技术和设备，促进农产品加工企业改造升级，提高农

产品附加值。第四，推进农产品品牌建设。规范农产品认证认可行业发展，努力打造一批特色农产品知名品牌。

（三）加快培育农业新型经营主体

推进农业现代化，提高农业比较优势和竞争力，农业从业人员的职业素质和技能水平是关键的因素。加快培育新型农业经营主体，解决“谁来种地，如何种好地”问题。一方面是培育新型职业农民。深入贯彻落实2012 年中央 1 号文件提出的大力培育新型职业农民系列措施。以提高科技素质、职业技能、经营能力为核心，大规模开展农村实用人才培训，全面造就新型农业农村人才队伍。另一方面是加快培育新型经营实体，支持把规模经营大户、家庭农场、农民专业协会、经济合作组织等培育成真正的经济实体和企业法人，增强这些主体的生产经营能力和市场开拓能力。

（四）加大对国际农产品市场的开发力度

整合政府、企业、行业协会的力量，加大国际农产品市场开发力度。进一步加强农业农村部、商务部、外交部驻外机构相应职能，在世界范围内宣传和推广我国农产品，促进农产品“走出去”，打造“中国农业品牌”。坚决反对个别国家污名化中国农产品的行为，提高中国农产品的美誉度和认可度，促进中国农产品出口。完善“一带一路”农业合作机制，加强与“一带一路”沿线国家农产品认证认可领域合作，推进农产品认证认可互联互通，促进农产品贸易便利化。

（五）逐步扩大玉米进口，增强生猪产业比较优势

一方面，在大量进口玉米等饲料粮和大规模进口猪肉的双重压力

下，建议逐步扩大玉米等饲料粮进口，降低饲料成本，遏制生猪产业比较优势下滑势头，增强生猪产业竞争力。另一方面，科学调控进口猪肉，为国内生猪产业发展创造良好环境。长期以来，我国生猪生产成本远高于欧美国家，猪肉价格远高于进口价格，给国内生猪产业发展带来严重挑战。尤其是非洲猪瘟疫情暴发以来，我国生猪育种、屠宰、加工等产业环节严重受损，更容易受到进口猪肉的影响。应制订猪肉进口的长期计划，避免给国内生猪产业造成过大冲击。

执笔人：伍振军

专题报告四

高水平贸易自由化便利化对我国农业的影响及应对

农产品贸易既影响到一国的农业安全，也关系到亿万农民的生计问题，一直是 WTO 各轮谈判中的核心和焦点问题。我国自 2001 年加入 WTO 以来，农产品关税水平大幅降低，配额管理的门槛不断降低，农产品贸易由顺差转为逆差且幅度呈扩大趋势，我国农产品国际竞争格局呈现新的特征。未来，我国农产品贸易自由化便利化将向更高水平发展，应当立足我国主要农产品供求关系发生的新变化，积极参与国际农产品贸易规则制定，主动、有序提高农产品市场开放力度，提高农产品进口来源稳定性、可靠性，增强应对国际冲击稳定粮食等大宗农产品生产能力，不断提升优势农产品国际竞争力，实现国内外两个市场两种资源的动态平衡，满足人民对更美好生活的追求。

一、加入 WTO 以来我国农产品市场准入政策演变

2001 年我国加入 WTO 以来，全面加强同多边贸易规则的对接，切实履行开放承诺，农产品贸易自由化便利化的水平不断提高。无论是与

发展中国家相比，还是与大部分发达国家相比，我国农产品市场开放的力度都是比较大的。农产品市场开放既体现了我国信守承诺的大国担当，也体现了不断扩大开放的坚强决心。

（一）加入 WTO 时，我国对农产品市场准入做了较大幅度的减让

农业在国际贸易和相关规则制定中是一个比较特殊的领域。农产品是人类维系生命的主要物质，其供求稳定构成整个社会稳定的基础。然而，与工业相比，农业生产由于受到土地、温度、气候等自然条件的限制，往往成为现代社会中的弱势产业，更容易受到外部市场的冲击。尤其是，在很多国家由于农业生产高度分散，生产者数量众多，农产品供求还会影响到亿万家庭的生计，成为影响整个社会稳定的大问题。因此，在国际贸易中，无论是关税减让还是取消数量限制，但凡涉及农产品的，力度和效果往往会大打折扣。无论在乌拉圭回合还是在多哈回合谈判中，农业领域都是分歧最多、进展最难的领域。无论是发展中国家还是发达国家，在参与多边贸易规则磋商时都不得不对农产品市场准入问题审慎考虑。

我国在 2001 年加入 WTO 时，对农业领域做了大力度的减让。这些减让基于：一是我国农业经过改革开放 20 多年的发展，已经从僵化的计划经济和小农生产中解放出来，农业生产的效率和国际竞争力有了显著提高，农产品关税水平相较此前已实现大幅下降。二是从长远来看，由于人多地少的国情，我国农业生产不具有比较优势，生产能力增长有限，随着人民收入和生活水平的提高，供需矛盾要求我们必须要利用好国际市场的调节作用。三是从全局来看，至 2000 年我国出口结构中农产品所占份额只有 6%，我国已经成为一个主要出口工业制成品的国家，农业的减让可以使我国整体外贸出口获得更大收益。从这个角度来讲，

农业为我国扩大开放和成为世界工厂做出了突出贡献。

根据入世协议，我国在农产品市场准入方面作出的承诺包括：一是扩大市场准入，对所有农产品关税均实行上限约束，将算术平均关税率由2001年的23.2%降低到2004年的17%。二是削减出口补贴，入世后不再对任何农产品进行出口补贴。三是改善动植物卫生措施和技术标准，承诺取消所有缺乏科学依据的动植物卫生措施，建立符合国际规范的进口产品检验制度。四是放弃采取《农业协定》中的特殊保障措施的权利。特殊保障条款赋予一国在农产品进口激增时采取必要措施，我国在签订最终协议时承诺放弃使用这一权利。

（二）入世以来，我国农产品贸易自由化便利化水平不断提高

2018年，我国发布《中国与世界贸易组织》白皮书，向全世界宣告：自从2001年加入WTO以来，中国积极践行自由贸易理念，全面切实履行了加入承诺，大幅开放市场，实现更广互利共赢，既发展了自己，也造福了世界。① 农产品贸易是其中的典型领域之一。

1. 入世后我国农产品关税水平持续下降

在入世之前我国对农产品进口一直实行较高的关税壁垒。1992年我国农产品关税最高水平为150%，简单算数平均值为44.3%。至2000年农产品关税最高水平降低为121%，简单算术平均值降为26.9%。加入WTO以后我国践行关税降低承诺，至2010年农产品关税最高水平降低为65%，简单算数平均值降为15.2%，低于入世时承诺水平近2个百分点。至2011年，我国高于15%的农产品关税税号从2000年的125个下降到70个，占比从59.8%下降到33.5%。

---

① http：//www.gov.cn/xinwen/2018－06/28/content_5301884.htm。

2. 入世后我国非关税壁垒显著削减

在WTO体系内有两个协定常被用作农产品国内市场保护的手段，一个是SPS，一个是TBT（技术性贸易壁垒协定）。尽管这两个协定的出发点是为了保证质量安全和动植物健康，明确要求保护力度不能超过“所必需的限度”，但由于对“必需”存在主观判断空间，往往被一些WTO成员用作非关税壁垒。我国坚持自由贸易原则，反对市场保护，因此极少使用这些手段。1995～2015年，在WTO贸易争端中，诉诸TBT的案件共50件，没有1件涉及中国；诉诸SPS的案件共43件，只有1件涉及中国（韩嫣、武拉平，2017）。

（三）与多数国家相比，我国农产品市场已处于较高开放水平

我国农产品市场开放在国际上已处于较高水平。农业领域作为国际贸易中一个敏感领域，多数国家在农产品市场开放方面持审慎态度。总体来看，只有极少数农业发达、农产品大量出口的国家，如美国等，主张自由贸易；大多数发展中国家甚至包括一些发达国家在内，由于其农业处于弱势地位，都保留了较高的关税和非关税壁垒。中国已成为WTO成员中农产品进口关税水平较低的国家之一。2010年中国农产品进口关税平均为世界农产品关税水平的1/4，远低于发展中国家成员56%和发达国家或地区成员39%的平均关税水平。同时，中国非关税措施的可用手段和保护力度都处于较低水平。

通过与一些特定国家的比较，这一特点显而易见。一是与印度相比。印度与中国同为发展中大国，但印度农产品市场保护力度明显高于中国（汪明珠、刘庆林，2014）。2010年我国农产品平均关税为15.2%，印度的为31.4%，是中国的两倍。我国农产品约束关税税率只有16%左右，而印度的约束关税税率远高于中国，673个农产品税号中约束关税税率100%的占47%，约束关税税率150%的占34%，甚至有4%约束税率高达350%，表明其关税保护的空间大得多。二是与欧盟相比。欧盟不仅平均关税率高于中国，而且配额管理的范围比中国更广，其配额多达91项，受关税配额保护的农产品占到38%。三是与日本相比。日本是传统的对国内农业进行高度保护的国家，其力度远高于中国。中国农产品的最高约束关税税率为65%，而日本的高达1706%，在新一轮多哈谈判中日本还提出不设置上限。此外，日本对农产品进口一直保持较高的技术壁垒。

二、农产品市场持续扩大开放对我国农业的影响

加入WTO以来，我国农业对外开放程度不断提高，与世界市场的融合程度不断加深。通过农产品对外贸易增长，有利于借助国内外两个市场、两种资源保障国内市场供给，也有利于发挥比较优势参与国际竞争，促进我国农产品生产效率提升。同时，随着进出口的规模和结构变化，我国农业产业格局也产生深刻变化，一些农业领域承受了越来越大的压力。

（一）我国成为世界农产品贸易大国

随着我国践行入世承诺，农产品市场准入门槛不断放宽，关税水平不断下降，我国农产品对外贸易的规模持续快速扩大。2001年，我国农产品进出口总额只有279.4亿美元，至2019年达到2284.5亿美元，增长了7.2倍。农产品进出口增长与我国外贸进出口总额增长幅度大体一致，在我国进出口中的比重保持在5%左右。我国农产品外贸依存度不

断提高，2019 年农产品贸易总额达到农业产值的 12.7% 和农业增加值的 22.4% 。

从出口来看，2001 ~2019 年，我国农产品出口从 160.9 亿美元增长到 785.7 亿美元，增长 3.9 倍。在我国出口结构中农产品占比呈下降趋势，在 2001 年所占份额为 6.0% ，至 2008 年下降至最低点 2.8% ，此后略有回升并稳定在 3% 左右。按照 WTO 的统计，2017 年中国位列欧盟、美国、巴西之后，为世界第四大农产品出口国。

从进口来看，2001 ~2019 年，我国农产品进口总值从 118.5 亿美元增长到 2019 年的 1498.8 亿美元，增长 11.6 倍（见表 4 –1）。在我国进口结构中农产品占比呈上升趋势，在 2001 年所占份额为 4.9% ，至 2019 年达到历史最高的 7.2% 。按照 WTO 的统计，2017 年中国已成为世界第一大农产品进口国，高于欧盟 60 亿美元，高于美国 220 亿美元，占全球农产品进口总额的比重为 10.3% 。

表 4 –1　　入世以来我国农产品进出口情况　　单位：亿美元

年份	进出口总额	出口额	进口额	贸易差额	农产品进出口总额占进出口总额比重（%）
2001	279.4	160.9	118.5	42.4	5.5
2002	306.3	181.6	124.7	56.9	4.9
2003	403	213.3	189.7	23.6	4.7
2004	514.4	233.9	280.5	–46.6	4.5
2005	563.8	276	287.8	–11.8	4.0
2006	636	314.2	321.7	–7.5	3.6
2007	776	366	410	–44	3.6
2008	985.1	401.9	583.2	–181.3	3.8
2009	913.4	391.7	521.7	–130	4.1
2010	1207.7	488.7	719	–230.3	4.1
2011	1539.9	601	938.9	–337.9	4.2
2012	1740.9	625.9	1115	–489.1	4.5

续表

年份	进出口总额	出口额	进口额	贸易差额	农产品进出口总额占进出口总额比重（%）
2013	1851	671	1180	-509	4.5
2014	1929	713.3	1215.7	-502.4	4.5
2015	1861.2	701.8	1159.4	-457.6	4.7
2016	1832.6	726.1	1106.5	-380.4	5.0
2017	1998.6	751.4	1247.2	-495.8	4.9
2018	2160.3	793.2	1367.1	-573.9	4.7
2019	2284.5	785.7	1498.8	-713.1	5.0

资料来源：Wind 资讯。

（二）我国农产品贸易从顺差转为逆差且程度不断加深

入世以来我国农产品进出口中发生的一个最为显著的变化是贸易逆差的产生和扩大。从改革开放直至入世之初的前几年里，我国农产品贸易一直表现为顺差状态。但这一状况在 2004 年被打破，当年我国农产品进出口由顺差转为逆差，此后逆差金额呈不断扩大趋势，至 2019 年达到历史新高的 713.1 亿美元，同时逆差率也达到历史新高的 31.2%（见图 4-1）。在我国对外贸易整体性、长期性顺差的大趋势下，农产品领域贸易逆差状况引起各界的广泛关注。

农产品贸易长期显著逆差，表明我国农产品在国际竞争中处于相对不利的地位，其背后的原因是我国农业生产比较优势发生的逆转性变化。人多地少、高度分散是我国农业的基本特征，这一基础条件本身就差于其他国家和地区。在入世初期，我国农业依靠低人工成本和低土地成本在国际市场获得竞争力。但随着城镇化发展和农业劳动力机会成本上升，农业生产成本大幅攀升。以小麦为例，2004～2017 年，亩均人工成本从 111.8 元上升为 361.9 元，土地成本从 43.8 元上升为 207.1 元，总成本从 355.9 元上升为 1007.6 元。随着劳动力成本的上升，国内外农

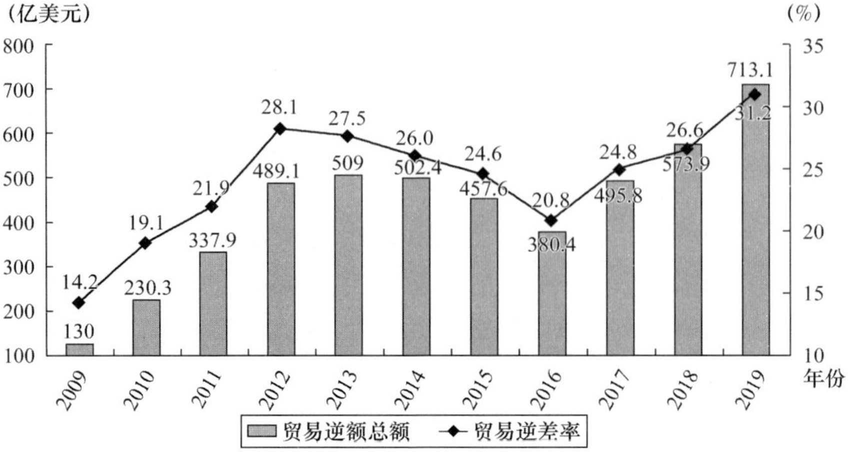

图 4－1　2009～2019 年我国农产品贸易逆差总额及逆差率

产品成本出现倒挂。当成本倒挂幅度扩大到一定水平后，不足以被运费、关税等贸易成本对冲，国内市场价格与进口到岸税后价出现倒挂。我国主要农产品成本倒挂的拐点大致出现在 21 世纪初，价格倒挂的拐点大致出现在 2013 年前后。由于价格倒挂，大量低价农产品进入我国，造成我国农产品贸易逆差不断扩大的状况。这一状况很难根本改变。

（三）农业内部不同品类受到的影响存在差异

我国农产品在对外贸易中整体表现为竞争劣势，但不同的农产品品类由于生产要素、生产方式的差异，受到的影响存在差异，由此具有不同的市场竞争形势，大体可以分作四类。

第一类是具有显著竞争优势的品类。我国农产品对外贸易中具有显著优势的农产品品类已经不多，集中于具有自然环境优势和劳动密集型特征的品类，以蔬菜、水产品为主。2018 年，我国蔬菜出口 1125 万吨、152.4 亿美元，进口 49 万吨、8.3 亿美元，是最大的农产品顺差品类。水产品出口 488 万吨、216.8 亿美元，进口 520 万吨、147.3 亿美元。需要注意的是，随着劳动力成本上升，我国具有显著竞争优势的品类正在减少，这些品类的竞争优势也呈现出弱化的趋势。

第二类是具有一定竞争力的品类。这类农产品在对外贸易中表现为有进有出、大体平衡，包括水果、禽类等。以水果为例，2018 年前我国水果进出口一直为顺差，2018 年转为逆差，出口 510 万吨、71.6 亿美元，进口 592 万吨、84.2 亿美元，逆差 12.6 亿美元，这一逆差幅度并不算大，大体来看进出口仍属平衡。

第三类是具有竞争劣势但国内市场供需均衡的品类。这类农产品包括了我国多数农产品品类，如谷物、棉花、糖料、奶类等，表现为进口显著高于出口但进口量占国内消费量的比重并不高，国内市场整体仍表现为供需平衡。以谷物为例，我国谷物近年来表现为净进口，2019 年谷物进口 1785 万吨、价值 52 亿美元，但进口量占国内消费量的比重只有 3%，其中小麦、大米、玉米三大主粮分别只有 3.0%、1.3%、1.8%，谷物自给率仍然高达 97%。

第四类是具有显著竞争劣势的品类。这类农产品目前主要是大豆，表现为产品主要来自进口且数额庞大，对国际市场高度依赖。1995 年前我国大豆一直是净出口国，2001 年入世时已属于净进口国但进口数量有限，只有 1394 万吨。此后随着我国养殖业的发展，大豆需求水涨船高，至 2017 年进口量达到历史峰值 9554 万吨。2019 年我国进口大豆 8851 万吨，高达国内产量的 4.3 倍，金额占到粮食进口总额的 84.2%，占到农产品进口总额的 23.6%。这一进口量已占到全球产量的 26.8%、全球贸易量的 64.4%。大豆是我国最重要的进口农产品，对我国农产品贸易具有全局影响，并对全球农业布局构成一定冲击。

三、未来我国农产品贸易自由化便利化的发展趋势

在目前我国农产品市场对外开放已达相当程度的基础上，未来仍

将进一步深化，农产品贸易自由化便利化将向更高水平发展。随着我国农业禀赋条件的转变，以及国际农产品贸易规则和形势的深刻变化，未来我国农产品市场开放将会出现一些与先前阶段不同的趋势特征。

（一）未来我国农产品市场开放的空间将进一步扩大

入世后我国农产品进出口实现快速增长，尤其是进口多于出口，造成农产品贸易逆差不断扩大。在未来市场准入政策不发生显著变化的情形下，我国农产品进口仍有比较大的增长空间，国际市场在我国国内农产品供给中将会发挥更重要的作用，这是基于几个趋势的变化得出的。

一是我国农产品比较优势仍将下降。入世以来我国农产品比较优势的下降是由于成本上涨，尤其是人工成本显著上升造成的。至2018年我国农民工月均工资已达3721元，比2017年增长6.8%。目前这一因素仍在产生作用。随着劳动力总量增长趋缓甚至可能出现负增长，农民工工资仍将持续增长。由于农业劳动力机会成本被持续抬高，未来农产品成本还将持续上升，国内外农产品成本和价格倒挂幅度将会进一步扩大，农产品进口压力由此增大。

二是我国农产品整体需求将有所上升。在“十三五”期间我国粮食等主要农产品供求关系主要表现为“总量基本平衡、结构性矛盾突出”，未来可能会出现产不足需的矛盾。2018年我国粮食消费量13629亿斤（约6.8亿吨），产量13158亿斤（约6.6亿吨），产不足需472亿斤（约0.27亿吨）。目前我国人均动物产品供能比仅为23%，仍处于较低水平，随着未来从中高收入向高收入迈进，以及人口从农村向城镇转移，将会出现口粮消费下降、动物产品消费增长的趋势，总食物消费表现为逐年上升。预计未来主要农产品供给将出现紧平衡的局面，且缺口呈现逐渐扩大趋势，对外依存度将出现明显提高。

三是对国外优质多样农产品需求将会显著上升。随着我国居民收入的快速增长，人们对更美好生活的追求越来越强烈。在过去，人们以能量摄入作为首要考虑，对农产品主要是数量上的要求。未来，人们会更多从食品安全、质量保障、品种口味来考虑，对国外优质化、多样化农产品的需求会显著增长。目前在水果、肉类等领域这一趋势已很明显，未来会在更多品类、更大程度上得以体现。

（二）在 WTO 体系内受到农产品市场进一步开放的压力

在新一轮 WTO 贸易谈判及一些贸易争端中，我国仍将受到农产品市场开放的压力。客观地说，我国在加入 WTO 时在农产品上已做了大幅度的减让，且这些承诺在后来得到有效遵守，农产品市场开放水平已经相当高。从关税看，我国农产品平均关税率只有 15.2%，最高约束关税税率只有 65%，进一步降低关税的空间已经非常有限。其他一些贸易保护手段也早已放弃使用。然而，在 WTO 贸易谈判和贸易争端中，仍然存在要求中国进一步放开农产品市场的呼声，如增发配额数量、减少技术壁垒等，这些压力将长期存在。

（三）中美和其他双边协议磋商中扩大农产品进口成为重要内容

中美贸易摩擦中农产品成为一个重要领域。中美贸易中一个长期和显著的现象是美方贸易逆差问题，2017 年中国对美出口 4297 亿美元，相应进口 1539 亿美元，美方逆差 2758 亿美元，[①] 引起美方的强烈

---

① 以上贸易数字为中方统计数，如按美方统计数会更高一些。

担忧和不满，进而在2018年发起系列摩擦举措。但与中美整体贸易趋势相反的是，在农产品领域中国是逆差，尤其是大豆，已成为美国对中国为数不多的几个大宗贸易顺差商品之一。2017年中国进口大豆9554万吨，其中约34%（3285万吨）来自美国。考虑到中美产业结构的差异，中美贸易要想达到削减逆差和实现更为平衡的贸易的目的，增加从美方进口农产品成为一个现实的考虑。

经中美两国经贸团队的共同努力，双方在平等和相互尊重原则的基础上达成第一阶段经贸协议。在这一协议中，尽管“食品和农产品”只是其中9个章节之一，但篇幅占据了将近一半。中美在农产品贸易方面达成的协议包括：拓展各自的食品和农产品市场，促进双方食品和农产品贸易增长；双方都不得使用构成对国际贸易的变相限制的卫生或植物卫生措施；促进进出口商充分利用市场准入机会，完善农产品配额管理制度。根据这一协议，中国将大幅度增加来自美国的农产品进口，填补国内农产品供需缺口，如大豆、猪肉、禽肉等。同时由于协议本身的双向互利性，中国对美出口的一些农产品品类如肉类制品、水产品和水果等也将获得促进。

（四）FTA和其他区域贸易协定对提升农产品贸易便利化水平发挥促进作用

国际贸易中WTO的地位和作用正在受到挑战。WTO从2001年开始多哈回合谈判，旨在进一步削减贸易壁垒，建立更为公平的贸易环境。与乌拉圭回合一样，农业谈判成为谈判进程中的主要焦点领域之一。由于农业的基础地位和对小农经营可能造成的影响，各国在农业谈判中激烈博弈。发达国家和发展中国家具有不同主张，农产品出口国和进口国也具有不同主张，各个阵营存在不同的甚至相反的诉求，难以调和。再加上 WTO 秉承全体一致的决策机制，多哈回合十几年来历经多次谈判，始终难以取得实质性突破。

在 WTO 机制难以破冰的背景下，FTA 等区域贸易协定蓬勃发展并发挥了积极作用。FTA 是两国或多国间具有法律约束力的契约，目的在于促进经济一体化，其目标之一是消除贸易壁垒，允许产品与服务在国家间自由流动。FTA 内不仅可以有效减免关税，而且通过海关手续与合作、透明度、费用及规费、现代海关技术、技术合作与能力建设等措施，还具有显著的提高贸易便利化水平的作用。中国—东盟自由贸易区是我国建成的第一个 FTA，对我国水果等农产品进口发挥重要促进作用。到目前为止，中国已经和 24 个国家或地区签署了 16 个自由贸易协定，还有一些 FTA 正在协商谈判之中。

除了 FTA 之外，地理标志协定是推进农产品贸易便利化的另一个新方向。2019 年 11 月，中国与欧盟签署地理标志协定，首批对中欧双方各 100 项具有各自地区特色的地理标志产品进行互认保护，并将在 4 年内再各自增加 175 项产品。地理标志协定有利于实现农产品技术标准的对接，保护农产品知识产权，促进双方农产品贸易向更高质量发展。

四、应对高水平农产品贸易自由化便利化的基本思路

应当顺应未来农产品贸易自由化便利化向更高水平发展的趋势，立足我国主要农产品供需关系发生的新变化，积极参与国际农产品贸易规则制定，主动、有序提高农产品市场开放力度，利用国际市场满足国内需求，同时稳定粮食等大宗农产品生产能力，提升优势农产品国际竞争力，实现国内外两个市场、两种资源之间的动态平衡，达到

保障农产品有效供给、稳定农业生产和满足人民对更美好生活追求的多重效果。

（一）提升国际市场利用能力，提高农产品进口来源稳定性、可靠性

提高以国外资源满足国内市场的能力，推进重要农产品进口来源多元化、渠道链条完整化。主要农产品应适当分散进口来源洲、来源国。鼓励中国企业在海外投资农产品仓储、运输、加工、交易等环节，提升对进口农产品供应链的掌控能力。在中美和其他双边及地区贸易关系中，通过扩大农产品进口换取对等的外贸权益。

（二）保障国内重要农产品生产能力，提升优势农产品国际竞争力

稳定国内粮食等主要农产品生产，避免价格大起大落。落实藏粮于地、藏粮于技，保障国内重要农产品生产能力，以生产能力作为粮食自给和粮食安全的主要指标。鼓励优势农产品出口，强化仓储、加工、生产技术、品牌建设等环节，提升产品国际竞争力和附加值。

（三）完善现有国内保护措施，更好履行入世承诺和适应 WTO 要求

对关税配额管理措施进行合理调整和前瞻掌控，增强关税配额管理措施的透明度、明确性、程序合理性和不同主体间的公平性。加快形成配额价差收益的合理分配办法，前瞻和审慎调节配额数量和相关税率。提升 SPS、TBT 等技术措施检测能力，细化和完善相关标准，更好地保护国内农业生产安全和消费者健康安全。

（四）积极参与国际贸易规则制定，探索形式多样的农业开放和对外合作路径

与发展中国家和农产品进口国协调立场，表达合理诉求和维护自身合法权益。加快 FTA 等区域贸易协定谈判、签署和建设，提高农产品贸易便利水平。积极参与全球粮农治理，加强技术合作，提升国际市场话语权。推动更多农产品地理标志协定签署，实现农产品技术标准对接，促进农产品贸易双向扩张和向更高质量发展。

执笔人：赵俊超

参考文献

[1] WTO：World Trade Statistical Review 2018，https：//www. wto. org/english/res_ e/statis_ e/wts2018_ e/wts18_ toc_ e. htm.

[2] 中华人民共和国政府和美利坚合众国政府经济贸易协议.

[3]《中国与世界贸易组织》白皮书，http：//www. gov. cn/xinwen/2018 -06/28/content_ 5301884. htm.

[4] 国家发改委：2020 年粮食进口关税配额申请和分配细则.

[5] 商务部：2020 年食糖、羊毛、毛条进口关税配额实施细则.

[6] 中美就第一阶段经贸协议文本达成一致——五部门有关负责人介绍中美经贸磋商有关进展，http：//finance. people. com. cn/n1/2019/1214/c1004 -31506012. html.

[7] 中国 2017 年大豆进口依存度超 87% 美国大豆占进口总量约 34%，http：//finance. people3. com. cn/n1/2018/1125/c1004 -30419782. html.

[8] 2019 年中国农产品贸易与农业投资分析，https：//www. sohu. com/a/374964174_ 498750.

[9] 程郁，叶兴庆. 高度重视南美地区在我国全球农产品供应体系中的战略地位——赴巴西、阿根廷调研报告. 国务院发展研究中心调查研究报告，2019 -10.

[10] 农业农村部农业贸易促进中心. 2019 年 1 ~10 月中国农产品贸易监测. 世界农业，2020（1）.

[11] 张莹. 加入 WTO 后我国农产品贸易结构与国际竞争力演变趋势分析. 世界经济与政治论坛，2013（5）.

[12] 韩嫣，武拉平. 中国农产品贸易面临的新形势与对策. 农业展望，2017（2）.

[13] 李国祥. 中国遵守 WTO 农业规则面临的矛盾及应对建议. 中州学刊，2019（5）.

[14] 金花. 农产品国际贸易变化的影响与对策研究. 价格月刊，2019（7）.

[15] 杨军，董婉璐. 中国农产品贸易变化新特征及其政策启示. 经济与管理，2019（5）.

[16] 汪明珠，刘庆林. 我国农产品市场准入政策的保护水平及国际比较. 山东社会科学，2014（5）.

[17] 徐圆. 多哈回合谈判农业最新草案对中国农产品市场准入的潜在影响. 世界经济研究，2009（8）.

[18] 陈宪民．论 WTO 农产品市场准入的法律制度现状与前景．政治与法律，2007（4）．
[19] 杨莲娜，李先德．中国与欧盟农产品市场准入政策比较．国际贸易，2007（7）．
[20] 刘庆林，汪明珠．中国农产品市场准入政策的保护水平与结构——基于贸易限制指数的研究．经济研究，2014（7）．
[21] 曾文革，王楠．WTO 农产品关税配额制度的新发展与中国对策研究．云南大学学报法学版，2016（3）．
[22] 吴嘉鑫．中国农产品关税配额制度的挑战与应对——基于“美国诉中国农产品关税配额案”的考察．中国林业经济，2019（7）．
[23] 王琦．中国农产品关税水平及结构分析．世界农业，2014（1）．
[24] 董银果，尚慧琴．WTO 多哈回合：各方分歧、受阻原因及前景展望．国际商务研究，2011（3）．
[25] 方巧云．中国农产品贸易特征事实描述及分析．对外贸易，2018（8）．
[26] 葛顺奇，沈玉昊．贸易便利化措施比较及中国自贸区的实践．国际经济合作，2017（4）．
[27] 陈淑梅，林晓凤．全球价值链视角下中国 FTA 的贸易效应再检验．东南大学学报（哲学社会科学版），2018（5）．
[28] 杨柳．中国农产品贸易结构特征与优化路径．统计与决策，2019（24）．

专题报告五

高水平投资自由化便利化对我国农业的影响及应对

改革开放以来，随着我国投资自由化便利化程度的持续提升，农业领域（农业及相关产业）直接利用外资（FDI）数量从无到有、从小到大，逐步形成多领域、多形式、多环节和多地区的整体格局，有力推动了农业技术进步、行业发展、制度变革。当前，我国经济正处于由高速增长转向高质量发展阶段，推动农业高质量发展、创造高品质生活对引进外资提出了更高的要求。国际投资自由化便利化发展呈现新的趋势，对我国农业领域引进外资提出了新的挑战。新时期农业领域引进外资应以推进农业农村现代化为主线，以满足人民高品质生活需要和推动农业高质量发展为导向，对内进一步改善投资环境，对外积极对接和参与国际规则，推动利用外资水平向更高层次、更广领域发展。

一、我国农业领域投资自由化便利化进展情况

改革开放以来，特别是启动入世谈判以后，我国大力推进包括农

业领域在内的各方面投资自由化便利化进程，以放宽产业准入进而实施负面清单制度为核心推进投资自由，以放松管制为核心推进投资便利，以法治建设为核心推进投资保护，以经济技术开发区、自贸试验区、自贸港建设为核心加强投资促进。农业领域外资开放紧跟全国对外开放步伐，逐步减少外商投资限制、扩大开放领域、落实国民待遇、提升政策透明度，总体可分为以下几个阶段。

（一）从改革开放到加入 WTO

这一阶段的外资开放措施主要包括以下几个方面。

一是逐步形成鼓励引进外资的制度环境。1979 年我国出台首部关于利用外国直接投资的法律《中外合资经营企业法》，制定优惠政策吸引外商投资。1986 年 10 月，国家出台了《关于鼓励外商投资的规定》，进一步改善投资环境。1988 年，出台了《外资企业法》和《中外合作经营企业法》，与《中外合资经营企业法》共同构成了“外资三法”对外资进行规范管理。1992 年邓小平发表南方谈话，以及党的十四大对“国外的资金、技术、资源、人才和作为有益补充的私营经济，都应当而且能够为社会主义所利用”的表述，为利用外资扫清了思想和认识障碍，国家陆续制定和完善了一系列外资鼓励政策，如农业及相关行业外资企业可以享受“两免三减”等政策。在这一背景下，我国农业领域利用外商直接投资首次超过对外借款，成为利用外资的主要形式。

二是放宽市场准入。1995 年国家发布《外商投资产业目录》和《指导外商投资方向暂行规定》，将外商投资项目划分为鼓励、允许、限制和禁止四类，把农、林、牧、渔业及相关工业列为鼓励类产业。1997 年，国家调整《外商投资产业目录》，进一步鼓励外商投资国内现代农业发展。

三是适应加入 WTO 的需要，放松管制。随着 20 世纪 90 年代中期后我国加入 WTO 谈判的推进，国内一些政策法规内容与 WTO 规则及我国入世协议不一致的问题日益突出。国家根据入世承诺，对部分内容作出了修改。如 2000 年和 2001 年分别修正了中华人民共和国《中外合作经营企业法》、中华人民共和国《外资企业法》和中华人民共和国《中外合资经营企业法》以及相关实施细则，取消或者修改了当地成分（含量）要求、贸易平衡要求、当地股权要求以及对外商投资企业产品的数量限制，这些修改措施同样适用于农业领域。

（二）从加入 WTO 后到党的十九大

WTO 框架协议主要调整全球范围内的贸易自由化问题，没有专门的投资条款，其对投资问题的规定集中体现在乌拉圭回合谈判中达成的《与贸易有关的投资措施协议》（TRIMs）、《服务贸易总协定》（GATS）以及《与贸易有关的知识产权协议》（TRIPS）中，包括对当地含量、贸易平衡、外汇管制、出口实绩、国内销售、当地股权等的限制，以及对服务业市场准入、跨境机构设立、人员流动、技术转让的要求。同时，世界贸易组织的六大核心原则（最惠国待遇原则、国民待遇原则、互惠待遇原则、关税减让原则、取消数量限制原则和透明度原则）对投资领域也同样适用。随着我国加入 WTO 并完成过渡期改革，在 WTO 框架之下，我国农业领域引进外资政策进一步完善。

一是落实国民待遇。根据《TRIMs 协议》的规定，各缔约方在投资领域实施国民待遇，不采取任何对贸易产生影响的扭曲性的投资措施，包括国内税减让、关税减让、补贴、投资转让等给予外国投资者优于本国企业的政策，以及有关当地成分要求、出口要求、外汇平衡要求等给予外国投资者的限制性措施。入世后，我国主要在两个方面逐步对外资实行国民待遇原则：一方面是“整平游戏场地”，即通过税制改革和投资优惠改革等给予外商投资企业和内资企业同等的待遇；另一方面制定统一的经济法和民商法，建立外商投资企业和内资企业享有同等待遇的统一的法律框架。在放开进出口权和自产产品分销权方面，2004年国家修订中华人民共和国《对外贸易法》，对内外资企业统一实行外贸经营权登记制，实现了内外资企业之间的国民待遇。并放开外资企业的分销权，包括农业在内的外资企业逐步获得产供销完整统一的经营链条。在税制改革方面，2008年出台新《税法》，外资企业与内资企业一样要缴纳统一的25%所得税，取消以往对外资企业的“免二减三”的优惠税率、外资企业单独享受的税前扣除优惠、生产性企业再投资退税优惠、纳税义务发生时间上的优惠等，与内资企业统一。

二是扩大市场准入。外资准入制度包括实体和程序两个方面：实体层面主要表现为国家对投资范围的规制，规定了外资可以进入的行业，即“行业政策”；程序层面主要表现为审批制度，即外资进入本国市场的路径，涉及由何种行政机关、依据何种程序对申请进入东道国的外资进行审批。加入WTO后，我国多次对《外商投资产业指导目录》进行修订，扩大农业领域外资准入。2002年2月出台的《指导外商投资方向规定》，把农业新技术、农业综合开发列为鼓励类外商投资项目，同年修订的《外商投资产业指导目录》鼓励外商投资改造传统农业、发展现代农业、促进农业产业化，鼓励进入农机装备等产业。此后历次修订，都根据国内发展的需要，扩充鼓励类产业目录。2017年又取消了对豆油、面粉、生物燃料等农产品加工业的外资限制（见表5-1）。

三是提高透明度。透明度原则是 WTO 关于贸易法律、规章、政策措施和司法裁决规定的一项基本准则，各成员方应将有效实施的与贸易有关的法律、法规、规章、政策措施、行政决定和司法判决，以及对外缔结的影响国际贸易政策的现行协定予以迅速公布与通知。各缔约方实施任何新的或更严格的规定、限制或禁止的普遍适用的措施，非经正式公布，不得实施。而且，各成员的法规政策公布的方式应以能够让其他缔约方的政府和贸易商了解和熟悉为准。加入 WTO 以后，我国在利用外商投资上，不再制定内部文件、内部政策规定，全部通过法律法规的形式及时公开。

表 5－1　　WTO 协议中涉及外资进入的政策

政策领域	政策内容
非歧视	在下列方面给予外国个人、企业和外商投资企业的待遇不得低于给予其他个人和企业的待遇：(a) 生产所需投入物、货物和服务的采购，及其货物据以在国内市场或供出口而生产、营销或销售的条件；及 (b) 国家和地方各级主管机关以及公有或国有企业在包括运输、能源、基础电信、其他生产设施和要素等领域所供应的货物和服务的价格和可用性
贸易权	在不损害中国以与符合《WTO 协定》的方式管理贸易的权利的情况下，中国应逐步放宽贸易权的获得及其范围，以便在加入后 3 年内，使所有在中国的企业均有权在中国的全部关税领土内从事所有货物的贸易，但附件 2A 所列依照本议定书继续实行国营贸易的货物除外
贸易权	对于所有外国个人和企业，包括未在中国投资或注册的外国个人和企业，在贸易权方面应给予其不低于给予在中国的企业的待遇
进出口许可	对于外国个人、企业和外商投资企业在进出口许可证和配额分配方面，应给予不低于给予其他个人和企业的待遇
边境税调整	对于外国个人、企业和外商投资企业，自加入时起应被给予不低于给予其他个人和企业的待遇

（三）党的十九大以后

党的十九大提出，要实行高水平的贸易和投资自由化便利化政策，全面实行准入前国民待遇加负面清单管理制度，大幅度放宽市场准入。2017 年起，我国对外资准入施行“准入前国民待遇 + 负面清单管理”制度，进一步放宽对外资开放领域，但相关政策文件仍然以《外商投资产业指导目录》的形式出台。

2018 年，我国首次出台了《外商投资准入负面清单》，与国际通行规则对接。2018 年 6 月国务院正式公布《关于积极有效利用外资推动经济高质量发展若干措施的通知》，在市场准入、投资便利化、投资促进、投资保护、区域布局、国家级开发区创新提升 6 个方面提出了 23 条具体措施。文件明确提出，负面清单之外的领域，各地区各部门不得专门针对外商投资准入进行限制。文件还提出，要深化农业等领域开放，取消或放宽种业等农业领域外资准入限制，引导外资更多投向现代农业、生态建设、现代服务业，投向中西部地区。

2019 年 6 月，国家再次对外发布《外商投资准入特别管理措施（负面清单）（2019 年版）》和《自由贸易试验区外商投资准入特别管理措施（负面清单）（2019 年版）》，进一步缩减了清单，加大对外资开放力度。同时，《鼓励外商投资产业目录（2019 年版）》继续放宽服务业、农业、制造业和采矿业等领域的市场准入，总条目达 1108 条，与此目录 2017 年版相比增加 121 条、修改 210 条；而“负面清单”越来越短，全国版“负面清单”由 48 条减至 40 条。

党的十九大以来，农业领域引进外资的开放措施主要包括以下几点。

一是放宽农作物种子生产外资限制。2017 年版《外商投资产业指导目录》明确规定，农作物新品种选育和种子生产必须由中方控股；2018 年全国版负面清单中，取消了小麦、玉米之外其他农作物新品种选育和种子生产的外资限制，并在自贸区版负面清单中将小麦、玉米新品种选育和种子生产外资股比由不超过49%放宽至不超过66%。

二是继续取消一些行业必须由中方控股的限制，包括豆油、菜籽油、花生油、棉籽油、茶籽油、葵花籽油、棕榈油等食用油脂加工，大米、面粉、原糖加工，玉米深加工，生物液体燃料（燃料乙醇、生物柴油）生产。

三是取消稻谷、小麦、玉米收购、批发的外资准入限制。稻谷、小麦、玉米的收购、批发一直限制外资进入，2018 年全国版负面清单中，取消了这一规定，允许外资进入稻谷、小麦、玉米收购和批发领域。

四是取消禁止外商投资野生动植物资源开发的限制。2019 年版负面清单出台以前，我国禁止外资从事我国保护的原产于我国的野生动、植物资源开发；2019 年版负面清单中，取消了此限制。

五是通过“放管服”改革推进投资便利。2018 年《关于积极有效利用外资推动经济高质量发展若干措施》，将清单内投资总额 10 亿美元以下的外资企业设立及变更，下放至省级政府审批和管理；简化外国人才来华工作许可程序，在中国境内注册企业选聘符合条件的外国人才最短可在 2 个工作日内获发签证。在各自贸试验区、海南自贸港大力推进“多证联办”“备案制”“先照后证”“多式联运”“多规合一”“综合执法”等投资便利化措施。

（四）我国农业领域外资开放的主要特征

一是投资自由化水平高。截至目前，除部分种子研发核心领域限制外资进入外，我国粮油市场已经实现对外资的全面开放。目前规定境外投资者不得作为农民专业合作社成员，从事投资经营活动，符合国际惯例；而禁止外资投资中国稀有和特有的珍贵优良品种的研发、养殖、种植以及相关繁殖材料的生产，禁止投资水域捕捞等要求，也是维护国家安全的需要。

二是更加对标国际规则。随着对外开放不断深入以及负面清单管理制度的逐步完善，我国包括农业在内的各领域外资管理逐步与国际高标准规则接轨，实现内外资同等待遇。2019 年 3 月，我国出台的《外商投资法》明确规定，对外商投资实行准入前国民待遇加负面清单管理制度，对于负面清单之外的领域，“法无禁止即可为”，实施“有限许可加全面报告”的外资准入制度，不得专门针对外商投资设置准入限制。

三是透明度和规范度较高。自 2018 年版负面清单开始，全国版的负面清单从《外商投资产业指导目录》中独立出来，不再分为“限制类”和“禁止类”两部分，与自贸试验区负面清单的表述和体例一致，使境外投资者更容易理解、更容易比对。与此同时，负面清单以统一、透明的方式列明了包括农业在内的行业股比要求，进一步提高了负面清单的透明度、规范度。

二、我国农业领域利用外资发展特点

改革开放以来，我国农业领域直接利用外资（FDI）总体呈上升趋势，但农业（农林牧渔业）和农产品加工业的走势有异。

（一）农业利用外资情况

1. 利用外资数量波动较大

农业（农林牧渔业）直接利用外资数量呈先上升后下降态势，具体可划分为 4 个阶段。

（1）改革开放到 20 世纪 90 年代中期，为起步期。改革开放初期，农业引进外资是以银行贷款、援助资金为主，直接投资规模不大。合同利用外资金额从 1983 年的 1.78 亿美元上升到 1995 年的 17.4 亿美元。

（2）20 世纪 90 年代中期到 2006 年，为徘徊期。农业外商直接投资实际金额从 1997 年的 6.3 亿美元上升到 2004 年的 11.1 亿美元，后下降到 2006 年的近 6 亿美元。这一时期，外商直接投资超越间接投资，成为引进外资的主要方式。

（3）2007～2016 年，为较快增长期。农业外商直接投资额从 9.24 亿美元增加到 2016 年的近 19 亿美元。这一阶段的突出特点是单个外商投资合同项目金额较快增长。同期外商投资合同项目数量从 1048 个下降到 558 个，单个外商投资合同项目金额从 88.2 万美元增加到 340.1 万美元。

（4）2017 年以后，为调整提升期。农业外商直接投资额出现较大幅度下降。2017 年为 10.75 亿美元，2018 年进一步下降到 8.01 亿美元（见图 5－1）。

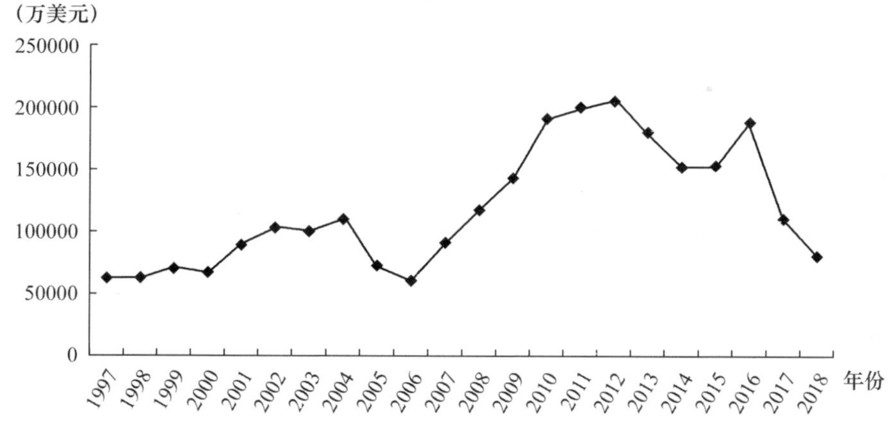

图 5－1　农林牧渔业外商直接投资实际使用金额变化情况

2. 行业分布以种植业为主，畜牧业增长较快

农林牧渔业外商直接投资实际使用金额中，2010 年农业比重占 49.8%，林业占 16.5%，畜牧业占 11.4%，渔业占 7.5%，农业服务

业占14.8%。此后，农业比重先升后降，2018年占42.0%；林业比重持续下降，2018年占3.7%；畜牧业比重持续上升，2018年达到42.0%；农业服务业比重先升后降，2018年为4.9%（见表5－2）。

表5－2　　农林牧渔业和农业服务业实际使用外资金额　　单位：亿美元

年份	合计	农业		林业		畜牧业		渔业		农业服务业	
		金额	占比（%）	金额	占比（%）	金额	占比（%）	金额	占比（%）	金额	占比（%）
2010	19.12	9.51	49.8	3.15	16.5	2.18	11.4	1.44	7.5	2.83	14.8
2011	20.09	8.72	43.4	3.53	17.6	3.36	16.7	1.09	5.4	3.39	16.9
2012	20.62	13.29	64.4	1.33	6.4	2.39	11.6	1.11	5.4	2.51	12.2
2013	18.00	9.47	52.6	0.65	3.6	4.70	26.1	0.92	5.1	2.25	12.5
2014	15.22	8.50	55.8	0.91	5.9	2.94	19.3	0.65	4.3	2.22	14.6
2015	15.34	7.11	46.4	1.21	7.9	2.10	13.7	0.69	4.5	4.23	27.6
2016	18.98	5.08	26.8	1.35	7.1	9.39	49.5	0.71	3.7	2.46	13.0
2017	10.80	3.50	32.4	0.30	2.8	3.80	35.2	0.30	2.8	2.90	26.9
2018	8.10	3.40	42.0	0.30	3.7	3.40	42.0	0.60	7.4	0.40	4.9

资料来源：《中国外资统计公报》相关年份。

3. 投资区域集中在我国东部及中部地区

我国东部地区无论是在利用外资项目数量，还是实际利用外资金额上，都占据主导地位。2015年，我国东部地区实际利用外资金额占全国的75.6%，中部地区占15.4%，西部地区占9%。从行业来看，我国西部地区除了林业实际利用外资金额比重相对较高以外，其他行业比重都是最低的。

4. 外资来源以港台地区为主

在农林牧渔业实际利用外资中，来自中国港台地区的比重始终很高，2015年来自中国香港地区的占65.7%，来自中国台湾地区的占7.64%，其他主要来自新加坡、英属维尔京群岛等。

（二）农产品加工业引进外资情况

外资进入我国农业领域，最早是从农产品加工业开始的（包括农副产品加工业、食品制造业、酒饮料和精制茶制造业、烟草制品业），而且增长较快。

1. 总量较快增长

改革开放初期，泰国正大、新加坡益海嘉里、瑞士雀巢等跨国公司纷纷进入我国，并逐步向上下游延伸产业链。外资企业数量从 2000 年的 2458 家增长到 2008 年的 5033 家，后又下降到 2018 年的 3452 家。但外资资本金呈持续增长态势，从 2003 年的 861.54 亿元增长到 2017 年的 2449.07 亿元；单个企业平均资本金从 2003 年的 2702 万元增长到 2017 年的 7132 万元（见表 5－3）。

表 5－3　　我国农产品加工业外商投资企业发展情况

年份	外资资本金（亿元）	外资企业数（家）	单个企业资本金（亿元）
2000	—	2458	—
2001	—	2613	—
2002	—	2867	—
2003	861.54	3189	0.2702
2004	1039.52	4371	0.2378
2005	1143.23	3999	0.2859
2006	1265.98	4362	0.2902
2007	1453.53	4672	0.3111
2008	1700.25	5033	0.3378
2009	1770.03	5022	0.3525
2010	1917.06	4856	0.3948
2011	2033.64	3984	0.5105
2012	2133.12	3957	0.5391
2013	2279.71	3964	0.5751
2014	2254.86	3874	0.5820

续表

年份	外资资本金（亿元）	外资企业数（家）	单个企业资本金（亿元）
2015	2361.19	3803	0.6209
2016	2490.03	3625	0.6869
2017	2449.07	3434	0.7132
2018	—	3452	—

资料来源：《中国统计年鉴》相关年份。

2. 从行业看，以农副产品加工业、食品制造业、酒饮料和精制茶制造业为主且占比较为平均

2017年农产品加工业外资资本金为2449.07亿元，其中食品制造业为882.42亿元，占36%；酒饮料和精制茶制造业为793.96亿元，占32.4%；农副产品加工业为770.31亿元，占31.4%；烟草制品业为2.38亿元，占比较小。

3. 21世纪以来欧美跨国公司在华业务发展加快并逐步形成在华生态系统

进入21世纪以后，美国、法国、日本、韩国等国家的跨国公司加快进入我国，目前世界20强的农业跨国公司都已进入我国，由最初的加工业和投入品生产向上下游延伸，逐步形成农业跨国公司在华的生态系统。如美国在华的涉农企业逐步形成种业、精准农业、粮食加工和处理、畜牧与动物制品、食品加工、投资与贸易六大行业，且不同行业的企业合作密切，形成较强的对话和议价能力。

4. 投资方式以独资或者合资为主，外资跨国并购快速发展

对外开放之初，泰国正大、新加坡益海嘉里、美国陶氏益农、德国拜尔、瑞士雀巢等跨国公司均是以独资或合资方式进入我国。入世以后，随着中国对外资企业控股比例限制的逐步取消和投资领域的开放，并购成为外资直接进入我国农业的重要手段，特别是外资跨国并购涉农类上市公司呈快速发展态势，如嘉里粮油控股金龙鱼、艾地盟参股福临门鲁花、达能集团参股汇源果汁、光明乳业等。进入21世纪后，外资加大了在我国粮油加工业的投资建厂力度，尤其是油脂加工业更为明显，目前国内具有外资背景的大型大豆加工企业的实际加工能力已超过8000万吨，占国内总量的85%。

（三）主要成效

外资进入我国农业领域的深度和广度不断扩大，在提高我国农业科技和管理水平，延伸产业链，带动农业贸易发展等方面都发挥了积极作用。

1. 补充发展资金

外商对我国农业投资的规模逐年扩大，一定程度上弥补了农业投入的不足，而且还带动了其他来源资金的投入。2017年农产品加工业外资资本金为2449.07亿元，外资企业资产总额达到13352.69亿元，扩大效应显著。2018年农、林、牧、渔业外商投资企业外方注册资本103455.13百万美元，带动外商投资企业投资总额954883.37百万美元，扩大9.2倍。

2. 构建发展平台，推动了技术和管理水平提升

外资企业特别是跨国公司来华投资引进了一批优良品种、先进技术和设备、高效的生产方式，直接推动了我国农业技术进步，并通过技术示范和扩散效应提升了整体农业生产能力。另外，伴随外资进入国内的还有先进的生产经营理念、市场观念以及管理人才和经验，这也推动了国内农业企业提升生产经营理念、提高管理水平、培养具有管理才能和技术才能的优秀人才。

3. 增加农产品和食品供给

外资企业运用品牌战略、价格竞争及多渠道营销等手段，成为我

国农产品、食品供给的重要渠道。如益海嘉里成功利用“金龙鱼”食用油品牌的知名度，发挥其延伸作用，推出“金龙鱼”大米，并赢得消费者认可。嘉吉公司等跨国粮商，成为我国农产品进口的重要上游供货商，增强了国内外市场的连接性。

4. 增加就业

农产品加工业外资企业从业人员数 2003 年为 80.3 万人，2010 年增长到 154.35 万人，2018 年为 109.9 万人。如果考虑上下游产业，带动的就业会更多。

5. 带动贸易发展

外商直接投资具有贸易创造效应，扩大了东道国的贸易量。外资企业利用其遍布全球的营销网络，促进了我国农产品的贸易，增加了农产品的出口。目前，包括农业领域在内的外商投资企业商品出口额已经占到我国商品出口额的较大比重，弥补了我国企业农产品质量不高、缺少国际营销经验等不足。

三、我国农业领域引进外资面临的主要问题和挑战

总体来看，我国农业领域利用外资的规模不大，水平不高，营商环境需要提升，外资企业对一些行业的流通和贸易掌控力过大，影响产业安全。同时，在面对世界百年未有之大变局、国内开启全面建设现代化国家新征程的大背景下，提升外资利用水平也面临新的挑战。

（一）农业利用外资存在的主要问题

1. 比重较低，结构不合理

改革开放以来，我国农业利用外资的总体规模不断扩大，但与其

他行业相比，外资对农业（包括农林牧渔业）的投入所占比重较小，不到2%，严重滞后于二、三产业，也与农业在我国GDP中的份额不相匹配。与此同时，外资对农业服务业的投入所占比重也较低，平均比重不超过20%，而且近年还呈下降趋势（见表5－4）。

表5－4　我国农业实际利用外资占比情况

年份	实际利用外商直接投资额（万美元）		
	共计	农业	外资农业在外资对华投资占比（%）
2004	6063000	—	—
2005	6032500	71826	1.19
2006	6582100	59945	0.91
2007	7476800	92407	1.24
2008	9239500	119102	1.29
2009	9003300	142873	1.59
2010	10573500	191195	1.81
2011	11601100	200888	1.73
2012	11171600	206220	1.85
2013	11758600	180003	1.53
2014	11956200	152227	1.27
2015	12626700	153386	1.21
2016	12600100	189770	1.51
2017	13103500	107492	0.82
2018	13496589	80131	0.59

资料来源：《中国统计年鉴》相关年份。

2. 技术溢出效应不强

如自2000年我国种业市场开放以来，以孟山都、杜邦先锋、先正达等种业巨头为代表的外资企业就开始加速进入我国种业市场，且规模不断扩张。外商对我国农作物种子产业的投资，带来了种子产业整体竞争力的提升，但外资企业不是以品种作为知识产权入股，而是通过品种权许可的方式由合资企业进行生产，核心技术仍由外方掌握，对国内种子产业自主创新能力的提升作用不显著。

3. 外资控制了一些农产品的进口

进出口贸易是外资进入我国农产品市场的起点，国际四大粮商早在20世纪80年代就开始拓展我国大宗农产品市场，并凭借其丰富的国际贸易经验及垄断全球粮食市场80%以上贸易量的实力，在我国粮食进出口业务中占有较大优势。外资企业在我国粮食进口环节所占份额达到近40%。进一步考虑我国国有、民营企业在进出口贸易中的交易对象一般就是国际几大粮商的现实，基本上可认为外资企业在我国粮食进出口中已发挥主渠道的作用。目前，国际市场和国内市场的联系非常紧密，若再考虑大型外资企业的全球农业产业链布局、生物质能源普及、投机资本运作和气候变化等因素对国际农产品价格波动性的影响加大，存在跨国企业通过国际贸易操控我国粮食市场价格的风险。

4. 在某些领域影响产业安全

外资企业一般在资金、规模和技术上，相对中资农业企业有着较强的优势，因此容易在市场上形成价格控制和产业链控制，进而掌控市场份额和价格。例如，通过收购、并购产业龙头或主要的供应商，控制产业源头和供应流通；或者利用核心技术优势，垄断特定产品的生产或加工制作，从而对市场价格进行控制等。最具代表性的是外资对我国大豆行业上游原料、中游生产加工及品牌、下游市场渠道与供应的一定控制。2004年，在遭遇国际投资基金的疯狂打压后，我国很多中小型大豆加工企业和本土榨油企业不堪承受负荷，被外资低价兼并。公开资料显示，四大跨国粮商在我国大豆危机后，成功地控制了国内大豆85%的实际加工能力。

（二）面临的新形势新挑战

1. 人民群众对高品质生活的追求对提升运用外资的效率提出新要求

2019年，我国人均GDP超过10000美元，城镇化率超过60%，已进入中上收入国家行列，并在向高收入国家迈进。随着收入水平、城镇化水平的提高，我国正加快进入食物消费结构升级的第二阶段，人民群众对高蛋白食物的消费加快增长，对优质农产品和服务的需求快速增长，农产品和食品“有没有”已经不成问题，“好不好”“优不优”逐步成为主要矛盾。从国际比较经验来看，目前我国食品消费结构相当于日本在20世纪70年代、韩国在20世纪90年代的水平。在这一时期，韩国和日本的食品消费结构都经历快速转变，谷物在人均食物能量、蛋白和脂肪等营养物摄取中所占比重显著下降，而植物油和动物产品所占比重快速上升，人们对绿色优质健康食品的需求快速增长。根据日本和韩国食品消费结构在此阶段的变化趋势，可以认为在未来10～15年，我国高蛋白食物、绿色健康营养食品的人均消费将保持较快的增长。另外，我国农产品生产结构与市场还不匹配，绿色优质健康营养产品还不能满足人民群众日益增长的需求。解决这一问题，既需要扩大农产品开放，进口更多优质农产品，也需要提高引进和运用外资的效率，提升国内生产能力和产品品质。

2. 农业高质量发展和乡村经济多元化对拓展引进外资领域提出新要求

经过多年的发展，我国农业进入转变发展方式、优化产业结构、转换增长动力的攻关期，站在了转向高质量发展的历史关口。2018年国家提出实施质量兴农战略，推动农业由增产导向转向提质导向。

《国家质量兴农战略规划（2018—2022 年）》提出，要实现农业综合生产能力大幅提高，主要农产品质量安全水平稳中向好，化肥农药使用量实现“负增长”，农业资源利用率明显提高，农业科技进步贡献率进一步提升，农产品加工业产值与农业总产值比有较大幅度提高，休闲农业和乡村旅游总产值保持较快增长。同时，也要看到，我国推进农业高质量发展仍然面临一系列问题和挑战，主要表现在：农产品质量标准不高，国际认可的质量认证品牌少，质量安全风险隐患犹存；农业生产经营方式相对粗放，部分地区资源过度消耗、产地环境治理难度大，虽然化肥农药亩均施用量出现负增长，但仍高于世界平均水平，利用效率仍然偏低，很多污染的耕地需要新技术来治理；农业科技重大原创性前沿性成果不多，科技对提升农产品品质、质量、效率的贡献度不大；一二三产业融合深度不够，农产品深加工发展滞后，产销市场衔接不畅；农业大而不强、多而不优的问题依然存在，部分产品进口依存度偏高，农业国际竞争力亟待提高。破解这些难题，对吸引外资提出更高要求，要更加重视提升农产品质量和品质技术、绿色农业技术、农业生产性服务、乡村产业等领域的对外开放和引进外资。

3. 要素稀缺性的变化对土地、劳动节约型技术的引进提出新要求

随着我国工业化和城市化的进展，劳动力、土地、资本等生产要素的稀缺性发生了很大变化。一方面，随着农村剩余劳动力的转移加速，劳动力市场供求趋紧，“民工荒”现象日益严重，劳动者工资，特别是农民工工资长时间上涨，目前我国劳动力成本已显著高于周边发展中国家。我国人多地少，土地供求关系一直紧张，不论是城市建设用地价格还是农用地租金都是持续上涨。另一方面，随着经济发展和资本积累，资本市场的供求格局从相对短缺转向相对过剩，资本不再成为制约我国经济发展的最重要的生产要素。生产要素稀缺性的这种变化，必将促进企业通过技术进步来节约使用劳动力和土地，进而对劳动替代、土地节约型技术的引资需求将持续增长。

4. 日益激烈的国际竞争对我国进一步改善投资环境提出新要求

尽管受疫情、灾害等短期因素影响，“十四五”初期全球农产品价格会出现一些波动。但根据 FAO 等机构的预测，① 未来一个时期国际农产品价格总体仍将处于历史较低水平，农业投资成本相对较低。一些国家经济下行压力较大，对吸引农业投资非常迫切。如巴西、阿根廷、俄罗斯及中亚国家经济发展遇到较大困难，其国内投资严重不足，一些列入计划的项目无法正常开工，一些重大基础设施项目建设放缓，对吸引外国投资的意愿更为强烈。由于农业在其国民经济中的重要地位，这些国家都将农业作为吸引外资的优先领域，尤其是农业基础设施、农产品加工等领域。一些国家货币贬值也使农业投资成本下降。越南等国家凭借低成本、低关税优势，正在成为国际投资（包括农业投资）的新洼地。美国税收改革及各国减税竞争加剧也会对全球投资存量及投资模式产生重要影响。这些变化既可能导致更多增量国际投资流入这些国家，也可能导致国内的存量外资转移到这些国家。新的竞争形势要求我国进一步完善对外开放制度，改善营商环境，通过降低交易成本和制度性成本创造引资新优势。

（三）国际投资自由化便利化发展趋势对农业引资的影响

当前，全球价值链深入发展，国际社会，尤其是发展中国家对投

① 近年《OECD-FAO 农业展望报告》。

资便利化更加关注，诸多国际组织纷纷出台投资便利化国际合作纲要或行动指南。WTO 在 2017 年 12 月的第十一届部长级会议中通过了《关于投资便利化的联合部长声明》，强调投资与贸易和发展密切相关，应推动在全球层面加强国际合作，支持开展深入讨论以建立投资便利化多边框架。联合国贸发会议（UNCTAD）在 2016 年达成了《投资便利化全球行动清单》，鼓励各国采取行动以填补国家和国际投资政策制定方面的系统性空白。

但由于 WTO 多哈回合谈判未取得实质性成果，WTO 框架下企业跨境投资仍受政策不透明、行政效率不高等因素的困扰。在此背景下，各大经济体更多通过多双边经贸谈判，特别是区域 FTA 谈判来推动投资自由化便利化。如“全面与进步跨太平洋伙伴关系协定”（CPTPP）和加拿大—欧盟“全面经济与贸易协定”（CETA）均包含独立的投资章节，对“国有企业和指定垄断”“透明度和反腐败”“监管合作”等投资行为进行规范。《美国—墨西哥—加拿大协定》强调承诺执行市场决定下的汇率政策，采用更为严格的知识产权保护规则，进一步开放金融服务市场和促进金融机构、投资者和金融机构投资，将劳工保护、支持中小企业发展和环境保护纳入协定核心议题。《欧盟与日本经济伙伴关系协定》（EPA）在投资方面创设了很多新的规则。在自然人流动方面，双方允许包括投资访客、短期投资者、独立专业服务人士等可以自由流动，还允许这些人士的配偶和子女与其享有同等的权利。在中小企业发展方面，强调消除中小企业信息渠道获取不畅问题，让中小企业更加了解规则的适用并各自简化相关法律法规，确保能够为中小企业提供支持。在劳工保护方面，同意执行国际劳工组织关于劳工保护的标准及相关义务，在各自的法律法规中提高劳工权益保护力度，并保证不削弱劳工保护标准来促进贸易投资的增长。在可持续发展方面，承诺要可持续管理和利用自然资源，保护海洋生态系统，持续利用渔业资源，保护生物多样性，打击盗猎盗伐行为，并一致同意要强化双方企业在生态环境方面的社会责任。

我国近年签署的中韩自贸协定和中澳自贸协定，也同样包含独立的投资章节，突出人员往来自由化和便利化，并寻求基于准入前国民待遇和负面清单模式的后续投资谈判。中美2020年1月份签署的经贸协议（第一阶段）对与投资相关的技术转让、知识产权保护，金融领域市场准入，农业技术合作等作出了安排，也将对双边农业领域投资产生重要影响。

综合来看，这些经济协定，更加注重对知识产权的保护、对劳工权益的保护、对生态环境的保护，更加关注（与投资相关）人员的流动，更加重视为中小企业创造良好的营商环境。尽管这些协定规则不是专门针对农业领域投资的，但同样会对农业领域资本流动产生重要影响。这就要求我们要密切关注全球领域投资规则的变化趋势，既要及时作出适应性调整，更要积极参与全球规则制定，在更高层次维护我国及发展中国家的利益。

四、新时期加强农业引进外资的重点领域和建议

为适应国际国内新形势的需要，新时期农业领域引进外资应以推进农业农村现代化为主线，以满足人民高品质生活需要和推动农业高质量发展为导向，对外积极参与国际规则制定，推动全球涉农投资自由化，对内进一步改善投资环境，提升投资便利化水平，推动我国利用外资向更高水平更高质量发展。

（一）重点领域

1. 坚持技术优先，利用外资推动农业技术进步

重视跨国公司等外资在实用技术、先进农业机械装备、技术人才、管理经验等方面的优势，积极引进先进技术，加快引进技术消化吸收再创新。结合国内发展需要，加大产后保鲜、废弃物资源化利用、现代养殖、大型农机具和专用农机、地力提升、农业防灾减灾、智慧农业等领域的引资力度，利用外资推动精准作业、智能控制、远程诊断、遥感监测、地理信息服务、物联网服务等现代信息技术在农业农村的应用。

2. 注重质量导向，通过引进外资提升农产品品质和质量

既要重视引进绿色生产、高效低毒农药、农业面源污染治理等领域的高水平外资，带动国内生产质量的提升；也要重视对农产品质量认证等机构的引进。如海南省农业厅与美国美安康质量认证中心签约，开展农业标准化体系建设、热带水果保鲜技术研发、深加工价值链提升和产销平台对接等领域合作，由美安康质量认证中心针对海南农产品目前亟须解决的问题，制定提升品种品质的具体方案，从内到外提升海南农产品质量，助力海南农产品往更高质量方向发展。

3. 扩大农业生产性服务业的开放，促进提升农业现代化水平

农业生产性服务业是农业产业链中各环节的纽带，通过提供专业化的产前、产中和产后服务，拓展农业的外部功能、拓宽农民增收渠道、优化农业产业结构。当前，我国农业生产性服务业的市场发育程度还很不够，存在着基础设施设备投入不足，企业、合作经济组织和个体户投资能力不足，市场化、产业化、社会化发展滞后等问题。需要进一步扩大农业生产性服务业的开放水平，积极引进涉农保险、品牌运营、供应链管理、信息服务、产品分销、技能培训等领域的国际

先进资本，鼓励外资企业投资冷链物流和农资配送，鼓励外资企业建立以技术服务为主的综合性服务组织，带动国内涉农生产性服务业的发展。

4. 注重发挥外资企业的渠道优势，提升我国优势农产品的国际竞争力

发挥跨国公司等外资企业在国际影响、流通渠道等方面的优势，鼓励外资企业进入水果、蔬菜、水产品等优势农产品领域开展精深加工，延长产业链，提升价值链，并通过其国际营销渠道，增加我国优势农产品及食品的出口。鼓励国内农业产业化龙头企业扩大与跨国公司的合作，帮助跨国公司与国内上下游产业和同行业中的企业主体之间形成合作、协作关系，将国内企业和生产经营主体作为重要的产业、技术和资源载体，把引进外资与本国产业的发展连接起来。

5. 适应乡村经济多元化趋势，鼓励外资进入乡村旅游、休闲农业、生态康养等领域

根据新时期农业功能日益多元，乡村产业不断丰富的特点，鼓励外资投资农村基础设施建设，进入民宿等乡村旅游业、医养综合体等健康产业，推动我国乡村产业的发展。

（二）若干建议

一是提升国际规则制定与利用能力。发挥我国整体经济实力提升、已经成为引进外资和境外投资大国等方面的优势，既要认真合理利用国际贸易、投资与技术交流规则，承担作为大国的必要责任，又要加强对投资自由化便利化趋势的研究，密切观察多双边国际经贸协定生效后对缔约国农产品贸易和涉农行业的影响，及时掌握国际贸易和投资规则的发展趋势。特别是要积极推动 WTO 投资自由化便利化议题谈判，建立专门磋商机制，在尊重成员监管权利的基础上，围绕加强透明度、提高行政效率、加强国际合作等要素，开展有效政策协调，建立多边规则框架。在谈判近期无法达成一致的情况下，可以从诸边路线入手，推进有谈判意愿的谈判成员间的多边协议。同时，积极利用联合国粮安委、G20 农业部长会议、APEC 粮食安全伙伴关系机制和粮食安全部长级会议等平台，主动塑造互利共赢的国际农业投资规则，为我国农业领域引进外资和对外投资创造更好的国际环境。

二是积极利用多双边谈判推动农业投资合作。在已签订自贸协定的基础上，加快推进新的自贸协定谈判和研究，合理布局自贸区，尽快形成自贸区“连锁店”，通过自贸区网络推进包括农业在内的外资准入进程，吸引更多高水平外资进入我国。加强与“一带一路”沿线国家的投资合作，按照共享共商共建原则，打通市场及投资壁垒，推动沿线地区涉农资本双向流动。积极推进中欧投资协定谈判，认真梳理和分析欧方在此前签署的投资协定中的负面清单，针对相关敏感产业深入调查研究，为提出农业相关领域负面清单提供技术支撑，以便在谈判时有的放矢，掌握主动。

三是加强涉农对外开放高地建设。充分发挥自由贸易试验区、自由贸易港的作用，把农业综合性技术服务、农产品跨境电商、食品认可认证、涉农金融等作为重要试验内容，推动农业领域规则、规制、管理、标准等制度型开放。在山东、河南、陕西等部分农业比重相对较高的自贸试验区（片区）建设国际食品产业园，充分发挥园区集聚作用，积极引进国际农产品加工知名企业，充分利用保税加工政策，打造重点农产品的加工产业链。鼓励云南、广西等边境省份，积极建设边境经济合作区、跨境经济合作区，发展涉农产业链。在统一的外资管理政策框架下，赋予地方适度政策空间，可以允许不同地区对涉农外资的进入采取有适度差别的地方政策。鼓励各地健全农业利用外资服务体系，完善投资促进平台、项目数据平台、公共信息平台，发展投资服务机构，为外资企业提供全链条投资服务。

四是进一步改善营商环境，推进投资便利化。深入推进农业领域企业投资项目审批标准化管理，严格界定审批事项实施范围，努力推进全国层面同一审批事项同一审批标准，实现同一审批事项无差异办理。提升“互联网＋政务服务”水平，结合“数字政府”建设，建立中央—省—市—县投资项目网上办理、在线监管、信息共享的统一平台，纵向贯通各层级，横向对接各部门，使投资项目全部审批事项在一个平台全程办理，真正实现投资项目一门受理、一次办理、一站服务、一网监管。推进“容缺受理，事中事后监管”机制和联合验收机制，促进投资项目早投产、早见效。及时推广自贸试验区在投资便利化方面的成功经验，形成全国性的制度成果。

五是建立农业领域外商直接投资国家安全审查机制。梳理农业领域涉及国家安全的敏感行业和重点企业，加强监测评估，重点加强对外资并购和投资项目的安全审查。一方面，参照美国《外国投资与国家安全法》，设立事后监督机制，一旦发现并购可能形成垄断，可启动事后审查程序，从而最大限度地保护我国农业产业安全。另一方面，审查时统筹考虑环境和社会因素，除考虑新增就业机会、技术引进等经济利益外，还应考虑对本地重要植被与野生动物生存环境的影响、对历史文化遗产保护或开发的影响等，确保在不损害环境质量的前提下，引进有利于本国农业发展的外国投资。

六是做好引进来与“走出去”的有机衔接。统筹考虑引进外资促进我国农业农村现代化、“走出去”有效掌控海外粮源和通道、加强国际产能合作开发新兴市场三大目标，以“一带一路”地区为重点，以自贸区网络为载体，通过引进外资和对外投资，推动我国主导的涉农产业链在全球合理布局，形成以我国为中心的全球生产网络，有效利用全球技术、渠道、土地、市场等资源为我国服务。

执笔人：金三林①

参考文献

[1] 赵蓓文．WTO 规则与中国外资政策．上海：上海远东出版社，2004.
[2] 汪媛媛．论 WTO 与中国外资准入制度的发展．WTO 法与中国论丛（2012 年卷）．中国法学会世界贸易组织法研究会，2011.
[3] 裴兆斌．WTO 体制下中国外资国民待遇问题．大连海事大学学报（社会科学版），2008（6）.
[4] 刘艺卓，刘洪伯．我国农业外资对外开放的思路与建议．中国外资，2019（15）.
[5] 冯勇，韩一军．外商投资支持农业现代化战略研究．北京：中国农业出版社，2018.
[6] 曾寅初．我国扩大农业对外开放战略研究．北京：中国农业出版社，2016.
[7] 李晔．完善我国外资并购审查制度之思考——以农业产业为视角．行政与法，2017（12）.
[8] 杨光．外资进入我国农业的新动向及对策建议．经济纵横，2015（6）.
[9] 王璐瑶，葛顺奇．投资便利化国际趋势与中国的实践．国际经济评论，2019（4）.
[10] 张小波，李成．论美国－墨西哥－加拿大协定背景、新变化及对中国的影响．社会科学文摘，2019（5）.
[11] 李继强．欧日 EPA 的特点、影响及中国的应对策略．对外经贸实务，2020（1）.
[12] 张磊．积极稳妥地推动 WTO 投资便利化框架．WTO 实务，2018（9）.

① 中国农业大学经济管理学院丁志超博士、中央财经大学经济学院赵美洁博士协助整理了相关数据。

专题报告六

高水平开放对我国玉米产业的影响及应对

在我国农业对外开放进程中，土地密集型农产品面临的压力会越来越大。在土地密集型农产品中，玉米具有多方面代表性。玉米既是三大主粮之一，具有粮食的一般属性，又是最主要的饲料原料和重要的工业原料，具有原料农产品的一般属性，还是随经济发展水平提高使用结构发生巨大变化的大宗农产品。在我国农业开放进程中，针对不同产品属性，我国应采取不同的应对策略。玉米的多重属性，决定了应对开放挑战的策略应当是多元的。

一、加入 WTO 以来我国玉米从净出口转变为净进口

入世以前，由于我国居民收入水平低、对畜产品的消费需求不高，玉米长期处于产大于需，甚至需要通过出口消化库存。加入 WTO 后，要求取消出口补贴政策，并逐步扩大玉米进口配额，[①] 因而当时认为玉米是受入世影响最大的农产品。为缓解入世冲击，我国将玉米出口退税率从 5% 提高到 13%，并免征粮食铁路建设基金以降低运费。入

---

① 根据中美双边协议的规定，中国在 2002 年要提供 585 万吨玉米进口关税配额，并在 2004 年增加到 720 万吨，非国营贸易配额比例要分别占到总配额的 25% 和 40%。

世初期，美国玉米进口到岸价较国内仍高 20 ~ 40 元/吨，考虑运费后，我国玉米出口日本、韩国、东南亚国家还有一定成本优势，仍维持了 2 年的高出口规模。2003 年后，国内玉米加工业的迅速发展带动玉米消费需求的快速增长，开始出现供需紧张形势，政策从鼓励出口转向了实行出口配额限制出口。2007 年后，随着城镇化的深入推进、人口总量的持续增长和居民生活水平的不断提高，我国居民畜产品的消费量快速增长，饲用玉米需求量持续上升。2008 年我国玉米临时收储政策的实施，发挥了鼓励玉米生产的积极效果，玉米生产量与需求量基本同步增长。2009 年我国首次从玉米净出口国转变为玉米净进口国家（见图 6 – 1、图 6 – 2）。此后，在价差驱动和需求拉动双重因素作用下，饲用玉米替代品以及畜产品进口快速增长，这均反映了玉米的直接与间接消费需求的增长正持续带动直接与间接进口的增加。

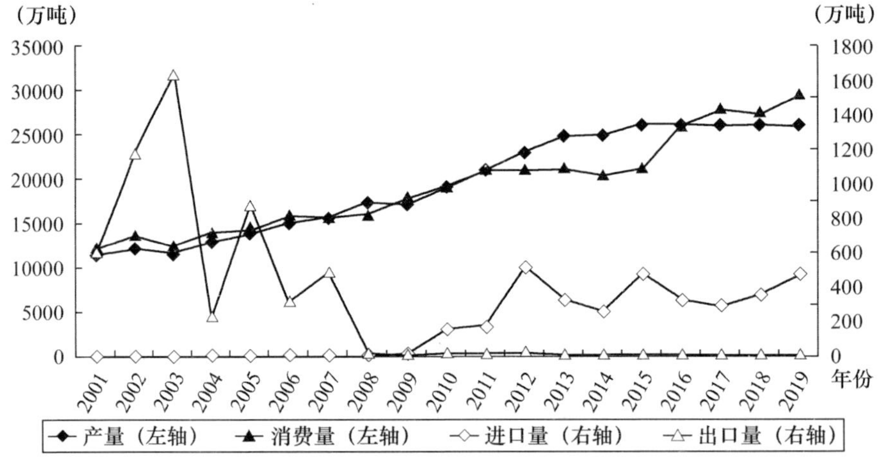

图 6 – 1　玉米产消数据：2001—2019 年

（一）扭曲激励导致相对“过剩”

2008 年我国开始实施玉米临时收储政策。为刺激农民生产积极性，玉米临时收储价格不断提高。黑龙江国标三等玉米收购价从 2008

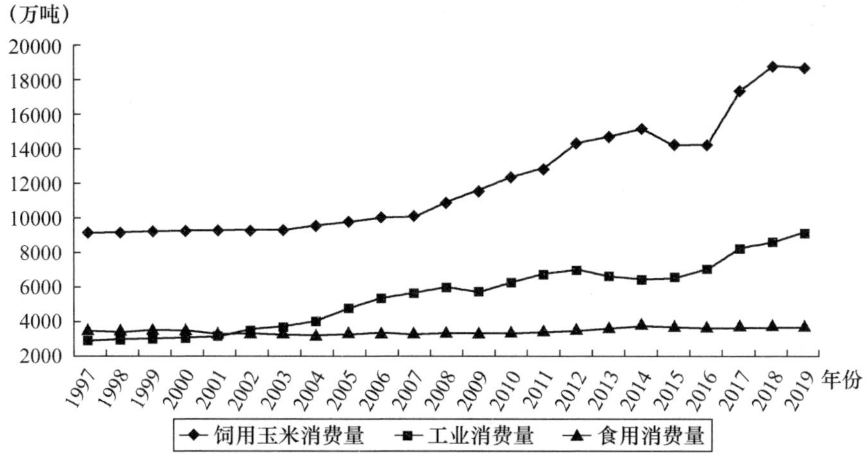

图 6－2　我国玉米消费结构的变化

资料来源：国家粮油信息中心、Wind 数据库。

年的1480 元/吨涨至2013 年的2220 元/吨，2014 年保持稳定，2015 年小幅降至 2000 元/吨。玉米收储价大幅提升，改变了东北地区玉米、大豆和水稻之间的合理比价，玉米种植面积大幅增加，玉米产量也大幅提高。根据国家统计局第三次农业普查数据，2008 年我国玉米种植面积 3098 万公顷，产量 1. 721 亿吨，单产 5. 56 吨/公顷，合 741 斤/亩。2015 年种植面积增至 4497 万公顷，比 2008 年增加 1399 万公顷，增幅为 45. 15%；产量增至 2. 65 亿吨，比 2008 年增加 9290 万吨，增幅为 53. 98%；单产 5. 89 吨/公顷，合 786 斤/亩。由此可见，在临储政策实施期间，我国玉米供给呈现“面积、单产、产量”齐增的状态，2015 年的玉米种植面积、产量和库存水平均创历史最高纪录。

受畜产品需求增长的拉动，玉米需求也持续增长。据国家粮油信息中心估计，2008/2009 ~ 2013/2014 年度，玉米总需求从 1. 56 亿吨增至 2. 14 亿吨，其中玉米饲料需求从 1. 06 亿吨增至 1. 46 亿吨。总体上玉米产量和需求的增长是相对平衡的，除 2008 年和 2010 年出现过产不足需的情况外，其余各年均是产大于需。

但不断提高的临时收储价格对需求的抑制作用越来越明显，对价格敏感的玉米需求随着与替代品价差以及加工补贴政策的变化而波动调整。2008/2009～2009/2010年度，东北临储玉米收购价均相对较低，其中黑龙江国标三等玉米收购价1480元/吨；2009/2010～2011/2012年度，临储玉米收购量非常少甚至没有启动，对市场影响不大。2012/2013～2015/2016年度，临储玉米收购价涨至高位，其中黑龙江国标三等玉米收购价均超过2000元/吨。2013年5月后，国内玉米价格开始逐渐超过国际市场玉米进口到岸价，玉米国内外价格倒挂幅度日益拉大，2014年和2015年国内外倒挂价差最大时每吨超过了1000元。在巨大价差下，不在进口配额管理范畴的大麦、高粱、DDGS、木薯干等玉米替代物进口大量增加，2015年进口玉米、大麦、高粱、DDGS、木薯干等国产玉米饲用替代品合计超过4000万吨。大量玉米替代品进口，挤压了国产玉米的市场空间。临时收储政策启动期间，玉米工业用量从2007/2008年度的4280万吨降至2008/2009年的3980万吨，从2011/2012年度的5424万吨降至2013/2014年度的4820万吨。从图6-3可以看出，2007～2010年我国饲料产量保持20%以上的增速，但饲用玉米需求的增长却大大滞后于饲料产量的增长，尤其是在2013年饲用玉米增速降至3%以下，2015年出现负增长。

临时收储价格的提高，一方面刺激国内玉米生产增加，另一方面刺激玉米进口替代消费，进口玉米替代物入市、国产玉米入库，玉米市场呈现相对“过剩”状态。综合考虑临储玉米收购量、拍卖成交量、饲用替代产品进口量、口粮和饲料消费量等因素，2008/2009年度我国玉米供需关系呈现“过剩”状态，过剩量超过2500万吨；2009/2010～2011/2012年度则呈现“短缺”状态，短缺量在2000万吨～3000万吨；2012/2013～2015/2016年度再次呈现“过剩”状态，过剩量均超过3000万吨，且逐年递增。由于价格高抑制需求，不

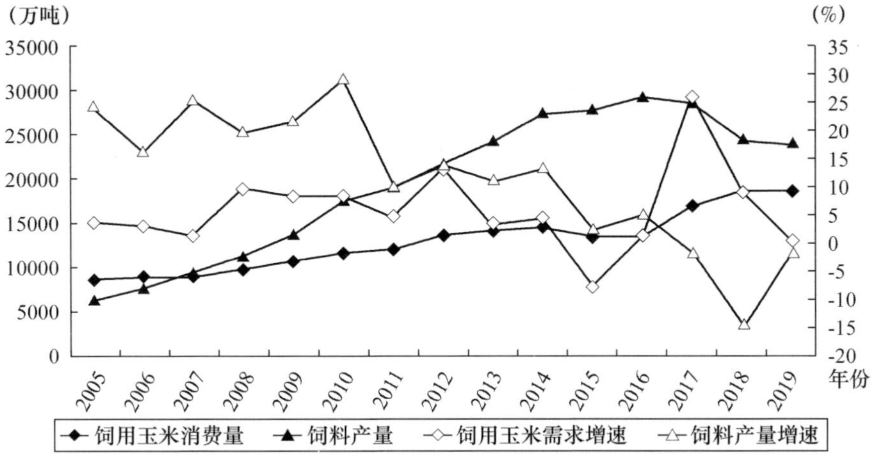

图 6-3　我国饲用玉米需求与饲料产量变化比较

资料来源：国家粮油信息中心、Wind 数据库。

断增加的玉米产量源源不断进入国家储备库，2015/2016 年度临储玉米收购量超过 1 亿吨，2016 年临储玉米库存最高超过 2.5 亿吨，玉米高库存问题凸显。但高库存的实质问题是“托市”高价格导致的需求替代，“过剩”实际是进口替代下的相对“过剩”。

（二）高饲料成本下动物产品竞争力下降

随着国内玉米价格的上涨，我国养殖业的饲料成本大幅上涨。我国生猪养殖的饲料成本从 2009 年的 652.82 元/头上涨为 2017 年的 860.80 元/头（见图 6-4），与美国生猪养殖饲料成本的倍差从 2009 年的 3.25 倍扩大到 4.47 倍。由于国内畜产品需求的持续增加，以及国内外肉类价差日益扩大，我国肉类的进口快速增长。

我国肉类进口总量从 2009 年的 60.86 万吨增长到了 2018 年的 421.67 万吨，翻了近 6 倍（见图 6-5）。临时收储政策启动的第一年，肉类进口量就增长了 86.04%，在临时收储政策实施期间，肉类进口的年均增长率达到 29.06%。以猪肉为例，从 2007 年开始我国成为猪

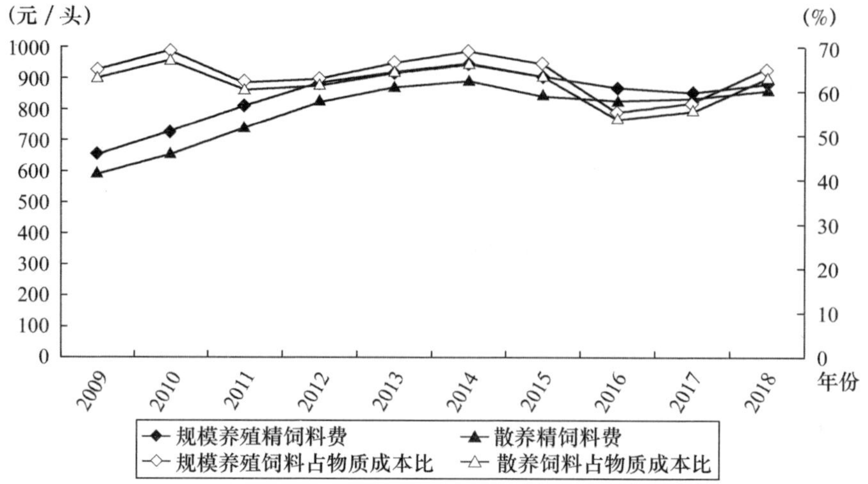

图 6－4　我国生猪养殖成本变化

资料来源：全国农产品成本收益资料汇编 2010—2019。

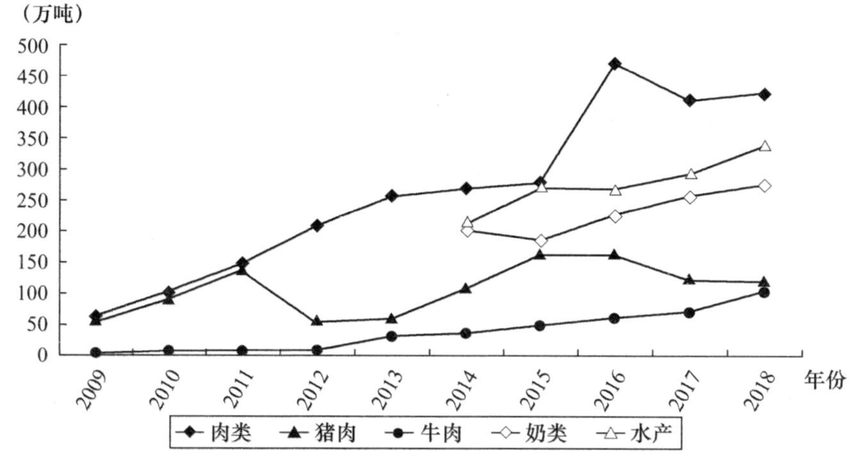

图 6－5　我国动物产品进口情况

资料来源：中华人民共和国海关总署。

肉净进口国，猪肉进口量从 2008 年的 37.33 万吨增至 2016 年的 162 万吨。从图 6－6 可以看出，国内玉米价格 2014 年达到高峰时，猪肉进口量快速增长。2012～2015 年国内生猪养殖饲料成本达到最高峰，2014 年规模养殖场精饲料成本达到 938.19 元/头。在高饲料成本以及环保等综合压力下，这期间国内养猪场基本陷入亏损，从而导致了猪

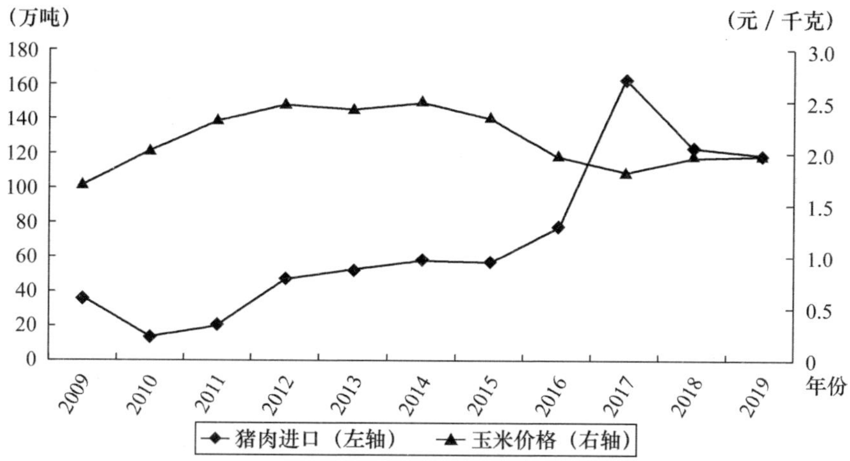

图6-6　我国玉米价格与猪肉进口走势比较

资料来源：中华人民共和国海关总署、Wind。

肉产量从2014年的5820.80万吨下跌至2016年的5425.49万吨，使2016年的猪肉进口量激增。这说明，玉米作为主要的饲料原料，高玉米价格会拉高国内养殖成本，影响养殖业的发展，进而使国内外肉类价差扩大和国内供给下降，导致我国肉类进口的急速增长。

（三）“去库存”后玉米呈现供需紧张格局

2016年秋粮上市起实施玉米收储制度改革后，国内玉米价格大幅回落，开始实现与国际市场接轨，逐步激活了国内玉米需求。减少替代品进口、鼓励加工产能扩容、调减玉米种植面积等多措并举，使玉米去库存速度超出预期。2017年临储玉米竞价销售成交5740万吨，2018年成交量高达10014万吨，玉米去库存基本结束。

2015年9月1日起，我国将大麦、高粱、木薯和玉米酒糟（DDGs）纳入自动进口许可管理。2016年开始对美国DDGs进行“双反”立案调查，并于2017年1月12日对其征收为期5年、税率为42.2%～53.7%的反倾销税和税率为11.2%～12.0%的反补贴税。

DDGs 进口量锐减至 2017 年的 39 万吨、2018 年的 14.78 万吨和 2019 年的 14.1 万吨，大麦和高粱的进口量 2017 年较 2016 年分别减少了 572.7 万吨和 557.5 万吨，使曾经被挤压的国内饲用玉米需求快速反弹。根据国家粮油信息中心发布的数据，2016/2017 年度玉米饲料需求增至 1.7 亿吨，同比增加 3500 万吨；2017/2018 年度继续增至 1.85 亿吨，同比增加 1500 万吨。

我国玉米工业需求主要包括淀粉（淀粉糖）、酒精（燃料乙醇）、氨基酸等加工需求。在玉米价格下跌、对玉米加工产业实行补贴以及低价果糖对蔗糖的替代①等多重因素影响下，我国玉米深加工工业进入新一轮产能扩张周期，近 3 年玉米深加工产能累计扩张规模超过 2500 万吨。2016/2017 ~ 2017/2018 年度扩张产能均在 800 万吨 ~ 900 万吨，2018/2019 ~ 2019/2020 年度扩张产能均在 1000 万吨左右；经过多年的产能扩张，2019/2020 年度玉米深加工产能预计达到 1.2 亿吨左右。既有产能的开工率也大幅提升，据国家粮油信息中心发布的数据，2015 年淀粉和酒精行业开工率平均值分别为 60% 和 51%，2016 年分别为 72% 和 57%，2017 年分别为 75% 和 63%，2018 年分别为 74% 和 63%。玉米深加工产业的快速复苏和扩大，使玉米工业需求量从 2015/2016 年度的 5500 万吨增至 2018/2019 年度的 7800 万吨，累计增加 2300 万吨，2019/2020 年度工业需求量预计超过 8000 万吨，增幅有所收窄。

取消临时收储政策后玉米价格下跌，玉米生产者收益下降。配合玉米去库存，2015 年 11 月，农业部下发《关于“镰刀弯”地区玉米结构调整的指导意见》，力争到 2020 年，“镰刀弯”地区玉米种植面积稳定在 1 亿亩，比 2015 年减少 5000 万亩以上。同时，为鼓励大豆

---

① 2016 年 11 月，蔗糖最高价达到 7500 元/吨，与果糖 F55 的价差超过 4900 元/吨，导致果糖 F55 对蔗糖实施了大规模替代。

生产，在补贴政策上拉大了玉米和大豆的收益差距。以黑龙江为例，2016 年大豆目标价格补贴为 118. 58 元/吨，玉米生产者补贴为 153. 92 元/吨，玉米比大豆补贴标准高 35. 34 元/吨；2017 年大豆、玉米生产者补贴标准分别为 173. 46 元/吨和 133. 46 元/吨，大豆比玉米高 40 元/吨；2018 年补贴标准分别为 320 元/亩和 15 元/亩，大豆比玉米高 295 元/亩。由此，调减玉米目标取得明显成效。2018 年玉米种植面积为 4213 万公顷，比 2015 年减少 284 万公顷；2018 年玉米产量为 25733 万吨，比 2015 年减少 767 万吨。

在需求刺激与供给调减双向调整下，2016/2017 年、2017/2018 年和 2018/2019 年度玉米连续出现当年产不足需，[①] 需要靠挖库存维持市场供求平衡。尽管需求刺激政策已逐步退出，但国内养殖业的发展、已建成加工产能的运转，对玉米仍有较大规模的刚性需求。2017 年下半年开始，随着玉米库存量的快速下降，玉米开始出现供需偏紧状况，带动了玉米价格持续上涨。玉米去库存任务完成后，国内玉米生产政策开始由调减转向稳定，2019 年中央 1 号文件明确要求“稳定玉米生产”。2019 年在加强优质产品生产能力的基础上，玉米产量恢复至 26077 万吨。但非洲猪瘟的暴发，导致饲料需求大幅下降，使玉米可能出现的供需紧张局面暂时得以延缓。但从长期看，我国居民膳食结构升级会带来动物产品及饲料粮需求的快速增长。“去库存”完成后，我国将长期面临玉米产不足需问题，产需缺口将随饲用玉米需求增长而扩大，需提早谋划以适度增加进口弥补玉米产需缺口。

---

① 不考虑口粮饲料粮和替代品进口，仅单纯考虑拍卖成交玉米的年度结转，2016/2017 年度玉米市场缺口在 4000 万吨左右，2017/2018 年度在 6000 万吨左右，2018/2019 年预计在 5000 万吨左右。

二、应对玉米缺口的国际经验

全球玉米消费量超过60%是用于饲料，仅有15%左右的玉米是用于直接食用，剩余部分是用于工业加工。在各个国家，玉米的主要功能已由口粮转变为饲料粮，相应地在国际贸易中玉米也不再是很多国家的敏感产品。随着各自国民动物产品消费水平的日益提高，欧盟国家、日本、韩国、墨西哥、越南等国家均出现了其国内饲料粮生产难以满足需求的情况。为保障其国内畜产品供应和提高其国内畜产品竞争力，这些国家都积极扩大玉米的开放程度。他们在开放过程中，既有积极应对其国内需求变化调整开放政策、实现稳妥开放的经验，也有被动开放后其国内生产受国际市场较大冲击的教训。未来我国玉米也将面临供需缺口，这些国家的经验教训，可以为我国做好有准备的积极开放提供借鉴。

（一）日本和韩国积极扩大玉米进口降低畜产品生产成本

日本和韩国在对外开放进程中高度重视对农业的支持保护，高度重视保障粮食自给率。但由于其国内农业生产资源有限，他们确立了“粮食进口替代”战略，除了保大米生产外，农业生产重心从粮食向附加值更高的果蔬和养殖业转移。为了保障其国内养殖业能够在同等成本下竞争，从2001年开始日本将饲用和加工玉米的进口关税从50%降至了0。韩国虽然名义上对其玉米进口的最惠国税率仍然维持428.7%的高关税水平，但2007年韩美自由贸易协定的签订将其从美国进口玉米的关税降至了0。2019年日本和韩国分别进口玉米1600万吨和1080万吨，分别是全球第三和第五大玉米进口国，其国内玉米的消费几乎全部依赖进口。

日本、韩国基于其人多地少的资源特点，在有限的资源条件下，选择了保护大米和发展高附加值生鲜蔬菜、畜产品生产，通过适度进口肉类和全面放开饲料粮，将有限的土地资源用于生产需要确保的敏感产品和具有比较优势的高附加值农产品。其国内玉米种植微乎其微，开放玉米的进口不但没有对其国内农业生产者产生冲击，而且使其转向附加值更高的产业，明显提高了其收入。但高度依赖于国际市场，也使日本和韩国不得不承受国际市场变化的风险。2007 年受国际农产品价格上涨影响，日本和韩国国内农产品价格大幅上涨，韩国还专门成立了“国际粮食价格上涨应对特别工作组”，但并未能有实质性的效果。日本和韩国的城市化水平和人均收入大大高于我国，其国内农产品价格大幅高于国际农产品价格，其高购买力能够化解国际粮食市场波动带来的供给风险。而且日本全农、丸红等农产品贸易商在国际农产品市场上具有较强的控制力，能够有效保障进口农产品的供应链安全。

（二）欧盟有风险保障地适度扩大玉米进口

欧盟在 WTO 下对玉米进口的最高约束关税为 94 欧元/吨，但实施关税水平是动态调整的。欧盟对谷物进口的关税和配额制度是由 1992 年乌拉圭回合谈判中欧盟与美国签订的《布莱尔宫协定》确定的。进口关税的标准，是欧盟对谷物有效市场干预价的 1.55 倍与鹿特丹港口到岸价之差。以玉米为例，进口关税是每吨 157.03 欧元[①]与鹿特丹港口玉米到岸价之差。而且关税机制是随市场价格变化自动触发启动的，欧盟委员会每两周发布一次进口关税水平，这实际上为欧盟谷物提供了一个与国际市场 1.5 倍价差的保护。但作为对美国伊比利亚半

---

① 欧盟对谷物的有效市场干预价为 101.31 欧元。

岛市场损失的补偿，西班牙和葡萄牙每年对美国分别开放 200 万吨和 50 万吨削减关税的玉米进口配额，实际的进口关税不高于 50 欧元/吨，所有的玉米替代进口可以用于抵减该配额。

2003 年欧盟对谷物进口实行关税配额制度后，2006 年对玉米也给予了零关税的配额，配额管理采取按周的同步检查方法（simultaneous examination method）。即申请者每周只能向适合的成员方提交一次申请，获得成员方批准后再提交欧委会，如果申请额超过配额总量，欧委会将根据归因系数分配配额。欧盟的玉米零关税配额为 277988 吨，等额地分成两个部分，分期向所有非欧盟国家和地区开放。另外，作为对乌克兰的政治支持，欧盟—乌克兰联盟协定中对从乌克兰进口产品给予了额外的配额安排，零关税的玉米配额为 40 万吨；2017 年对乌克兰又额外增加了 62.5 万吨零关税玉米配额，每年对乌克兰的零关税玉米配额合计为 102.5 万吨。

自 2010 年 8 月 17 日，因为欧盟区域玉米价格保持低位，相当长一段时期内，玉米进口的实施关税一直是 0。但随着国际市场玉米价格持续走低，在《布莱尔宫协定》的关税测算机制下，2014 年 6 月至 11 月欧盟的玉米进口关税自动启动，关税水平为 5.32 欧元/吨。2014 年 11 月 8 日又重新恢复零关税水平。2017 年受全球玉米增产、玉米库存到达高位以及美元兑欧元贬值的影响，8 月 8 日欧盟玉米的进口关税水平在关税自动测算机制下又上升至 5.32 欧元/吨，9 月 1 日进一步上升至 10.95 欧元/吨。

由此可见，欧盟对玉米的开放是有风险保障机制的、有目标条件的开放。关税自动测算机制下锁定了欧盟区内玉米与国际玉米市场的价差上限。这一方面促进了欧盟区内玉米生产，一定时期内推动了欧盟区内玉米生产成本的下降，使玉米替代进口下降，同时也降低了养殖成本；另一方面，在国际市场波动下对欧盟区内玉米生产者提供了一定的保护，避免了因进口激增或价格大跌而损害欧盟区内玉米生产者。同时，欧盟的玉米开放与高粱、黑麦等玉米替代品是联动的，其关税确定机制和税率水平与玉米相同，从而防止了玉米与其价差扩大而带来的替代进口增加，使其总体饲用粮食进口控制在合理水平。

（三）墨西哥玉米过快开放的教训

墨西哥自20世纪80年代开始推进贸易自由化，1986年加入了“关税贸易总协定”（GATT）。但由于GATT对农产品尚没有严格约束，其农产品进口仍实施进口许可证制度。1992年8月与美国、加拿大签订了北美自由贸易协定（NAFTA），开始推进农产品的贸易自由化，该协定1994年1月1日正式生效。在北美自由贸易协定下，墨西哥对玉米以关税配额制度取代了进口许可证制度，即对配额内的进口玉米免征关税，对超出配额的进口玉米征收一定的关税。作为敏感产品，墨西哥对玉米市场的开放设置了15年的过渡期（从1994年1月1日到2008年1月1日）。1994年的玉米进口配额为250万吨，以后每年增加3%；配额外进口关税税率为206%，即197美元/吨，以后逐年降低，到2000年之前每年均削减约4%。2007年玉米进口配额增加到360万吨，配额外关税降至17美元/吨。从2008年开始，墨西哥玉米市场完全对美国开放，取消配额和关税。

但在NAFTA的执行过程中，墨西哥对国内产业调整形势与贸易自由化带来的影响存在误判，过早放弃使用过渡期的保护机制，超越其自身发展阶段过快推进了贸易自由化，对国内农业生产者带来巨大冲击。从客观条件看，墨西哥玉米生产的规模化、机械化、良种化程度较低，① 其单产水平只有美国的一半，其在玉米生产领域的竞争力远

---

① 61%以玉米为主要作物的农场面积不足5公顷，只有31%的玉米农场种植良种玉米，35%的农场拥有拖拉机，9%的农场可以使用灌溉设施，玉米的平均单产水平只有3.23吨/公顷。

不如美国。在当时通货膨胀和政府公共财政压力较大的形势下，墨西哥政府认为按照比较优势加快开放，一方面可以促进存在比较劣势的玉米生产者向有比较优势的园艺、水果、甘蔗等产品调整，从而减少对玉米生产者的补贴，另一方面低价玉米的进口可以降低国内玉米饼的价格，达到稳定物价、缓解通胀的目的。基于此判断，墨西哥政府在1994年1月到1996年8月，即30个月内便取消了关税，仅玉米关税一项在1994～2005年就损失了28亿多美元。然而，过快的贸易自由化不仅没有达到墨西哥政府所预期的结果，而是加剧了其国内的矛盾。第一，进口激增，其广大国内玉米生产者受损严重。由于缺乏关税保护，自NAFTA生效以来，墨西哥的玉米进口几乎每年都会超出配额，1996年的进口量达到600多万吨。而玉米对墨西哥广大农户既是生计的基础，又是长期农耕文化传统，墨西哥生计型小农户没有意愿放弃玉米生产，也没有能力实现向其他生产的转产。墨西哥园艺、水果等优势产业的增长对吸收农业剩余劳动力的贡献也是有限的。NAFTA实施后墨西哥国内玉米生产并没有明显下降，而是保持稳定，并在2000年后还出现增长趋势。因而，玉米的大量进口导致了墨西哥国内玉米价格的下跌，1994～1996年玉米价格下跌了48%，给约300万（占8%的人口、40%的农业劳动力）以种植玉米为生的墨西哥农民带来巨大冲击。第二，对美国玉米进口高度依赖，缺乏市场抗风险能力。NAFTA实施后，墨西哥进口美国玉米的数量快速增长，2016年墨西哥进口玉米的数量已经达到1295万吨，而且90%以上是自美国进口。玉米对墨西哥而言又是关系国计民生的产业，玉米及其副产品（主要以玉米饼为主）在墨西哥谷物产品总支出中的比重超过一半，而且除了畜牧业外，以玉米为原料的加工部门每年产生的就业岗位达14.6万个，占整个食品行业的61%（刘学东，2017）。对自美国进口的高度依赖，使墨西哥人的基本生活较大程度受美国玉米市场波动的影响。2005 年美国大量增加了玉米用于加工燃料乙醇的数量，导致贸易供应量下降和价格上涨，墨西哥的玉米进口也因此而承受更高的成本。因而，近些年墨西哥在努力拓展多元化进口来源，降低对美国玉米进口的依赖。第三，墨西哥寄予低价进口抑制国内食品价格上涨的愿望落空。由于墨西哥国内玉米面粉生产主要由 GIMSA 和 MINSA 两大公司控制，尽管墨西哥对玉米面粉生产企业提供补贴希望稳定价格，但在垄断竞争格局下，低价的玉米进口和高额补贴并未有效转化为消费者福利，玉米饼价格在 1994 ~ 1999 年上涨了 483%，年均上涨幅度达 35% 以上。

从中长期看，基于需求的快速增长，墨西哥扩大玉米的开放，政策方向是对的。因为墨西哥国内生产玉米主要是作为主食的白玉米，而进口玉米主要是饲用的黄玉米。随着养殖和加工的发展，墨西哥的玉米需求是快速增长的。在后期重新恢复征收配额外关税后，为弥补供需缺口，墨西哥联邦政府经济部于 2006 年将预先制定的配额数量进一步扩大，对超过 356. 4 万吨配额的进口征收象征性的 1% 关税，而当年进口的美国产玉米数量达 1047. 2 万吨，其中畜牧业所需玉米占到进口数量的 54%。扩大进口大幅降低了墨西哥国内畜牧业的生产成本。

由此可见，随着供求关系的变化，扩大玉米开放从中长期看有利于墨西哥国内生产结构优化和国民福利提高，但如果不能把握好开放的节奏，就会对小农生计带来巨大影响。

三、应对高水平开放的玉米政策调整建议

国内玉米“去库存”期结束后，随着畜产品需求持续增长和其拉动的养殖业快速发展，玉米进入供需紧平衡阶段，存在阶段性以进口

弥补国内供给不足的需要。但我国玉米种植面积2019年已占到粮食播种面积的35.57%，且主要是以小规模农户种植为主，玉米市场的开放将关系到大量小农户的生计。而且玉米是一种产业链较长、替代弹性较大、出口贸易集中度高的产品，易受原油价格、其他关联产品价格以及政策变化等影响而出现较大市场波动。因此，应对未来玉米进口逐步扩大的需要，应综合考虑肉类、玉米替代饲料等贸易因素，系统设计好开放方案，妥善做好开放前的应对准备，确保实现有准备、有弹性、有保障、能控制的开放。

（一）加强玉米供需形势预判，以科学测算的供需缺口为依据设计精准开放方案

综合考虑肉类进口，与高粱、大麦、木薯等玉米替代品的比价关系，基于对国内玉米生产、各类需求的消耗监测以及国内外价格的动态数据，建立玉米供需平衡分析模型，科学推断国内外玉米价差、玉米替代品与玉米价差的预警线，根据市场形势变化动态预测玉米供需缺口。以科学测算的供需缺口规模为基础，动态调整玉米配额外进口的实施关税，确保国内养殖业的饲用玉米供应，防止玉米替代品的过量进口；以价差预警线为基础，设置配额外关税自动启动机制，确立对国内玉米生产者的基准保护水平。

（二）以增加国别配额的方式推进玉米的探索性开放

玉米的开放必须谨慎可控，但玉米需求弹性大，又给准确预测需求、精准控制带来难度。因此，对玉米逐步扩大开放，最好的方式是弹性的国别配额，这也有利于我们在自贸协定国别谈判中争取合理的权益。国别配额的设计需要注意以下几点：一是要做好总量控制，确保各国国别配额总量不高于我国供需缺口规模；二是先小额分批次开

放进行探索，确保开放的影响可控后再逐步扩大，并将配额额度在全年度分多批次发放，避免集中抢购配额导致全年超量进口；三是设立自动启动的风险保障机制防范国际低价冲击风险，可以参考欧盟的价格倍差法设计配额外的弹性关税制度，建立具有保护功能的基准进口参考价，当进口价格低于该水平自动恢复关税水平。

（三）建立市场化的玉米储备调节机制

临时收储政策取消后，玉米政策性库存持续下降，对市场的调节功能也相应下降。而我国玉米主产区在北方、主销区在南方，供需区域结构的不平衡易加剧玉米市场波动，尤其是南方主销区在库存不足的情况下，进口驱动力更大。如果缺乏有效的国内玉米调运和储备调节机制，开放玉米进口后也易导致进口超量。因此，应以市场价收购和销售为基础，扩大国储玉米和地方储备玉米的规模，以政策性信贷鼓励主销区建仓扩大储备规模，加快玉米上市后从北向南的调运。

（四）加快培育“买全球、卖全球”的国际粮商

玉米作为重要的大宗农产品，市场化程度高、贸易集中度高、需求替代弹性敏感度高，市场波动性大，适度扩大玉米进口必须要提高对玉米国际贸易市场风险的掌控能力。加快推进中粮等国内粮食贸易企业向全球化大粮商的转型，从单一的进口贸易向“买全球、卖全球”的多向贸易转变，以全球市场布局分散市场风险、多元化渠道保障海外粮源供应安全。

（五）以种养结合为导向推动玉米产业体系创新升级

基于我国生产条件、农业种植习惯以及粮食安全保障需求，未来

我国玉米供应仍必须立足于国内，进口主要是弥补国内供需缺口。但相较于进口玉米，我国国产玉米蛋白含量偏低、霉菌毒素控制不好，饲用的效率和安全性仍有一定差距。在养殖要求高的养殖场和饲料厂，在同等价格下更愿意选择进口玉米。因此，在逐步开放的市场中，要确保国内供给为主，国内玉米必须加快提升品质竞争力。应以养殖营养需要促进玉米品种创新，提高玉米饲用效率；加强生产中植保服务体系建设，以服务规模化促进小规模生产者质量效应的提升；支持玉米主产区的脱粒烘干、储藏等初加工设施建设，降低储藏中的霉变发生率。加大对种养结合的支持，鼓励开发本地化饲料，支持青贮玉米品种、青贮饲料加工技术等进步，以新鲜、安全、营养饲料促进养殖业品质和价值提升，以养带饲提升本地饲料种植的附加值。

执笔人：程　郁　李圣军（国家粮油信息中心）

参考文献

[1] 刘学东. 谈墨美两国双边玉米贸易与北美自贸协定. 西南科技大学学报（哲学社会科学版），2017，34（4）.

[2] 何树全. NAFTA 与墨西哥玉米：预期与实际效果的比较分析. 国际贸易问题，2006（11）.

[3] 程郁，周琳，程广燕. 我国人均粮食需求的判断. 国务院发展研究中心调查研究报告专刊第35期（总1510期），2016-8-18.

专题报告七

高水平开放对我国棉花支持政策的影响及应对

棉花是集大宗农产品和纺织工业原料于一身的重要经济作物。我国加入世界贸易组织以后，棉花的产业发展发生很大变化，国家对棉花政策进行了一系列改革，逐步建立了一套与市场经济要求相适应的新的制度框架，取得的成效非常显著，积累了重要经验，一些教训也十分深刻。在高水平开放新形势下，我国棉花产业发展也存在新的突出问题，深化政策改革重要而紧迫。本文提出了深化棉花政策改革的原则和对完善和创新当前我国重要棉花政策的建议。

一、加入 WTO 以来我国棉花产业的变化趋势

自我国加入世界贸易组织以来，经过近 20 年时间，我国棉花供需形势已经发生较大变化，棉花产业发生重要变迁。目前我国是世界纺织品生产大国、出口大国和棉花生产大国、进口大国。面向未来，随着我国进入高水平开放新阶段，受多种因素影响，今后我国棉花产业还会发生变化。这些变化对我国棉花支持政策的设计和改革有重要影响。

（一）棉花需求数量扩大，内需和外需都较大

近20年来，随着我国加入世界贸易组织，我国纺织品、服装出口迈上新台阶，形成棉花内外需都较大的“双需”格局，棉花需求总量扩大并有不断调整。纺织业在我国既是传统产业，也是优势产业，在改革中经历艰难曲折，不断创新，由大到强，充满生机，逐步经历了从规模发展到质量发展的跃升，从国内市场到国际市场的延展，从计划经济到市场经济的切换，从企业经营主体单一化到多元化发展的转变，从尊重知识到创新驱动的提升，从先行特惠到平衡普惠的迁移，已经成长为支撑世界纺织工业体系平稳运行的核心力量。1994年我国服装出口已位列世界第一。1995年纺织品、服装出口双双位列世界第一。到1999年我国已基本完成“三年压锭1000万陈旧落后棉纺纱锭”任务，纱锭产能约为3400万锭。2008年我国纱锭产能突破亿锭，到2010年左右达到最高峰1.2亿锭。随后，纱锭开机率下降，实际开工数有所下降，每年约七八千万锭。从2011年开始，我国纤维加工总量已经连续6年世界占比在50%以上。目前我国纺织工业体系发达，具有国际竞争力优势。我国纺织业的大力发展拉动了棉花需求的不断增长，但实际用棉也是波动的。主要原因：一方面是棉花等属于传统的天然纤维，受种养业规模限制，这些纤维产量难以大幅增加乃至出现下降；另一方面是由于人们对差异性和功能性的需求，化纤的应用越来越广泛，涤纶短纤和粘胶短纤也成为重要的棉纺原料，再生涤纶、原生涤纶和粘胶等产量不断提高，形成对棉花的替代，已经远超棉花。

根据中国化纤工业协会专家测算，2011～2017年，我国的纺织用棉（包括国产棉和进口棉）分别约为1050万吨、880万吨、810万吨、710万吨、675万吨、715万吨、755万吨。2017年，我国纺织纤维加工总量达到5430万吨，占全球比重超过50%；其中化纤4533万吨，

占83.5%；棉花755万吨，占13.9%；其他纤维142万吨，占2.6%。从2018年起，美国对我国纺织品增加了关税，导致我国纺织品出口增长回落、生产商出现观望，同时我国对进口美棉进行了反制，上述情形影响了美棉价格、国际市场，短期内也对我国棉花总消费及整个供求格局造成了重大影响，我国纺织用棉重新减少。

目前我国是世界上最大的棉花消费国。根据美国农业部报告等发布的数据，世界棉花总消费量自20世纪90年代中期以后到2007/2008年是持续上升的，在2008/2009～2011/2012年有所波动，在2012/2013年以后呈回升趋势。2017/2018年世界棉花总消费量（包括纺织用棉和损耗等）为2600万吨，比上年增长150万吨，是近5年最高的。2017/2018年中国棉花总消费量为850万吨，排名第一，占世界棉花总消费量的比例为32.69%；印度为540万吨，排名第二；巴基斯坦为230万吨，排名第三；土耳其为150万吨，排名第四；巴西为70万吨，排名第五。

（二）棉花供给发生分化，受国际影响越来越大

近20年来，我国棉花生产发展不断调整，曾经大幅增长，但先增后减。全国棉花总产量在2007年前波动上升，到2007年达到峰值（759.7万吨），2007年后波动下降（见图7－1、图7－2）。近几年，我国棉花生产形势发生重大变化，棉花主产区分化，长江流域、黄河流域棉区萎缩，新疆棉区壮大。2014～2019年，我国棉花总面积和总产量先降，后升，再降，棉花单产在持续上升后也出现下降。据国家统计局公布数据，2019年全国棉花种植面积5008.8万亩，产量588.9万吨，单产117.6千克/亩，与2014年比有降有升，其中种植面积下降20%，产量下降6.5%，单产上升16.9%。在这6年中，全国棉花

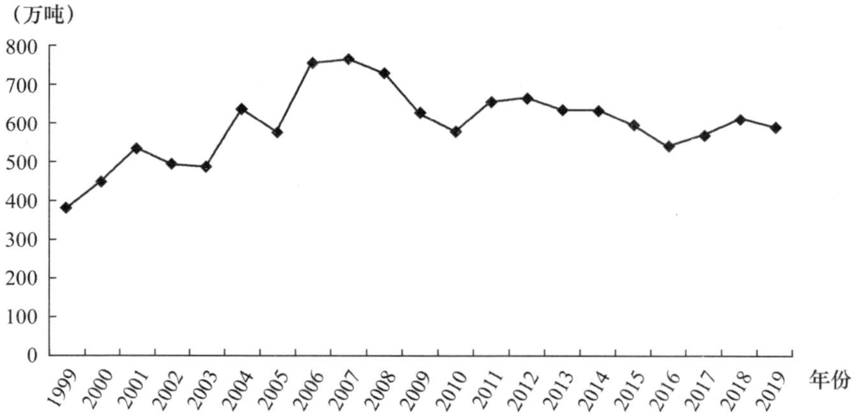

图 7-1　1999~2019 年中国棉花总产量

资料来源：中国统计年鉴（1999—2019）。

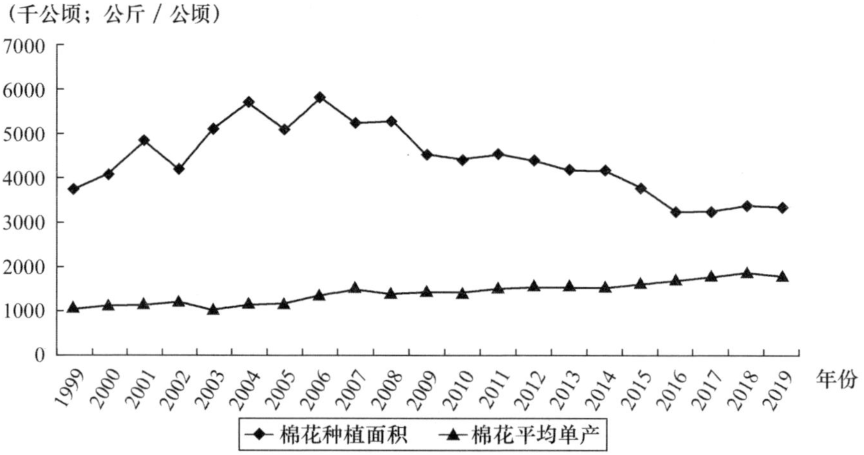

图 7-2　1999~2019 年中国棉花种植面积和单产

资料来源：中国统计年鉴（1999—2019）。

种植面积下降 4 年、回升 1 年，最高点是 2014 年，最低点是 2017 年；棉花产量下降 3 年、回升 2 年，最高点是 2014 年，最低点是 2016 年；棉花单产在持续上升后下降，最低点是 2014 年，最高点是 2018 年。在这 6 年中，棉花生产发展方式出现重要转变，次宜棉区逐步退出生产，低产棉区减少生产，棉花生产不断从分散棉区向规模高产棉区集中。全国棉花主产区发生重要分化，黄河流域和长江流域棉区大规模缩减，新疆棉区先缩减后回升。迄今黄河流域和长江流域棉区生产仍不断缩减，但新疆棉区从2017年起已连续3年回升。全国三大主产棉区（黄河流域、长江流域和新疆棉区）种植规模已从过去的“三足鼎立”逐步演变到现在的“二八现象”（黄河流域和长江流域棉花区产量占二成，新疆棉区产量占八成）。2019年新疆棉花种植面积3810.75万亩，占全国比重为76.1%；棉花产量500.2万吨，占全国比重为84.9%；棉花单产131.27千克/亩，是其他棉区的1.7倍以上。2019年新疆生产建设兵团棉花种植面积和产量创历史新高。新疆棉花种植面积和产量占比不断上升，是全国棉花种植总面积、棉花总产量缓慢下降和棉花平均单产实现增长的重要因素。

近几年我国棉花流通形势发生重要变化。2014～2019年，我国棉花流通关系理顺，棉花价格由市场供求形成，“外棉入市、国棉入库”问题得到根本破解，全国棉花去库存任务基本完成。从2014年起，国家不再开展棉花临时收储，转而加强对棉花加工和流通的监管和服务，主要由轧花厂在收购农民籽棉加工后，直接向纺织企业等销售棉花，不仅缩短了流通环节，而且完善了价格形成机制。全国轧花厂在改革中经受洗礼，走向了优胜劣汰和优化重组。全国棉花价格经历大落大起，价格信号走向合理化，推动了产销对接，促进了产业升级。特别是2014年前后我国棉花产销阶段性供过于求，国内外棉花价格均回落，而我国棉花价格大幅回落，价格回落幅度超过预期和国际市场，国内外棉花价差大幅缩小，对全国棉花产销产生深远影响。随着国内外棉花价差回落到合理区间，全国产棉的产销流通从不畅逐步转为顺畅，“外棉入市、国棉入库”已根本改变，纺织企业效益好转，纺织服装业国际竞争力增强，国内外棉花价格质量“双倒挂”和棉花产业国际竞争力严重下降问题有所缓解。2014年以后我国棉花进口有所减少，国家适时组织棉花临时储备拍卖，棉花期末库存逐年降低。据中储棉公司报告，截至2018年末我国棉花去库存任务基本完成。

目前我国是世界上主要的棉花生产国，但仍产不足需。根据美国农业部报告等发布的数据，世界棉花总产量自20世纪90年代初期以后到2007/2008年度是波动上升的，在2008/2009～2015/2016年度有所下降，在2016/2017年度后呈回升趋势。2018/2019年度世界棉花总产量为2590万吨，与上年持平，在近5年属于次高。2018/2019年度中国棉花总产量约为589万吨；印度约为600万吨；美国约为400万吨；巴西约为240万吨，排名第四；巴基斯坦约为160万吨，排名第五。尽管我国棉花生产数量很大，与棉花需求相比，仍然供不应求，需要在世界上进口棉花，受国际影响越来越大。从世界棉花贸易来看，我国是主要的棉花进口国之一，但不同年份棉花进口数量变化较大，2014/2015年度以前很长一段时间我国是世界上最大棉花进口国，2015/2016年度后受政策调整影响棉花进口量有所下降。2017/2018年度世界棉花总进口量为840万吨，比上年增长60万吨，其中孟加拉国进口棉花160万吨，居世界第一；越南进口棉花140万吨，居世界第二；中国进口棉花120万吨，居世界第三；土耳其和印度尼西亚各自进口棉花约80万吨，分别居世界第四和第五。

（三）棉花价格大起大落，目前处于历史低位

近20年以来，我国棉花价格经历了大起大落，价格变动呈现出多个周期。影响棉花价格变化的因素越来越多，包括棉花市场供求的基本面的影响，棉花生产的自然条件、技术进步和区域布局的影响，棉花临时收储政策实施和调整的影响，国家宏观经济的影响，其他政策改革的影响等。

受我国加入世界贸易组织带动纺织品服装出口增加的利好影响，我国棉花价格从2002年初的7993元/吨快速上涨，到2003年11月为17555元/吨，在经历了短暂的稳定后，又受棉花进口增加影响持续下跌。在2005～2008年，我国棉花价格基本稳定，此后受国际金融危机影响快速下跌。随着世界主要国家实行积极的经济政策，我国棉花价格逐步恢复，而宽松的货币政策带来了全球范围大宗农产品在2010年9月至2011年8月的一次暴涨暴跌过程。

2011年以后，我国棉花价格变化受棉花政策调整影响较大，棉花价格先稳后波动。2011～2013年，我国实行棉花临时收储政策，全国棉花价格基本保持稳定。2014年3月份以后，国家取消棉花临时收储政策，在新疆实行棉花目标价格政策改革试点，在其他9个主产省对棉农以适当补贴，国内棉花价格快速下降。从2014年4月至2015年1月，棉花价格从每吨18437元下降到13539元，与进口棉花到岸税后价相当。2015年国家储备棉轮出启动，由于市场供给充裕，需求平淡，全球产大于需，国内棉花价格进一步下降，至2016年3月为每吨11884元。2016年前后，由于国内棉花生产持续缩减，棉花产需缺口明显。2016年3月份储备棉轮出启动初期，拍卖数量和出库速度都不能满足用棉企业需求，且拍卖底价低，激发企业用棉热情，造成企业抢拍，推动棉花价格提升。同时，期货市场做多资金涌入，期棉价格先于现货市场上涨，也激励现货价格持续反弹。2016年下半年，纺织品服装出口形势好转，为棉价复苏提供了重要支撑，这一轮棉价上涨一直持续到2018年8月份左右。

2018年第4季度以后，我国棉花价格运行出现新情况，价格再次大落并出现波动。自2018年第4季度以来，我国棉花市场价格意外再入“熊市”，出现持续回落和大幅回落，近一轮棉花市场价格周期性回升势头被提前中断，涉棉企业和产区棉农面临严重损失。这次棉花市场新变化的主要原因是受中美贸易摩擦的冲击和传导，包括美国对我国产品不断增加关税的影响、我国进行反制加税的影响和这种形势对未来预期的影响，同时也有其他多方面因素，与我国棉花支持政策调整和棉花、棉纱大量进口有关，与我国新一轮高水平开放等有关。2018 年中美发生经贸摩擦，中国的棉花进口和纺织品服装出口牵涉其中，纺织产业受到波及，市场预期的不确定性导致纺织企业谨慎采购原料。9 月份新棉上市，由于棉花产量较 2017 年仍有增加，对市场形成巨大压力，在阶段性供给宽裕、需求不明朗的格局下，国内棉价连续下行，再次处于历史低位，未来市场还可能会进一步波动。

（四）棉花产业转型升级，上下游不断调整重组

在世界历史上，棉花产业不仅是重要的种植业，而且曾经作为重要的制造业，是工业革命的摇篮、杠杆和跳板，在现代世界的形成过程中还一度主导了世界贸易，英国正是由于对棉花产业链条的全方位控制才成为世界霸主，成为当时现代世界的引领者。[①] 近 20 年来，我国棉花产业的转型升级加快，产业链上下游和行业服务发展变化很大。

一是全国棉纺工业向沿海地区、有下游市场的地区、有政策和资源优势的地区集聚。以上海、青岛、天津等大城市为代表的棉纺工业老工业基地实现功能转换，目前仍发挥一定的技术、管理、信息、贸易等优势，但已经逐步退出了纱、布等纺织品生产，棉纺工业向山东、江苏、浙江、福建等沿海地区的新型产业园区集中，江苏和浙江的色纺纱产品和色织布产品、河南的针织纱产品、福建的混纺纱产品、广

---

① ［美］斯文·贝克特：《棉花帝国——一部资本主义全球史》，民主与建设出版社 2019 年版。

东的牛仔布产品、浙江的弹力布产品等大力发展。2014 年以来，新疆棉纺工业在政策支持和原料优势支撑下快速发展。截至 2018 年底，新疆棉纱产量、棉纺锭较 2014 年分别增长 2.7 倍、1.2 倍，就业人员增加 10 万人以上。

二是全国棉纺工业向民营企业集中。1978 年我国棉纺工业的国有企业比重占 66.65%。2000 年以后，棉纺织工业进行了大规模的所有制结构调整，一大批国有企业经过改革重组，引入了民营资本，形成多种形式的产权主体，提升了多元化经营和技术进步水平，国有及国有控股棉纺企业比重由 2000 年的 38.5% 下降到 2018 年的 2% 左右，目前棉纺工业的产权主体构成已经以民营企业为主。

三是全国棉纺工业跨国经贸联系不断扩大。我国一批棉纺企业不仅面向国内外两个市场营销产品，而且统筹利用国内和国际两种棉花资源从事生产经营。在国家“一带一路”倡议下，一些棉纺企业以投资输出产能和资本，积极参与了国际产融结合。截至 2018 年，我国棉纺企业在世界各地的投资规模达到了约 350 万锭。

四是全国棉花产业的上下游联合与合作加强。在市场倒逼机制作用下，棉花上下游开展联合合作，出现了多种新模式。有的棉花种植者以大农户、经营单位为主体，向棉花加工环节延伸。有的棉花加工流通企业向上游种植、下游纺织延伸。有的大型优势棉纺织企业，向上游棉花加工收购环节延伸，根据订单要求，指导加工企业优化棉花加工质量。有的开展农业合作社模式，产业链各环节参与，实现产业链一体化经营。这些模式有效降低了生产成本，缩短了流通环节，共同促进棉花质量提升。

五是全国棉花产业行业信息化水平大幅提高。以全国棉花交易市场为代表的棉花市场信息和产业信息服务不断健全和完善，目前农民种植的棉花在经过加工环节后，由各轧花厂按照全国统一规范要求包装编码并对棉花数量实行“包包称”，由纤维检验机构等对棉花质量等实行“包包检”，实时通过互联网提交各项数据，建设和形成全国棉花大数据系统，为全国各地、各单位棉花市场交易和有关部门组织实施棉花政策提供了及时准确的信息化保障。

二、加入 WTO 以来我国棉花政策的改革分析

棉花政策是与棉花产业发展、棉农支持保护和棉区建设管理有关的公共政策。我国对棉花政策的改革时间早、力度大、有新意。党的十一届三中全会后，各地推行家庭联产承包责任制，国家对棉花生产实施了一系列优惠政策，我国棉花生产快速发展。1983 年 12 月，国家停止了对城乡居民发放布票、絮棉票的统销政策，纺织品、针织品和絮棉敞开供应。1992 年 8 月，国务院批准国家发改委关于改革棉花流通体制意见，决定在 1993 年以山东、河南、江苏作为棉花放开试点省，实行棉花供需直接见面，棉花收购和供应价格由国家定价改为由买卖双方协商议价，后来由于棉花连续减产，供求矛盾加剧，改革试点工作没有进行下去。1998 年 12 月，国务院出台《关于深化棉花流通体制的决定》，从 1999 年开始，棉花的收购价格、销售价格主要由市场形成，国家不再做统一规定，在棉花领域结束了长达 45 年的国家定价历史，标志着我国棉花流通体制从计划经济时期的统购统销改革为主要依靠市场机制进行合理配置。我国加入 WTO 以后，国家先后对棉花政策进行了一系列改革，取得了显著成效，改革的经验弥足珍贵，一些教训也十分深刻。

（一）加入 WTO 以来我国棉花政策的改革情况

自我国加入 WTO 以后，近 20 年来，根据国内外环境和棉花产业

发展变化需要，国家对棉花政策进行了一系列重大改革，逐步建立和形成一套新的政策体系。从目前看，在总体上，这些政策与市场经济发展要求是相适应的。

1. 深化棉花流通体制改革，推进全国棉花市场建设，加强棉花行业服务

2001 年 7 月，国务院在北京召开全国棉花工作会议，强调棉花流通体制改革的基本思路，就是“一放、二分、三加强，走产业化经营的路子”。[①] 随后，国务院发出《关于进一步深化棉花流通体制改革的意见》，决定从 2001 年起，经省级人民政府资格认定的国内各类企业，均可从事棉花收购。从此，各类企业迅速进入市场参与棉花收购加工，市场经营主体很快实现多元化，棉花行业服务也不断创新和健全。2006 年，外商获批进入中国市场从事棉花流通业务。根据我国加入 WTO 时签订的中美协议，从 2003 年 1 月 1 日以后外国公司可以在中国国内收购、加工、经营棉花，因种种原因，从 2005 年外商才开始向相关部门提出申请。

从 2002 年 6 月起，由全国棉花交易市场编发的中国棉花价格指数通过中国棉花信息网正式对外发布。[②] 2002 年 12 月，全国棉花交易市场推出商品棉电子撮合交易。2003 年 9 月，中国棉花协会正式成立，

---

① 时任国务院副总理的温家宝在会上强调，棉花流通体制改革的基本思路，就是“一放、二分、三加强，走产业化经营的路子”。“一放”就是放开棉花收购，打破垄断经营，这是这次改革的核心；“二分”就是社企分开，储备与经营分开，是这次改革的关键；“三加强”就是加强国家宏观调控、加强棉花市场管理和加强棉花质量监督，这是改革成功的重要保障；“走产业化经营的路子”就是大力推进棉花产业化经营，这是棉花流通体制改革的根本方向和长远目标。

② 中国棉花信息网由中华全国供销合作总社棉麻局与全国棉花交易市场于 1998 年共同创办。全国棉花交易市场是经国务院批准、由中华全国供销合作总社承办、于 1999 年 4 月在工商登记注册的棉花供应链一站式服务平台企业，其前身是 1996 年成立的“全国棉花交易会”。中国棉花价格指数是对全国棉花现货交易价格的一种综合反映，曾经在 2010 年 11 月 11 日创出历史最高（31302 元/吨）。

宗旨是致力于棉花产业的服务、协调、自律和维权，维护整个棉花产业经济的利益，建立棉花产业经济预警系统。2004 年 6 月，经有关部门批准，棉花期货在郑州商品交易所上市交易。2016 年 11 月 11 日，郑州商品交易所发布公告，决定将新疆农资集团北疆农佳乐有限责任公司、石河子天银物业有限公司、库尔勒银星物业有限公司由郑州商品交易所指定棉花交割中转库转为指定棉花交割仓库，自 2017 年 9 月 19 日起执行；同时新疆地区棉花交割仓库升贴水设为零，内地交割仓库设置为升水，这为企业参与卖出棉花套保提供便利。2019 年 1 月，经中国证监会批准同意，棉花期权在郑州商品交易所上市交易。

2. 取消对外计划管理，实行棉花进口关税、滑准税及配额管理

2001 年 11 月，中国加入 WTO，国家取消对外贸易计划管理制度，改为关税配额管理制度，棉花进口关税配额为 85.6 万吨，配额内关税率为 1%，超出配额外的棉花进口关税率为 40%。2003 年 12 月，受因灾减产影响，国内棉花资源短缺，棉价创历史新高，国家在原有配额基础上，再次追加 50 万吨配额，此后又在次年 2 月再次追加 100 万吨。2005 年 1 月，全球纺织品服装配额取消。2005 年 4 月，国家建立棉花滑准税管理制度，[①] 先后于当年 4 月和 7 月发放滑准税棉花配额 70 万吨。2015 年，由于国内棉价大幅回落，国家暂时中断棉花滑准税配额发放。2018 年 6 月，由于国内棉价大幅上涨，国家有关部门发布公告确认，棉花滑准税进口配额为 80 万吨非国营贸易配额，仅纺织企业能获得本次增发的配额。这是自 2015 年中断棉花滑准税配额发放

① 滑准税是指关税的税率随着进口货物价格的变动而反方向变动的一种税率形式，即价格越高，税率越低，税率为比例税率。我国 2005 年 5 月份开始对关税配额外棉花进口配额征收滑准税，税率滑动的范围为 5% ~40%，征收的目的是在大量棉花进口的情况下，减少进口棉对国内棉花市场的冲击，确保棉农收益。这相当于为进口棉花价格设置了底线，因此对国内棉花市场价格形成支撑。

后，再次启动配额增发。

3. 推进优质商品棉基地和棉花生产保护区建设，加强棉花质量检验监管，促进发展方式转变

我国自1985年开始建设优质商品棉基地，[①] 2001年以后国家继续推进这项工作并有所调整。2007年9月，国家对新疆棉组织实施大列运输。2008年9月，国家对新疆棉移库实行运费补贴，每吨补贴400元。2012年7月，国家对公路出疆棉也给以运费补贴，补贴标准为每吨500元。2015年3月，为了科学引导棉农退出次宜棉区、风险棉区以及低产棉区，将棉花种植面积降低，确保农民增加收入，新疆维吾尔自治区发改委、财政厅等五部门联合发布2015年全疆棉花种植面积调减指导性计划。2019年1月，中央1号文件提出恢复启动新疆优质棉生产基地建设。

国家加强棉花质量管理。2004年9月，全国棉花质量检验体制改革开始进行试点，主要内容是在加工环节实行公证检验，采用快速检验仪进行仪器化检验，制定仪器化棉花质量检验标准，采用国际通用棉包包型，发展棉花专业仓储等。2012年11月，新修订的GB 1103.1—2012《棉花、细绒棉》国家标准正式发布，构建起棉花颜色级质量分级体系，实现棉花颜色级的仪器化检验。2013年9月，新修订的GB 1103.1—2012《棉花、细绒棉》国家标准正式实施。2014年9月，新疆维吾尔自治区和新疆生产建设兵团建立棉花专业仓储制度，全国棉花交易市场负责棉花的统一规范监管工作。2016年4

---

① 主要内容是以棉花主产区的县（新疆生产建设兵团的师）为单位，由国家和地方联合投资，建设棉花良种繁育体系、农技推广体系，改善棉花生产的基础设施等，其中国家资金保证的重点是：优良品种培植、繁育、试验示范和推广；宜棉农田水利基础设施建设；优质棉种子生产及其加工；补助科研与技术培训经费之不足。

月，新疆维吾尔自治区发布《关于出疆棉花运输费用补贴有关事项的通知》，明确规定从2016年度起，未经新疆维吾尔自治区专业监管仓库在库取样公检的棉花，不予纳入出疆棉花运费补贴范围。2017年4月，国务院印发《关于建立粮食生产功能区和重要农产品生产保护区的指导意见》，全面部署粮食生产功能区和重要农产品生产保护区划定和建设工作。其中，以新疆为重点，黄河流域和长江流域主产区为补充，划定棉花生产保护区3500万亩。

4. 实行和取消全国棉花良种补贴政策，开展全国棉花高产创建活动

2007年，国家实行良种补贴政策，全国每亩棉花良种补贴标准15元。2009年4月，农业部开始实施全国棉花高产创建活动，强化棉花生产科技支撑，提高单产和效益。2015年，经国务院同意，财政部、农业部启动了调整完善农业“三项补贴”政策的试点工作并取得成效。2016年4月，财政部、农业部印发《关于全面推开农业“三项补贴”改革工作的通知》，全面取消粮食直补、良种补贴和农资综合补贴，转以耕地地力保护补贴和政策性信贷方式，用于支持耕地地力保护和粮食适度规模经营，其中棉花良种补贴从此取消。2019年2月，农业农村部发布通知，保证棉花自给水平，完善棉花扶持政策，促进棉花生产向优势产区集中，力争将棉花面积稳定在5000万亩，保证必要的自给水平。

5. 实行和取消全国棉花临时收储政策，保护棉农利益，保证棉花市场供应

2011年我国棉花市场价格大幅回落并给棉农造成较大损失。2011年3月，为稳定棉花市场预期，保护棉农利益，保证市场供应，国家发改委等八部门联合发布《2011年度棉花临时收储预案》，在2011年度开始进行棉花临时收储，标准级皮棉到库价格为每吨 19800 元。2012 年度、2013 年度，国家继续进行棉花临时收储，标准级皮棉到库价格均为每吨 20400 元。这项政策的实施具有“价补合并”性质，在保护农民基本收益的同时，产生了非常严重的新问题，包括价格信号不合理，财政负担增长，纺织行业普遍亏损，棉花进口激增，“外棉入市、国棉入库”等。2014 年后，国家完善重要农产品价格形成机制，在全国取消了棉花临时收储。

6. 在新疆开展棉花目标价格制度改革试点，完善棉花价格形成机制，实行“价补分离”

2014 年 1 月，中央 1 号文件明确要继续坚持市场定价原则，探索推进农产品价格形成机制与政府补贴脱钩的改革，逐步建立农产品目标价格制度，启动新疆棉花目标价格补贴试点。2014 年 4 月，国家发改委、财政部明确将新疆棉花目标价格确定为 19800 元/吨。2014 年 5 月，新疆维吾尔自治区政府发布棉花种植面积统计核实实施方案（试行），启动棉花面积核实工作，并在此基础上建立形成统计台账和棉花种植证明。同时，有关部门也着手加强棉花购销管理、认定加工企业资格、统一棉花收购发票，加强棉花仓储管理、推进专业仓储服务、统一棉花质量检验，加强棉花价格监测，建立补贴资金管理系统等。2014 年 9 月，新疆维吾尔自治区棉花目标价格改革试点工作实施方案正式发布并实施。新疆生产建设兵团的改革方案的思路做法与新疆维吾尔自治区基本一致，但在一些具体补贴计算方式和有关操作机制上略有不同。2015 年后，国家继续在新疆实施棉花目标价格补贴试点，并对改革方案不断进行完善和创新。总体上，迄今已实行两轮改革，其中 2014 ~ 2016 年为第一轮改革，2015 年、2016 年棉花目标价格分别调整为 19200 元/吨、18600 元/吨；2017 ~ 2019 年为第二轮改革，国家对每年新疆棉花目标价格补贴在总量限额上进行控制，同时棉花目标价格实行一定三年不变，均为18600元/吨。从2015年开始，新疆从棉农申报登记开始抓，开发建设棉花信息平台，为改革提供了支撑保障。

7. 在新疆以外的棉花主产省开展棉农定向补贴，保护种棉农民利益和区域生态环境

从2014年起，我国在新疆以外的九个棉花主产省开展了棉农定向补贴，以保护棉农利益和平衡不同主产区棉农收入。2014年11月，国家确定了在新疆以外棉花主产省棉花补贴政策，标准是参照当年新疆棉花补贴水平的一定比例确定，上限不超过每吨2000元，补贴资金切块拨给内地九个棉花主产省，具体对棉农补贴方式由地方政府确定。2015年、2016年，国家在上述九个省继续实行这一政策。2017~2019年，国家完善政策操作办法，由农业农村部牵头，会同财政部等，确定上述九个省棉农定向补贴总额，每年在上述各省进行分配，其补贴额度是财政部根据国家统计与调查的上一年度棉花产量、资金使用绩效等因素综合测定，上述各省在此基础上制定具体办法对棉农进行补贴支付。在实践中，上述各省主要按农业部门调查统计的农户棉花面积等进行分配。2014年以后这九个棉花主产省棉花生产大幅减少和持续减少，棉花面积不断向干旱少雨及生态脆弱的特定区域集中，开展这项补贴，不仅对棉农利益有保护作用，而且对区域生态环境也有保护作用。

8. 改革和完善国家棉花专项储备管理机制，提高国家储备效能，推进政府更好发挥作用

2003年3月，中国储备棉管理总公司成立，受国务院委托，具体负责国家储备棉的经营管理，在国家宏观调控和监督管理下，实行自主经营、统一核算、自负盈亏。2016 年 11 月经报国务院批准，中国储备棉管理总公司整体并入中国储备粮管理总公司，成为其全资子企业，不再作为国资委直接监管企业。经中储粮集团公司批复同意，2018 年 1 月该公司完成工商改制变更登记工作，改制后的企业类型为有限责任公司，名称为“中国储备棉管理有限公司”。2019 年 11 月，国家粮食和物资储备局与财政部发布公告，决定在 2019 年 12 月 2 日至 2020 年 3 月 31 日的国家法定工作日，轮入部分新疆棉，总量 50 万吨左右，每日挂牌竞买 7000 吨左右，轮入竞买最高限价（到库价格）随行就市动态确定，原则上与国内棉花现货价格挂钩联动并上浮一定比例，每周调整一次；轮入期间，当内外棉价差连续 3 个工作日超过 800 元/吨时，暂停交易；当内外棉价差回落到 800 元/吨以内时，重新启动交易。这个做法再次创新了国家棉花专项储备机制。

（二）改革取得的主要成效分析

近 20 年来我国棉花政策改革成效显著。在改革后，一批当初比较棘手的突出问题得到有效解决，目前已基本建立了一套与我国棉花需求变化、市场经济要求和国家发展战略相适应的制度框架和政策体系，使市场逐步在资源配置中起决定性作用，而政府更好地发挥了调控作用。

1. 解决了我国棉花产业资源配置机制转型问题，棉花生产、流通、消费由价格信号来引导，棉花价格由市场供求形成，市场在棉花资源配置中起决定性作用

我国从 20 世纪 90 年代开始探索棉花流通体制改革，但长期未取得预期效果，在 2001 年以后逐步实现重大突破。经过一系列改革，各地棉花购销市场全面放开，棉花市场交易服务体系日益健全，棉花产销市场竞争环境不断改善，棉花价格主要由市场供求决定，棉花价格形成机制不断完善，棉花资源配置机制已成功转变为社会主义市场经济体制。近20年来，除了在2011～2013年国家启动棉花临时收储预案，使棉花收购价格稳定外，在其他绝大多数年份，我国棉花价格都是由市场供求形成的，棉花价格受各种因素影响不断变化，这些价格信号反映了供求关系以及生产经营者的效率水平、产品质量和人们预期等，对棉花生产、流通、储备、贸易、消费等影响很大。

目前我国棉花价格多样复杂，包括籽棉收购价格、皮棉销售价格、棉花国家储备轮入价格和销售价格、全国棉花生产价格指数、中国棉花价格指数、棉花进口价格和出口价格、棉花国家补贴核算价格、棉花期货价格、棉花期权价格、国际棉花现货价格和国际棉花期货价格等。特别是从2014年以来，我国取消棉花临时收储政策，加强棉花市场建设管理，完善棉花价格形成机制，籽棉收购价格和皮棉购销价格完全由市场供求决定，不含政府补贴，实现价补分离，全国棉花价格信号传递机制更加健全，价格反映更全面，价格变化更灵敏，价格信号更合理，在我国棉花产销阶段性供过于求情况下，国内棉花价格从高位快速回落，国内外棉花价差显著缩小、[①] 价格水平实现接轨。随着我国棉花价格形成机制调整完善，“外棉入市、国棉入库”格局的根本改变，国家储备棉大幅下降，国产棉花产销关系和整个棉花市场供求关系显著改善，国内外棉花市场竞争加剧，新疆棉花生产的比较优势和竞争优势增强，全国棉花生产布局和流通形势发生较大变化。

---

① 2011～2013年国内外棉花价差保持在4000～6000元/吨的高水平，从2014～2016年上半年价差缩小至2000元/吨，从2016年下半年起到2018年价差基本维持在1500～1000元/吨，2019年价差下降到1000元/吨以下。

2. 解决了我国棉农利益保护方式不适应问题，由国家通过税收免除、宏观调控、市场监管、保险支持和提供价外补贴等方式予以保护，国家财政资金使用的效率及精准性和政府补贴的合理性显著提高

我国棉农在棉花产业发展中处于弱势地位，如何在市场经济条件下对棉农利益提供合理保护是一个难题。经过改革探索，目前我国已逐步建立了一套国家对棉农利益予以保护的新机制，促进了农民调整种植结构、加强生产管理和准确申报信息，提高了棉花生产质量，在棉花市场价格出现大幅波动情况下，帮助了农民分担市场损失，使种棉农民利益得到一定保护。这套机制主要由农业税收减免（2016 年全国取消农业税和农林特产税）、加强宏观调控（主要是国家通过棉花储备轮入拍卖和棉花进出口进行调控）、开展市场监管（主要是由各地有关部门对棉花加工企业和流通企业的资质进行审核和经营进行监管）、实行保险支持（包括棉花种植业保险和目标价格保险）和提供价外补贴（包括棉花目标价格补贴和棉农定向补贴）等组成，在实践中还在不断完善，总体上支持保护效果较好。

与我国加入 WTO 之前以及实行棉花临时收储政策相比，目前我国实行的农业补贴政策，在国家财政资金使用的效率及精准性和政府补贴的合理性上，有很大提高。特别是从 2014 年以来，我国在新疆实行棉花目标价格补贴政策，尽管棉花价格一度出现大幅下降，棉农市场损失惨重，但新疆种棉农民获得了补贴收入，大大减少了市场损失，有效保护了棉农利益。据农产品成本调查，受市场价格大幅下降影响，2014 年农民出售棉花收益大幅减少，但加上目标价格补贴后，棉花生产实现保本微利，农民利益得到较好保护。在新疆棉花目标价格补贴试点中，棉花目标价格补贴以棉花实际种植者为补贴对象，采取宏观上核算差价补贴，而微观上按交售量及面积、质量等补贴的办法，合理引入条件，严格核算种棉者补贴，由国家财政逐级直接拨付给符合条件的棉花实际种植者，补贴精准性显著提高。同时，新疆通过“专业仓储监管＋在库公证检验”制度和信息平台的建立与完善，大大提高补贴的有效性。不仅如此，国家财政对棉花目标价格补贴的总预算是限额的，实行一年一结清，没有隐形的、相关的和后续的保管费、损耗、利息以及交易费用等支出，财政资金使用效率大幅提高。

3. 解决了我国部分地区棉花生产经营效率过低问题，推动了农业结构调整和棉花生产方式转变，促进了棉花质量提升和经济社会稳定发展，保护了生态环境

我国各地棉花生产资源条件和生产水平相差很大，不少地区棉花生产方式传统，单产低，成本相对高，棉花生产还与主粮生产存在竞争关系，与农业现代化发展要求不适应。经过改革，这种情况出现了重要分化。在市场机制作用下，不同经营成本、品种和质量的棉花价格差异显著，效率不同的棉花生产经营者加速分化，高效率的棉花生产得到加强，低效率或无效的棉花生产逐步退出。从全国来看，一些有比较优势的地区棉花生产得到加强巩固，生产经营效率提高很大，而一些缺乏比较优势的地区大幅萎缩或退出，转产粮食或其他作物，有利于生态环境保护，总体上全国棉花生产结构布局得到优化，棉花的质量等级和单产水平提升，全国棉花生产效率提高，我国棉花生产的国际竞争力增强。

在近 20 年中，全国棉花生产经营效率提升最显著的是新疆。特别是近 6 年来，新疆农业结构优化调整加快，次宜棉区逐步退出生产，低产棉区棉花生产下降，优势棉区稳定发展，在全国棉花主产区地位加强。不仅如此，新疆机采棉的推广面积和发展比重大幅提高，由于机采棉的推广和普及，提高了种棉效率，降低了种植成本特别是人工成本支出。作为全国比较特殊的西部地区，新疆棉花生产在一定程度上也是关系经济社会稳定发展和民族团结的重要问题。在国家支持和市场竞争下，新疆棉花生产持续发展稳定，不仅巩固了新疆优质商品棉基地建设成果，而且保证了新疆农民获得了稳定的基本收入，使新疆农民真正体会到党和国家的温暖，维护了新疆经济发展和社会稳定大局。

4. 解决了我国纺织业用棉成本一度过高问题，推动了棉花产业链上下游联合合作，提高了我国棉花和纺织产品的国际竞争力

纺织业用棉成本是棉花生产、加工和流通环节的成本和利益的综合体现，深刻影响棉花国际竞争力，我国这个指标曾经一度过高，结果产生了非常严重的问题。近 20 年来，我国这个指标一度最严重的问题就发生在 2011 ~2013 年。当时我国启动棉花临时收储，由于国际棉花价格大幅回落并显著超过我国棉花价格下降幅度，使我国棉花价格相对较高，产生巨大的国内外棉价差，导致大量进口棉花进入国家储备和进口纱涌入国内市场，我国纺织品和服装国际竞争力下降，整个纺织业出现全行业亏损。据海关总署统计，2013 年，进口纱数量突破 200 万吨，全国部分棉纺织集聚区的小微型企业倒闭、关停。同时，全国棉花储备环节操作影响市场运行，棉花产业链上下游联系不畅，棉花质量问题凸显，深刻影响我国棉花生产结构调整优化和发展方式转变。从 2014 年起，我国取消了全国棉花临时收储政策，改为在新疆实行棉花目标价格补贴试点，在其他棉花主产省实行棉农定向补贴等，改革效果很好。改革推动了棉花产业上下游联合合作和棉花供给侧结构性改革，增强了生产、加工、流通、纺织全产业链活力，激活了市场，激活了涉棉主体。

在改革后，在市场倒逼机制的作用下，棉花产业链各环节的关系逐步发生重要变化，从分割独立走向联合合作，各环节之间的协作关系更加紧密，出现了很多新模式，缩短了流通环节，有效降低了流通成本和产销脱节的风险，减少了棉花流通成本支出，推动棉花品种改良和纺织品质量档次的稳步提升。目前我国棉花产业链上下游对于棉花质量要求越来越重视。在种植环节，地方政府更加重视对棉花生产品种的改良和一致性发展，棉农品种质量意识提高，改变以往单纯追求高产、高衣分棉种的做法，更加重视按市场需求发展生产，重视选用适销对路棉种，种植更加科学、管理更加规范，使产品更符合纺织企业需求。在加工环节，纺织企业与轧花厂直接对接，根据市场订单选购价格、质量符合需求的棉花；轧花厂改变棉花混轧、混等混级的做法，更加重视加强质量管理、分级收购、分垛加工、组批销售等，使产品更符合纺织企业需求；部分轧花厂向两头合作联合，整个产业链市场化程度大大提高。目前我国棉花价格显著回落并与国际市场接轨，国内纺织品的竞争力逐渐恢复，进口纱得到有效抑制。棉纺织骨干企业亏损面从 2014 年开始逐年下降，进入第二轮改革后，2017 年棉纺业亏损面下降超过 10 个百分点。由于我国棉花价格不再包括补贴，国内外棉花价差显著缩小，我国棉花和纺织服装进出口逐步恢复正常（见表 7－1）。

表 7－1　2011～2018 年我国棉花政策调整和供求分析

内容	要点	单位	2011 年	2012 年	2013 年	2014 年	2015 年	2016 年	2017 年	2018 年
棉花收储	数量	万吨	313	651	631	—	—	—	—	—
	价格	元/吨	19800	20400	20400	—	—	—	—	—
棉花放储	成交数量	万吨	—	49	398	240	6	266	322	251
	平均价格	元/吨	—	18640	19560	17728	12443	13298	14731	14770
棉花目标价	新疆试点	元/吨	—	—	—	19800	19800	18600	18600	18600

续表

内容	要点	单位	2011 年	2012 年	2013 年	2014 年	2015 年	2016 年	2017 年	2018 年
棉花滑准税	基准价	元/吨	11497	14000	14000	15000	15000	15000	15000	15000
	公式变化	—	—	调整	调整	调整	公式同 2014 年			调整
储备棉	全国	万吨	518	1120	1353	1113	1107	842	520	275
棉花进口量	全国	万吨	336	513	415	244	147	90	116	157
棉花产量	全国	万吨	652	661	628	630	591	534	565	610
国产棉用量	全国	万吨	714	367	395	466	528	625	640	598
进口棉用量	全国	万吨	336	513	415	244	147	90	115	157
纺织用棉合计	全国	万吨	1050	880	810	710	675	715	755	755

注：参见朱北娜："改革开放 40 年，中国纺织工业由大到强"；端小平："化纤与棉花竞争力分析"；按照市场反应研判 2018 纺织用棉数据似有问题，本处尊重原文，未进行修正，仅供参考。

（三）改革积累的经验教训分析

近 20 年来的我国棉花政策改革来之不易。在改革中，也积累了宝贵而重要的经验教训，为未来国家深化棉花政策改革、完善和创新农业支持保护制度提供了重要经验。

1. 为正确认识和处理好政府与市场的关系提供了经验教训

在实践中妥善处理政府与市场的关系是非常具有挑战性的。我国从 2011 年起制定和启动棉花临时收储预案，并且实施了 3 年。但实践证明，实施的效果并不理想，教训非常深刻。这个方案的实施和取消给予人们的启示如下：在市场经济中，政府应充分理顺农产品价格信息传导机制，引导人们认识和尊重农产品市场规律，科学生产经营，有效规避市场风险。

2. 为未来国家深化棉花政策改革提供了良好基础，国家在新疆实行棉花目标价格补贴的基本做法是可行的，这项政策还可以进一步完善、创新和推广

2014年，中央一号文件提出要逐步建立农产品目标价格制度，这在学术界和政策制定领域是存在争议的。经过国家有关部门和新疆各级党委、政府等各方面的积极努力，2014～2016年新疆棉花目标价格改革试点成功实现预定目标。从2017年起，国家在新疆开展第二轮棉花目标价格改革试点，巩固第一轮改革成果，对目标价格形成机制、定价周期和补贴方法进行完善、调整和优化。通过这项改革，探索构建了新型农业补贴政策框架，改革取得的实际效果很好。实践证明，国家在新疆开展棉花目标价格改革的基本做法是可行的。这项政策的关键点是：一是国家不再对棉花进行临时收储，加强市场流通服务体系建设，棉花购销价格由市场供求形成；二是国家采取在宏观上核算差价补贴、控制补贴总量而在微观上按交售量及面积、质量等补贴的办法，合理引入条件，由中央财政对符合条件的棉花实际种植者提供限额补助，提高财政补贴的精准性和效率；三是国家从生产源头入手进行监管并与销售进行衔接，促进棉花实际种植者重视市场波动风险、提高生产发展水平和实现高质量发展；四是国家利用现代信息技术提升公共管理和服务水平，促进棉花产业上下游建立联系、联合合作和帮助政府提高行政管控能力；五是国家提出解决问题的目标任务，从组织领导协调上做好改革的谋划、调研、决策和推进工作，新疆各级党委、政府牵头深入解决各种具体问题。这项改革在农业支持保护政策改革中具有开创性。从目前的政策性质来看，已经引入了“蓝箱”政策，在实践中可有效操作，总体上是一种带有保险性质的周期性市场损失补助制度。下一步，这项政策还可以继续完善、创新和推广，可以探索将政策性保险机制和绿色发展支持机制引入棉花目标价格制度，并与棉花种植保险制度进行资源整合，建立棉花基本收益保险与绿色发展补贴制度，从而将现行的棉花目标价格补贴政策进一步转型为“蓝箱”与“绿箱”相结合的新型棉花支持保护政策。

3. 为未来国家完善和创新农业支持保护制度提供了实践借鉴，从源头入手抓好产业信息平台建设，建立农产品市场购销制度、农产品目标价格制度和农产品储备贸易调控制度等相结合的政策框架，是重要且可行的

目前我国是WTO成员方，国内农业支持要符合WTO农业改革的大方向、与高水平开放环境相适应，在实践中如何操作非常具有挑战性。近20年来，我国棉花政策的改革提供了丰富的经验和教训供人们借鉴，目前已率先建立了带有“蓝箱”性质的农业补贴新政策，形成由农产品市场购销放开制度、农产品目标价格制度和农产品储备及进出口调控制度等相结合的新型支持保护政策框架。这些政策符合WTO农业改革的大方向，适应了高水平开放环境的要求。特别是近6年来，在棉花政策改革中，贯彻和遵循了“放、管、服”的改革思路和改革方法，国家完全取消了棉花临时收储、放开了棉花产销价格，有关政府部门从棉花产业发展源头入手加强对公共管理，同时建立和完善公共服务体系，确保改革取得实质性成果并实现预期目标。从改革操作上看，参考借鉴了发达国家制定和实施农业法案的先进做法，对改革方案中涉及的各有关部门和单位的职能、责任、权力等工作安排和相关的人、财、物、信息等资源配备进行统筹深入考虑，坚持注重顶层设计与“摸着石头过河”相结合，坚持加强组织领导与加强技术支撑相结合，坚持统一标准补贴与适当兼顾特殊相结合，坚持搞好制度设计与建立强有力工作队伍相结合，为新时代深化我国农业支持保护制度改革探索了重要做法和提供了实践经验。

三、深化我国棉花政策改革需要遵循的原则

棉花政策对棉花生产发展、棉农收入增加及棉区建设保护非常重要。时代出题目，改革做文章。新时代，新产业，新挑战，新政策。我国棉花产业发展的新变化对改革、完善和创新我国棉花政策体系提出了新的任务。做好新时代深化棉花政策改革工作，需要提高对政策环境变化的认识，对政策目标有所调整，对政策内容有所完善，对政策操作有所创新。在改革中，既要坚持和巩固，也要完善和创新，关键是要解决问题，最终是要建立良好稳定秩序。在政策设计上，要进一步提高对深化改革的性质和内容的认识，把握深化改革的方向和重点，提高深化改革的水平和能力，有效推进深化改革，确保深化改革后的结果与预定目标保持一致。

（一）我国棉花产业发生变化需要解决的重要政策问题

我国棉花产业的发展变化对深化我国棉花政策改革提出了新的任务。要提高对棉花发展政策环境改变的认识，在政策目标上有拓展，在政策内容上有完善，在政策操作上有创新，合理提出问题，解决突出问题，把问题解决好，实现预定目标，为建设新时代现代化经济体系提供支撑。

1. 棉花政策环境发生改变，要更加合理提出问题

我国棉花是一种战略性商品，是集大宗农产品和纺织工业原料于一身的重要经济作物，促进棉花生产发展意义重大，任务复杂。棉花生产的任务是满足棉花需求并能保证基本收益。棉花需求与人口相

关，与纺织工业相关，与国际贸易相关，与棉花价格相关，与纤维替代有关。作为世界人口大国，我国对棉花消费的需求数量在规模上是庞大的。但我国棉花需求与粮食需求相比有所不同，粮食需求主要是满足国内消费，外需不大，而目前我国棉花需求则是既有庞大内需，要满足民生消费；也有较大外需，要满足纺织工业国际竞争需求。同时，我国棉花生产经营与粮食生产经营也有所不同。粮食的产销关系是直接的，而棉花的产销关系不直接，涉棉的中间产品多、中间环节多和中间主体多。作为纺织工业原料，棉花与化纤及其他纤维之间具有替代关系，棉花价格对棉花需求影响很大。我国纺织工业原料包括棉花、毛、麻、丝、绸等自然纤维和粘胶短纤、涤纶短纤等化学纤维。随着我国纺织业的快速发展，对纺织原料的需求不断增加，需求结构也在发生重大变化，其中化学纤维的占比不断扩大，自然纤维的占比显著缩小。

目前我国棉花生产基础仍然薄弱，棉花生产发展波动大，既受国际形势深刻影响，也显著影响国际形势，面临市场机遇减少，而新的严峻挑战，产业调整改造升级的紧迫性，使保证棉农获得基本收益越来越难。目前新疆与其他主产区在棉花目标价格改革实施中尚有不平衡性和不统一性。学界对新疆建立棉花目标价格保险制度还存在认识分歧。新疆棉花目标价格改革的政策有特定性和阶段性。随着国内外棉花产销形势发生重大变化，未来新疆棉花目标价格补贴可能大幅减少并导致一些工作机制自然失灵。在实践中，一些制度设计和试点措施还需要进一步深化，一些具体政策目标过多并存在互不兼容的问题，一些政策导向同推进农业供给侧结构改革、保护生态环境和建设美丽中国存在冲突，一些新试点的政策支持方式如“价格保险 + 期货”还存在缺陷。

2. 棉花政策目标有所调整，要集中解决突出问题

在高水平开放背景下，随着我国棉花产业发展变化，涉及棉花的公共政策需要解决的问题多了、复杂了，有“大国”小农与现代化转型问题、大国效应与国际市场供给能力问题、进口来源多元化问题、政策预期与实际政策设计问题等，在政策目标上就需要有所调整。在调整方向上，既要有所拓展，也要有所聚焦，要集中解决那些重要的、有条件落实的突出问题。

概括起来，我国目前的突出问题有五个焦点。一是质与量的问题，即棉花高质量发展的问题。我国棉花质量近年来不断提高，但与美国棉、澳大利亚棉等国外优质棉相比，还有较大差距。在我国棉花生产发展中，重视增产超过重视提质，主产区棉花品种不一致问题非常突出，影响棉花质量的因素很多，提高质量工作复杂。二是量与价的问题，即棉农支持保护问题。我国棉花种植者抗风险能力小，从事棉花生产经营的人多、点多、面广，棉农对棉花价格变化非常敏感，而对棉花生产数量、质量变化调整次之，保护棉农利益任务艰巨。三是内与外的问题，即棉花自给率问题。我国棉花供求变化很快，在生产上棉花与粮食、油料等存在竞争关系，在消费上内需和外需存在替代关系，棉花产业发展既要保基本，也要有创新，还要重安全。四是上与下的问题，即棉花产业链问题。我国棉花产业构成复杂，涉及科研育种、农民种植、轧花厂、检验仓储、纺织厂、服装厂等，在管理上既不能完全放任，也不能都管起来，还不能僵化。五是进与退的问题，即生产监管问题。我国棉花生产区域特殊，棉花生产具有土地密集、劳动密集和投入密集等特点，棉花种植适合于地势平坦、相对干旱并有灌溉条件的地区。相比粮食生产和国际进口，目前我国很多棉区从事棉花种植并无太大吸引力，棉农面临艰难抉择，要么增加投资、提质增效，要么转产转业、有序退出、保护环境。

3. 棉花政策内容有待完善，务必把问题解决更好

随着我国棉花产业发展变化，在高水平开放背景下，对棉花政策的设计提出了新的要求，要进一步完善棉花政策内容。一是在政策性质上，要合理和准确，处理好政府与市场的关系，让市场在资源配置中起决定性作用，政府更好地发挥作用，实行有保有放，该保护的要坚决保，该放开的要逐步放，该调整的要有序调。二是在政策条件上，要明确和公开，处理政府与社会的关系，明确各种参加者的对象、范围、条件及其职责、权力、利益关系。三是在政策内容上，要深入和细致，处理好政府与部门的关系，建立相关的人力、财力、物力、技术、信息、法制等保障。

4. 棉花政策操作有所创新，要保证实现预定目标

公共政策的操作实施是一个过程，涉及决策、计划、组织、管理、控制等多个环节。随着我国棉花产业发展变化，在高水平开放背景下，对棉花政策的实施也提出了新的要求，在棉花政策操作上要有所创新。由国家负责或政府牵头，建立良好的组织实施机制，加强现代技术支撑保障，提高政策操作效率，降低政策操作成本，控制政策实施风险，保证实现政策预定目标非常重要。一是在政策制定形式上推进从“一事一议、文件式的政策”向“统筹规划、法案式的政策”转变。二是在政策时间上推进从短期性、临时性的政策向长期性或周期性的政策转变。三是在政策实施上推进从行政推动、安排资金、建立队伍、因地制宜向公共管理、建立基金、电子政务、专业服务等方式转变。

（二）深化我国棉花政策改革需要遵循的重大原则

一个好的公共政策不是越新越好，也不是越简单越好，关键是要把问题解决好，把关系处理好。深化我国棉花政策改革涉及棉花产业发展的效率问题、公平问题和可持续问题等。这些关系包括政府与棉花市场的关系、政府与种棉农民的关系、政府与种棉地区的关系、政府与棉花产业的关系、政府与涉棉工作人员的关系等。在高水平对外开放背景下，深化我国棉花政策改革，促进我国棉花产业发展，保护棉农合理利益和棉区生态环境，需要进一步提高对棉花政策改革的性质和内容的认识，把握改革的方向和重点，提高改革的水平和能力，有效推进改革，确保改革后的结果与预定目标保持一致。

1. 重视尊重客观规律，坚持正确改革方向

深化我国棉花政策改革，要做正确的事，把激励机制搞对。

一要考虑资源环境影响，尊重自然规律，设定棉花生产发展政策，符合促进绿色发展和建设美丽中国的大方向。我国棉花生产具有很强的区域性，不同地区棉农和企业的发展在客观上存在差异。

二要考虑社会公平影响，尊重社会规律，设定稀缺资源分配政策，符合保障棉农基本收益和维护社会公平和谐的大方向。我国棉花需求的变化和性质不同于粮食需求，在保障棉花需求上有一定弹性。从公共政策性质考虑，对不同地区棉农利益支持要公平对待。

三要考虑生产效率影响，尊重经济规律，设定棉花管理体制机制政策，符合实行高水平对外开放和遵守农业补贴规则的大方向。市场经济就是效率经济，没有效率就没有竞争力，效率低下就可能被淘汰。面对在高水平对外开放环境下的我国棉花价格波动，除非出现重大突发事件以及调节时间很短而且明确，政府对棉花价格的调节要慎重。

四要考虑操作实施影响，尊重政策作用规律，设定政策实施预期结果，符合构建新型农业补贴政策体系和推进政策操作方案规范化、完整化和法案化的大方向。

2. 重视发展阶段变化，推进全国政策调整

深化我国棉花政策改革，要解决新问题，适应新时代发展需求。2020 年是我国全面建成小康社会的收官之年，也是全面深化改革在重要领域和关键环节改革上取得决定性成果的一年，还是坚决打赢脱贫攻坚战、大力实施乡村振兴战略、实现“两个百年”奋斗目标的关键衔接期。在高水平开放新形势下，立足现状，面向未来，我国在棉花政策改革上还需要进一步深化，必须解决新问题。

一要解决战略性问题，调整和完善棉花生产关系，解放和发展棉花生产力。我国棉花的产业链很长，涉及农业、科技、工业生产、商贸物流、金融等，把棉花产业发展好意义重大。尽管我国棉花产不足需，但棉农和棉区没有获得较好的经济收益，收入水平不断发生分化；国产棉花的品质、特色、成本、价格的竞争力还不强，不适应国家发展需要，在国际竞争中总体上处于弱势地位。目前我国棉纺织业发展已度过最辉煌的阶段，正在进入转型升级、产业转移和行业收缩的新时期，对棉花市场的影响是长期而深远的，对未来我国棉花的供需形势要进行重新评估，坚持底线思维，处理好国内棉花生产保障与国际棉花适度进口、使棉花产业链上游下游高效衔接、新疆棉花生产发展与其他棉花主产省棉花生产发展等关系，做好棉花发展重大决策。立足国内，放眼国际对这些问题要有宏观考虑，解决棉花经营规模、技术效率、风险分担、企业重组和投融资支持等问题，提高棉花生产力水平，为实施新时代国家发展战略服务。

二要解决体制性问题，健全和完善棉花市场运行机制，提高经济效率和增进分配公平。尽管近 20 年我国棉花流通体制改革和市场服务体系建设取得重要成果，但在棉花收购企业和棉花种植者管理监督，棉花经营综合化服务提供，实行竞争力导向、加大结构性改革，统筹用好国内和国外两种资源与两个市场，改革涉棉金融管理政策，加强棉花价格信息管理服务等方面也还有提升的空间。目前新疆以外的主产棉区近年来棉花生产发展持续大幅萎缩，与新疆棉区相比发展很不平衡、不充分。要从人入手，加强对棉花生产者、经营者、管理者、服务者等相关人员、相关单位的资格规范、信息核查、行为监管和利益协调，处理好政府与市场的关系，使市场在资源配置中起决定性作用和更好地发挥政府作用。

三要解决操作性问题，建立和完善良好稳定的棉花政策框架，合理和有序解决问题。与世界上农业发达国家和世界贸易组织关于农业补贴政策改革的要求相比，我国现行棉花支持保护政策在功能定位、执行效率、合规性等方面还存在提升的空间，一些具体操作还需要进一步完善，亟须进行完善和创新。要从长计议，着眼全局，在政策操作上创新，搞好政策的分类组合，减少政策的数量，丰富政策的内容，提高政策的质量，实现政策预定的效果，建构良好稳定的棉花发展秩序。

3. 重视遵循 WTO 要求，实行“蓝”“绿”组合

深化我国棉花政策改革，要与世界接轨，符合 WTO 农业改革的大方向。

一要优化用好“蓝箱”支持措施，即按照 WTO 农业协议规定，属于可以引起贸易扭曲，但有限额并且在规定限额标准之内，可免除减让承诺的支持措施。这些支持措施主要是一些与生产监管计划相联系的、对棉农进行直接补贴的政策措施，限额标准是享受补贴的棉花产品数量不超过基期平均生产水平的 85%。

二要逐步引入“绿箱”支持措施，即按照 WTO 农业协议规定，不引起贸易扭曲，可免除减让承诺的支持政策。随着我国棉花生产区域布局发生重要变化，将绿色发展引入全国棉花支持政策重要而紧迫。这项支持措施主要为棉区生态环境建设保护项目及农业科研、病虫害防治、技术推广和咨询服务、检验服务、市场促销服务、农业基础设施建设、自然灾害救济、小农户退休或转业、退出农业商品生产的资源储备、实施农业生产结构调整规划的农业高速投资、农业生产条件明显不利的地区发展补助等项目。

三要实行“蓝箱”“绿箱”支持措施组合，即在宏观上建立国家棉花财政补贴支持基金、加大各级政府支持力度，微观上按棉农交售量及面积、质量等进行限额（如85%）的补助补贴，以及按棉区生态环境建设保护项目及符合“绿箱”支持措施标准的各类项目进行专项的支持补贴，建立资金统筹使用机制，合理设置各种支持补贴的前提条件、资格标准、顺序要求等，在符合支持条件时按优先序和规定标准等进行支持补贴。

4. 重视加强新技术应用，控制政策操作风险

深化我国棉花政策改革，要正确地做事，提高政策设计和政策操作中的科技水平。

一要加强政策条件应用，在政策文件中尽可能显示政策条件，包括前提条件、政策边界及因果关系等。要面向有异质性、差异性的社会个体，建立和完善良好稳定的政策框架，在棉花政策设计上合理引入条件并充分显示，坚持有所不变和有所变化相结合，以政策条件以及条件的变化为依据，积极稳妥推进改革，不断解决突出问题。

二要加强保险机制应用，完善和创新政策性棉花种植业保险制度和棉花市场价格保险制度，推进棉花种植业保险与市场价格保险的衔接整合。

三要加强数字农业应用，从农业部门入手抓。要推广新疆棉花目标价格改革试点的经验，从农业部门开始，组织棉花种植信息的农户申报、登记上网、数据核查等，健全和完善棉花产业发展的各项基础数据，抓好全国棉花产业信息平台建设，为棉花政策的操作实施提供支撑保障。

四、对完善和创新当前我国重要棉花政策的建议

深化我国棉花政策改革责任重大。目前我国正处在转变发展方式、优化经济结构、转换增长动力的攻关期，结构性、体制性、周期性问题相互交织，"三期叠加"影响持续深化，经济下行压力加大。适应我国棉花产业发展变化要求，解决高水平开放环境下的突出问题，深化棉花政策改革重要而紧迫。要提高对棉花产业发展重要性、复杂性和特殊性的认识，不能让棉花发展成为下一个"大豆问题"①。做好深化棉花政策改革工作，国家必须站得更高、看得更远和考虑更周全，实行有坚持和有改革相结合，把握大局，因势利导，搞好设计，整合资源，有序推进，推进从根本上解决棉花产业发展的效率问题、公平问题和可持续问题。

（一）深化我国棉花政策改革的方向、重点和难点

综合考虑我国棉花产业的变化趋势和我国棉花政策改革现状、需

---

① 我国"大豆问题"有双重含义：一个是加入 WTO 以后我国大豆需求迅速增长，需求数量庞大，但国产大豆生产不足，竞争力低，大豆消费主要依靠进口，国家缺乏对大豆贸易的战略控制能力；另一个是近年来我国对大豆政策的改革不成功，特别是从 2014 年起国家在东北和内蒙古启动大豆目标价格补贴试点，在政策操作上采取了简易办法，对关键环节的组织管控不严密，缺乏配套改革调整，改革效果不理想，与新疆棉花目标价格改革差异大，2017 年后国家调整大豆目标价格政策，实行市场化收购加补贴的机制。

要解决的突出问题和深化改革需要遵循的原则，做好新时代深化我国棉花政策改革工作，应以习近平新时代中国特色社会主义思想为指导，瞄准最终目标，突出问题导向，紧紧围绕提升效率、促进公平和绿色高质量发展，贯彻落实新发展理念，深入推进农业供给侧结构性改革，实施创新驱动战略，搞好统筹谋划、统筹兼顾和制度设计，严把改革方案质量关督察关，审时度势、精准施策和科学实施。

1. 实行有坚持和有完善相结合，建构由棉花市场机制、补贴机制和调控机制等“三支柱”组成的良好稳定的政策框架

在深化改革的方向上，强调继承和发展，实行有坚持和有完善相结合，瞄准建立良好稳定秩序的最终目标，突出解决重大现实问题，建立三个相对独立而又相互补充的政策支柱，每个支柱各解决一个核心问题，组成棉花政策体系，形成良好稳定的政策框架。第一支柱是棉花市场机制，即建立和完善棉花市场运行制度，坚持让市场在资源配置中起决定性作用，实行效率优先，激励从生产导向到竞争力导向，促进国产棉及棉花产业链的综合竞争力提升，解决国内外棉花生产质量、成本和效率有较大差距和我国棉花市场体系建设不完善问题。第二支柱是棉花补贴机制，即建立和完善棉农及棉区支持补贴制度，坚持政府更好发挥作用，激励从分配性努力到生产性努力，弥补市场失灵，促进社会公平和谐，解决我国棉农和棉花生产保护区支持补贴政策不完善问题。第三支柱是棉花调控机制，即建立和完善棉花种植、贸易及储备等管控制度，坚持以绿色生态和高质量发展为导向，激励从数量增长到数量质量生态并重，促进绿色发展和高质量发展，解决我国棉区生态环境建设保护不力和棉花宏观调控体系不完善问题。

2. 围绕提升效率、促进公平和绿色高质量发展，分类深化改革，有序解决突出问题

在深化改革的重点上，紧紧围绕解决国内外棉花生产质量、成本和效率有较大差距问题、我国棉农和棉花生产保护区支持补贴政策不完善问题、我国棉区生态环境建设管理不力和棉花宏观调控不完善问题等，实行分类改革、有序推进，将重大改革进行到底，切实解决突出问题。一是聚焦提升效率，深化市场类政策改革，加强棉花市场体系建设，完善价格形成机制，推进创新引领发展。二是聚焦促进公平，深化补贴类政策改革，深化完善新疆棉花目标价格改革试点，完善和创新补贴方式，统筹建立棉花目标价格保险制度、种植业保险制度和绿色发展补贴制度，并将这种制度向内地棉花主产区进行推广，逐步建立全国棉花生产基本收益保险与绿色发展补贴制度。三是聚焦推进绿色高质量发展，深化调控政策改革，采取监管约束和补贴奖励两手抓，在棉花产业发展上实行有保有放。

3. 完善政策操作机制，加强领导组织协调管理，提高由政府解决问题的能力和效果

在深化改革的操作上，攻坚克难，立足机制制度创新，突出改革整体性，注重可操作性，聚焦突出矛盾，统筹衔接当前和长远举措，明确分工、完成时限，把握节奏，分步实施，把改革方案设计好，加强政府公共管理和服务能力建设，提升政府资源配置效率和政策实施效果。一是在改革方案设计中明确政策实施的各种参与者及相关的责任、权力、利益关系。二是在改革方案落实中加强政策实施的人力、财力、物力配备。三是在改革工作组织中建立政策实施的科技、信息、法律支撑。

（二）对完善和创新我国重要棉花政策的几点建议

2020 年是一个重要的时间节点。当前和今后一段时间，在深化我国棉花政策改革工作上，国家要衔接过去、现在和未来，巩固近年来重大改革成果，结合新时代需要，加强领导，把稳方向，突出实效，加强系统集成，全力攻坚突破，继续坚持和完善棉花市场经营制度，加快完善和创新棉花及棉区支持补贴制度，探索健全和完善国家棉花种植、贸易及储备等管控制度，切实推进全国棉花政策协调统一，为提升我国棉花产业发展竞争力提供坚强保障。

1. 坚持和完善棉花市场经营制度，让市场在资源配置中起决定性作用，让高效率主体做大做强

坚持推进全国棉花市场建设，完善棉花收购企业和棉花种植户管理监督办法，推进高标准棉花市场体系，完善社会化服务体系，促进专业化分工，引导棉花资源合理高效配置，提高棉花产业竞争力。一是加强市场化建设，提供综合化服务。巩固棉花市场化改革成果，国家不再实行棉花临时收储，放活棉花产销价格，完善棉花价格形成机制。引导和支持有条件的企业或机构提供物流配送、科技服务、电子商务、保险服务、供应链金融等。二是实行竞争力导向，加大结构性改革。加快从生产导向转向竞争力导向，支持高效率地区和高效率主体发挥优势，降低成本提高价格竞争力，改进品质提高特色竞争力。促进涉棉企业兼并重组和上下游衔接整合，参与优质棉基地建设，提高棉花生产质量效益。三是推进国内外衔接，用好国内外两种资源和两个市场。支持棉花主产区农民流转土地、加大投资和技术改造，保持我国棉花产能在合理区间，务实、低调、依规开展海外农业投资。四是完善金融管理政策，改进政策性金融服务。按照银保监会规定，中国农业发展银行是我国的农业政策性银行，其承贷主体须为企业法人客户，已不适应农村形势变化需求，建议适度放宽该行信贷支持范围，采取分批试点、逐步递进的方式开展对专业大户和新型经营主体的信贷支持。可以考虑将国家支持新疆棉纺织服装业的相关配套资金，也统一由中国农业发展银行代理和拨付，加强对棉花全产业链发展的支持服务和资源整合。五是推进价格信息规范，加强重要价格信息管理服务。准确全面的价格信息是科学研判市场形势变化的重要基础。目前我国棉花市场价格种类很多，有生产价格、销售价格、期货价格、进出口价格、政策补贴价格等，但各种价格所针对的品种、质量、地点和交易条件等不同，难以比较和综合利用。要加强棉花市场价格信息调查汇总和统一发布，对重要价格及其价格条件和价格内容加强管理和统一发布，进行技术规范，建立严密性和连续性，优化市场服务。

2. 完善和创新棉花及棉区支持补贴制度，探索建立新型棉花目标价格保险与棉区绿色发展支持补贴制度

完善我国棉花补贴政策，稳妥推进、渐进调整，推进补贴结构调整和方式转变，将现行政策的性质从“蓝箱”措施进一步改革创新为“蓝箱”措施与“绿箱”措施相组合，实行产业措施与区域措施相组合。在产业措施上以种棉农民为主要对象，侧重“补亏损、稳收入”，实行财政限额支持，在操作上采用新疆棉花目标价格改革试点的基本做法并深化完善，建立新型棉花目标价格保险制度；在区域措施上以棉区绿色发展项目为对象，侧重“补绿箱，促转型”，实行财政奖励补助，在操作上按照 WTO“绿箱”支持措施要求设计项目组织实施，建立棉区绿色发展支持补贴制度；对产业措施和区域措施进行衔接组合，设立国家棉花及棉区财政补贴支持基金，设置产业措施支持限额，统筹实施新型棉花目标价格保险制度和棉区绿色发展补贴制度。

（1）深化完善新疆棉花目标价格补贴制度，建立新型棉花目标价格保险制度。坚持保护实际种棉者利益，坚持实行宏观上核算差价补贴而微观上按交售量及面积、质量等补贴，坚持产销监管和信息平台建设。将保险机制引入目标价格制度并进行创新，以目标价格为理赔责任标准，实行参保者缴费，实行国家补限额赔付，实行目标价格、补贴总额“双限”。继续实行补贴资金由财政安排，但设立保险补贴基金，由基金统筹收支。[①] 完善目标价格定价周期及水平，可从一定三年改为一定五年。完善补贴与棉花质量挂钩的实施办法，探索补贴与棉花品种挂钩的实施办法，探索将新疆的相关政策机制进行整合、统一和规范。加强棉花行业诚信体系建设等。

（2）完善棉花种植业保险制度，与新型棉花目标价格保险制度衔接整合。对棉花种植业保险制度进行改革，完善参保和理赔办法，加大对小农户的扶持。推进棉花生产基础信息共建共享，整合政策资源，提高资金使用效率。凡是参加棉花种植业保险缴费的农民，可以凭有关缴费免交新型棉花目标价格保险费用；由国家对棉花实际种植面积在一定规模（如 100 亩）以下的小农户参加保险的农户保费进行补助。

（3）创建棉区绿色发展支持制度，与新型棉花目标价格保险制度有机组合。按照 WTO 农业补贴规则的“绿箱”措施标准，强化棉区生态系统补贴政策，设计棉区绿色发展支持项目，比如对特定区域的农户棉花用地养地、农业环境保护、落后地区援助、农业结构调整投资、农业资源储备、一般农业服务支出、推进水肥一体化、农膜残留回收、发展品种一致性等给予扶持，探索生产申报、耕地治理、农业面源污染治理、农业高效节约用水等有效支持政策，设立项目优先序，由财政按项目进行奖励补助。国家设立棉花及棉区财政补贴支持基

① 初步设想，每年补贴总额由财政预算定额拨付，对年度财政预算拨付补贴总额，以 2014 ~ 2019 年补贴总额平均数为基础，结合财政收入实际增长统筹考虑；对年度财政实际拨付补贴总额，按照宏观上的差价结合当年棉花实际产量等核算，综合考虑 WTO 规则等，实行限额补贴。

金，将基金一定比例或保证新型棉花目标价格保险支出后的余额，用于棉区绿色发展项目开支。在具体操作上，可借鉴政府招标采购模式，逐项进行规范化、标准化和信息化，按棉农实际付费的一定比例进行奖励补助，核定专业化服务费用标准，实行统一编码管理，实行规范操作、据实补贴、先试点后推广、有序推进，探索成熟一项启动补贴一项，最终形成完整政策体系。

3. 健全和完善国家棉花种植、贸易及储备等管控制度，促进棉花产业链上下游的协同发展

从源头入手加强引导、监管和服务，健全农业风险分散体系，完善棉花全产业链管理，适时适度实施宏观调控，推进棉花产业的绿色发展、高质量发展和可持续发展。一是探索棉花生产监管。重视新时代我国比较优势和竞争优势的变化，推动棉花生产总量引导管控、布局结构调整和发展方式转变。从制约棉花可持续发展的重要领域和关键环节入手，突出绿色生态导向，探索制定全国棉花生产保护区绿色生态发展规划，建立棉花生产经营者资格管控制度，明确棉花实际种植者在用地、用水、用肥、用药、用膜、棉花交售、参加保险、信息申报、领取补贴等方面的要求和义务。以现有补贴政策的实施为切入点，建立和完善补贴控制条件体系（包括对象、范围和程序等），促进农民规范种棉。二是适度进行贸易管控。多元、均衡、可控释放棉花进口需求，从严控制棉花滑准税配额进口数量、时机和节奏，对棉花市场进行适当调节。三是适时进行储备调节。国家在棉花收购价持续过度下降时要由中储棉公司逢低收储，在持续迅速上涨时要减量或停止收储。四是加强风险防范管控。完善棉花产业信息平台建设的范围和内容。加强棉花财政支持风险管理控制，明确实行限额补助，控制棉花目标价格水平和补贴总量规模。加强棉花金融风险管理，重视涉棉企业或农户的资金周转问题和农发行等金融机构的资金安全问题。

4. 推进全国棉花政策协调统一，将新疆棉花政策改革经验向内地棉花主产区进行推广

针对新疆以外主产棉区近年来棉花生产发展持续大幅萎缩的问题，要完善全国棉花发展政策顶层设计，加快建立全国棉花政策协调统一机制，尽快将新疆棉花政策改革的重要经验和基本做法向内地棉花主产区进行推广，并与新疆棉区同步进行完善和创新，探索建立新型棉花目标价格保险制度和棉区绿色发展支持制度。在将新疆经验做法向其他省区推广过程中，要发挥当地农业农村部门及乡（镇）村组织作用，从生产源头开始抓，并加强管理监督，加强对棉花种植信息的调查、统计和申报等基础工作。要与棉花种植保险改革、棉花供给侧结构改革、国家储备机制改革、关税配额制度改革等进行衔接和组合，在棉花价格监测统计、市场体系建设、党委政府组织领导协调等方面推进配套改革，推动棉花产业服务体系升级、企业兼并重组和提升产业竞争力。

执笔人：秦中春　李　青　宁　夏　等

参考文献

[1] 国务院发展研究中心农村经济研究部课题组．新疆棉花目标价格改革政策课题研究报告，2019.

[2] 秦中春．引入农产品目标价格制度的理论、方法与政策选择．北京：中国发展出版社，2015.

[3] 秦中春．新疆推进棉花目标价格改革的经验．国务院发展研究中心调查研究报告，第 46 号（总第 5546 号），2019.

[4] 秦中春，李青．我国棉花政策改革取得重要成果，国务院发展研究中心调查研究报告择要，第 37 号（总第 3057 号），2019.

[5] 秦中春，李青，宁夏．深化我国棉花政策改革的几点建议．国务院发展研究中心调查研究报告择要，第 45 号（总第 3065 号），2019.

[6] 谭砚文，关建波．加入 WTO 后的中国棉花生产．北京：中国农业出版社，2016.
[7] 中国棉纺织行业协会编著．中国棉纺织行业 2018 年度发展研究报告．北京：中国纺织出版社，2019.
[8] 全国棉花交易市场．中国棉业改革 20 年——2019CNCE 棉业发展年会专刊．中国棉花信息网，2019.
[9] [美] 斯文·贝克特著．徐轶杰，杨燕译．棉花帝国——一部资本主义全球史．北京：民主与建设出版社，2019.

专题报告八

高水平开放对我国奶业的影响及应对

在我国居民食物消费结构中，奶类产品属于典型的高收入弹性产品，随着居民收入水平提高，全社会对奶类产品的消费需求趋于上升。在我国农业生产结构中，奶类产品生产属于典型的既耗粮又占地的产品，随着工业化城镇化程度提高，奶业比较优势趋于下降。这两个特点决定了我国奶业在高水平开放进程中已经并将继续面临较大的挑战和压力，需要妥善应对。

一、市场准入门槛降低对我国奶业发展的影响

加入 WTO 以来，我国奶业先后经历了履行入世承诺和履行中国—新西兰自贸协定、中国—澳大利亚自贸协定的冲击。总体而言，2008 年之前国内奶类产品消费快速增长，国内产量和进口量均实现了增长；2008 年之后，受消费者对国产奶制品信任度下降、国内原料奶成本上升等因素影响，国内奶类生产呈现长期停滞状态，消费增长基本被进口增长所占领。

（一）履行入世承诺对我国奶业的影响

根据我国加入 WTO 谈判达成的关税减让进程表，入世后我国乳制品进口要实行关税减让，即从入世前的 25% ~50% 下降到 10% ~15%，只有个别产品下降到 20%（见表 8－1）。由于乳制品进口关税大幅度下降，一些乳制品进口量快速增加，对我国奶业产生了一定影响。但整体来看，入世对我国奶业的影响并不是很大。主要原因包括三个方面：一是我国乳制品消费的增长刚刚起步，消费需求的迅速增长能够消化掉进口增量；二是当时我国的奶牛养殖模式以散户和小规模养殖为主，原料奶仍有成本优势；三是国外乳企进入中国后存在水土不服，国内消费者仍偏好国产乳制品。

表 8－1　　中国加入 WTO 主要乳制品税率减让表　　单位：%

海关编码	货品名称	2000 年	2001 年	开始年	2002 年	2003 年	2004 年	2005 年开始
		优惠税率	优惠税率	（跳过）	优惠税率	优惠税率	优惠税率	优惠税率
0401	未浓缩乳及奶油	25	23	21	19	17	15	15
04021	浓缩固态乳及奶油	25	15	15	15	12.5	11.5	10
04022－29	其他浓缩非固态乳及奶油	50	43.3	36.7	30	15 ~23.3	12.5 ~15	10
04031	酸乳	50	42	34	26	18	10	10
04039	其他酪乳及发酵奶油	50	44	38	32	26	20	20
04041	乳清及改性乳清	6	6	6	6	6	6	6
04049	其他乳清产品	50	44	38	32	26	20	20
0405	黄油，乳酱，乳脂（油）	50	43.3	36.7	30	23.3	15	10
0406	鲜干酪，加工干酪	50	42.4	34.8	27.2	19.6	12	12
04064	蓝纹干酪	50	43	36	29	22	15	15
04069	其他干酪	50	42.4	34.8	27.2	19.6	12	12

注：开始年跳过是因为中国年度调整关税的日子是“1 月 1 日”，与中国成为 WTO 正式成员的时间 12 月 11 日离得很近，为避免因为时间差距较短而引起混乱，使各国企业更容易了解中国减税情况，中国决定把这两个减税日子合在一起，并以“1 月 1 日”为执行日。

资料来源：WTO 谈判关税减让进程表；《中华人民共和国进出口税则》（2003 年版）和（2004 年版）。

1. 加入 WTO 后我国奶产品消费与生产发展

加入 WTO 以前，我国奶类的消费水平较低。1999 年我国人均牛奶消费量为 6.65 千克，仅为世界平均牛奶消费水平 80.40 千克/人的 8.27%。随着经济的发展、人民生活水平的提高，我国对乳制品的消费需求快速增长。1996 年，利乐公司在我国推出了超高温灭菌奶的无菌包装（UHT 包装），解决了奶保存和运输难的问题，延伸了奶的消费半径，从此改变了我国奶业发展的格局，带动我国奶业进入消费和生产发展的“黄金十年”。1996 年光明乳业公司成立，同年伊利公司上市，1999 年蒙牛公司成立，大型乳企的快速发展壮大推动了消费市场的全面扩张与渗透，拉动了我国奶类产量的快速提升。2001 年、2004 年和 2006 年，我国原料奶生产先后突破 1000 万吨、2000 万吨和 3000 万吨大关，2008 年达到 3781.5 万吨，2001 ~ 2008 年奶产量的年均增速近 20%（见图 8 - 1）。奶业的生产和消费在此期间呈现一片繁荣，而且因为国内需求的增长快于国内生产的增长，入世带来的进口增加被快速增长的需求迅速消化，并没有产生对国内生产的挤出效应。

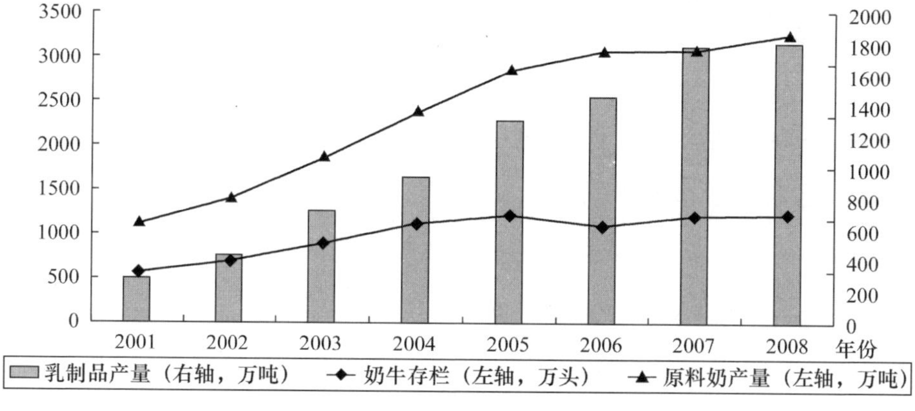

图 8 - 1　2001 ~ 2008 年我国奶牛存栏、原料奶产量、乳制品产量

2. 加入 WTO 后我国奶产品进口情况

入世之前，我国居民奶类消费的快速增长使得国内生产不能满足国内消费，奶类是我国唯一净进口的畜产品。1997～1999 年 3 年年均出口 11.02 万吨，占国内产量的 1.42%，进口 85.92 万吨，相当于国内产量的 11.08%；净进口 74.9 万吨，相当于国内产量的 9.66%；奶类逆差 1.59 亿美元。

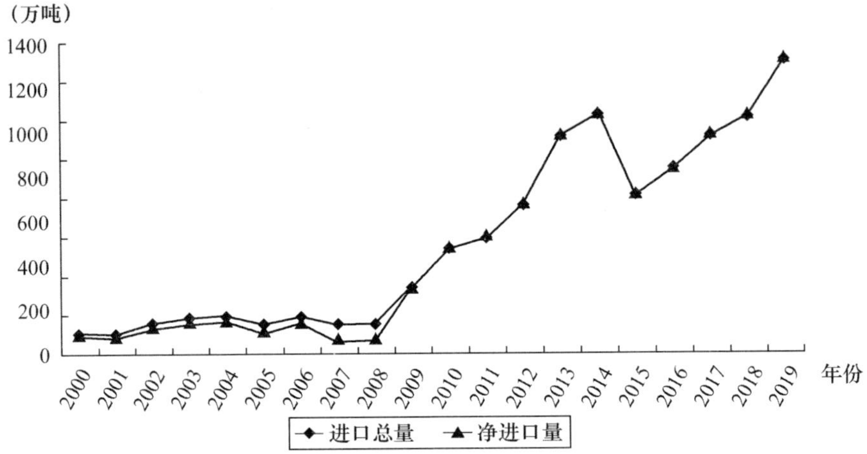

图 8－2　2000～2019 年我国乳制品进口总量及净进口量（ME）

资料来源：根据中华人民共和国海关总署数据计算得出。

我国奶类消费的快速增长，也带动了乳制品进口的快速增加。加入 WTO 后，我国乳制品的净进口量从 2001 年的 63.9 万吨扩大到 2006 年的 142.7 万吨，增长了 123.32%（见图 8－2、表 8－2）。履行入世承诺削减乳制品关税后，国内外奶粉的价差缩小、国内奶价格优势丧失，进口 UHT 包装奶价格低于国内，进口的增加有一定的价差替代效应，但进口增量主要是来自需求增长的拉动效应。尤其是此期间我国消费者对国外乳制品没有偏好，液态奶在短期进口增加后迅速回落，进口增长较快的主要是奶粉，用于还原调配液体奶，弥补国内生产的不足。

3. WTO 改革对全球奶类贸易及我国奶业的影响

虽然根据 WTO《农业协定》要求，各成员应取消奶类出口补贴和削减奶类国内支持，但由于奶业在很多国家是非常敏感的产业，一些

表 8－2　　2000～2008 年我国乳制品进出口情况　　单位：吨

类别＼年份	2000	2001	2002	2003	2004	2005	2006	2007	2008
液奶进口	14910	9599	4836	3024	3006	3782	3767	4128	7435
酸奶进口	2554	2856	1663	322	492	497	784	731	785
奶粉进口	72769	58506	110799	133689	144931	106875	134917	98196	101027
炼乳进口	647	1347	888	962	1120	1225	1078	925	852
乳清进口	122903	119780	137954	161205	178011	187643	184557	167427	213134
黄油进口	3088	1452	5155	11228	12379	12835	12832	13984	13553
奶酪进口	1968	2030	2533	4614	7244	7178	9892	13190	13904
婴配进口	7501	8855	11788	9941	13233	16063	27913	35792	42220
进口折算生鲜乳	928839	761874	1384520	1659228	1819134	1377955	1760757	1385614	1434946
液奶出口	29417	26433	27786	27205	30641	33534	38642	45559	38428
酸奶出口	162	74	151	246	782	1031	1060	1665	1104
奶粉出口	10161	5043	10299	7678	9259	17764	20576	62038	63771
炼乳出口	7253	10303	11339	12955	17433	16136	13380	14837	8054
乳清出口	334	338	344	228	1441	635	522	4066	4310
黄油出口	223	0	505	4	24	65	139	5929	4967
奶酪出口	407	514	606	547	552	658	540	472	—
婴配出口	878	663	901	796	25	47	56	118	115
出口折算生鲜乳	179535	122712	192549	163915	198194	303587	333816	845763	836793
净进口	749304	639163	1191970	1495313	1620941	1074369	1426941	539851	598154

注：根据第三次农业普查的结果，对 2006～2008 年的数据进行了调整。

国家仍然在 WTO《农业协定》允许的范围内对奶业进行补贴和保护，主要有以下方式。

一是给奶农提供直接补贴。奶业发达国家直接给奶农提供的补贴占奶农收入的比重较大。2016 年比利时、丹麦等 5 个来自欧盟的国家奶农的补贴占生鲜乳价格的比例在 7.6%～13.5%。2017 年日本通过

《加工用生鲜乳生产者补贴政策》，直接补贴了369.6亿日元（折合人民币22.3亿元），补贴额占生鲜乳价格的5%。2018年9月加拿大在NAFTA重新谈判中向成员方开放本国3.25%的乳制品市场，为此将向国内奶农提供24亿加元（折合人民币123.6亿元）的收入补偿和15亿加元（折合人民币77.2亿元）的配额取消补偿等。

二是健全的奶牛养殖抗风险机制。奶业发达国家重视奶业市场稳定机制建设，主要包括抑制市场波动的储备政策与稳定奶农收入的风险基金等。欧盟实施干预购买和私人储备援助计划稳定内部市场，当市场价格低于市场参考价格时启动干预购买计划，增加库存。日本由政府和奶农共同出资建立风险基金，市场发生波动时对奶农的损失进行补偿。美国出台牛奶毛利润保障项目，利用保险管控养殖风险，每美担（合45.359千克）生鲜乳毛利润低于4美元时，保险公司给予奶农赔付。2015~2017年，美国每年参加毛利润保障的生鲜乳数量分别达到6443.9万吨、7221.8万吨和6252.6万吨，分别占美国牛奶总产量的68.1%、74.9%和63.9%。新西兰《乳品行业重组法案》规定，乳品企业不得拒收牧场的合格生鲜乳。2018年澳大利亚严重干旱，奶业受影响较大，澳大利亚政府批准了4.5亿美元的救助计划。

三是高关税或技术壁垒限制。加拿大每年对超过进口配额的乳制品征收较高关税，脱脂牛奶和全脂牛奶的进口关税分别达241%和292.5%，远高于其他国家。日本对进口乳制品尤其是液态奶采取高关税政策。根据WTO数据，2016年日本乳制品进口平均关税为95.1%，其中液态奶关税为21.3%+1199日元/千克（折合人民币72.8元/千克），奶酪关税为22.4%。日本的差异化产品关税政策，既保护了其国内生鲜乳生产免遭进口冲击，又保证了其国内对奶酪等干乳制品的消费需求。印度尼西亚政府限定乳企使用大包奶粉和生鲜乳两种原料比例，规定大包奶粉的使用比例不能超过总原料的20%。我国台湾地区对进口大包奶粉开征“奶业捐”，调控乳制品进口。

奶类在世界大部分国家和地区都是敏感产品，在 WTO 的国内支持和关税削减中较多作为例外产品，其保护程度大大高于我国同类商品的价格水平。WTO 改革推动的补贴和关税削减在奶类上成效不显著，对全球乳制品贸易格局没有产生很大的影响。但由于新西兰对奶业的补贴较少而欧盟力度较大，欧盟与新西兰在国际竞争力上的差距有所收窄。

（二）履行双边自贸协定或经贸协议对我国奶业的影响

世界五大乳制品出口国（地区）为新西兰、澳大利亚、欧盟、美国和阿根廷，除阿根廷由于地理位置离我国较远等原因我国与其乳制品贸易规模相对较小外，新西兰、澳大利亚、欧盟和美国均为我国乳制品进口的主要来源地。新西兰和澳大利亚是世界上第一和第三大乳制品出口国，成本优势非常明显。我国与新西兰、澳大利亚签订自贸协定后，我国自其进口的乳制品关税逐步降至零，使其价格竞争力进一步提升。随着我国乳制品消费市场的快速扩大，加上三聚氰胺等质量安全事件，导致我国消费者偏好外国乳制品以及用国外乳制品原料生产的产品，新西兰和澳大利亚对我国乳制品的出口大幅增长，成为我国第一和第三大乳制品进口来源国。大量优质低价乳制品进口的增加，倒逼了国内奶业结构调整，并由于消费扩张增速的收窄，对国内原料奶产生了挤出效应。

1. 履行中国—新西兰自贸协定对国内奶业的影响

自 2008 年以来，我国自新西兰进口的乳制品大幅增长，尤其是奶粉（见图 8 - 3、图 8 - 4）。新西兰的全脂奶粉一直占据我国进口全脂奶粉的绝大部分市场份额，2018 年我国自新西兰进口的全脂奶粉占到了进口总额的 89.7%。如果将所有乳制品折算为生鲜乳当量（ME），

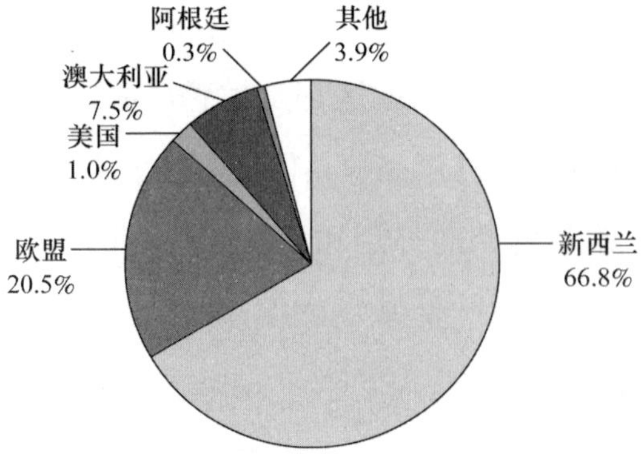

图 8－3　2019 年我国乳制品进口来源国情况

资料来源：中华人民共和国海关总署。

新西兰也占据了我国进口 64.6% 的份额。新西兰在我国乳制品进口市场上已经具有一定垄断地位，并且形成一套标准体系，国内消费者也逐渐把新西兰全脂奶粉的风味当作了衡量其他产品的标准。

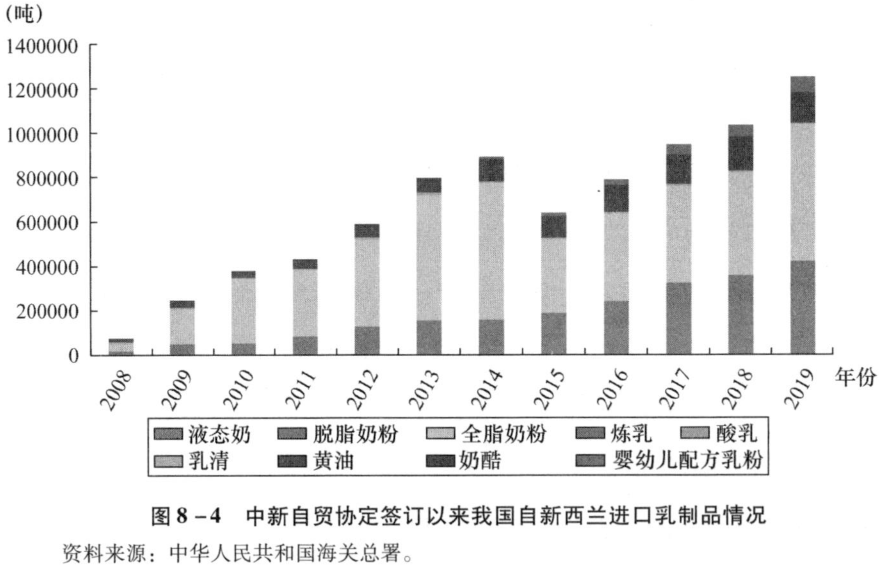

图 8－4　中新自贸协定签订以来我国自新西兰进口乳制品情况

资料来源：中华人民共和国海关总署。

根据中国—新西兰自贸协定，2019 年自新西兰进口的乳制品关税已经全部降至零；针对不同乳制品品种的特殊保障措施，也将分别在 2022 年和 2024 年结束。对我国奶业影响最大的是大包奶粉进口，因

表 8 – 3　　中国—新西兰自贸协定乳制品关税减让表

海关编码	产品类别	基础税率	2008 年	2009 年	2010 年	2011 年	2012 年	2013 年	2014 年	2015 年	2016 年	2017 年	2018 年	2019 年	结束期
04011000	脂肪含量未超 1% 未浓缩及未加糖的乳及奶油	15	12	9	6	3	0	0	0	0	0	0	0	0	2012 年
04012000	未浓缩及未加糖的乳及奶油，脂肪含量 > 1%，但≤6%	15	13.5	12	10.5	9	7.5	6	4.5	3	1.5	0	0	0	2017 年
04013000	脂肪含量 > 6% 未浓缩及未加糖的乳及奶油	15	13.5	12	10.5	9	7.5	6	4.5	3	1.5	0	0	0	2017 年
04021000	脂肪含量≤1.5% 固状乳及奶油	10	9.2	8.3	7.5	6.7	5.8	5	4.2	3.3	2.5	1.7	0.8	0	2019 年
04022100	脂肪含量 > 1.5% 未加糖固状乳及奶油	10	9.2	8.3	7.5	6.7	5.8	5	4.2	3.3	2.5	1.7	0.8	0	2019 年
04022900	脂肪含量 > 1.5% 的加糖固状乳及奶油	10	9.2	8.3	7.5	6.7	5.8	5	4.2	3.3	2.5	1.7	0.8	0	2019 年
04029100	浓缩但未加糖的非固状乳及奶油	10	9.2	8.3	7.5	6.7	5.8	5	4.2	3.3	2.5	1.7	0.8	0	2019 年
04029900	浓缩并已加糖的非固状乳及奶油	10	8	6	4	2	0	0	0	0	0	0	0	0	2012 年
04031000	酸乳	10	8	6	4	2	0	0	0	0	0	0	0	0	2012 年

续表

海关编码	产品类别	基础税率	2008 年	2009 年	2010 年	2011 年	2012 年	2013 年	2014 年	2015 年	2016 年	2017 年	2018 年	2019 年	结束期
04039000	酪乳及其他发酵或酸化的乳及奶油	20	16	12	8	4	0	0	0	0	0	0	0	0	2012 年
04041000	乳清及改性乳清	6	4.8	3.6	2.4	1.2	0	0	0	0	0	0	0	0	2012 年
04049000	其他编号未列名的含天然乳的产品	20	16	12	8	4	0	0	0	0	0	0	0	0	2012 年
04051000	黄油	10	9	8	7	6	5	4	3	2	1	0	0	0	2017 年
04052000	乳酱	10	8	6	4	2	0	0	0	0	0	0	0	0	2012 年
04059000	其他从乳中提取的脂和油	10	9	8	7	6	5	4	3	2	1	0	0	0	2017 年
04061000	鲜乳酪（未熟化或未固化的）	12	10.8	9.6	8.4	7.2	6	4.8	3.6	2.4	1.2	0	0	0	2017 年
04062000	各种磨碎或粉化的乳酪	12	9.6	7.2	4.8	2.4	0	0	0	0	0	0	0	0	2012 年
04063000	经加工的乳酪，但磨碎或粉化的除外	12	10.8	9.6	8.4	7.2	6	4.8	3.6	2.4	1.2	0	0	0	2017 年
04064000	蓝纹乳酪和娄地青霉生产的带有纹理的其他乳酪	15	12	9	6	3	0	0	0	0	0	0	0	0	2012 年
04069000	其他乳酪	12	10.8	9.6	8.4	7.2	6	4.8	3.6	2.4	1.2	0	0	0	2017 年

为其与国内奶粉价差较大，每年大包奶粉的进口均在年初就触发特殊保障措施，而且触发时间不断提前。例如，在尚未进入2020年之际，在途进口奶粉的额度就已经在2019年末突破了2020年度的触发水平。中华人民共和国海关总署2019年12月24日发布《关于2020年度自新西兰进口有关农产品触发水平数量的公告》称，根据《中华人民共和国政府和新西兰政府自由贸易协定》，我国对自新西兰进口的四大类12个税号农产品（以下简称四大类农产品）实施特殊保障措施。也就是说，2020年以协定关税进口的原料奶粉额度已经在2019年用完，2020年装运的原料奶粉要抢2021年的额度了（见表8－3）。

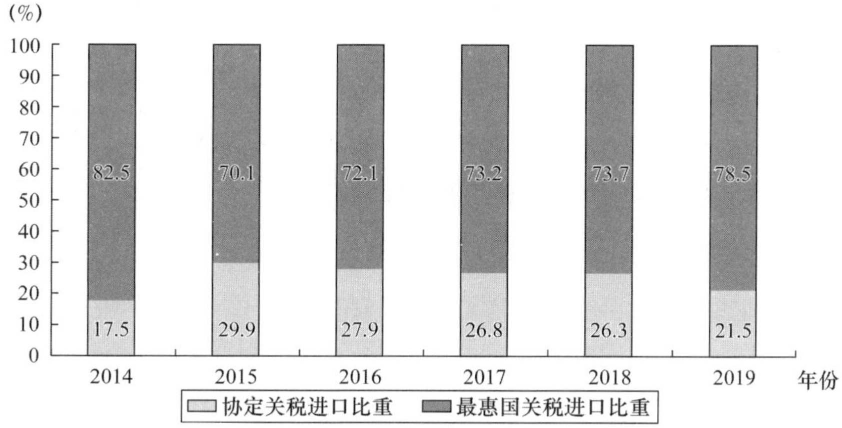

图8－5　自新西兰进口乳制品适用关税的情况

资料来源：中华人民共和国海关总署，《中华人民共和国与新西兰政府自由贸易协定》。

以2019年为例，奶粉进口的特殊保障措施触发水平为162482吨，而我国大包奶粉共进口了801436吨，享受零关税的仅占20.3%，其余按10%最惠国关税水平征收（见图8－5）。到2024年特保措施取消后，将有80%的进口大包奶粉的成本下降10%以上（增值税是在关税完税的基础上征收），这将使原本就对国产生鲜乳具有价格优势的新西兰奶源更具竞争力。按全年平均到岸价3032美元/吨计算，新西兰的原料奶粉仅从关税一项即可减少成本约1.31亿美元，如果再将增值税部分计算在内，则至少减少 1.88 亿美元成本。由此可以预见，到 2024 年特殊保障措施取消后，我国自新西兰进口的乳制品还会大幅增长，在乳制品市场增量空间逐步缩小的情况下，其价格优势必然会对国内生产形成挤压，而且欧盟、美国乃至南美等国的全脂奶粉产品很难和新西兰产品竞争。

2. 履行中国—澳大利亚自贸协定对国内奶业的影响

2015 年 12 月 20 日正式生效的中国—澳大利亚自贸协定，从某些条款上看，甚至比中国—新西兰自贸协定更为优惠，比如特保措施，在乳制品方面仅针对全脂奶粉。但从协定生效以来乳制品的进口情况看，各类乳制品也出现一定幅度的增长（见图 8－6），但澳大利亚的奶产品并没有获得更多的中国市场份额。这有三方面的原因：一是澳大利亚虽然同新西兰资源禀赋类似，但从整体看与新西兰还有一些差距，竞争力稍弱；二是中新自贸协定已经实施多年，目前的关税水平还保有对澳大利亚产品的优势；三是澳大利亚近几年连续遭受干旱的影响，奶业生产受到一定影响。因此，在短期内，澳大利亚乳制品对我国的出口无法对新西兰的乳制品形成挑战，但对于其他乳制品出口国会有一些相对优势。

3. 履行其他自贸协定或经贸协议对国内奶业的影响

我国与瑞士等已签订自贸协定，与东盟的《区域全面经济伙伴关系协定》（RCEP）也于 2020 年 11 月 15 日得以签署，与加拿大的自贸协定正在研究过程中，但这些国家和地区的乳制品出口竞争力不强，对我国奶业的影响不会太大。目前，仅新加坡、瑞士对我国有一定量的婴幼儿配方乳粉出口，但份额较小。RCEP 成员方中值得关注的是印度，印度的奶类产量世界第一，但目前其奶业生产基础薄弱，加工能力不强。印度政府为此实施“白色革命”，努力提高产业水平，在

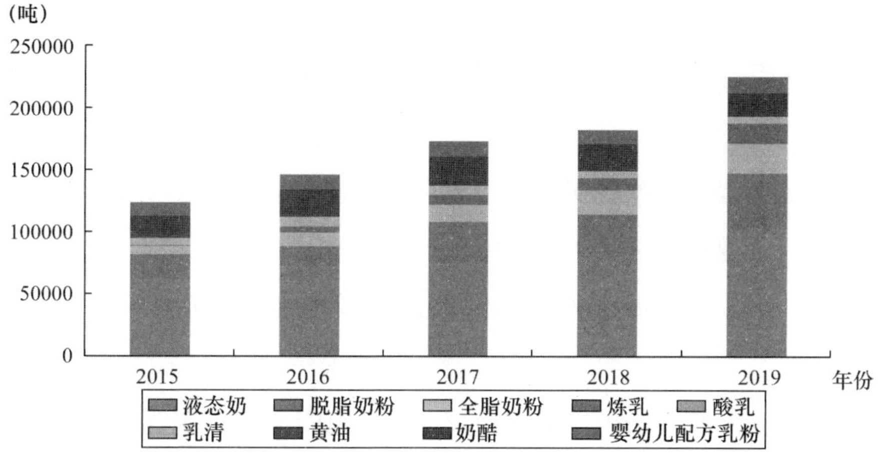

图8-6　中澳自贸协定签订以来我国自澳大利亚进口乳制品情况

资料来源：中华人民共和国海关总署。

国际市场也不断有所突破，未来在全球乳制品出口市场会占有一定的份额，尤其是黄油的出口。

2020年1月15日，中美双方在美国华盛顿签署《中华人民共和国政府和美利坚合众国政府经济贸易协议》（以下简称《协议》），要求扩大我国对美农产品的进口，其中美方对乳制品提出了具体的要求。根据此《协议》内容，预期未来会对我国奶业产生以下两个方面的影响：一是我国会增加采购美国的乳制品，美国的优势产品主要是乳清、奶酪，以及高附加值的乳制品，美国奶业基础雄厚，而且更重要的是增产潜力巨大；二是美国会对中国目前的乳制品标准施加一定影响，比如对巴氏奶（ESL产品）、乳清（婴配用乳清）以及奶酪标准的影响，会对增加美国产品在中国进口市场中的份额起到较大作用，甚至会改变我国某些产品的进口市场格局。

二、比较优势变化对我国奶业发展的影响

分析对外开放对我国奶业的影响，不仅应关注市场准入门槛降低带来的影响，而且应关注我国奶业比较优势变化带来的影响。产业比较优势下降和准入门槛降低叠加，使我国奶业承受的挑战和压力不断加大。

（一）我国原料奶生产成本持续上涨，已明显高于主要出口国

我国的原料奶成本远高于全球主要奶业出口国。目前我国奶牛养殖的原料奶生产全成本在3.30元/千克左右，而以放牧为主要模式的新西兰、澳大利亚的生产成本在1.40～1.60元/千克，美国在1.70～1.90元/千克，以荷兰为代表的欧盟在1.90～2.10元/千克。近期，国家奶牛产业技术体系对270个奶牛养殖场的调研显示，平均每千克奶成本为3.66元，比同期美国、英国和新西兰分别高10.6%、50%和50.6%。

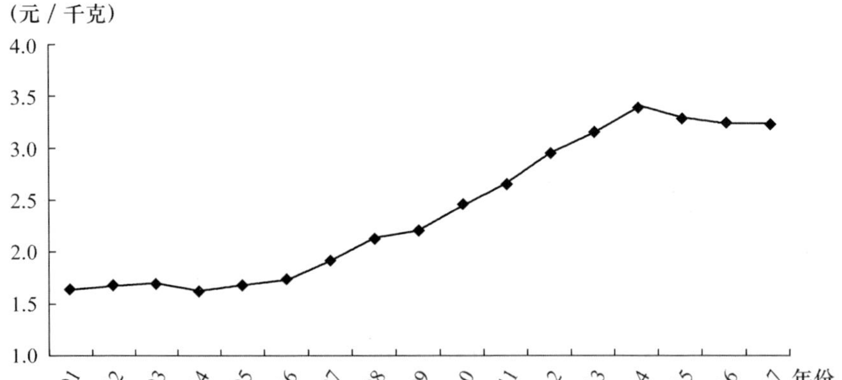

图8－7　2001～2017年我国原料奶生产成本变化情况

资料来源：农业农村部。

我国的原料奶生产成本在2001～2006年相对较低，且比较平稳，

此时的成本与主要奶业出口国家相比，也没有明显劣势，加之生鲜乳易腐难贮存、适于本地消费的属性，国外奶源很难在中国打开市场。2007 年以后，尤其是在 2008 年突破了 2 元/千克大关后，我国的原料奶成本持续快速上涨，这一过程一直延续到 2014 年初，达到了历史最高位 4. 26 元/千克，此时的成本已经远远高于奶业主要出口国家的水平，比当年的国际原料奶贸易价格（3. 40 元/千克）高出 25. 3%。之后几年，由于技术进步等原因，我国原料奶生产成本没有进一步上涨，并且出现了小幅下降，但整体上仍在高位徘徊（见图 8 –7、图 8 –8）。

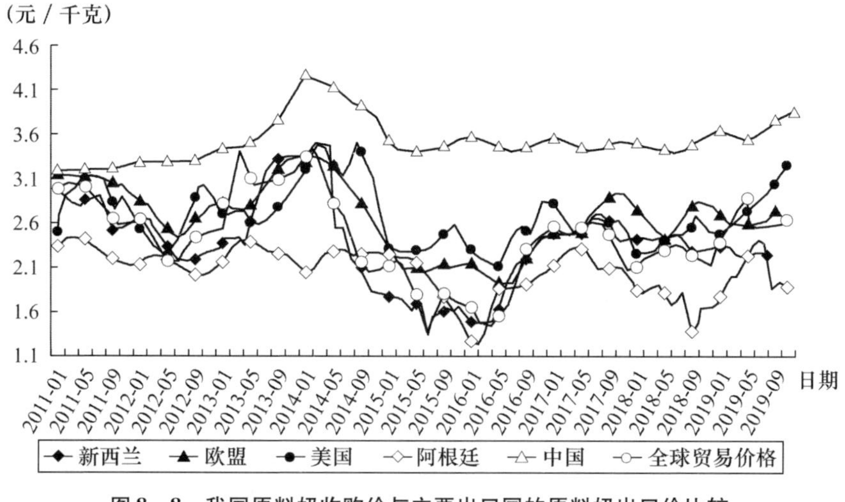

图 8 –8　我国原料奶收购价与主要出口国的原料奶出口价比较

资料来源：CLAL，AHDB，农业农村部，IFCN。

近年来为促进奶业升级，乳企向上游延伸推动了规模化牧场的建设，使我国奶牛养殖的规模化水平大幅提升，相应地也提高了单产效率。2018 年 100 头以上奶牛规模化养殖比重达到 61. 4%，比 2002 年（2002 年开始统计）提高 49. 5 个百分点（见图 8 –9）。规模牧场 100% 实现机械化挤奶，93% 配备全混合日粮（TMR）搅拌车。从生产效率（技术进步）的角度看，2018 年中国奶牛平均单产 7. 4 吨，比 2008 年提高了 2. 6 吨，增幅 54%（见图 8 –10）。对 1400 个存栏 100 头以上的规

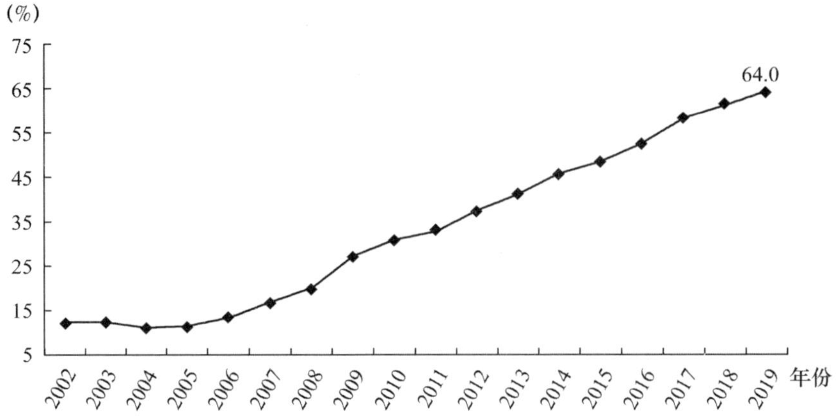

图 8－9 2002～2019 年我国 100 头以上奶牛规模化养殖比重

资料来源：农业农村部。

模牧场奶牛生产性能测定结果显示，奶牛测定日平均产奶 30.0 千克，折合 305 天产奶量 9.1 吨，已经达到国际领先水平。随着我国标准化规模养殖的进一步推进，行业整体达到 9～10 吨的水平是有希望的。

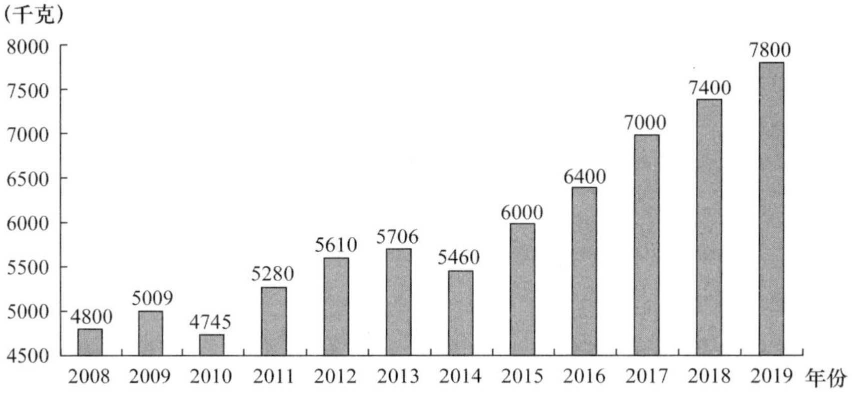

图 8－10 2008～2019 年我国奶牛单产水平

资料来源：农业农村部。

但规模化养殖固定资产投资大，对管理的要求较高，也使养殖的成本难以下降。由图 8－11 可以看出，小规模奶牛养殖在成本上最具优势，而中规模已经显露出规模不经济，大规模奶牛养殖由于在人工、设备上的使用效率更高等原因，成本略微下降，但依然高企。

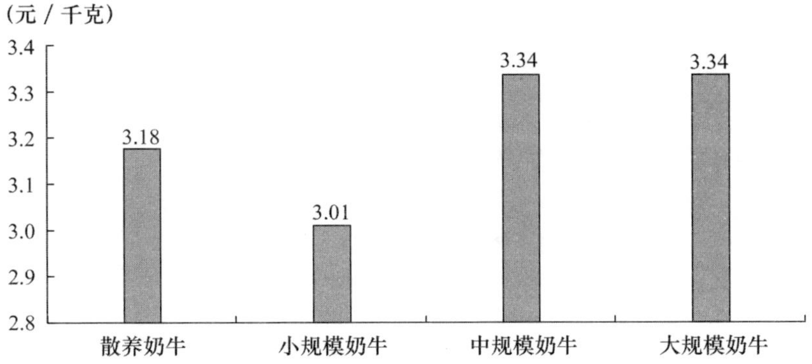

图 8－11　2017 年我国奶牛养殖不同规模生产成本比较

注：散养 Q≤10，小规模 10＜Q≤50，中规模 50＜Q≤500，大规模 Q＞500。

资料来源：全国农产品成本收益资料汇编 2017。

（二）我国原料奶价格与进口奶粉还原的价差日益扩大

进口奶主要是以全脂奶粉形式进入我国，以复原乳的形式作为原料制作各种乳制品，替代我国本土生产的生鲜乳。因此可以以进口全脂奶粉到岸价折合为复原乳的价格，再与我国生鲜乳的收购价格进行比较。

由图 8－12 可以看出，即使加上关税和增值税，在大部分时期，我国牧场的原料奶价格仍然高于进口还原乳价格。2018 年 7 月至 9 月份进口价格高于国内价格，并不代表我们在成本上占有优势，而是在那个时期国内奶源短缺，进口奶源价格趁机上涨。因而在价差驱动下，我国进口奶粉的数量不断增长，一定程度上已经形成进口复原乳对我国生鲜乳的替代。

三、对我国未来奶源进口依存度的判断

（一）2025 年我国乳制品需求预测

对未来乳制品消费需求的预测，可以参考发达地区人均乳制品消

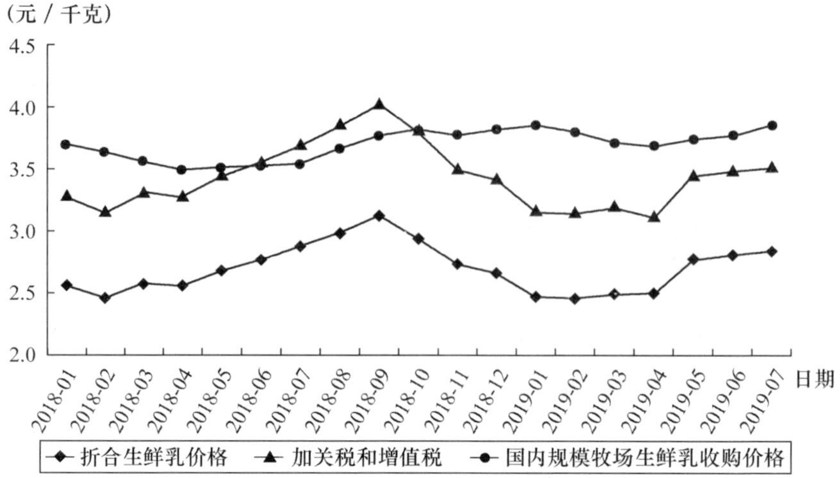

图 8－12 进口全脂奶粉复原乳价格与我国生鲜乳价格的比较

注：关税以最惠国待遇的 10% 计算，2019 年 4 月 1 日增值税由 17% 降至 13%，生鲜乳折算率按蛋白含量计算，国内规模牧场普遍达到 3.1% 的含量，因此折算率为 8.387%。

资料来源：中华人民共和国海关总署，国家奶牛产业技术体系。

费量随经济发展水平变化规律，并结合我国人均 GDP、人口数量及人口结构变化趋势进行估算。

1. 参考亚洲典型国家和地区奶类消费水平

2019 年，我国人均 GDP 为 10276 美元，人均奶类消费量 34.7 千克/年，与亚洲典型国家和地区同等经济发展阶段相比，低于我国台湾地区和香港地区及日本，但高于韩国。依据国际货币基金组织（IMF）预测，未来 10 年我国 GDP 平均增长速度为 6.5%，同时考虑人口变化，预计 2025 年我国人均 GDP（现价美元）将达到 14168 美元。考虑我国当前奶类消费水平已明显高出韩国，主要参考我国台湾地区、香港地区及日本在人均 GDP 达到 9000～15000 美元阶段奶类消费变化规律。数据分析表明，我国台湾地区、香港地区及日本在人均 GDP 达到 15000 美元时，人均奶类消费量分别为 56.0 千克/年、50.5 千克/年、78.7 千克/年，比人均 GDP 达到 9000 美元时分别增加了 7.7 千克、

1.8 千克、14.3 千克，人均 GDP 每增加 1000 美元，人均奶类消费量分别增加 1.28 千克、0.30 千克、2.38 千克，平均为 1.3 千克。

2. 参考国内不同经济水平城市奶类消费水平

据农业农村部相关调研数据，2018 年成都、呼和浩特、武汉及南京的人均奶类消费量分别为 46.1 千克、48.2 千克、50.7 千克和 54.2 千克，其对应的人均 GDP（2017 年数据）分别是 12367 美元、14555 美元、17587 美元、20079 美元。随着人均 GDP 的增加，人均奶类消费逐步提高，城市之间人均 GDP 每增加 1000 美元，人均奶类消费量增加 1 千克左右，平均为 1.1 千克。

综合上述两方面分析，在人均 GDP 达到 9000 ~ 15000 美元这一经济发展阶段，我国台湾地区和香港地区及日本人均奶类消费增长规律为：人均 GDP 每增加 1000 美元，人均奶类消费增长 1.3 千克。目前国内城市人均奶类消费增长规律为：人均 GDP 每增加 1000 美元，人均奶类消费增长 1.1 千克。综合来看，未来人均 GDP 每增加 1000 美元，预计我国人均奶类消费将增长约 1.2 千克。据此测算，2025 年我国人均奶类消费量将达到 39.8 千克。2025 年，按我国人口数量 14.2 亿人计算，则奶类消费需求总量为 5652 万吨。

（二）2025 年我国奶产品生产预测

2018 年 6 月 11 日，国务院办公厅发布《推进奶业振兴保障乳品质量安全的意见》，随后各地纷纷推出自己的奶业振兴规划，其中，仅河北、内蒙古、黑龙江生鲜乳产量目标的增量就超过了 1000 万吨。2018 年 12 月 24 日农业农村部、发展改革委、科技部、工业和信息化部、财政部、商务部、卫生健康委、市场监管总局、银保监会联合印发《关于进一步促进奶业振兴的若干意见》提出，到 2025 年，全国生鲜乳产量达到4500万吨。

从生产效率看，我国目前行业的单产水平为7.4吨，离发达国家9.4吨的水平还有一定的发展空间。按国家统计局口径，我国奶牛存栏1037.7万头，按60%的母牛计算，仅单产水平的提高就可以带来1250万吨的增量。而提高单产需要奶牛品种的改良、饲料配方的优化、管理水平的提高，在奶牛养殖规模化、集约化的过程中，随着投入的增加均可以得到解决。

由此可以预测，我国的生鲜乳产量从目前3176.8万吨达到2025年4500万吨的可能性较高，前提是奶价一直处于较高水平。但极端天气和疫病风险为较大的不确定因素。

（三）2025年我国奶源进口依存度（自给率）分析

2008~2019年，我国奶源自给率从98.2%下降到68.7%，年均下降2.7个百分点。展望“十四五”，在现行政策和外部条件没有改善的条件下，受与国际同行业竞争中处于劣势、产业链利益分配不平衡、进口关税逐步降低等多重因素的影响，国内奶业不具备增产的条件，甚至有不断下滑的风险，进口乳制品仍会持续增长。同时，随着未来人口增加和人均乳制品消费水平的提升，我国奶类自给率将进一步下滑。如果以2008年以来年均下降2.7个百分点测算，2025年我国奶源自给率将下降到52.5%，大幅低于《国务院办公厅关于推进奶业振兴保障乳品质量安全的意见》提出的70%的产业安全指标。

我国奶类自给率下降主要有以下四个方面的原因。

一是奶牛养殖成本偏高。受资源环境制约，我国奶牛养殖以舍饲为主，圈舍基础设施、饲料等物化投入成本，比新西兰、澳大利亚的放牧式生产高80%左右，比欧美的半舍饲式生产高40%左右。同时，与奶业发达国家相比，我国奶牛单产水平、奶业资源利用效率和劳动生产率也有一定差距。同时，随着环保压力的增大，国内养殖场在粪污处理上的投入和成本也明显增加。

二是政策支持不够。奶业是民生产业，对奶农进行收入补贴是奶业发达国家的普遍做法。2017 年，日本、德国、荷兰奶农得到的补贴，占生鲜乳价格的比例分别达到 5%、9.8%、7.6%。而我国对奶业发展支持较少，经测算，2018 年我国中央财政对奶业的支持，仅限于对部分地区粮改饲和苜蓿补贴，相当于每千克牛奶补贴 0.03 元，约占生鲜乳价格的 1%。

三是进口冲击严重。我国奶业市场高度开放，乳制品平均关税为 12.2%，比世界平均水平低 43.4 个百分点，对新西兰、澳大利亚等主要出口国实行零关税，难以发挥“防火墙”作用。同时，我国主要的液态奶（灭菌乳）允许添加奶粉，助长了国外低价奶粉的大量进口。加之消费者对国产乳制品信心还没有完全恢复，婴幼儿奶粉等进口增加较快。近十年，我国乳制品消费需求增长了 30%，但新增消费基本被进口乳制品所占；2017 年进口乳制品折合生鲜乳，占国内产量的 47.2%。产业对外依存度从 6.9% 上升到 31.9%，提高了 25 个百分点。

四是养殖加工利益联结机制不完善。国外大都是在奶牛养殖的基础上办乳品加工厂，养、收、加、销一体化，奶农既是牧场所有人又是加工企业的股东。而我国奶牛养殖和乳品加工分割形成不同的利益主体，一体化经营的企业数量不多，加工企业转嫁风险，奶牛养殖亏损、乳企赚钱，倒奶杀牛时有发生，奶农权益缺乏保障。近年来，奶牛养殖亏损面持续在 50% 以上。据农业农村部定点监测，2011 年以来，全国奶牛养殖场（户）减少了93.5%，奶牛存栏减少30.9%。2017年全国奶类产量比历史最高年份的2012年下降4.8%。

四、国内奶业应对高水平开放的对策

（一）把提高国内奶业的质量效益和竞争力放在最优先位置

2008年后，中国奶业开始转型升级，最近几年标准化规模奶牛养殖进一步加快，标准化、规模化、组织化水平不断提高。标准化规模奶牛养殖带来的是我国原料奶和乳制品质量的大幅度提升。2008年至今，中国奶业质量安全水平持续提升，纵向比我国乳品质量水平达到历史最好水平，横向比我国乳品质量安全水平已经接近或达到世界一流水平。2018年我国监测生鲜乳结果显示，乳蛋白含量平均值为3.25g/100g，国家标准为≥2.8g/100g；乳脂肪含量平均值为3.84g/100g，国家标准为≥3.1g/100g；菌落总数平均值为29.5万CFU/mL，国家标准为≤200万CFU/mL；体细胞数平均值为33.04万个/mL，低于欧盟、新西兰和美国标准，欧盟和新西兰规定≤40万个/mL，美国规定≤75万个/mL（A级奶、B级奶），我国暂未规定。2018年我国乳制品抽检合格率为99.7%，婴幼儿配方乳粉抽检合格率为99.9%，继续在食品中领先。国内乳制品的质量品质已经不差于进口乳品，部分指标已经高于国际水平。乳企已积极用高价格去覆盖高成本，把乳制品向保健品、礼品甚至奢侈品推广以提升产品价值，但这会抑制消费，对整个行业的发展和国民营养健康水平的提升有负面作用。

而且目前国内奶牛养殖的规模化已经超越了规模经济的临界点，技术进步带来的成本下降空间是有限的。如果不考虑政策、补贴等因素，我国原料奶价格将维持在高位，甚至还有可能继续上涨。因此，需要调整我国奶牛养殖的规模化战略，从超大规模向适度规模转型，从最优品质向质量效益最大化目标调整，从多个方面促进我国奶业质量效应的提升。

（二）灵活适用 WTO 规则，在国内支持和市场准入方面寻求尽可能大的空间

在 WTO 规则下，我国对奶业的国内支持还可以在两方面加大支持力度。一是扩大“绿箱”支持政策，加大种养循环的综合支持。种养结合是奶牛养殖业可持续发展的必由之路，在奶牛养殖企业选址、审批和建设过程中，应努力保障和匹配养殖企业有足够的种植用地，用于粪污消纳及还田。可按照种养循环消纳养殖粪污所需要的土地面积，给予流转土地补贴支持，鼓励牧场种养结合发展。二是提高环保的支持力度。加强环保建设是大趋势，但是“一刀切”的单向环保措施带来一定的负面影响，导致很多养殖场被迫关闭、强制搬迁以及投入成本增加。应制定科学合理的环保措施，做到管补结合，确保养殖场实现可持续经营。基于我国奶牛养殖业实际情况，应制定出台奶牛养殖业液肥还田规范及标准，以保证奶牛养殖企业粪污固液分离后的废水通过氧化塘处置后作为液肥还田有章可循有法可依，并出台配套相应的环保专项扶持资金或配套补贴方案；对于干湿分离设备、粪污清理设备、晾晒堆积场地、氧化塘、沉降池等奶牛养殖使用的环保设施设备予以补贴或资金支持，特别是南方土地资源稀缺地域，扶持补贴力度更应加强。通过这些措施，既满足对环境保护的要求，又确保奶业的可持续发展。

在市场准入方面，目前比较可行的是调整进口节奏。我国奶业的季节性比较强，生产季节正好与消费季节错位。每年上半年，原料奶

产量高而消费是淡季，容易引起奶农利益受损等问题；每年下半年，原料奶产量由于奶牛的热应激反应等问题会下跌，但却又是消费的高峰，尤其是中秋国庆两节，以及元旦春节期间，这时候容易引起奶源供不应求、乳企抢奶等问题。根据我国和新西兰签署的自由贸易协定，特殊保障机制触发前的进口数量可以享受协定税率，因此进口大包奶粉都集中在1月份的前几天，加剧了我国奶源与消费的不均衡，很多企业在进口后也是要一直存储到下半年缺奶的时候再用，造成了资金占压和库存费用的浪费。因此，建议根据我国奶业生产消费的实际情况，控制进口奶源的节奏，为平衡生产消费的季节性错位起到正面作用。

（三）促进进口奶源多元化，分散风险

在我国奶业自给率不断下滑的同时，进口奶源又过度集中，这对我国奶业产业安全带来了很大的风险。新西兰、澳大利亚、欧盟和美国是我国进口奶源的主要来源地，其中更以新西兰一枝独秀。促进进口奶源多元化以分散风险势在必行。应从政策上推动进口奶源的多元化，积极落实中美第一阶段经贸协议，适度扩大北美乳制品进口，在“一带一路”倡议下进一步推动与南美等具有乳业资源优势国家的投资贸易合作，合理调节我国乳制品的国别进口结构。

（四）提高奶业对外投资的组织化程度和效率

我国奶业企业“走出去”已迈出较大步伐，但组织化程度不高，从效率上看成功的例子不多。建议提高“走出去”的组织化程度，积极发挥行业协会的作用，组织相关的企业联合“抱团出海”，发挥对外投资的产业链组合优势。

（五）未雨绸缪，提前布局增量市场

按照奶业发展的一般规律，结合我国国情，未来我国奶酪市场将有较大的发展空间。在传统赛道上，我国奶业振兴虽然取得了巨大成绩，但也面临着重重困难，如何把握发展规律，实现弯道超车，就需要未雨绸缪，提前布局增量市场。

奶酪的营养价值高，素有“奶黄金”之称，同时附加值高、易储存，国际上奶业发达国家至少1/3的原料奶用于生产奶酪，年人均消费接近20千克，日本也有2.2千克，而我国仅为0.1千克。未来提高奶酪消费是提升我国乳制品消费量的重要途径。我国的奶酪消费市场已处于爆发式增长的前夕，但目前市场上绝大部分是进口产品，以及以进口产品为原料的再制奶酪。中国奶业要发展，必须抓住这一战略发展机遇，提升与国外企业竞争的实力。同时，因为乳清粉是生产奶酪的副产品，坚守婴幼儿配方奶粉产业的安全底线，需要发展原制奶酪以确保婴幼儿配方奶粉第一大主料乳清粉的安全保障，解决当前我国乳清粉完全依赖进口的问题。此外，我国原料奶的季节性不均衡问题长期难以得到有效解决，在奶源过剩的季节生产原制奶酪与乳清的产品组合，对于稳定市场、保护奶农利益也有重大意义。因此，建议国家提早布局规划原制奶酪和乳清产业链，设立专项资金扶持奶酪、乳清生产线发展。

执笔人：程　郁　陈　兵（中国奶业协会）

专题报告九

高水平开放对我国不同地区和不同主体农业发展的影响及应对

加入 WTO 以来，我国农业的开放程度越来越高。一方面，大量优质农产品进口到我国，进入我国的资金、技术在数量和影响范围上都得以明显提升，农业领域的国际经贸科技合作力度不断加大，我国接受了部分国际组织和外国政府给予的农业发展援助或贷款，如世行、亚行在我国开展的农业投资和援助。另一方面，我国农产品也更多走向国际市场，水果、蔬菜等出口量持续增长，农业生产技术援外或者商业化出口的规模越来越大，惠及了诸多发展中国家。按照比较优势原理，在高度开放的市场环境下，不同地区的农业因生产结构不同，受到的冲击不尽相同，迎来的发展机遇也不一样，因而在农产品的进出口上出现了明显的区域差异。从对微观主体的影响来看，扩大农业贸易开放会改变国内拥有不同生产要素农民的收入分配格局，对不同类型的农业经营主体影响也不同。

一、扩大开放对不同地区农业发展的影响

由于各地农业禀赋不同，扩大开放带来的影响存在较大差异，表现为入世以来农产品贸易呈现出典型的区域性特点。为平抑每个省份

的贸易特殊性，将全国分为东部地区（包括北京、天津、河北、上海、江苏、浙江、福建、山东、广东和海南）、中部地区（包括山西、安徽、江西、河南、湖北和湖南）、西部地区（包括内蒙古、广西、重庆、四川、贵州、云南、西藏、陕西、甘肃、青海、宁夏和新疆）和东北地区（包括辽宁、吉林和黑龙江）四大区域。

（一）从农产品贸易额的变化看扩大开放对不同地区农业发展的影响

入世以来，全国农产品贸易总额整体呈现上涨趋势。2009 年及 2015～2016 年有两次小幅下滑，2018 年贸易总额约为 2001 年入世初期的 7.8 倍，表明我国农业对外开放程度不断加深。从 2001～2018 年的平均值来看，东部地区农产品贸易额占全国贸易总额的 76.9% 以上，中部地区约占贸易总额的 5.1%，西部地区约占贸易总额的 8.2%，东北地区约占贸易总额的 9.7%（见表 9－1）。由此可知，东部地区农产品贸易开放程度最高，东北和西部地区次之，中部贸易额最低。对此，应充分发挥东部地区农产品对外开放的区域优势，同时逐步提高中西部地区及东北地区的对外开放程度。

表 9－1　各地农产品贸易总额及占全国农产品贸易总额比重　单位：亿美元

年份	东部地区		中部地区		西部地区		东北地区	
	贸易额	占比	贸易额	占比	贸易额	占比	贸易额	占比
2001	213.65	76.46%	13.05	4.67%	17.31	6.19%	35.43	12.68%
2002	229.67	74.97%	14.12	4.61%	23.13	7.55%	39.41	12.87%
2003	299.66	74.36%	20.36	5.05%	28.77	7.14%	54.18	13.45%
2004	406.34	78.99%	22.56	4.39%	35.10	6.82%	50.41	9.80%
2005	436.26	77.38%	25.11	4.45%	41.16	7.30%	61.23	10.86%
2006	497.12	78.17%	29.46	4.63%	46.34	7.29%	63.04	9.91%
2007	586.78	78.15%	33.27	4.43%	58.35	7.77%	72.49	9.65%

续表

年份	东部地区		中部地区		西部地区		东北地区	
	贸易额	占比	贸易额	占比	贸易额	占比	贸易额	占比
2008	776.46	78.17%	43.34	4.36%	80.65	8.12%	92.82	9.34%
2009	712.63	77.18%	42.68	4.62%	81.39	8.82%	86.61	9.38%
2010	945.52	77.51%	59.75	4.90%	103.97	8.52%	110.70	9.07%
2011	1211.93	77.86%	83.68	5.38%	128.95	8.28%	132.01	8.48%
2012	1362.87	77.59%	86.82	4.94%	158.74	9.04%	148.17	8.43%
2013	1429.76	76.56%	105.70	5.66%	164.95	8.83%	167.04	8.95%
2014	1487.11	76.42%	108.45	5.57%	171.32	8.80%	178.97	9.20%
2015	1431.58	76.25%	114.94	6.12%	172.76	9.20%	158.25	8.43%
2016	1406.44	76.07%	119.05	6.44%	171.14	9.26%	152.23	8.23%
2017	1536.27	75.85%	132.20	6.53%	191.91	9.48%	165.07	8.15%
2018	1671.68	76.73%	131.63	6.04%	199.29	9.15%	176.15	8.08%

资料来源：农业农村部农业贸易促进中心。

入世以来各地农产品出口增长速度差异较大。以2001年为基年，2018年东部地区农产品出口额约为基年的4.6倍；中部地区农产品出口额约为基年的9.1倍；西部地区农产品出口额约为基年的7.8倍；东北地区农产品进口额约为基年的3.4倍。从各区域出口额占全国比重来看，东部地区占68%左右，东北地区波动下降，中部地区和西部地区有所提高（见表9-2）。各地农产品出口增长速度存在较大差异，表明扩大开放给各地农业发展带来的机遇存在差异，各地利用国外市场促进本地农业发展的能力也存在差异。

表9-2　　各地农产品出口额及占全国农产品出口总额比重　　单位：亿美元

年份	东部地区		中部地区		西部地区		东北地区	
	出口额	占比	出口额	占比	出口额	占比	出口额	占比
2001	114.30	71.02%	9.30	5.78%	13.05	8.11%	24.29	15.09%
2002	124.24	68.41%	9.79	5.39%	17.50	9.64%	30.09	16.57%
2003	140.68	65.97%	13.18	6.18%	19.66	9.22%	39.74	18.64%

续表

年份	东部地区		中部地区		西部地区		东北地区	
	出口额	占比	出口额	占比	出口额	占比	出口额	占比
2004	168.25	71.92%	13.15	5.62%	21.66	9.26%	30.87	13.20%
2005	191.61	69.43%	15.74	5.70%	27.03	9.79%	41.59	15.07%
2006	220.49	70.17%	19.98	6.36%	29.97	9.54%	43.79	13.94%
2007	229.10	67.59%	22.03	6.50%	37.21	10.98%	50.63	14.94%
2008	271.87	67.06%	26.76	6.60%	47.35	11.68%	59.41	14.66%
2009	270.89	68.36%	27.29	6.89%	46.02	11.61%	52.08	13.14%
2010	343.39	69.48%	37.20	7.53%	54.92	11.11%	58.72	11.88%
2011	422.53	69.53%	48.37	7.96%	66.89	11.01%	69.92	11.51%
2012	436.20	68.99%	48.40	7.65%	74.48	11.78%	73.17	11.57%
2013	459.53	67.74%	63.81	9.41%	76.84	11.33%	78.23	11.53%
2014	487.61	67.75%	68.89	9.57%	84.28	11.71%	78.95	10.97%
2015	477.29	67.46%	67.90	9.60%	90.99	12.86%	71.28	10.08%
2016	497.61	67.88%	68.45	9.34%	96.79	13.20%	70.25	9.58%
2017	508.27	66.79%	77.05	10.12%	99.47	13.07%	76.26	10.02%
2018	529.25	66.22%	85.02	10.64%	102.42	12.81%	82.58	10.33%

资料来源：农业农村部农业贸易促进中心。

入世以来各地农产品进口增长速度差异更大。2018 年与 2001 年相比，东部地区农产品进口额增长了 10.5 倍，中部地区增长了 11.4 倍，西部地区增长了 21.8 倍，东北地区增长了 7.4 倍。在全国农产品进口总额中，东部地区占比最高，东北地区和西部地区次之，中部地区最小（见表 9－3）。由于各地进口的农产品不一定在本地消费，也不一定是对本地农产品的替代，因此各地农产品进口增长速度存在的差异只能部分地反映出进口对各地农业发展带来的冲击。

（二）从主要农产品进出口变化看扩大开放对不同地区农业发展的影响

为探究不同地区农业发展受扩大开放影响的情况，选取蔬菜、糖

表 9－3　　各地农产品进口额及占全国农产品进口额比重　　单位：亿美元

年份	东部地区		中部地区		西部地区		东北地区	
	进口额	占比	进口额	占比	进口额	占比	进口额	占比
2001	99.35	83.85%	3.75	3.16%	4.26	3.59%	11.14	9.40%
2002	105.43	84.54%	4.33	3.47%	5.63	4.51%	9.32	7.47%
2003	158.99	83.80%	7.18	3.78%	9.12	4.80%	14.44	7.61%
2004	238.10	84.89%	9.41	3.35%	13.44	4.79%	19.53	6.96%
2005	244.64	85.01%	9.38	3.26%	14.13	4.91%	19.64	6.82%
2006	276.64	85.98%	9.48	2.95%	16.38	5.09%	19.25	5.98%
2007	357.68	86.83%	11.24	2.73%	21.13	5.13%	21.85	5.31%
2008	504.59	85.83%	16.58	2.82%	33.30	5.66%	33.40	5.68%
2009	441.74	83.82%	15.39	2.92%	35.37	6.71%	34.52	6.55%
2010	602.13	82.97%	22.55	3.11%	49.04	6.76%	51.98	7.16%
2011	789.40	83.19%	35.31	3.72%	62.06	6.54%	62.09	6.54%
2012	926.67	82.42%	38.42	3.42%	84.26	7.49%	75.00	6.67%
2013	970.23	81.60%	41.89	3.52%	88.11	7.41%	88.81	7.47%
2014	999.50	81.52%	39.56	3.23%	87.04	7.10%	100.02	8.16%
2015	954.29	81.56%	47.04	4.02%	81.78	6.99%	86.97	7.43%
2016	908.82	81.45%	50.60	4.53%	74.35	6.66%	81.98	7.35%
2017	1028.0	81.30%	55.15	4.36%	92.44	7.31%	88.81	7.02%
2018	1142.4	82.82%	46.60	3.38%	96.87	7.02%	93.57	6.78%

资料来源：农业农村部农业贸易促进中心。

料及食糖、水果、粮食（谷物）和植物油五类农产品进出口数据，进一步分析开放影响的地区差异。

1. 扩大开放对东部地区农业发展的影响

从东部地区出口数据来看（见表 9－4），蔬菜出口额显著增加，但东部地区蔬菜出口额占全国蔬菜总出口额的比重在波动中下降；糖料及食糖和水果也呈现相似波动，即出口额有所增加，但出口额占比有所降低；粮食（谷物）除 2007 年（4.98 亿美元）外，出口额在 1

亿至3亿美元震荡；植物油出口额波动较大，但占比较少。此外，由表9－4数据可知，2018年东部地区在蔬菜（约占全国蔬菜总出口的59%）、糖料及食糖（约占全国糖料及食糖总出口的84%）和水果（约占全国水果总出口的51%）三类农产品中，呈现农产品出口的区域性绝对优势，而粮食（谷物）在东部地区的区域性优势并不显著，占比不足全国粮食总出口的17%。这表明，扩大开放促进了东部地区特色优势农产品的出口，有利于提高东部地区农业资源配置效率，增加农民收入。

表9－4　东部地区主要农产品出口额及占全国农产品出口比重　单位：亿美元

年份	蔬菜		糖料及食糖		水果		粮食（谷物）		植物油	
	出口额	占比	出口额	占比	出口额	占比	出口额	占比	出口额	占比
2001	17. 94	75. 68%	1. 48	94. 31%	6. 17	77. 54%	1. 95	17. 72%	0. 70	72. 34%
2002	19. 58	73. 60%	2. 17	95. 37%	7. 56	76. 71%	2. 83	16. 40%	0. 56	69. 71%
2003	22. 54	72. 95%	1. 76	90. 25%	9. 87	71. 86%	3. 11	11. 63%	0. 61	68. 93%
2004	28. 40	74. 00%	2. 14	84. 57%	11. 18	67. 87%	1. 71	20. 31%	0. 63	64. 39%
2005	32. 96	72. 66%	3. 68	86. 86%	13. 27	65. 12%	1. 56	10. 16%	1. 38	65. 04%
2006	40. 82	74. 46%	3. 93	84. 94%	15. 92	64. 21%	1. 67	14. 20%	2. 10	70. 03%
2007	41. 23	71. 61%	4. 29	81. 73%	20. 39	59. 74%	4. 98	25. 24%	1. 08	57. 62%
2008	43. 68	66. 90%	5. 54	81. 58%	25. 53	60. 30%	1. 87	23. 84%	2. 43	54. 23%
2009	47. 36	68. 87%	6. 58	85. 23%	22. 93	59. 75%	2. 03	27. 52%	0. 86	47. 18%
2010	70. 98	71. 08%	9. 14	85. 93%	26. 68	61. 24%	1. 50	21. 65%	0. 58	33. 85%
2011	80. 44	68. 49%	11. 10	85. 86%	33. 70	61. 01%	1. 79	22. 05%	1. 31	51. 52%
2012	70. 51	70. 47%	11. 26	88. 77%	35. 83	57. 89%	1. 51	27. 40%	0. 78	32. 26%
2013	75. 86	65. 47%	13. 05	89. 74%	36. 33	57. 44%	1. 55	22. 22%	0. 68	27. 07%
2014	81. 43	65. 15%	13. 74	89. 05%	34. 26	55. 47%	1. 13	18. 89%	0. 77	28. 22%
2015	85. 67	64. 56%	13. 93	89. 01%	32. 64	47. 04%	1. 00	22. 52%	0. 74	26. 40%
2016	97. 18	65. 91%	15. 37	89. 81%	33. 68	46. 95%	1. 48	29. 40%	0. 84	32. 48%
2017	98. 07	63. 20%	15. 29	86. 77%	33. 25	46. 99%	2. 32	29. 10%	1. 20	39. 28%
2018	90. 61	59. 43%	15. 50	84. 42%	36. 65	51. 19%	1. 83	16. 51%	1. 52	37. 20%

资料来源：农业农村部农业贸易促进中心。

从东部地区进口数据来看（见表9－5），水果和植物油进口额显著增加。其中，2018年东部地区水果进口额是2001年东部地区水果进口额的27.4倍；2018年东部地区植物油进口额是2001年东部地区植物油进口额的15.7倍。此外，入世以来蔬菜、糖料及食糖和粮食（谷物）的进口额也有一定增长。从表9－5可知，2001～2018年，东部地区进口额占全国比重，蔬菜平均为91%，糖料及食糖平均为81%，水果平均为86%，粮食（谷物）平均为84%，植物油平均为91%。

表9－5　东部地区主要农产品进口额及占全国农产品进口比重　单位：亿美元

年份	蔬菜		糖料及食糖		水果		粮食（谷物）		植物油	
	进口额	占比	进口额	占比	进口额	占比	进口额	占比	进口额	占比
2001	0.98	91.36%	3.40	88.72%	2.76	80.05%	5.41	85.17%	4.40	74.32%
2002	0.98	89.54%	2.55	89.83%	3.03	79.21%	3.99	80.61%	11.90	84.41%
2003	0.99	90.27%	1.83	83.23%	4.09	81.50%	3.98	86.85%	24.23	88.41%
2004	1.21	89.34%	3.05	89.86%	5.10	86.24%	18.47	82.76%	35.01	90.07%
2005	1.15	89.99%	4.06	88.88%	5.31	80.00%	11.85	84.01%	28.46	92.09%
2006	1.37	92.53%	5.95	95.03%	6.22	80.88%	7.33	87.21%	33.44	95.51%
2007	1.54	92.24%	3.93	78.85%	8.20	84.64%	4.76	88.77%	64.02	94.97%
2008	1.73	91.88%	3.64	81.34%	10.32	85.44%	5.54	75.47%	91.22	93.91%
2009	1.67	92.66%	3.91	77.36%	14.27	86.49%	7.74	86.11%	67.92	93.58%
2010	2.59	92.69%	8.80	82.51%	17.65	86.95%	13.78	90.20%	75.83	92.15%
2011	3.03	92.95%	17.12	78.65%	27.55	88.61%	17.83	87.28%	92.76	90.46%
2012	3.88	92.73%	21.70	83.13%	33.41	88.91%	40.92	85.49%	108.53	90.48%
2013	3.91	92.68%	17.96	73.67%	36.23	87.39%	43.60	85.46%	89.26	89.86%
2014	4.72	91.88%	13.83	74.00%	43.86	85.83%	50.71	81.53%	73.73	91.33%
2015	5.06	93.64%	15.26	70.45%	50.73	86.42%	76.90	81.77%	67.04	94.90%
2016	4.92	92.97%	11.06	72.67%	52.50	90.30%	44.33	77.59%	58.94	94.56%
2017	5.15	93.96%	10.72	72.06%	56.81	90.90%	52.26	80.48%	67.56	94.10%
2018	6.83	82.45%	11.64	75.64%	75.51	89.75%	46.48	78.16%	69.01	94.83%

资料来源：农业农村部农业贸易促进中心。

由表9－4和表9－5可知，2001～2018年东部地区蔬菜、糖料及食糖、水果、粮食（谷物）和植物油五类大宗农产品的进口额和出口额基本呈现上涨趋势；东部地区主要农产品的进出口额均在全国农产品进出口总额中占较大比重，表明其开放水平较高，对大宗农产品进口依存度较高。

2. 扩大开放对中部地区农业发展的影响

从中部地区出口数据来看（见表9－6），2001～2018年，五种大宗农产品出口额基本呈现上涨趋势。其中，2001～2009年大宗农产品出口呈稳定上涨趋势；2010年和2011年两年数据中大宗农产品出口额呈现陡增；2012年下降之后，2013～2018年回归稳定上涨趋势。较东部地区而言，中部地区大宗农产品出口额占比较小，区域性出口优势不明显。从2001～2018年数据显示，中部地区蔬菜出口额占全国蔬菜总出口额平均为11.7%，且呈现上涨趋势；中部水果出口额占比有小幅增加；而中部糖料及食糖出口额占比在2.9%上下波动；中部粮食（谷物）出口占比在2%～15%剧烈波动；中部植物油出口额占比有所下浮。

表9－6　　中部地区主要农产品出口额及占全国农产品出口比重　　单位：亿美元

年份	蔬菜		糖料及食糖		水果		粮食（谷物）		植物油	
	出口额	占比	出口额	占比	出口额	占比	出口额	占比	出口额	占比
2001	1.40	5.90%	0.01	0.68%	0.41	5.12%	1.51	13.71%	0.04	4.23%
2002	1.82	6.83%	0.02	0.77%	0.39	3.94%	1.14	6.60%	0.05	5.74%
2003	2.15	6.96%	0.04	2.01%	0.71	5.16%	2.68	10.01%	0.06	7.27%
2004	2.68	6.97%	0.09	3.65%	0.89	5.41%	0.42	4.96%	0.13	12.74%
2005	3.31	7.30%	0.13	3.13%	1.33	6.52%	0.39	2.58%	0.12	5.43%
2006	4.15	7.56%	0.18	3.88%	2.04	8.24%	1.01	8.59%	0.24	8.15%
2007	4.76	8.27%	0.25	4.76%	3.06	8.97%	1.37	6.94%	0.11	5.96%
2008	5.36	8.21%	0.34	4.98%	3.79	8.95%	1.17	14.94%	0.17	3.87%

续表

年份	蔬菜		糖料及食糖		水果		粮食（谷物）		植物油	
	出口额	占比	出口额	占比	出口额	占比	出口额	占比	出口额	占比
2009	5.93	8.63%	0.39	5.00%	3.54	9.23%	0.92	12.43%	0.05	2.93%
2010	10.83	10.85%	0.40	3.78%	4.12	9.46%	0.76	10.95%	0.05	3.19%
2011	15.33	13.05%	0.51	3.96%	5.57	10.08%	0.90	11.06%	0.06	2.32%
2012	9.50	9.49%	0.31	2.47%	5.99	9.68%	0.80	14.62%	0.05	2.16%
2013	18.98	16.38%	0.28	1.92%	5.51	8.72%	0.75	10.72%	0.06	2.19%
2014	20.07	16.06%	0.42	2.69%	5.80	9.39%	0.65	10.86%	0.16	5.94%
2015	23.09	17.40%	0.51	3.24%	6.04	8.70%	0.44	9.81%	0.12	4.30%
2016	26.10	17.70%	0.30	1.78%	5.94	8.28%	0.47	9.33%	0.06	2.41%
2017	31.13	20.06%	0.41	2.32%	7.01	9.91%	0.49	6.10%	0.07	2.39%
2018	34.67	22.74%	0.38	2.05%	7.68	10.72%	1.43	12.95%	0.16	3.97%

资料来源：农业农村部农业贸易促进中心。

从中部地区主要农产品进口数据来看（见表9－7），2001～2018年中部地区主要农产品进口额较少，对外依存度较低。结合主要农产品出口数据来看，中部地区主要农产品出口额大于进口额，呈现贸易顺差，从侧面说明中部地区大宗农产品生产情况良好，自给率高，需求缺口小。因此，着力发展中部地区农业生产力，优化生产结构，将有利于提高全国农业整体对外开放程度。

表9－7　中部地区主要农产品进口额及占全国农产品进口比重　单位：亿美元

年份	蔬菜		糖料及食糖		水果		粮食（谷物）		植物油	
	进口额	占比	进口额	占比	进口额	占比	进口额	占比	进口额	占比
2001	0.01	0.69%	0.03	0.84%	0.01	0.23%	0.05	0.73%	0.57	9.63%
2002	0.01	0.66%	0.02	0.79%	0.02	0.45%	0.23	4.67%	0.79	5.63%
2003	0.02	1.64%	0.02	0.92%	0.04	0.81%	0.01	0.29%	1.06	3.88%
2004	0.01	0.85%	0.02	0.59%	0.03	0.57%	0.03	0.13%	1.05	2.71%
2005	0.01	1.06%	0.03	0.68%	0.10	1.50%	0.03	0.22%	0.61	1.97%
2006	0.00	0.07%	0.02	0.37%	0.16	2.04%	0.02	0.21%	0.16	0.46%

续表

年份	蔬菜		糖料及食糖		水果		粮食（谷物）		植物油	
	进口额	占比	进口额	占比	进口额	占比	进口额	占比	进口额	占比
2007	0.02	1.50%	0.12	2.49%	0.22	2.31%	0.02	0.40%	0.55	0.82%
2008	0.01	0.64%	0.25	5.61%	0.19	1.59%	0.02	0.20%	0.26	0.27%
2009	0.01	0.43%	0.28	5.56%	0.26	1.55%	0.02	0.21%	0.43	0.59%
2010	0.04	1.49%	0.02	0.22%	0.19	0.92%	0.06	0.37%	0.38	0.46%
2011	0.01	0.31%	0.32	1.46%	0.18	0.57%	0.05	0.25%	0.29	0.28%
2012	0.02	0.36%	0.43	1.63%	0.24	0.63%	1.21	2.53%	0.23	0.19%
2013	0.01	0.30%	0.08	0.32%	0.18	0.44%	1.47	2.88%	1.69	1.70%
2014	0.02	0.46%	0.06	0.30%	0.34	0.67%	2.99	4.80%	1.19	1.47%
2015	0.02	0.31%	0.09	0.44%	0.14	0.23%	5.94	6.32%	0.63	0.90%
2016	0.02	0.29%	0.23	1.50%	0.21	0.36%	4.56	7.98%	0.69	1.11%
2017	0.02	0.45%	0.11	0.73%	0.29	0.47%	4.51	6.94%	0.77	1.08%
2018	0.05	0.59%	0.12	0.79%	0.35	0.42%	3.82	6.43%	0.66	0.90%

资料来源：农业农村部农业贸易促进中心。

3. 扩大开放对西部地区农业发展的影响

从西部地区出口数据来看（见表9－8），入世以来西部地区的蔬菜、糖料及食糖、水果和植物油出口额有所增加，而粮食（谷物）出口额有所下降。此外，从出口额占比而言，西部地区糖料及食糖出口占比较少，水果出口额近年来占比有所提高，其他三类大宗农产品如蔬菜、粮食（谷物）和植物油出口额占比相对稳定。总体而言，扩大开放给西部地区水果生产发展带来的机会较大。

表9－8　西部地区主要农产品出口额及占全国农产品出口比重　单位：亿美元

年份	蔬菜		糖料及食糖		水果		粮食（谷物）		植物油	
	出口额	占比	出口额	占比	出口额	占比	出口额	占比	出口额	占比
2001	2.92	12.31%	0.07	4.22%	0.94	11.81%	0.61	5.52%	0.10	9.84%
2002	3.75	14.08%	0.06	2.85%	1.34	13.59%	1.91	11.09%	0.12	14.32%
2003	4.38	14.16%	0.11	5.58%	1.97	14.32%	2.51	9.39%	0.19	21.13%

续表

年份	蔬菜		糖料及食糖		水果		粮食（谷物）		植物油	
	出口额	占比	出口额	占比	出口额	占比	出口额	占比	出口额	占比
2004	5.31	13.83%	0.11	4.43%	2.76	16.75%	0.82	9.75%	0.19	19.21%
2005	6.66	14.69%	0.16	3.73%	4.16	20.42%	1.63	10.65%	0.24	11.52%
2006	7.02	12.81%	0.14	3.12%	4.92	19.85%	1.21	10.33%	0.17	5.59%
2007	8.65	15.03%	0.17	3.23%	8.21	24.05%	1.77	8.98%	0.21	11.30%
2008	12.52	19.18%	0.15	2.28%	9.90	23.38%	0.51	6.49%	0.88	19.65%
2009	12.20	17.74%	0.16	2.04%	9.27	24.16%	0.59	7.94%	0.19	10.34%
2010	13.99	14.01%	0.19	1.82%	9.94	22.82%	0.81	11.75%	0.38	22.06%
2011	16.76	14.27%	0.20	1.56%	12.50	22.63%	1.15	14.21%	0.25	9.84%
2012	15.16	15.15%	0.21	1.67%	16.44	26.56%	0.68	12.30%	0.20	8.10%
2013	15.58	13.45%	0.25	1.74%	17.25	27.27%	0.88	12.60%	0.16	6.31%
2014	17.26	13.81%	0.23	1.46%	17.69	28.64%	0.85	14.22%	0.25	9.12%
2015	18.48	13.93%	0.17	1.06%	27.10	39.07%	0.72	16.22%	0.25	8.91%
2016	19.79	13.43%	0.19	1.10%	28.36	39.53%	0.54	10.65%	0.15	5.97%
2017	21.48	13.84%	0.29	1.66%	27.05	38.23%	0.50	6.28%	0.22	7.09%
2018	22.24	14.59%	0.47	2.57%	23.62	32.99%	0.91	8.25%	0.51	12.49%

资料来源：农业农村部农业贸易促进中心。

从西部地区主要农产品进口数据来看（见表9－9），2001～2018年蔬菜、糖料及食糖、水果、粮食（谷物）和植物油的进口额、占比均较低，增长速度也不快，表明西部地区农产品进口依存度较低。

表9－9　西部地区主要农产品进口额及占全国农产品进口比重　单位：亿美元

年份	蔬菜		糖料及食糖		水果		粮食（谷物）		植物油	
	进口额	占比	进口额	占比	进口额	占比	进口额	占比	进口额	占比
2001	0.03	2.70%	0.33	8.63%	0.49	14.12%	0.11	1.70%	0.66	11.14%
2002	0.01	1.30%	0.17	6.12%	0.55	14.43%	0.15	3.02%	0.98	6.92%
2003	0.01	0.77%	0.19	8.86%	0.56	11.18%	0.12	2.65%	1.55	5.67%
2004	0.03	2.10%	0.10	2.95%	0.27	4.64%	0.65	2.91%	1.83	4.71%
2005	0.01	1.16%	0.27	6.02%	0.48	7.28%	0.21	1.46%	1.15	3.73%

续表

年份	蔬菜		糖料及食糖		水果		粮食（谷物）		植物油	
	进口额	占比	进口额	占比	进口额	占比	进口额	占比	进口额	占比
2006	0.01	0.43%	0.14	2.17%	0.59	7.67%	0.18	2.15%	0.69	1.97%
2007	0.02	1.16%	0.48	9.53%	0.45	4.68%	0.13	2.34%	1.69	2.51%
2008	0.05	2.51%	0.24	5.34%	0.65	5.40%	0.14	1.90%	2.83	2.91%
2009	0.02	1.28%	0.36	7.16%	0.75	4.53%	0.25	2.82%	3.07	4.23%
2010	0.04	1.30%	0.47	4.38%	0.90	4.44%	0.50	3.27%	4.56	5.55%
2011	0.02	0.61%	1.00	4.59%	0.90	2.91%	1.06	5.20%	7.52	7.33%
2012	0.03	0.82%	1.49	5.69%	1.54	4.09%	3.69	7.72%	8.39	7.00%
2013	0.03	0.75%	2.57	10.55%	2.04	4.92%	3.73	7.32%	6.31	6.36%
2014	0.04	0.70%	1.70	9.09%	1.81	3.55%	5.20	8.36%	4.59	5.69%
2015	0.04	0.67%	2.25	10.39%	3.28	5.60%	7.40	7.87%	1.90	2.69%
2016	0.03	0.58%	1.41	9.28%	2.54	4.36%	5.76	10.09%	1.62	2.60%
2017	0.08	1.49%	1.20	8.08%	2.57	4.11%	5.47	8.42%	2.61	3.64%
2018	1.22	14.73%	1.29	8.36%	4.63	5.50%	5.74	9.65%	2.26	3.11%

资料来源：农业农村部农业贸易促进中心。

4. 扩大开放对东北地区农业发展的影响

从东北地区主要农产品出口数据来看（见表9－10），2001～2018年蔬菜出口额有所增加，但出口额占比不断下降；糖料及食糖出口额和出口占比波动性上涨；水果出口额小幅增加，出口占比基本稳定在6.6%左右；粮食（谷物）出口额有所下降，出口占比基本稳定在58%左右，较东、中、西部地区具有更强的区域性出口优势；植物油出口额和出口额占比有所增加，区域性优势更加明显。

表9－10　东北地区主要农产品出口额及占全国农产品出口比重　单位：亿美元

年份	蔬菜		糖料及食糖		水果		粮食（谷物）		植物油	
	出口额	占比	出口额	占比	出口额	占比	出口额	占比	出口额	占比
2001	1.45	6.11%	0.01	0.79%	0.44	5.52%	6.95	63.06%	0.13	13.59%
2002	1.46	5.49%	0.02	1.01%	0.57	5.76%	11.36	65.90%	0.08	10.23%

续表

年份	蔬菜		糖料及食糖		水果		粮食（谷物）		植物油	
	出口额	占比	出口额	占比	出口额	占比	出口额	占比	出口额	占比
2003	1.83	5.93%	0.04	2.16%	1.19	8.66%	18.43	68.97%	0.02	2.67%
2004	2.00	5.20%	0.19	7.36%	1.64	9.97%	5.47	64.98%	0.04	3.66%
2005	2.42	5.34%	0.27	6.28%	1.62	7.94%	11.74	76.61%	0.38	18.02%
2006	2.83	5.16%	0.37	8.06%	1.91	7.70%	7.85	66.87%	0.49	16.23%
2007	2.93	5.09%	0.54	10.29%	2.47	7.25%	11.60	58.83%	0.47	25.12%
2008	3.73	5.71%	0.76	11.16%	3.12	7.36%	4.29	54.73%	1.00	22.26%
2009	3.27	4.76%	0.60	7.72%	2.63	6.85%	3.85	52.11%	0.72	39.55%
2010	4.06	4.06%	0.90	8.48%	2.82	6.48%	3.86	55.65%	0.70	40.90%
2011	4.93	4.20%	1.11	8.62%	3.47	6.28%	4.28	52.68%	0.92	36.32%
2012	4.89	4.89%	0.90	7.09%	3.64	5.87%	2.51	45.68%	1.39	57.47%
2013	5.45	4.70%	0.96	6.59%	4.16	6.57%	3.79	54.46%	1.63	64.43%
2014	6.23	4.99%	1.05	6.79%	4.01	6.50%	3.36	56.03%	1.55	56.72%
2015	5.45	4.11%	1.05	6.68%	3.60	5.19%	2.29	51.45%	1.70	60.38%
2016	4.37	2.96%	1.25	7.31%	3.76	5.24%	2.55	50.62%	1.52	59.15%
2017	4.50	2.90%	1.63	9.25%	3.45	4.88%	4.66	58.52%	1.57	51.23%
2018	4.94	3.24%	2.01	10.95%	3.65	5.10%	6.89	62.29%	1.89	46.34%

资料来源：农业农村部农业贸易促进中心。

从东北地区农产品进口数据来看（见表9－11），蔬菜、糖料及食糖、水果、粮食（谷物）和植物油五类大宗农产品进口额较小，占全国农产品进口比重较小。结合进口数据来看，东北地区在粮食生产方面存在明显种植优势。

表9－11　　东北地区主要农产品进口额及占全国农产品出口比重　　单位：亿美元

年份	蔬菜		糖料及食糖		水果		粮食（谷物）		植物油	
	出口额	占比	出口额	占比	出口额	占比	出口额	占比	出口额	占比
2001	0.06	5.25%	0.07	1.82%	0.19	5.61%	0.79	12.40%	0.29	4.91%
2002	0.09	8.50%	0.09	3.27%	0.23	5.91%	0.58	11.70%	0.43	3.04%
2003	0.08	7.32%	0.15	6.99%	0.33	6.50%	0.47	10.21%	0.56	2.04%

续表

年份	蔬菜		糖料及食糖		水果		粮食（谷物）		植物油	
	出口额	占比	出口额	占比	出口额	占比	出口额	占比	出口额	占比
2004	0. 10	7. 72%	0. 22	6. 60%	0. 51	8. 55%	3. 17	14. 19%	0. 98	2. 51%
2005	0. 10	7. 78%	0. 20	4. 42%	0. 74	11. 21%	2. 02	14. 31%	0. 69	2. 22%
2006	0. 10	6. 98%	0. 15	2. 43%	0. 72	9. 41%	0. 88	10. 44%	0. 72	2. 06%
2007	0. 09	5. 10%	0. 46	9. 14%	0. 81	8. 37%	0. 45	8. 49%	1. 15	1. 70%
2008	0. 09	4. 97%	0. 34	7. 71%	0. 91	7. 57%	1. 65	22. 43%	2. 83	2. 92%
2009	0. 10	5. 63%	0. 50	9. 92%	1. 23	7. 43%	0. 98	10. 86%	1. 17	1. 61%
2010	0. 13	4. 51%	1. 37	12. 88%	1. 56	7. 69%	0. 94	6. 16%	1. 51	1. 84%
2011	0. 20	6. 13%	3. 33	15. 30%	2. 46	7. 91%	1. 48	7. 27%	1. 98	1. 93%
2012	0. 25	6. 09%	2. 49	9. 55%	2. 40	6. 38%	2. 04	4. 26%	2. 81	2. 34%
2013	0. 26	6. 27%	3. 77	15. 46%	3. 01	7. 25%	2. 21	4. 34%	2. 07	2. 08%
2014	0. 36	6. 95%	3. 10	16. 61%	5. 09	9. 96%	3. 30	5. 30%	1. 22	1. 51%
2015	0. 29	5. 38%	4. 05	18. 72%	4. 55	7. 76%	3. 81	4. 05%	1. 06	1. 51%
2016	0. 33	6. 16%	2. 52	16. 56%	2. 89	4. 98%	2. 48	4. 33%	1. 07	1. 72%
2017	0. 22	4. 10%	2. 85	19. 13%	2. 82	4. 52%	2. 70	4. 16%	0. 85	1. 19%
2018	0. 18	2. 23%	2. 34	15. 21%	3. 64	4. 33%	3. 43	5. 76%	0. 84	1. 15%

资料来源：农业农村部农业贸易促进中心。

二、扩大开放对不同类型农民和经营主体的影响

农业的高水平开放可加速生产要素和农产品的跨国流动。赫克歇尔—俄林提出的要素禀赋理论认为，一国应该出口本国充足且廉价要素生产的产品，同时进口本国稀缺要素生产的产品。在农业领域，我国的生产要素禀赋是土地相对稀缺、劳动力相对丰裕，所以农产品贸易的比较优势在于进口土地密集型农产品，出口劳动密集型农产品。农产品贸易市场的扩大不仅会影响到产品价格，还会引致生产规模的变化和产业结构的调整。这些影响机制对不同类型农户和经营主体产生不同影响。

（一）扩大开放可能导致贫困农户的收入降低

第一，高水平开放在短期内对中国农业的冲击体现在农产品价格上。对于我国的农业禀赋而言，劳动密集型农产品生产者在扩大开放后的收入会增加，土地密集型农产品生产者的收入会减少。国内大宗农产品价格高于国外价格，价格倒挂导致国内农产品价格在大宗农产品的进口冲击下而下降，国内棉花、玉米等农产品市场受到的冲击最为明显。贫困地区的大宗农产品种植比例较高，相当一部分的贫困农户的收入依赖于这些传统种植作物。粮食为主的大宗农产品价格下降直接导致贫困农户的农业经营收入下降。

第二，贸易开放创造新就业机会，但难以让贫困群体受益。由于我国出口的农产品主要集中于劳动密集型农产品，需要投入较多的劳动力要素，出口型的农业产品快速增长会创造大量的就业机会，而且贸易开放会促进农业产业结构升级，延长产业链，带动加工、商贸、物流等产业发展，创造出非农就业机会，使农民就业水平和工资性收入都得以提升。低技能工人工资受到贸易自由化的冲击较大，关税下降 1 个百分点，低技能工人的工资增长率下降 1.2%（戴觅等，2019）。贫困农户在知识文化水平、非农工作的技能等方面都存在短板，难以在非农部门及时找到就业机会。由于难以在收入更高的优势行业得到就业，他们可能维持现状，继续从事以粮食为主的生产活动（朱晶等，2012）。

第三，高度开放有助于降低化肥农药等农业生产资料价格，促进生产技术升级改造，但贫困农户农业生产的物质投入水平和技术运用能力低于富裕的农户，生产规模也比富裕农户的规模小。这就决定了贫困农民从生产资料降价和技术升级中的受益程度少于其他农民，使他们在市场竞争中处于更加不利的地位，收入差距将会进一步扩大（问泽霞，2013）。

（二）扩大开放对家庭农场和专业合作社的影响

第一，高度开放带来的规模效应有助于提高家庭农场和专业合作社的生产效率。农产品贸易扩大了农产品的生产规模，特别是具有出口优势的农产品，强劲的出口市场需求催生了相关产业的产业链延伸和专业化分工。一方面，专业化生产可以将工序进行分解，不仅有助于提高劳动参与者的技术熟练程度，而且有利于创新专业技术，提高劳动生产率（汪艳涛等，2012）；另一方面，需求扩张能够促使家庭农场和专业合作社等经营主体开展产业上下游的渗透和融合，不仅有助于扩大农产品的生产规模，起到发挥规模经济效益的作用，而且有助于产品创新和品质提升，从而提高产业链价值，获取更高收益。

第二，引进的农业技术和品种能够更快地被家庭农场和专业合作社所采纳。农业的高度开放不仅能够进口国外优质农产品，改善国内农产品结构，还能够引进国外的先进技术、优质品种，从而提高国内农业生产技术、改良农产品品种。新技术和新品种有助于提高产量和品质，使农产品更具有市场竞争力、获取更高的市场价格，从而导致采用新技术的经营主体比没有采用新技术的经营主体获得更多的收益。也需注意，采用新技术和新品种均有一定的风险和机会成本，特别是部分种植业品种更换还存在较长时期没有经营收入。相比小农户，家庭农场和专业合作社等经营主体的抗风险能力更强，更迫切需要采用新技术、新品种来提高产量，获取经营收益。

（三）扩大开放对农业企业的影响

农业企业因为市场介入程度高于农户和其他经营主体，所以在开放过程中受到的影响最为敏感。第一，农业企业是农产品贸易的直接参与者，其生产行为对国际价格变化反应非常敏感，很容易发生输入型波动并传导至农户。我国农业企业普遍存在体量小、产业链短的问题，难以适应农业国际化竞争的需要。特别是专注于国内市场的农业企业，受国际市场价格倒挂的影响比较大。一些土地密集型农产品如大豆、食用植物油籽和棉花等进口量随着开放度扩大而大幅度增加，参与这些农产品生产的国内农业企业将受到越来越严峻的冲击。第二，各国技术之间的贸易有助于提高国内农产品加工业的技术，这就在一定程度上延长了农产品供给的链条，通过延长农产品供给链，有助于在加工环节的农业企业的发展。农产品贸易不仅给这些农产品加工企业带来大规模生产的可能，而且使农产品加工企业的规模因此而得以合理化。规模经济下的农产品加工业可以使资源得到优化配置，并且能够提高资源利用率，降低生产成本，从而提高农产品加工业的竞争实力（汪艳涛等，2012）。

三、思考与建议

从入世以来的情况和未来可能的走势看，不同地区、不同主体承受的进口压力不同、得到的出口机会不同。未来我国农业开放程度将会进一步提高，农业贸易规模有望继续快速增长，农产品贸易逆差或将常态化且逆差数量可能会持续扩大，将对国内农业和农业经营者造成持续冲击。我们必须采取合理的政策措施，利用好国际国内“两个市场、两种资源”（朱晶等，2018），使不同主体能够应对农产品进口带来的冲击，并抓住高水平开放带来的机遇，获取贸易发展收益。

（一）推进市场多元化发展，扩大农产品进出口渠道

未来我国农业对外开放的广度和深度将进一步提升，农产品贸易

市场愈发多元化，国内农产品市场与国外市场的联结愈发紧密。我们必须根据我国农业资源禀赋的特征和经济发展的阶段性特征，全面研究和评估主要农产品供需的中长期趋势，有效调节农产品进出口。努力开拓多元化的市场，拓展与发展中国家的农产品贸易和合作，减少进出口市场过于集中带来的负面影响。积极开拓非 OECD 成员、“一带一路”沿线国家和地区，以及拉丁美洲地区、中东地区等其他新市场。建立农产品国内生产与进口稳定衔接机制，合理确定粮食等重要农产品进口的规模和结构，有效地调控农产品进口，避免过度进口农产品对国内生产和市场形成冲击。建立基于大数据的农产品进口冲击的预警与防御机制，搜集汇总农产品产量、库存、销售、价格、成本等信息，利用大数据、云计算等技术进行实时监测预警。建立防御机制专项扶持基金，充分运用卫生检验检疫、技术标准、反倾销、反补贴、保障措施等贸易措施，减少国内农产品市场受到的冲击，合理保护国内农产品市场。

（二）分区域制定农产品贸易政策，提高中西部地区开放度

由于贸易便利化条件和产业基础不同，东中西部地区在农产品国际贸易中的参与程度和受益程度存在明显差异，农产品国际贸易对不同地区经营主体和农户的收入影响同样差异较大。东部地区对外开放时间早，在区位条件、硬件设施、交通状况、人才资源等方面均具有优势，从而能够享受到更多的开放政策释放的红利。中西部地区虽然起步于东部沿海地区，但在农业领域上具有良好的自然资源条件，在参与农产品贸易上具有后发优势。如果采用统一的农产品进出口策略，会在一定程度上影响到中西部地区农业资源的合理利用，东部地区对中、西部地区农业资源的虹吸效应，限制了中西部地区的对外开

放程度，对其农业产业发展极为不利（陈皓，2015）。中西部地区应该发挥自身资源禀赋的比较优势，学习借鉴东部地区的理念和经验，用足农产品贸易的保护政策，提升贸易便利化水平，推动农业向开放型产业转型和农民就业结构的调整，加大促进农产品出口的政策力度，帮助中西部地区产品进入国际市场，并提高农产品贸易创收的能力，实现东中西部农产品贸易的同步发展。

（三）促进农业转型升级，提升农产品国际竞争力

我国是农业大国，但同样面临着农业经营规模小、生产成本高、农产品加工水平低、农产品市场化程度低等问题，导致我国农产品在国际竞争中处于劣势，部分农产品如瓜果、蔬菜等在国际贸易中的比较优势正在逐渐下降，农产品过剩的局面进一步加剧，增产不增收的现象时常发生。扩大开放导致更加激烈的市场竞争，必须促进农业提质增效，提高农产品国际竞争力，才能抵御市场开放带来的冲击。一方面要继续调整优化农业结构，加快要素聚集和业态创新，立足资源优势打造农业全产业链，形成有竞争力的产业集群，特别是中西部的欠发达地区要加快形成特色农产品优势区，支持粮食主产区和出口农产品优势区发展农产品加工业，继续发挥我国劳动密集型农产品的竞争优势；另一方面要进一步提高农产品的质量，推动种养业向规模化、标准化和绿色化方向发展，加强绿色食品、有机农产品认证和管理，增加优质绿色农产品供给，提高我国农产品的出口竞争力，避免被发达国家的技术壁垒所制约。

（四）适应国际规则，改革农业补贴方式，拓宽农民就业和增收渠道

国际农产品市场及贸易规则对我国农业政策制定的影响和约束日

益增强，制定应对政策时还需综合考虑农业开放对农民就业和收入的影响。应适应国际规则，改革农业补贴方式，减少“黄箱”补贴，增加“绿箱”补贴比例，用好“蓝箱”补贴空间。对农业开放程度低的中西部地区，采取应对措施的同时，须重视收入分配问题的解决，要让贫困人口充分享受到开放带来的收益。加大对农民教育和技能培训力度，加强乡村工匠、文化能人、手工艺人和经营管理人才等创新创业主体培训，加强种养殖技术、农产品加工技术、农业合作社和家庭农场管理、农产品市场营销等培训，加大新农艺推广的支持力度，全面提高农业从业人员的综合素质。优化农村人力资本投资结构和方式，创建农村创新创业和孵化实训基地，鼓励“田秀才”“土专家”“乡创客”创新创业。鼓励涉农经营主体开展规模化、产业化发展，开发农村特色资源、发展特色农业产业，提高农业市场化运作水平，引导涉农经营主体与小农户建立契约型、分红型、股权型等多种形式的利益联结机制，把利益分配重点向产业链上游倾斜，促进农民持续增收。

执笔人：殷浩栋　杨晓婷

参考文献

[1] 陈皓．我国农产品贸易开放与农民收入关系研究．福州大学，2015．
[2] 戴觅，张轶凡，黄炜．贸易自由化如何影响中国区域劳动力市场？．管理世界，2019（6）．
[3] 汪艳涛，高强．农产品贸易影响农民收入增长的过程模型与作用机理研究．甘肃行政学院学报，2012（6）．
[4] 问泽霞．农产品对外贸易对我国农村居民收入差距的影响．南京林业大学，2013．
[5] 朱晶，张姝，曹历娟．入世前后中国农业贸易引致的就业“创造与替代”．中国人口·资源与环境，2012（6）．
[6] 朱晶，李天祥，林大燕．开放进程中的中国农产品贸易：发展历程、问题挑战与政策选择．农业经济问题，2018（12）．

专题报告十

高水平开放背景下深化中国与越南农业合作

在高水平开放背景下深化我国与国外农业合作，必须优先推进与周边国家的农业合作，加强与“一带一路”沿线国家和地区的合作，通过区域贸易协定把农业合作引向深入。越南既是我国重要邻国，又是“一带一路”沿线国家，还是与我国最早签订自贸协定——中国—东盟自贸协定的成员方之一。因此，探究高水平开放背景下如何深化中国与越南农业合作，具有多重意义。自中国—东盟自贸协定签订以来，中越农业合作得到较快发展，各自优势得到发挥，增进了各自国民的福祉。但与两国农业合作潜力相比，未来还有较大发展空间，需要消除存在的障碍，把潜力释放出来。

一、自贸协定框架下的农业贸易优惠安排

中国和越南同为世贸组织成员，彼此给予对方基于世贸组织规则的最惠国待遇。在此基础上，根据双方都参加的区域贸易协定，彼此给予对方比世贸组织框架下的最惠国待遇还要优惠的贸易安排。这些优惠贸易安排对促进两国农业合作发挥了重要作用。

（一）中国—东盟自贸区框架下的农产品市场开放

中国—东盟自贸区是中国对外商谈的第一个自贸区，也是东盟作为整体对外商谈的第一个自贸区。其成员包括中国和东盟10国（文莱、印度尼西亚、马来西亚、菲律宾、新加坡、泰国、柬埔寨、老挝、缅甸和越南）。2002年11月4日，中国与东盟签署《中国—东盟全面经济合作框架协议》，宣布未来10年内建立中国—东盟自贸区；2003年完成中国—东盟早期收获计划谈判，并于2004～2006年分3次对《中华人民共和国进出口税则》（以下简称《税则》）前8章的农产品和东盟关注的其他部分产品实施零关税；2004年完成《中国—东盟货物贸易协定》（以下简称《货物贸易协定》）签署，并自2005年7月全面实施，包括早期收获产品在内的7000多个税目纳入降税计划。2010年中国与东盟老成员国取消各自绝大多数产品关税，实现区域贸易自由化；中国与东盟新成员国于2015年基本实现货物贸易自由化。

2007年1月，双方签署《中国—东盟服务贸易协定》，并于当年7月顺利实施；2009年8月，双方签署《中国—东盟投资协定》。中国—东盟自贸区在2010年1月1日全面建成。2014年8月双方启动升级谈判，2015年11月22日完成升级谈判。

1. 中方主要农产品降税模式

按照两国约定的降税模式，2005年中国实际进行关税削减的税目共3408个，占全部税目的50%。中国—东盟自贸区基期税率均以2003年的MFN实施税率为准。但早期收获计划于2004年1月1日起实施，《货物贸易协定》于2005年7月20日起实施。对于早期收获产品来说，开始降税的第1年为2004年；对于“货物贸易协定产品”（《税则》第9章以后的产品），开始降税的第1年为2005年。早期收获产品主要包括肉产品（动物制品除外）、禽蛋、乳品、水产品（水产品制品及饲用鱼粉除外）、蔬菜（蔬菜制品除外）、水果（水果制品和果汁除外）、坚果和花卉。根据《货物贸易协定》，中方敏感度高的关税配额产品关税基本保持不变（见表10－1）。

表10－1　　　　中国—东盟自贸区中方主要农产品降税模式

产品大类	产品小类	与东盟协定税率（%）	最惠国税率（MFN，%）
谷物及其制品	小麦	5	65
	稻谷、大米（碎米除外）	50	65
	碎米	5	10
	玉米（种用除外）	50	65
	黑麦	0	3
	大麦	0	3
	燕麦	0	2
	麦芽	0	10
	淀粉	0	10～20
	面筋	0	18
棉花	未梳棉花	5	40
食用油籽及植物油	大豆	0	3
	油菜籽	0	9
	花生	0	15
	葵花籽	0	15
	芝麻	0	10
	芥子	0	15
	棉籽	0	15
	红花籽	0	20
	花生油	0	10
	橄榄油	0	10
	葵花油	0	9
	棉籽油	0	10
	椰子油	0	9
	棕榈仁油	0	9

续表

产品大类	产品小类	与东盟协定税率（%）	最惠国税率（MFN，%）
食用油籽及植物油	芥子油	0	9
	玉米油	0	10
肉产品	活动物（《税则》第1章）	2005年降为0	—
	肉类及杂碎（《税则》第2章）	2006年降为0	—
	动物制品	2010年降为0	—
禽蛋	—	2006年降为0	—
乳品	—	2006年降为0	—
水产品	—	2005年降为0	—
蔬菜	所有蔬菜和蔬菜制品	全部降为0	—
水果	所有水果和水果制品（菠萝罐头、龙眼罐头、菠萝汁和椰子汁除外）	全部降为0	—
	菠萝罐头	5	5
	龙眼罐头	5	5
	菠萝汁	5	5
	椰子汁	5	5
羊毛	—	5	38
咖啡和茶	未浸除咖啡因的咖啡	5	8
	已浸除咖啡因的咖啡	5	8
	咖啡豆	0	10
	含咖啡的咖啡代用品	0	30
	茶	0	15
	马黛茶	0	10
烟草和酒类	酒类	全部降为0	—
	烟草	5	10
	烟草制品	50	57
生皮	—	全部降为0	—
坚果及花卉	坚果	全部降为0	—
	花卉	2005年起，大部分降为0	—

资料来源：《中华人民共和国进出口税则2019》。

2. 越南主要农产品降税模式

谷物及其制品关税：糙米是一般敏感产品，对我国关税 2020 年降至 5% 以下；除硬粒小麦外的其他小麦、除种用玉米外的其他玉米、种用稻谷对我国关税 2018 年降为零，黑麦、大麦、种用玉米对我国关税 2015 年降为零，玉米粗粒和粗粉关税 2018 年降为零，其他制粉工业品关税 2015 年降为零。

棉花关税：2015 年降为零。

食用油籽及植物油关税：大豆关税 2018 年降为零，其他油籽和植物油关税 2015 年降为零。

食糖关税：甘蔗糖、加有香料或着色剂的其他原糖关税 2018 年降至 50% 以下；甜菜糖、口香糖为一般敏感产品，关税 2020 年降至 5% 以下；除口香糖外其他不含可可的糖食关税 2018 年降为零；其他糖及食糖关税 2015 年降为零。

肉产品关税：除改良种用外的其他活鸡关税 2015 年降为零，税则第 1 章的其他活动物关税 2008 年降为零；鲜冷冻鸡肉及杂碎、鲜冷冻火鸡块及杂碎关税 2018 年降为零，税则第 2 章的其他各种肉类及其杂碎关税 2008 年降为零。

禽蛋关税：咸蛋和皮蛋关税 2015 年降至 50% 以下；其他禽蛋关税 2008 年降为零。

乳品关税：2008 年降为零。

水产品关税：2008 年降为零。

蔬菜和水果关税：2008 年起，税则第 7 章的蔬菜产品取消关税。水果中，鲜或干的葡萄柚以及其他柑橘属水果关税 2018 年降为零，其他水果关税全部在 2008 年降为零。番茄酱罐头和用醋或醋酸以外其他方法制作或保藏的马铃薯关税 2018 年降为零，其他蔬菜制品和水果制品关税 2015 年降为零。

羊毛关税：2015 年降为零。

咖啡和茶关税：2018 年降为零。

烟草和酒类关税：味美思酒及其他加植物或香料的用鲜葡萄酿造的酒、黄酒、苹果酒、梨酒、蜂蜜酒关税 2018 年降为零；未改性乙醇关税 2020 年降至 5% 以下；其他酒类 2015 年降为零；烟草和烟草制品 2018 年降至 50% 以下。

生皮关税：2015 年降为零。

坚果及花卉关税：2008 年降为零。

（二）RCEP 框架下的农产品市场开放

RCEP 谈判于 2012 年由东盟 10 个国家发起，邀请澳大利亚、中国、印度、日本、韩国、新西兰 6 个对话伙伴国家参加，目标是在与这些国家签署的各个“10 + 1”自贸协定基础上进一步完善，达成一个现代的、全面的、高质量的、互惠的、新的大型自贸协定。谈判从 2013 年正式开始，已先后举行了 3 次领导人会议、19 次部长级会议，28 轮正式谈判。2019 年 11 月 4 日第三次领导人会议在曼谷举行，中国国务院总理李克强出席了会议，与会各国领导人发表了 RCEP 领导人联合声明，声明宣布除印度外的 15 个国家已经结束了全部 20 个章节的文本谈判，以及实质上所有的市场准入谈判。2020 年 11 月 15 日上述 15 个国家正式签署了 RECP。这标志着世界上人口最多、成员结构最多元化、发展潜力最大的自贸区建设取得了重大的突破。

根据 2018 年数据，整体上已经结束谈判的 RCEP 15 个国家人口达到 22 亿人，GDP 达到 29 万亿美元，出口额达到 5.6 万亿美元，吸引的外商投资流量 3700 亿美元，这些指标基本都占全球总量的 30% 左右。RCEP 建成之后，将会是世界上最大的自由贸易区。RCEP 达成后会有更高的开放程度。

二、中越农业贸易发展趋势

中越两国都高度重视农业，农产品贸易是两国经贸合作的重头戏。特别是中越关系正常化之后，双边农产品贸易迅速发展。2018 年中越农产品贸易总额达 85.6 亿美元，是 1993 年的 61.9 倍，年均增长 17.9%。农业贸易与合作也一直是中国—东盟自由贸易区中的重要内容。两国农产品贸易也在中国—东盟农产品贸易中占有重要地位。越南是我国在东盟的第一大农产品出口市场、第三大农产品进口来源国，且在我国与东盟农产品贸易中的地位越来越重要。2018 年中越农产品贸易总额占中国—东盟农产品贸易比重超过 1/5，达到 24.1%（见表 10 – 2）。中越农产品贸易具有较强的互补性，农产品贸易不仅满足了双方对差异化、特色农产品的需求，而且有力促进了两国边境地区产业发展和居民收入福利的提高。中越农业贸易和合作的深化是双方共同发展的需要，对于加深中越全面战略合作伙伴关系具有重要意义。

表 10 – 2　　中越农产品贸易在中国—东盟农产品贸易中的占比　　单位：%

年份	出口占比	进口占比	贸易总额占比
2014	22.0	13.9	17.6
2015	23.2	17.0	20.0
2016	25.1	19.1	22.2
2017	28.9	17.6	23.1
2018	31.0	17.8	24.1

资料来源：根据中国海关数据计算整理。

（一）中国自越南农产品进口发展趋势

自 1991 年中越恢复正常关系以来，中国自越南农产品进口波动上涨，经历了三个发展阶段。

（1）1993～2002 年，我国自越南农产品进口规模较小且增长缓慢。这一时期进口量维持在 100 万吨以下。根据中国海关统计，1993 年中国自越南进口农产品仅 6.8 万吨，2002 年增至 81 万吨；进口额增长也较缓慢，2002 年为 1.4 亿美元，较 1993 年增加 1 亿美元。

（2）2003～2012 年，我国自越南农产品进口快速增长。2002 年 11 月，中国—东盟第六次领导人会议上，双方签署《中国—东盟全面经济合作框架协议》（以下简称《协议》），标志着中国—东盟自由贸易区正式启动。《协议》确定了合作的两个阶段：第一阶段为 2004～2006 年，约 600 种产品关税陆续减到零，第二阶段是到 2010 年（东盟新成员国到 2015 年）建立中国—东盟自由贸易区。受惠于中国—东盟自由贸易区"早期收获"降税方案，越南农产品大量进入中国市场，2003 年突破 100 万吨至 116.2 万吨，2012 年增至 546.3 万吨，增长近 4 倍，年均增长 18.8%。同期我国自越南农产品进口额也由 1.9 亿美元增至 22.2 亿美元，增长 10.7 倍，年均增长 31.4%。

（3）2013 年至今，增长较为稳定。在经历了前一阶段的高速增长后，2013 年至今中国自越南农产品进口量进入平稳增长阶段，稳定在 500 万～600 万吨，进口额也稳定在 20 亿～30 亿美元（见图 10－1）。

从进口品种看，我国自越南进口农产品主要包括橡胶及其制品、大米、木薯、热带水果、水产品、棉纱线及织物等（见图 10－2、表 10－3）。

橡胶及其制品一直是我国自越南进口的主要产品，进口额一直稳居前三。2018 年进口 103.2 万吨、14.5 亿美元，其中，进口天然橡胶 20.2 万吨、合成橡胶 80.9 万吨，分别占 19.6%、78.4%。

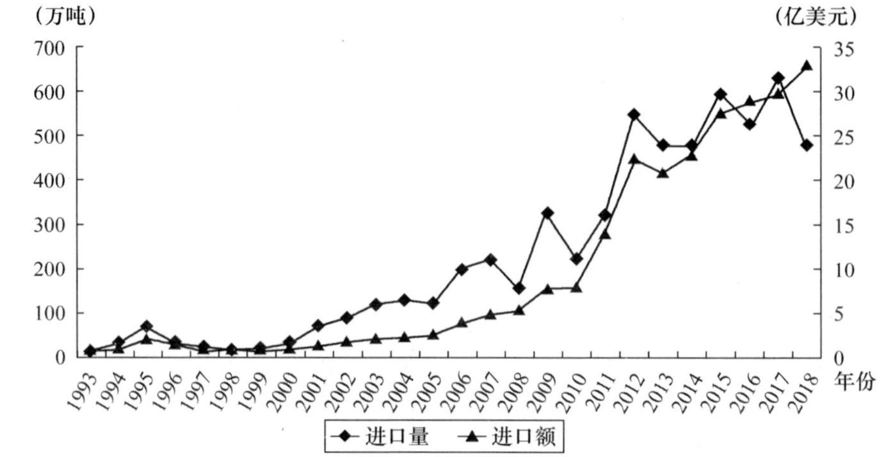

图 10－1　中国自越南农产品进口增长情况

资料来源：中国海关。

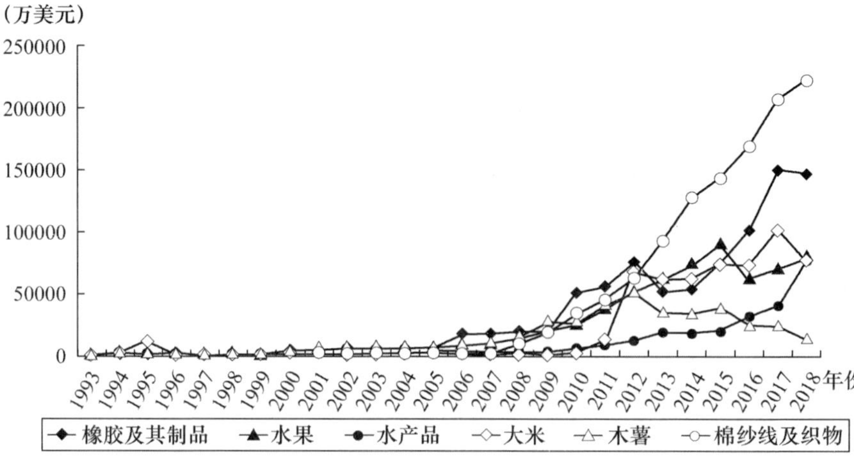

图 10－2　中国自越南主要农产品进口额增长情况

资料来源：中国海关。

表 10－3　　中国自越南主要农产品进口量增长情况　　单位：万吨

产品细类＼年份	1993	1997	2000	2001	2005	2010	2015	2018
农产品	6.8	15.2	24.2	69.0	112.3	222.5	587.4	475.4
橡胶及其制品	0.9	1.2	6.3	7.8	5.5	17.5	52.5	103.2
大米	0.1	0.0	0.0	0.0	4.2	5.6	179.4	145.2
木薯	0.0	5.6	3.4	15.7	41.2	103.6	183.3	58.7

续表

产品细类＼年份	1993	1997	2000	2001	2005	2010	2015	2018
水果	2.3	1.3	7.0	18.7	32.9	75.0	134.6	136.3
其中：香蕉	1.7	0.4	0.3	4.0	2.7	3.1	1.0	13.5
龙眼	0.0	0.0	0.0	2.5	6.3	15.5	20.9	32.6
火龙果	0.0	0.0	0.0	0.0	2.2	21.8	81.3	51.1
水产品	0.3	0.2	0.2	1.3	2.0	5.8	13.0	31.8
棉纱线及织物	0.0	0.0	0.0	0.1	0.5	10.8	50.7	78.7

资料来源：中国海关。

越南一直是中国大米主要进口来源国。我国自越南大米进口近年来增长较快，2011 年以前进口量均在 50 万吨以下，自 2012 年起进口快速增长，2017 年进口量增至 226.5 万吨，是 2011 年进口量的 9.7 倍。2018 年进口略降，为 145.2 万吨，占中国大米进口总量的 48.1%。

越南也是我国木薯主要的进口来源地，从越南进口木薯的数量仅次于泰国。从越南进口木薯变动较大，2009～2015 年进口量较大，年均进口 165.7 万吨，2009 年跃居中国自越南进口农产品首位。近年来从越南进口木薯数量下降，2018 年进口 58.7 万吨，占中国木薯进口总量的 12.2%。

从越南进口的主要热带水果品种为火龙果、龙眼和香蕉。香蕉和龙眼进口相对稳定。1993 年至今，香蕉进口均不超过 20 万吨、1 亿美元；龙眼进口均不超过 40 万吨、2 亿美元。火龙果是自越南进口第一大水果，自 2004 年获准进入中国市场以来增长势头迅猛，2015 年增至高点 81.3 万吨、6.6 亿美元。近年来进口较为平稳，稳定在 50 万吨、4 亿美元左右。

从越南进口的水产品 2015 年之前进口增长缓慢，进口均不超过 15 万吨、2 亿美元；2016 年以来增速加快，2018 年进口 31.8 万吨、

7.3 亿美元。主要进口品种为鲶鱼和鱼粉，2018 年分别进口 3.2 亿美元和 1.7 亿美元，占自越南水产品进口总额的 43.8% 和 23.3%。

从越南进口的棉纱线及织物进口增速较快。2016 年超越巴基斯坦、印度，成为中国第一大棉纱线及织物进口来源国。2018 年进口 22.2 亿美元，占中国棉纱线及织物进口总额的 32.9%；进口 78.7 万吨，占 32.4%。越南并非产棉国，原料主要来自美国、印度、非洲等产棉区。受益于中国—东盟自贸区，越南对华出口棉纱零关税，使得越南棉纱相对于巴基斯坦、印度棉纱价格优势明显。另外，部分自越南的进口棉纱来源于在越南设厂的中国棉纺企业。

原木也是中越两国重要的贸易产品。中国自越南原木进口在 2014 年达到峰值 18.3 万吨、2.4 亿美元，随后开始回落。近年来，由于越南对原木出口的限制，我国进口增长缓慢，2018 年进口 6.9 万吨、0.4 亿美元（见图 10－3）。具体进口品种方面，最大进口品种为红木，进口变动趋势与原木整体进口变动趋势一致，2014 年达到峰值 17.4 万吨、2.4 亿美元，进口量占原木进口总量的 95.1%。2018 年进口红木 2.5 万吨、0.3 亿美元，进口量和进口额分别占 36.2% 和 75%。

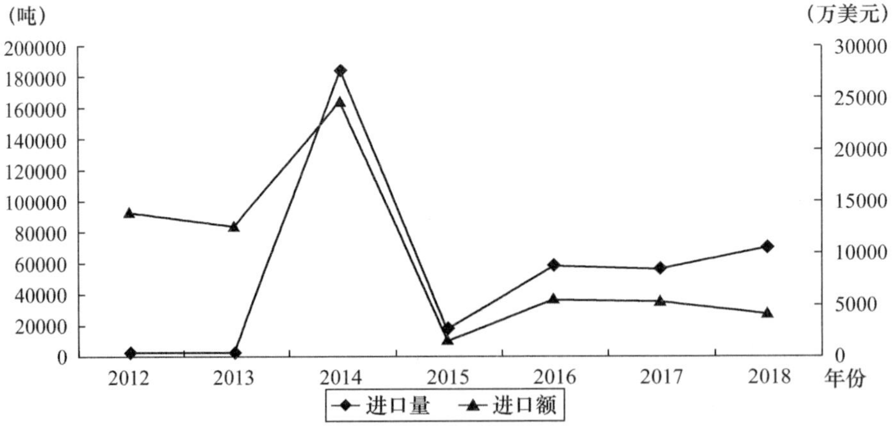

图 10－3　中国自越南进口原木增长情况

资料来源：中国海关。

（二）中国对越南农产品出口发展趋势

1993 年至今，中国对越南农产品出口稳步增长且增长势头迅猛，大致也经历了三个发展阶段。

（1）1993 ~ 2001 年，对越南出口量稳定在 20 万 ~ 30 万吨，出口额在 1 亿美元。

（2）2002 ~ 2014 年，对越南出口快速增长。2002 年对越南出口仅 72.2 万吨，2014 年增至 179.6 万吨，增加 1.6 倍，年均增长 7.9%。出口额 2014 年为 22.9 亿美元，较 2002 年增加 21.5 亿美元，年均增长 26.2%。

（3）2015 年至今，对越南出口增速加快。2015 年中国与东盟完成自贸区升级谈判，升级版自贸区将重点由贸易自由化转向贸易便利化。双方贸易便利化程度的提高促进了两国农产品贸易规模不断扩大。2018 年中国对越南出口农产品 285.1 万吨，较 2015 年增加 54.1%，年均增长 15.5%；出口额 52.8 亿美元，增加 53.9%，年均增长 15.5%（见图 10 – 4）。

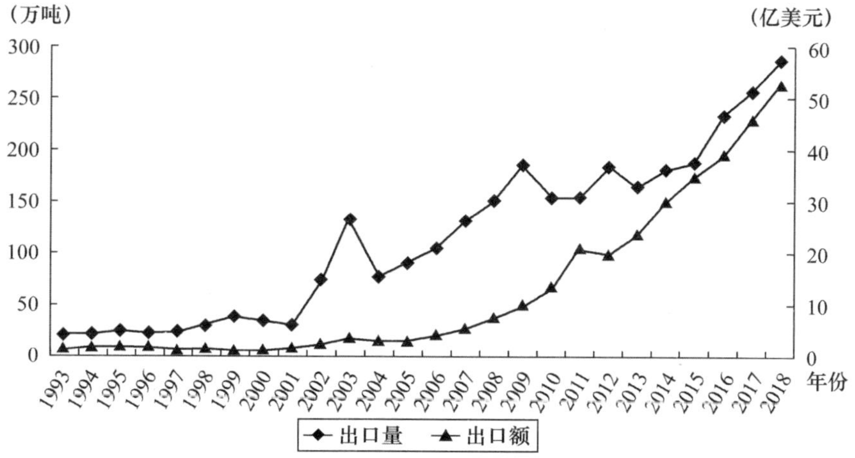

图 10 – 4　中国对越南农产品出口增长情况

资料来源：中国海关。

从对越南出口品种看，虽然1993年以来主要出口品种出口规模均在不断扩大，但不同年份主要出口品种所占份额有较大变动，果蔬、棉纱线及织物、农资出口规模持续扩大，粮食（谷物）、中药材出口量明显下降（见图10－5、表10－4）。

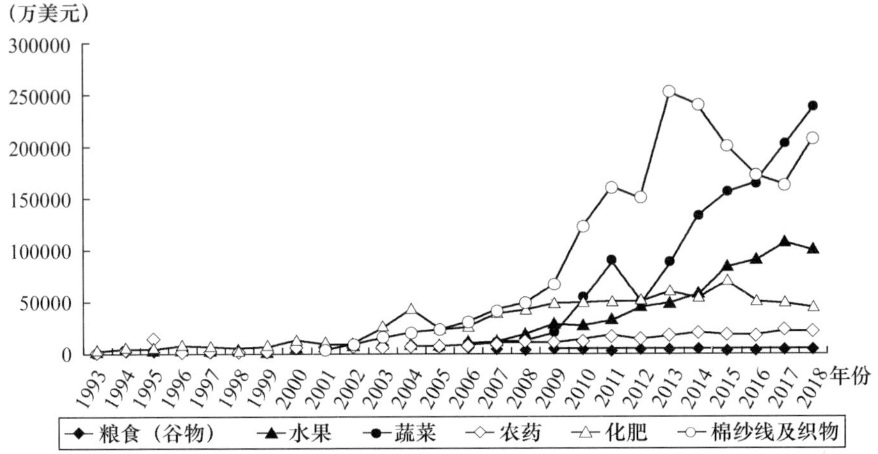

图10－5　中国对越南主要农产品出口额增长情况

资料来源：中国海关。

表10－4　中国对越南主要农产品出口量增长情况　单位：万吨

产品细类 \ 年份	1993	1997	2000	2001	2005	2010	2015	2018
农产品	18.7	21.4	33.8	29	89.2	150.9	185	285.1
粮食（谷物）	10.7	1.1	16.8	6	11.6	1.6	0.9	1
其中：玉米	5.3	0	16.3	4.7	7.6	0	0	0
小麦粉	5.2	0.9	0	0	0.2	0.8	0	0
种用稻谷	0	0.2	0.4	1.1	1.1	0.8	0.7	0.4
水果	1	7.8	5.2	2.9	32.4	59.8	53	59.6
其中：柑橘	0.2	4.3	1.2	1.1	12.8	23.1	16.3	20.4
苹果	0.7	2.9	2.5	0.9	9.8	11	8.6	8.8
梨	0.2	0.1	1.1	0.5	5.1	9.5	5.2	6.7
葡萄	0	0	0	0	0.3	2.6	5.2	6.8
蔬菜	0.9	1.5	2.8	2.1	22.3	46.1	71.2	106.8

续表

产品细类＼年份	1993	1997	2000	2001	2005	2010	2015	2018
其中：蘑菇	0.3	0	0	0	0.1	1.6	3.6	8.8
大蒜	0.5	0	1.6	0.5	7.3	12.3	16.6	22
洋葱	0	0	0	0.2	4.2	11.6	14.7	20.8
木耳	0	0	0	0	0	0.3	1.8	2.4
农药	0.1	0.7	1.2	1.3	2.5	3.9	6.9	6.1
化肥	4.7	29	89.9	64	97.5	157.4	254.5	172.3
棉纱线及织物	0	0	0	2.3	15.1	80.1	86.6	84

资料来源：中国海关。

对越南粮食（谷物）出口份额逐年下降。粮食（谷物）曾是中国对越南出口第一大农产品，1993 年对越南粮食（谷物）出口额 1453.9 万美元，占中国对越南农产品出口总额的 28.5%，出口量 10.7 万吨，占中国对越南农产品出口总量的 46.9%；此后该出口份额逐年下降，2018 年该出口额 2001.3 万美元，占 0.3%，该出口量 9712.7 吨，占 0.2%。粮食（谷物）出口品种也在不断变化，2007 年之前对越南主要出口玉米和小麦粉，2007 年之后对越南粮食（谷物）出口几乎全部为种用稻谷。

对越南化肥和农药等农用物资出口增长较快。2018 年化肥、农药出口额分别为 4.3 亿美元、2 亿美元，占中国对越南农产品出口的 8.1% 和 3.8%；该出口量分别为 172.3 万吨和 6.1 万吨，是 1993 年的 89 倍和 36 倍。

对越南水果出口份额保持相对稳定。从 1993 年至今该出口额一直稳定在第三或第四位。2018 年该出口额为 10.1 亿美元，占 19.1%；该出口量为 59.6 万吨，占 20.9%。对越南水果主要出口品种包括柑橘、葡萄、苹果和梨。其中，对越南柑橘出口增速较快，2005 年该出口额超过苹果成为第一大出口水果，2018 年该出口额 3.4 亿美元，占对越南水果出口总额的 33.3%，该出口量 20.4 万吨，占 34.2%。由于近年来出口价格上涨较快，葡萄于 2015 年超过苹果成为第二大对越南出口水果，2018 年该出口额 1.5 亿美元、该出口量 6.8 万吨，分别占对越南水果出口总额和总量的 15.2%、11.4%。对越南出口苹果和梨增速较为平稳，2018 年上述品种出口额分别为 1.5 亿美元和 1.1 亿美元，分别占对越南水果出口的 14.7% 和 15.2%；上述品种出口量分别为 8.8 万吨和 6.7 万吨，分别占对越南水果出口总量的 14.8% 和 11.2%。

对越南蔬菜出口增速较快，对越南蔬菜出口份额不断扩大。2008 年至今，该出口份额大幅上升，2013 年蔬菜成为中国对越南第二大出口农产品，2017 年蔬菜跃居中国对越南出口农产品首位，2018 年该出口额为 23.8 亿美元，占中国对越南农产品出口总额的 27.2%，出口量 106.8 万吨，占中国对越南农产品出口总量的 19.8%。主要出口蔬菜品种（包括干蔬菜、鲜冷冻蔬菜和加工保藏蔬菜）为蘑菇、木耳、大蒜、洋葱，2018 年上述蔬菜品种出口额分别为 10.5 亿美元、3.8 亿美元、3.1 亿美元和 2.4 亿美元，占中国对越南蔬菜出口总额的 44%、16.2%、12.9% 和 10.3%；出口量分别为 8.8 万吨、2.4 万吨、22 万吨和 20.8 万吨，分别占中国对越南蔬菜出口量的 8.2%、2.3%、20.6% 和 19.5%。

我国棉纱线及织物对越南出口大幅增长。目前越南已成为中国棉纱线及织物第二大出口国，仅次于孟加拉国。2018 年该出口额为 20.6 亿美元，占中国棉纱线及织物出口总额的 9.3%；该出口量为 84 万吨，占中国棉纱线及织物出口总量的 13.2%。低廉的劳动力成本、优惠的税收措施等吸引了中国国内的纺织企业转移至越南投资建厂，对棉花以及棉花替代品棉纱线及织物的需求大幅增加，也带动了越南自我国棉纱进口快速上涨。

作为特色产品，中国对越南也出口大量中药材。1993 年以来中药材对越南出口快速上涨，2009 年该出口量达到历史高点 30703. 1 吨，是 1993 年的 37 倍，年均增长 25. 3%，该出口额也由 33. 9 万美元增至 8347. 6 万美元，年均增长 41. 1%；但 2009 年至今，该出口量不断下跌，目前跌至 2453. 1 吨，仅为 1997 年左右水平，该出口额也降至 2126. 8 万美元，约为 2003 年水平（见图 10 - 6）。具体出口品种方面，目前出口额位居前三位的是当归、贝母和菊花，2018 年上述品种出口额分别为 193. 4 万美元、101. 9 万美元和 95. 6 万美元，分别占我国对越南中药材出口额的 9. 1%、4. 8% 和 4. 5%。

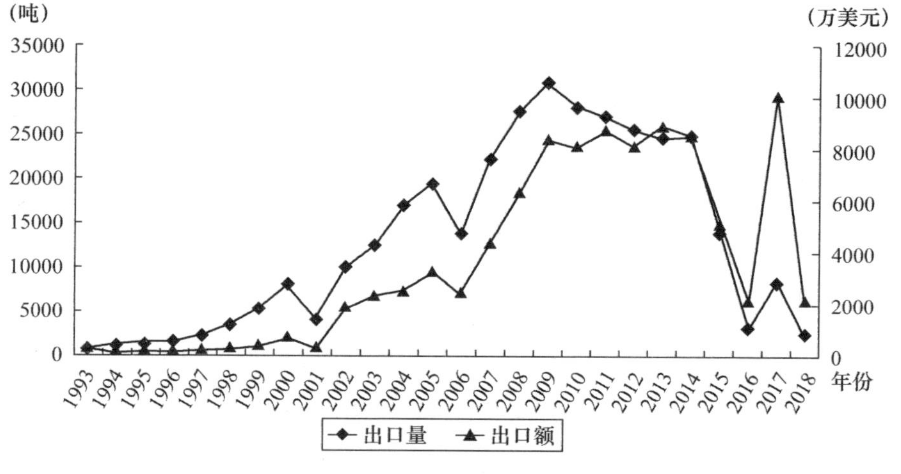

图 10 - 6　中国对越南中药材出口增长情况

资料来源：中国海关。

中国对越南原木出口自 2014 年开始大幅上涨，2016 年该出口数量增至历史高点为 10. 2 万吨、该出口额为 0. 3 亿美元，较 2014 年分别增加 9 倍和 3 倍。近年该商品出口稍有回落，2018 年对越南原木出口 6. 8 万吨、价值 0. 2 亿美元（见表 10 - 5）。

表 10－5　　　　　　中国对越南原木出口增长情况　　　　　　单位：吨、万美元

年　份	2012	2013	2014	2015	2016	2017	2018
出口量	3.1	13.0	10127.7	11936.6	101705.9	87566.0	68161.3
出口额	140.0	625.0	724.8	375.4	2828.5	2577.8	2001.5

资料来源：中国海关。

三、进一步扩大中越农业贸易合作的潜力与问题

（一）中越农业互补性与贸易合作潜力分析

1. 双方部分传统出口优势特色品种仍有增长空间

越南对我国出口的优势特色农产品，如热带水果、蔬菜、坚果等，仍有增长空间。中国是越南第一大果蔬出口市场。越南对中国果蔬出口额占越南果蔬出口总额的近 75%。目前，越南获准进入中国市场的水果仅有 8 种。越南方面也在积极推进与中国海关关于越南榴莲、柚子、百香果、椰子、番荔枝、莲雾和山竹等水果进入中国市场的谈判。据中国海关消息，山竹的谈判已经完成。一方面越南有出口需求，另一方面中国对榴莲等热带水果也有进口需求。2018 年我国水果贸易首次出现逆差，原因就在于榴莲等部分热带水果品种进口激增。据中国海关统计，2018 年我国榴莲进口总值 11 亿美元，增长 98.3%；山竹进口总值 3.5 亿美元，增长 137.6%。在供求两方面作用下，越南这些尚未纳入中国水果准入名录的品种，如榴莲、山竹、菠萝、番石榴、莲雾等，一旦获准进入中国市场，将显著增加越南对华水果出口规模。

此外，越南腰果、胡椒等特色出口产品也有贸易增长潜力。腰果是越南特色经济作物，主要用于出口创汇。越南于 2005 年超过印度成

为世界第一大腰果出口国。2017 年越南出口腰果 33.5 万吨、总值 29.6 亿美元，但对中国出口仅 4.6 万吨、总值 4.5 亿美元，仅分别占其出口量和出口额的 13.7%、15.2%，排在美国（11.3 万吨，占 33.8%）和荷兰（5.3 万吨，占 15.7%）之后。2017 年越南出口胡椒 21.5 万吨、总值 11.2 亿美元，但出口至中国仅 373 吨、总值 201.7 万美元，仅分别占其出口量和出口额的 1.7% 和 1.8%；来自越南的胡椒仅占中国胡椒进口量的 9.7%，排在马来西亚（2107.7 吨，占 54.5%）、巴西（472 吨，占 12.2%）和印度尼西亚（433.8 吨，占 11.2%）之后。上述数据表明，越南腰果和胡椒对华出口均有较大增长潜力。

中国对越南传统出口优势产品，如苹果、葡萄、蘑菇、大蒜等温带果蔬，也有增长潜力。2017 年越南进口苹果总量为 13.4 万吨、总值 6684.2 万美元，但自中国仅进口苹果 2.4 万吨、价值 1210.9 万美元，来自中国的进口量仅占越南苹果进口量的 18.1%，排在美国（5.6 万吨，占 41.8%）和新西兰（3.3 万吨，占 24.5%）之后（见表 10－6）。中国是苹果生产和出口大国，对越南出口仍有增长潜力。

表 10－6　2017 年越南苹果、葡萄进口来源情况　单位：万吨、%、万美元

进口来源国	进口量	进口量占比	进口额
苹　果			
美　国	5.6	41.8	2794.1
新西兰	3.3	24.5	1636.9
中　国	2.4	18.1	1210.9
法　国	1	7.5	499.7
加拿大	0.4	2.9	190.5
日　本	0.2	1.7	111.2
波　兰	0.2	1.5	100.7

续表

进口来源国	进口量	进口量占比	进口额
韩　国	0.2	1.3	83.6
荷　兰	0.1	0.5	33.6
葡　萄			
美　国	2.4	43.9	2569.1
澳大利亚	1.4	24.6	1438.8
南　非	0.7	13.4	785.1
中　国	0.5	9.5	559.4
智　利	0.3	6	350.6
韩　国	0.1	2.6	154.7

资料来源：根据联合国贸发会（UN Comtrade）数据计算整理。

2. 越南对中国种子、化肥、农药、农机等农业生产资料进口需求也有增长潜力

越南农作物种子、化肥、农药、植保产品等农资60%～85%依赖进口，主要自中国进口，且进口增长潜力较大。

种子方面，越南是世界第一大大米出口国，但越南种用稻谷主要依靠进口，且主要来自中国。2017年，越南进口稻谷6.5万吨，其中自中国进口4.8万吨，占73.3%，越南主要是自广东、广西进口杂交水稻种子。中越两国农业部门已成立副部级农业合作联合委员会。在该框架下，越南提出的主要合作诉求是关于水稻抗旱耐盐碱品种的育种联合科研攻关。由此可见，越南对育种有较为强烈的合作需求，而我国在育种方面有明显的优势。除进一步加大对越南种子出口贸易外，还可加强双方在育种方面的合作。

越南化肥、农药、农业机械设备等生产物资主要依赖进口，这些商品是我国对越南出口的主要产品。有限的农业生产物资条件制约了越南农业生产效率，且越南耕作地区多位于沿海和平原地区，雨季长、降水多，易引发洪涝灾害，对农业机械需求量较大。而越南国内农业机械设备供给不足，存在较大市场缺口。目前越南国产农机市场份额仅为30%，农机产品70%依赖进口。2017年越南农机进口约25亿美元，其中80%来自中国。越南组装贴牌国产农机60%～70%的组装零配件也从中国进口。越南政府已推出多重优惠政策，鼓励其农民使用农机设备，2013年底开始执行购买国产或进口农机均可申请贴息贷款的政策。此外，越南还规定非国产化农机及其零配件进口用于投资项目的，免征进口税和增值税。越南政府将提高农业机械化水平作为农业发展目标之一，并雄心勃勃地表示在未来10年将越南推向世界农业最发达国家行列之一。根据越南农业发展战略规划，预计其市场对农业机械需求量将迅速攀升。中国在农业机械研发和制造方面积累了丰富实践经验，尤其在热带地区耕作机械方面更是处于领先地位。“东风”“玉柴”等中国农机品牌在越南知名度较高，价格实惠而且可以适应当地气候和地形，备受越南农民喜爱。这为中国农机企业进入越南市场提供了重要机遇。

3. 双方在动物防疫、畜禽饲养等领域的科技合作仍有增长潜力

我国与越南已开展水稻迁飞性害虫防治合作项目、跨境动物疫病防控项目。越南是很多疫病和病虫害的源发区，如果能够跨境防疫，在源头遏制，有利于保障我国农业产业安全。

我国在动物防疫、畜禽饲养等方面积累了丰富经验，具有比较优势。越南作为动物疫情多发地，对动物防疫需求较大；越南饲料生产技术相对不发达，无论在饲料配方还是饲料生产加工设备方面都有较大的技术缺口。双方在动物防疫和饲料生产方面具有较大的合作空间。越南是疫情多发区，禽流感、口蹄疫频发。2019年2月首次发现非洲猪瘟疫情，疫情蔓延迅速。根据世界动物卫生组织通报，截至

2019 年 5 月 22 日，越南已发现 2750 起疫情，扑杀生猪 156 万头。中国自 2018 年 8 月发生非洲猪瘟疫情以来，由于加强排查、果断处置、加强重点环节监控，疫情发生势头趋缓。据中国农业农村部消息，2019 年第 1 季度中国发生非洲猪瘟疫情 17 起，比 2018 年第 4 季度减少 57 起，23 个省份解除疫情封锁。中国在应对非洲猪瘟疫情方面取得了丰富的经验，也获得了明显成效。下一步可以加强与越南在应对非洲猪瘟疫情方面的合作，强化联防联控。

（二）中越农业贸易合作的制约因素

1. 越南优质农产品供应能力不足，制约贸易增长

越南农产品与东盟其他国家农产品面临同质化竞争，而越南农产品并不具有竞争优势，难以满足我国对高品质农产品的需求。越南出口中国的芒果、火龙果等产品，品种、品质上赶不上我国同类产品，我国从越南进口同类产品主要是满足国内反季节消费。至于其他热带水果，一方面是越南国内产量不足，另一方面其品质不如泰国等国的水果。越南是很多动植物疫病的发源地，比如水稻迁飞性害虫源地、口蹄疫重发地区等，其在防疫检疫上信息的不透明抑制了这些领域农产品的国际贸易合作。

越南已开始推动其国内产业升级，逐步限制初级原料产品出口，希望更多地出口加工制品。但越南的加工能力较弱，加工产品品质、款式、包装等与我国国内需求不匹配，部分规格、尺寸、标签等不符合我国有关规定，因而限制了其对我国的出口。比如，越南已限制原木出口，向我国出口的原木总量较 2014 年下降近 2/3，转而支持其家具等制成品出口，但越南生产加工设计能力与我国市场需求

不匹配，出口至我国的家具均需二次加工，限制了其对我国出口的进一步扩大。

2. 越南交通物流基础设施发展滞后，运输时效差

越南铁路、公路、海港、内河口岸、空港等基础设施，与中国的相比仍存在差距，运力不足、运输效率低的问题较为突出，成为制约两国农产品贸易的硬约束。越南主要农产品生产基本集中在其国内南部湄公河三角洲和北部红河平原，但由于其国内基础设施发展迟缓，其内地到口岸尚未贯通高速公路，产地农产品运输到口岸的效率低下，制约了可贸易潜能的开发。同时，越南境内铁路是米轨，速度非常慢，铁路运输过口岸后还需要更换车辆，制约了通行效率的提升。越南政府早在 2007 年就已经制订计划，加大投入改善其基础设施现状，计划到 2020 年投入 1300 亿美元，年均投入近 102 亿美元。虽然越南政府雄心勃勃，但基础设施投资建设存在巨大资金缺口，其口岸与交通基础设施的建设推进非常缓慢。

世界银行设计了基础设施质量这一指标衡量一国基础设施建设的整体表现，分值为 1 ~ 7。分值越低代表该国基础设施建设越不发达。2017 年越南的分值仅为 3.7，中国的为 4.6。在物流建设方面，越南与中国相比也较为落后。世界银行针对各国物流建设设定了若干指标来反映该国物流服务水平，如能够有效追踪货物运输路径的指标即“物流可追踪能力”、货物能够在约定时间内到达指定运输地点的指标即“物流准时表现”、反映物流服务质量的指标即“物流服务质量和竞争力水平”，以及反映一国整体物流水平的指标即“物流指数”，并将上述指标按照得分从 1 到 5 打分，分数越高，表明该国物流服务水平越高。在所有得分指标中，越南均落后于中国，以“物流指数”为例，2018 年越南为 3.3，中国为 3.6（见表 10 - 7、表 10 - 8）。

表 10－7　　　　中越基础设施质量指标得分比较

国家	指标	2013 年	2014 年	2015 年	2016 年	2017 年
越南	码头集装箱装载能力（标准箱）	8966773	10188873	11478573	11853000	12284395
	货轮航运联通指数（2004 年为基期，2004 年＝100）	43.3	46.1	46.4	66.9	65.6
	铁路里程（千米）	2347	3186	3186	2581	2367
	铁路货运能力（百万吨/千米）	3733	4252	4125	3190	3574
	航空运输能力（百万吨/千米）	497.2	450.2	384.5	451.3	453.3
	基础设施质量（分值为 1～7）	3.7	3.7	3.9	3.9	3.7
中国	码头集装箱装载能力（标准箱）	175936351	186679051	195276751	199551751	213719925
	货轮航运联通指数（2004 年为基期，2004 年＝100）	157.5	165.1	167.1	169.2	169.6
	铁路里程（千米）	66585	66989	67212	67092	67278
	铁路货运能力（百万吨/千米）	352795296	390878784	436183969	487960477	551234509
	航空运输能力（百万吨/千米）	16053.7	17822.6	19805.6	21304.6	23323.6
	基础设施质量（分值为 1～7）	4.5	4.6	4.5	4.5	4.6

资料来源：世界银行 WDI 数据库。

表 10－8　　　　中越物流服务水平比较

国家	指标	2010 年	2012 年	2014 年	2016 年	2018 年
越南	物流可追踪能力	3.1	3.2	3.2	2.8	3.4
	物流准时表现	3.4	3.6	3.5	3.5	3.7
	物流指数（总体表现）	3.0	3.0	3.2	3.0	3.3
	物流服务质量和竞争力水平	2.9	2.7	3.1	2.9	3.4
中国	物流可追踪能力	3.6	3.5	3.5	3.7	3.6
	物流准时表现	3.9	3.8	3.9	3.9	3.8
	物流指数（总体表现）	3.5	3.5	3.5	3.7	3.6
	物流服务质量和竞争力水平	3.5	3.5	3.5	3.6	3.6

资料来源：世界银行 WDI 数据库。

3. 贸易方式落后，生鲜农产品损耗大

中越两国主要农产品贸易多为果蔬、海鲜等鲜活农产品。鲜活农

产品在运输过程中对冷藏保鲜的要求较高，需要冷链运输。以水果为例，越南水果进入中国市场的方式包括两种：大宗水果冷柜通关及综合保税区通关交易；总额8000元以下小宗水果通常以边境互市形式进行监管交易，通过“蚂蚁搬家”、积少成多后再用冷柜运往我国其他地区。由于我国对互市贸易有免税政策优惠，一些地方互市贸易持续增长，贸易运输方式由“整箱大车整运”倒退为“拆箱小车零运”，所运农产品在通关过程中不得不进行拆箱、由大车换成小车，拆箱换车造成此农产品的损耗较大。而且这种通关方式通常缺乏冷藏保护措施，冷链断链会增加农产品运输过程中腐败变质的风险，影响中越跨境贸易农产品的质量安全。

此外，中越农产品在跨境物流流通上，还存在以下问题制约物流效率和质量的提升以及两国农产品贸易的发展。一是跨境冷链物流的标准有待统一。中越之间物流设备与设施标准化推进工作取得了一定成效，双方跨境水果冷藏集装箱规格大部分实现了统一。目前，中越跨境水果冷藏集中箱规格以40英尺为主，占90%。但越南制造的冷藏集装箱尺寸经常出现误差，导致双方甩挂结束交换冷藏集装箱时出现矛盾，引发许多跨境贸易纠纷。二是口岸冷藏车货场配套条件不足导致鲜活农产品存储损耗严重。两国边境口岸过境货运专用通道设计狭窄，最宽车道也仅为双向4车道，谅山—同登口岸边境桥梁只有2车道，每天能容纳的最大通车量仅为1500次，运输农产品的冷藏车迫不得已在双方口岸滞留。凭祥口岸和河口口岸冷藏车插电货场面积较小，配套设施不足，谅山、同登、老街等口岸冷藏车货场配套条件更简陋，鲜活农产品存储期间损耗严重，无形中增加了农产品的存储成本。三是过境卸货换车，增加装卸次数，影响生鲜产品的保鲜储藏质量。2018年底开始，越方改为以国境线而非海关线限制入境车辆标准，使得我国大量达不到通关便利化条件的车辆无法进入越方境内卸货，而必须在国境线转小车转运至指定卸货区，增加了人工过驳、拆箱、装卸的次数，影响生鲜农产品的保鲜质量。

4. 贸易便利化程度有待进一步提高

受惠于中国—东盟自由贸易区，中越两国农产品关税水平大大降低，绝大部分农产品已实现零关税，但中越两国仍面临一系列技术性贸易壁垒，比如通关环节、检验检疫、产品质量认证等，双方贸易便利化程度有待进一步提高。

通关方面，中越双方曾就一次性通关制度进行过谈判，但未能达成一致，目前出口产品还是需要两次通关（在双方海关各自报一次）。中越两国商品海关代码不一致，报关手续繁杂，办事效率低，收费标准不一致等都大大降低了通关效率。在通关效率方面，越南近十年来通关效率并未有较大改善，2017 年通关效率得分仅为 3.7 分（总分 7 分，分数越高，通关效率越高），中国这一分值为 4.6（见图 10－7）。

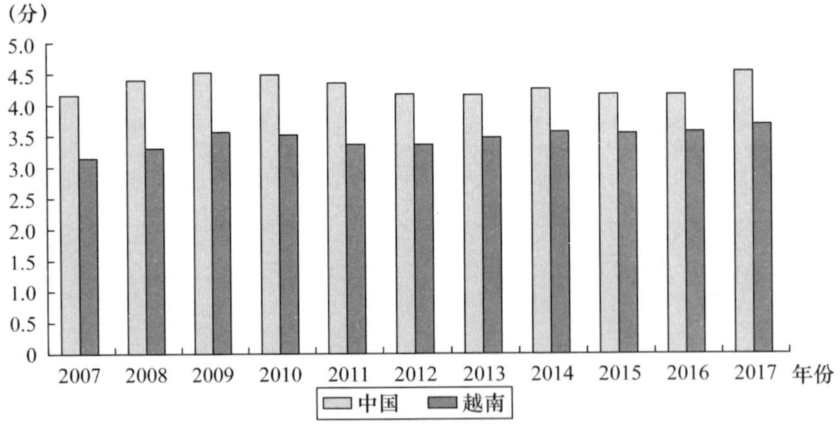

图 10－7 中越通关效率比较

资料来源：世界银行 WDI 数据库。

越南对我国出口的农产品存在较高检验检疫风险。越南是口蹄疫、猪蓝耳病、高致病性禽流感等重大动物疫情多发地区，越南动物检验检疫能力和水平较差，容易导致不安全肉类出口到我国。在植物检验检疫风险方面，越南已经获得我国市场准入水果有 9 种，蔬菜有 11 种。越南还提议我方为其榴莲、百香果、牛油果、柚子、椰子、番荔枝、莲雾等开放市场。但当前越南对我国出口的水果蔬菜也可能存在较高的疫情风险。第一，越南出口我国水果携带植物疫情比较严重，部分重大植物疫情传入蔓延并造成严重危害风险。第二，荔枝、龙眼等水果携带过多植物残体，部分进口西瓜甚至采用大量稻草作为铺垫材料，这可能造成较大疫情风险。

认证认可制度体系差异较大。尽管目前我国已建立起成熟的农产品认证认可管理体系，我国农业机械认证认可体系发展水平较高，技术、标准和服务体系已被部分国家所采用，但越南农产品认证认可制度体系不太完善，我国和越南在农业机械认证认可标准、能力、监管体系方面差异很大，导致我国相关产品出口不畅。

5. 农业贸易合作促进协调机制缺乏

中越双方农业主管部门共同建立了副部级农业合作联合委员会，就开展渔业增殖放流与养护合作、成立中越水稻杂交研制联合中心、加强畜禽废弃物处理及沼气合作、落实植物保护和农药合作、加强跨境动物疫病防治合作、促进农产品贸易与农业投资、开展能力建设等充分交换了意见。但对如何促进农产品贸易合作缺乏具体措施与机制，特别是农产品贸易涉及商务、海关、边检、交通等多个部门，缺乏跨部门的协调合作，容易使贸易中的小问题、小矛盾上升为误解与贸易报复行为。当前，中越农产品贸易正是由于一些边贸政策调整、质量标准差异等问题，使双方仍较为缺乏互信，互防、互堵的防御性思维仍高于互融、互通的合作性思维。比如，我国在限制“第三国”产品享受互市贸易政策时，品类划分不够细、缺乏原产地追随认证机制而致使本地相同产品贸易受限，引发了越方以核查知识产权为由加大对我国过境出口至东南亚货柜的开箱检查频率；越方农产品暂达不到我国质量标准，会通过其他手段绕开海关质量检验检疫，使我国不得不加大对越南打击农产品走私力度。因此，促进中越农产品贸易迫切需要双方建立从上至下的合作协调机制，提升双方互信，通过相关部门积极加强生产前期、贸易中期、通关过程、入境后期的全面合作，科学疏导正常需求的合理贸易流，实现以疏防堵，促进中越农产品贸易关系良性发展。

四、加强中越农业贸易合作的对策建议

（一）完善顶层设计

建立中越农业贸易合作协调机制，促进政府间沟通和协调，保障两国政府沟通渠道畅通和两国农业贸易合作利益平衡。一方面，要建立多层次中越政府间交流合作平台，既加强双方高层在农业合作领域的交流与互动，也加强我国广西、云南等省区农业厅与越南北部等省份农业部门的交流互动；另一方面，要建立包括外交、发改、财政、农业、商务、央行、海关、边检、交通等多部门参与的中越农业合作联席会议制度，建立常态化的沟通联络机制，协商解决农产品贸易流通中面临的问题。在该制度下制定双方贸易合作的长远规划，推动全方位合作机制建设，协调解决农产品贸易纠纷；尤其要在促进基础设施互联互通、农产品贸易便利化、提升冷链物流基础设施与标准化水平方面发挥积极作用。同时，在该制度下建立监测预警体系，包括信息收集、贸易监测、损害预警、贸易补偿等在内的一整套农产品贸易救济体系。

加快区域市场一体化进程。将中国提出的“一带一路”倡议和越南提出的“两廊一圈”倡议积极对接，在这两项倡议下加快区域市场一体化进程。充分发挥各自的比较优势，越南利用农业资源相对丰富、劳动力成本较低等优势，中国利用技术、资本和人才优势，加强农业贸易合作。为实现中越农业资源和生产要素跨境合理配置，应创造条件实现农业资源及生产要素的自由流动，应注重培育跨境一体化的农业生产要素市场和农产品交易市场。

（二）推进贸易便利化

在运输便利化方面，应促进双方交通、海关、边检等部门加强磋商。积极推动《大湄公河次区域便利货物及人员跨境运输协定》《中越国际道路运输协定》《中越多式联运协定》《中越汽车运输协定》的完善和落实。着力落实“中越跨境直通车”计划，联合推进运输车辆及设施的标准化和互认许可工作，探索发展互市直通车，重点减少互市贸易过境拆箱、接驳、分车环节，建立适应运输便利化需要的出入境货物监管办法。落实境内关外自由通行制度，完善双方境内关外装卸接驳、产业承接等交通物流基础设施，为过境运输提供便利化服务。

在通关便利化方面，应改善通关基础设施条件，针对贸易流量增加、存在通关隔夜滞留的问题，尽快拓宽口岸通道、增加通行能力。加强中越双方高层沟通，加快推进田蓬、都龙口岸的正式开放以及双边贸易通道的联通与提速升级，形成多点边贸联动、沿边全面开放新局面。借鉴中蒙农产品快速通关“绿色通道”经验，在中越边境试点农产品快速通关“绿色通道”。对农产品运输车辆贴上双方共同认同的“绿色通道”专用标识，中越双方海关设立专人专岗专窗，优先办理农产品货物海关查验及放行手续。建立中越双方农产品通关申报信息共享机制，双方通过互认载货清单数据对通关的农产品进行联合监管。

（三）完善跨境农产品冷链物流基础设施

改善边境通关口岸的冷链物流配套设施，扩建冷藏车插电货场，完善冷藏集装箱甩挂作业场地，市场和交货集散区配建冷库，确保在拆卸、分装过程中冷链不断链。推进冷链物流的标准化建设，加强双方的协调共建，促进冷藏集装箱、托盘、打冷以及换装等标准的统一。针对互市贸易小批次、限量运的监管要求，支持发展易组装拼箱、拼车的小规格标准化的冷藏集装箱，减少冷藏箱的拆分开箱次数。加强双方物流信息的互联互通，实现跨境物流信息的可追溯管理，探索建立双方冷链车共享联运机制，促进冷链物流资源的高效充分利用和有效的成本分摊。

（四）协同推进边贸市场的优化升级

我方应强化边民互市和小额贸易政策支持落地产业发展的功能。将边民互市贸易功能拓展为支持边民生活和经济发展，支持边民合作组织自办或合办农产品加工企业，对边民持股比例超过 50% 的企业，允许集合使用其入股边民的免税额批量进口，减半征收企业所得税和增值税。支持建档立卡贫困边民以其互市贸易免税额入股组建边民互助合作社，允许因交通不便而难以到场的贫困户利用手机认证进行远程交易。对农产品落地加工企业给予加工原料小额贸易进口关税减半优惠，进口增值税返还地方财政用于支持当地产业发展。在划定监管区、确保非落地加工产品不直接流入国内市场的基础上，允许落地加工企业通过互市和小额贸易进口其生产所需的第三国原料农产品，并享受相应的税收优惠。

双方应联合推进互市贸易产业合作区建设。探索联合建设跨境农产品加工产业园，设立专门的初级农产品质量查检通道，对于符合进口准入标准的初级农产品，可以在园区内自由流通、自由加工生产。探索建立跨境扶贫合作试验区，对入区企业落地加工产品给予进出口关税减免以及进口增值税的退税支持。

（五）加强质量检验检疫和认证认可的前期合作

在中国—东盟自贸协定下，中越农产品贸易大部分实现了零关税。下一步应在市场准入、通关便利化、检验检疫、质量认证等方面加强合作，联合推进农产品质量提升与风险防控，支持推动产品检疫达标后的准入，由此进一步提升贸易自由化水平。

在检验检疫方面，双方应签订完整的动植物检验检疫合作协定，加强双方在应对动植物疫情方面的合作，强化联防联控。建立双方检验检疫信息通报系统。通过建立检验检疫（疫情、法规、标准、管理、重大举措等）信息通报系统和信息交流平台，促进双方检验检疫信息资源共建共享。当重大疫情出现时，双方能及时启动预警机制，并通过国际合作，做到早预防、早控制、早扑灭。

在认证认可方面，应推动实现农产品及农业机械认证认可互联互通。应推动越方参考我国现有农产品认证认可标准体系，在我国专家指导下，结合越方需求，量身打造适合越南的技术标准体系。对农机产品，可采取认证机构互认和检测机构互认的方式，加快产品双边多边互认。在认证程序上，可采取两国相互委托对方按照各自的认证流程和认证标准实施认证，再由两国认证机构作出认证决定并颁发证书的方式。在认证技术要求上，相同的技术指标只需在一国通过认证即可，在另一国直接采信相应的认证结果。

（六）大力推进贸易投资一体化

经济全球化背景下的农业国际贸易需要在更大范围配置生产、加工、市场等资源。“一带一路”农业国际合作和农业“走出去”步伐的加快，有力推动了农业对外投资和贸易合作的一体化进程。贸易带动投资与投资推动贸易的良性互动格局正在形成。在与越南农业合作中，也应抓住“一带一路”倡议和越方“两廊一圈”规划对接的机遇，加大在农业全产业链、高附加值加工、畜牧饲料、农机等方面的投资，提升涵盖农业供给、投资、技术、援助、贸易、设施等多因素在内的中国农业全要素竞争力。

在升级路径上，应注重向价值链两端延伸。一是中国与越南农业贸易合作重点向价值链前端研发环节发展。回应越南诉求，利用中国优势，加大与越南农业技术合作力度，在农作物种子、兽药、疫苗、农业机械、农产品加工、生鲜冷链等方面加强技术合作。针对越南对于环保节能发展的诉求，加强以农村沼气为核心的生态农业技术合作，共同开发农业可再生能源技术。二是向价值链后端销售和服务环节延伸。双方应共同致力于农业国际商贸物流产业合作，打造农业品牌优势，增强农产品国际竞争力。推动共建农产品贸易集散基地，重点建设水果、水产品、蔬菜、畜产品等农产品国际批发和零售市场。建立和完善中越跨境农产品物流体系，最大限度降低农产品物流成本，在农产品保鲜、仓储、运输、转运、包装等物流环节实现国际标准化经营。

执笔人：叶兴庆　程　郁　吕向东

专题报告十一

高水平开放背景下深化中国与南美国家农业合作

随着人口总量增长、收入水平提高和城镇化发展，我国农产品特别是动物性产品的消费需求还将长期持续增长。为满足这种增长，一方面要继续发展国内农业生产，立足国内保障口粮等敏感农产品的供给；另一方面要推进高水平开放，更加积极地利用国外农业资源和农产品市场。需要清醒地认识到，我国市场体量大，农产品具有均衡消费的特征，面对百年未有之大变局，利用国外农业资源和农产品市场必须提高稳定性、可靠性，推动进口来源多元化，提高对全球供应链的掌控能力。以巴西、阿根廷为代表的南美国家在我国全球农产品供应体系中能够发挥重要作用，加强中国与巴西、阿根廷等南美国家的农业合作，对彼此而言均是具有战略意义的大事。把这件大事办好，需要清醒认识和有效解决阻碍农业合作的突出矛盾和问题。

一、加强中国与巴西、阿根廷等南美国家农业合作符合彼此战略利益

从全球农业资源分布和农业增长潜力看，南美地区得天独厚，尤

其是巴西和阿根廷属于为数不多的农业资源丰富、农业现代化生产能力较强的国家，未来农业生产和贸易增长潜力巨大。释放农业增长潜力，是这些国家经济发展的战略性选择。随着人口持续增长和食物消费结构转型升级，未来 10～20 年我国仍处于农产品特别是动物性食品消费需求快速增长阶段，而我国的资源环境条件无法支撑消费需求的快速增长，特别是饲料粮等土地密集型农产品和高度依赖饲料粮的畜产品未来将不得不越来越大程度地依赖国际市场。积极寻找稳定、优质的海外供应基地，建立可靠的海外供应链体系，对我国而言也是战略性选择。基于双方的供需耦合性，近年来中国和巴西（以下简称“中巴”）、中国和阿根廷（以下简称“中阿”）农产品贸易持续增长，带动了双方其他领域的交流与合作。进一步加强中巴、中阿农业合作，对双方均具有重要战略意义。

（一）进一步加强粮油产品的贸易和投资合作，有利于释放巴西和阿根廷的种植业增长潜力，也有利于我国在南半球建立海外“粮仓”

农产品具有全年均衡消费的特征，需要全年均衡供给。在我国粮油产品进口来源地中，北半球长期占较大比重。近年来，来自南半球的粮油产品在快速上升。相较于其他有潜力的粮食出口国，巴西和阿根廷自然条件好、农业科技实力和农场经营能力强，且还有丰富的可开发利用耕地资源，粮食增产潜能巨大。巴西在前些年推行的土地改革计划中，向无地农民分配了 8800 万公顷土地，这些土地大部分尚未形成实际生产能力；只要市场有需求，该国还有 6100 万公顷退化牧场可逐步转为耕地。阿根廷可拓展增加的耕地也有 300 万～400 万公顷。有机构预测，如果大豆价格维持在 8 美元/蒲式耳，巴西大豆产量还将增加40%；布宜诺斯艾利斯谷物研究所预测，到2027年阿根廷粮食产量还将再增加5000万吨。南美农产品生产潜能和贸易渠道的开发，对于促进我国粮食进口来源多元化、避免过度依赖北半球市场有着非常重要的意义。2018年我国进口巴西农产品总值达到330.36亿美元，比2016年增长73.2%。在中美经贸摩擦背景下，我国自巴西大豆进口量由2017年的5092.7万吨上升至2018年的6608.2万吨，实现了对美国大豆的替代补位。巴西农民响应市场的变化，2019年大豆种植面积扩大了95万公顷，并提早了播种期，希望在北半球大豆上市季抢占部分市场。我国进口阿根廷农产品的金额从2007年以来大致稳定在50亿美元左右，近年来由于其干旱减产因素而有所下降，2018年进口阿根廷农产品总额为22.45亿美元。

（二）进一步加强动物产品贸易和投资合作，有利于发挥巴西和阿根廷畜牧业低成本、高品质的竞争优势，也有利于我国在南半球建立海外“肉库”

巴西和阿根廷已成为我国最主要的畜产品海外供应源，将是我国满足未来国民日益增长的动物性产品需求的重要支撑。巴西和阿根廷在全球牛肉等畜产品生产技术、品质和成本上具有明显的比较优势。自我国对巴、对阿畜产品准入逐渐放开以来，从巴西和阿根廷进口的牛肉、鸡肉快速增长。巴西和阿根廷已分别成为我国牛肉进口的第一和第三大来源国，2018年来自巴西和阿根廷的牛肉进口量分别为32.27万吨和18.04万吨，分别占我国牛肉进口总量的31.05%和17.36%；成为我国鸡肉进口的第一和第二大来源国，鸡肉鸡杂进口量分别为42.15万吨和4.74万吨，分别占我国鸡肉鸡杂进口总量的83.65%和9.43%。

从全球资源条件看，新西兰、澳大利亚等传统畜产品出口国已面临牧场承载力不足的约束，牛肉、奶制品等产能增长空间有限，新西兰、澳大利亚畜牧企业已出现向巴西转移产能的趋势。而巴西、阿根廷目前养殖密度很低，平均每公顷牧场仅养一头牛，巴西用于放牧的草场面积1.63亿公顷，且北部亚马逊平原尚未开发，是未来少有的生产和贸易量可大幅提升的出口国。随着我国居民食物消费结构向优质动物产品转型升级，进一步开发巴西和阿根廷畜产品生产和贸易增长潜能具有非常重要的意义。

（三）进一步加强农业贸易和投资合作，有利于为巩固和发展我国与南美地区的关系注入“压舱石”

中巴、中阿农产品供需耦合性强，深化双方农业贸易和投资合作是双方互利共赢的必然选择。2018年巴西超过美国成为我国农产品进口第一来源国，来自巴西的农产品占我国农产品进口总额的24.2%。对巴西而言，我国是其农产品出口的第一大目的地，其35.8%的农产品出口到中国，其中出口中国的大豆占其产量的57.4%。阿根廷是我国大豆进口的第三大来源国，其75%的出口大豆目的地为中国。中国需要来自巴西和阿根廷的农产品满足快速增长和升级的食物需求，而巴西和阿根廷则需要中国这一最大的市场实现其农产品的价值，对中国的农产品出口是其重要的外汇收入来源。2018年巴西和阿根廷对中国农产品出口额分别占其农产品出口额的32.48%和11%，巴西对中国农产品的出口额占到其全部出口总额的14.61%。在巴西和阿根廷的中国农业投资也在其外国投资中占有较大份额。农业贸易和投资的发展，对巩固和发展双边关系正在发挥“压舱石”作用。巴西新任领导人在农产品贸易对华保持巨大顺差的现实利益面前，高度重视发展对华关系。我国对阿根廷存在较大的贸易顺差，阿根廷有缩小对华贸易逆差的现实需求，扩大对华农产品出口是其迫切需要。现实充分表明，基于互利共赢的农业贸易和投资合作，有利于增强双方互利互信，强化双方的全面战略伙伴关系，全方位拓展交通、物流、资源、制造等各领域合作机遇，在我国“一带一路”南美延展线中发挥先导和引领作用。

二、清醒认识在巴西、阿根廷等南美国家拓展农业贸易和投资面临的风险挑战

近年来，中巴、中阿农产品贸易快速发展，巴西、阿根廷巨大的农业增长潜力已吸引了大量中资企业进入，目前在巴西和阿根廷与农业相关的中资企业已分别达到300家和10余家。在经济持续疲软的形势下，巴西和阿根廷均将农业作为经济发展的增长动力，非常重视与中国的农业贸易和投资合作，积极吸引中国企业投资。中阿双方农业部已初步达成意向，阿根廷将提供一部分土地与中国合作进行农业生产投资。但从目前情况看，两国均存在投资环境和政策不稳定因素，我国企业“走进去”尚缺乏本地化适应能力，当前在巴和在阿涉农企业发展均面临不同程度困难。

（一）宏观经济的不稳定性和政策的不确定性，使农业投资面临较大风险

巴西和阿根廷经济的稳定性较差，货币贬值速度快，在汇率剧烈波动下，企业尽管主营业务盈利却常因汇率损失巨大而造成实际经营亏损；通货膨胀率高，金融环境欠佳，融资成本高，特别是在阿根廷资本的流入和流出存在较高税费，加大了企业资金成本压力。巴西

1996年出台的坎迪尔法律（Kandir Law）免除了出口产品的ICMS税，[①] 实现了巴西农产品出口快速增长，但由于巴西联邦政府对其州政府税收减免的补偿不到位，各州仍存在撤销该法的呼声。而阿根廷在鼓励农产品出口与增加财政收入之间摇摆不定，使其农产品贸易面临较大不确定性。目前阿根廷仍对农产品出口征收高额关税，本届阿根廷政府将大豆出口税率从上届政府的35%降至了23%，但2018年因为其国内经济不好又上调至28%，目前其玉米和小麦出口税率为10%。另外，其地方政府行政效率普遍较低，往往是作出承诺时很积极，实际执行时却推进缓慢，企业投资经营和拓展新业务的审批周期长。

（二）巴西和阿根廷法律制度繁杂，税务、劳工、环境等方面规制较多，企业实现合规经营需要付出巨大交易成本

据在当地投资的中资企业反映，巴西、阿根廷法律制度繁杂，我国企业“出海”经营缺乏国际化人才，对当地税务、劳工、环境等制度不熟悉，国际化管理经验不足，有些企业面临着几百件、上千件法律诉讼，普遍需要经历“交学费”的过程。一是在经营团队方面，企业并购后虽然继承了原班管理团队，但重新注入新的发展理念、重组业务流程、整合资源、团队调整等仍相当困难，关键环节上管理人才匮乏的问题突出。二是在劳工方面，巴西和阿根廷劳工保护主义盛行，工会势力强大、劳动权益保护法律援助体系完善，劳务诉讼纠纷频发。

① 巴西坎迪尔法律于1996年制定，免除了其出口产品的ICMS税，ICMS税是对在巴西某个州生产但在另一个州使用的所有产品征收的流通税，ICMS税由各州设定，大约为9%～12%。坎迪尔法律旨在刺激出口，特别是农产品出口。巴西联邦政府应补偿各州损失的部分收入，但包括马特格罗索州在内的许多州都抱怨补偿计划的不完善和待修订，其面临严重的财政困难且迫切需要额外的收入，巴西各州希望改变确定补偿金额的公式或撤销坎迪尔法律。

我国勤劳奋斗的价值观与当地知足享乐的文化兼容性差，中资企业缺乏激励约束当地员工的办法。三是在环保方面，当地居民环境保护意识强烈，环保组织非常活跃，巴西和阿根廷先后颁布了《森林法》，即使符合当地环保政策，基础设施建设、农业生产拓展等项目实施中仍会面临较大环境压力，缺乏有效的环境公关将可能带来经营风险。比如，20 世纪 90 年代末嘉吉公司为打通粮食出海通道而投资的塔帕若斯河码头项目曾遭遇当地环境诉讼而被迫关闭，经过长达 8 年的协调努力才得以重新开放。又如，2018 年南美大豆价格上涨激励了农场扩大种植面积，也受到环保组织对砍伐热带雨林种植大豆的指责，各大粮商均面临环境公关压力。此外，农业投资在向生产环节延伸过程中，不仅会面临私人购地和土地利用达标等的约束，而且在与当地生产者有效合作、与居民融洽发展等方面也存在着难以预估的现实困难。中资企业在巴、在阿涉及农业生产环节的投资项目经营绩效均不理想。

（三）巴西和阿根廷交通基础设施落后，极大制约了农业产能的拓展

巴西和阿根廷南部基础设施条件较好，耕地后备资源已得到较大程度开发，而上述北部地区开发潜力较大的地区面临基础设施不足的制约，这在巴西尤为突出。巴西南部传统主产区（南大河州和巴拉那州）的生产拓展已面临土地资源约束，而其西北部地区（马托格罗索州北部和巴拉州）的土地种植面积还有较大开发空间，且土地经营成本很低。南部地区的土地平均租金成本约为 285 ~ 290 美元/公顷，马托格罗索州的平均地租成本仅为 140 美元/公顷，更偏北的巴拉州土地成本甚至还要更低。利益驱动下，向巴西西北部地区的扩种会进一步

增加，近年来其北部港口出口量呈现快速增长态势。据巴西国家交通局的数据，由其北部港口出口的大豆数量从 2015 年的 482 万吨提高至 2018 年的 1097 万吨；由其北部港口出口的玉米数量从 2015 年的 315 万吨提高至 2018 年的 518 万吨（见图 11－1）。巴西北部港口通道在巴西大宗农产品出口运输中的作用正在逐步提升，且较其南部港口有地理优势，能缩短一周的时间抵达亚洲。

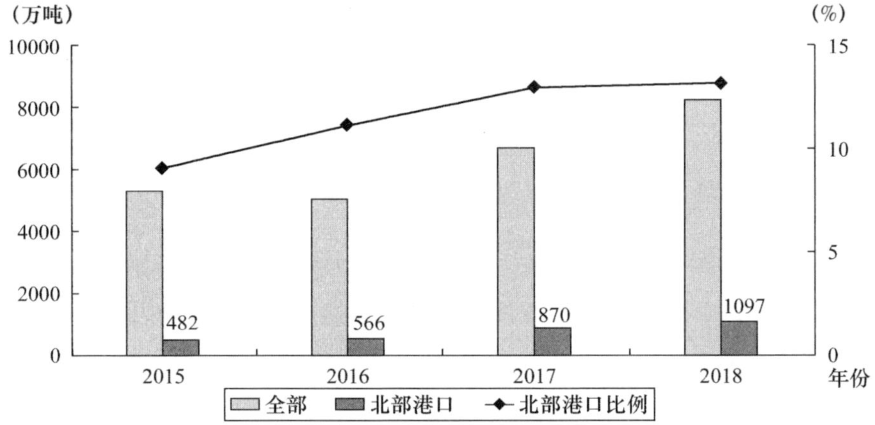

大　豆

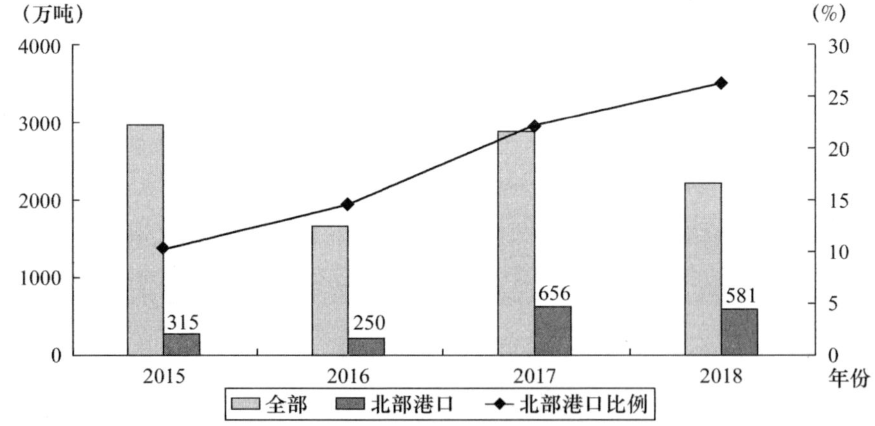

玉　米

图 11－1　巴西北部港口大豆和玉米出口量变化

资料来源：巴西国家交通局。

目前其北部港口在建工程（如中交建投资的圣路易斯港），建成之后还会大大提高巴西北部港口的出口能力。但巴西西北部产区从其北部港口出口仍面临内陆物流设施不足的约束，从产区到海港的运输方式目前只能是“内陆汽运 + 内河船运”的模式，内陆运输交通差、时间长、运力供应不稳定。[①]巴西政府已意识到其北部运输通道能力建设的重要性，已规划了2条铁路和1条公路的投资计划（见表11－1），拟以政府投资伙伴计划（PPI）、经营权转让方式吸引私人资本投资，迫切希望中国资本能够参与建设。其中一条粮食运输铁路专用线，联通马托格罗索州至其北部内河码头，全程933千米，预计投资150亿雷亚尔，巴西政府希望大型粮食贸易商参与投资，但目前各大粮商对此仍持观望态度。

表11－1　巴西政府规划的联通其北部港口的铁路和公路

	“粮食铁路”	南北铁路	公路
项目进度	第二阶段（公共咨询）	第三阶段（完成评估）	第一阶段（调研）
路线	马托格罗索州－巴拉州米里蒂图巴（Miritituba）内河港口	巴拉州卡拉雅斯（Carajas）至伊塔基（Itaqui）港	马托格罗索州锡诺普（Sinop）至巴拉州米里蒂图巴
里程	976千米[②]	892千米	930千米
计划投资	127亿雷亚尔	82.2亿雷亚尔	—
合同时间	65年	30年	—
其他情况	预计该铁路的运输能力4200万吨，而该条路线的市场运力需求预计2022年2500万吨，2050年4500万吨	该条路线2016年的市场运输情况为铁矿石15160万吨，锰矿160万吨，生铁84.5万吨，燃料71.6万吨，铜46.3万吨	10年内修护、运营、保养、监督、完善，达到一定的标准要求

① 巴西西北部产区从北部通道出口运输过程大概需要6～7天的时间：需要从产地（北部州以及马托格罗索州北部、戈亚斯州北部和米纳斯吉拉斯州部分地区）装车，运输至内河的中转站转泊船，其中主要流向需要经过热带雨林地带，路面运输条件差，需要2～3天时间；从内河中转站，经船运抵达北部海港，需要3～4天时间。

② 主干线里程933千米，延伸的桑塔伦津霍（Santarenzinho）段和伊塔帕库拉（Itapacura）段分别为32千米和11千米。

（四）全球四大粮商在巴、阿产业链布局较为成熟完善，中资企业作为后来者要想进入存量市场需要付出艰苦努力、开拓增量市场则更需付出高昂成本

美国艾地盟、美国邦吉、美国嘉吉和法国路易达孚四大国际粮商（一般称作“ABCD 四大粮商”），甚至日本的几家大型粮商，均较早开展了在南美地区的布局。邦吉进入阿根廷市场已有 135 年历史，嘉吉进入巴西也有 72 年历史。经过多年经营，四大粮商已经建立了包括前端农资供应和农场金融服务、中端物流设施（仓储、内陆运输、港口码头等）、后端加工的完整产业链布局，使巴西和阿根廷粮源的采购和运销竞争非常激烈。我们在巴西著名粮港桑托斯港看到，“四大粮商”的粮食码头鳞次栉比地分布在海湾两岸，5000 万吨的装卸能力已被瓜分完毕。中粮国际通过收购来宝和尼德拉也获得了包括桑托斯港码头在内的资产，实现了在南美市场的全产业链布局。由上海鹏欣集团控股的大康农业，通过收购 Fiagril 公司 57.57% 股权和 Belagrícola 公司 53.99% 的股权，获得了对巴西 14000 户中小农场种子、农药、化肥等农业生产资料的供销市场和 50 多座、200 万吨的仓储能力，在农资分销和粮食收集上占有一席之地。而“四大粮商”可控的仓储与物流能力明显更强，能够给农场提供的农资、融资、风险控制等业务支持也更充分，从而增强了客户黏性，在粮源采购和控制上具有更显著的优势（见表 11－2）。中粮国际在阿根廷的加工、仓储、物流设施等产业链布局相对较好，2018 年其出口的阿根廷粮食已超过了在阿根廷经营的“四大粮商”，但在巴西的产业链布局与“四大粮商”仍有较大差距，经营面临的竞争压力非常大。中粮国际和大康农业也给当地农场提供了类似的预融资服务，但其服务的灵活性和支持能力也远不如上述“四大粮商”。近期因为自然与市场风险加大，中粮国际已经

削减用于支持预融资的预算，这将影响其未来粮源的收购。

表 11－2　中粮国际与四大粮商在巴西、阿根廷产业链布局比较

		自有码头（个）	内陆物流	实体仓容（万吨）	压榨能力（吨/日）	化肥（万吨）	大豆出口量（万吨）
巴西	嘉吉	3	货车：北部 80 辆；南部 24 辆；160 辆租赁货车；米里蒂图巴的 40 艘驳船	250	15500	65	1096
	邦吉	6	160 辆货车；90 艘在建驳船；阿马吉（Ammaggi）的 5 艘推船	未知	26300	100	1202
	艾地盟	4	140 辆货车	152	12800	60	954
	路易达孚	3	2 辆机车，60 辆货车	98	8000	80	784
	中粮国际	1	没有	117	4000	35	557
阿根廷	嘉吉	4	VGG 工厂	340	620	15	945.8
	邦吉	4	有铁路连接	270	720	85	751.7
	艾地盟	3	有铁路连接	50	—	—	755.7
	路易达孚	3	Lagos 工厂/TBD	160	660	16	655.0
	中粮国际	2	有铁路连接	130	560	41	1011

三、进一步推进中国与巴西、阿根廷等南美国家农业合作的建议

（一）加强统筹协调，建立中资企业“抱团出海”机制，推进全产业链的整合协作

加强对巴西、阿根廷农资供应、粮源采购、仓储运销以及农产品加工等全产业链的布局，是增强我国海外粮源基地的供应保障能力、应对未来粮食需求峰值的战略举措。目前我国在巴西、阿根廷粮食产业链的不同环节均有投资，但统筹协调不够，未形成合力。应注重搭建南美海外粮源供应协作平台，以中国化工先正达、安道麦等的种子、

农药、化肥供应强化对当地农场的技术支持与服务能力，以中粮国际、大康农业等的采购、运销、加工等解决农场的产品销售问题，通过中间环节的缩减、一站式服务的供给、亲和信任关系的建立，强化客户黏性，进而增强我国海外粮源的多样性和安全性。

（二）强化海外粮源通道建设，积极争取物流通道的控制主导权

积极利用巴西以政府投资伙伴计划出售和招标建设铁路、公路、港口、码头的机遇，配合外交战略，择机参与其主要粮食运输通道的建设，打通巴西内陆粮食、矿产流通通道，积极参与关键流通环节基础建设，有效提升流通渠道的安全性、高效性和经济性。以中国交建、招商集团、中国远洋、中国中铁等联合构建海外粮食运输通道，实现对海外粮食高效、安全的物流运输保障。

（三）为中资企业的农业贸易和投资项目提供高效的金融服务

农业贸易和投资项目资金需求量大、回报率低、回收期长，缺乏优质资产作为抵押，需要给予差别化的融资服务。国家开发银行已对大康农业在巴西的业务给予资金支持，应加大支持力度。可考虑由国家开发银行、中国农业发展银行设立海外粮食采购专项贷款，对我国企业在海外采购粮食提供优惠利率贷款，提升采购企业对当地农场的预金融服务能力，提高其在粮源采购上的竞争力。

（四）适应国内市场需求增长节奏，逐步开发巴西、阿根廷农业生产和贸易增长潜能，避免大起大落

巴西、阿根廷农场规模大、市场化程度高，对市场需求刺激反映较为灵敏，我国对其农产品进口数量的短期快速增长易导致其产能过快释放，从而形成“大起”。这一方面不利于实现我国多元化的海外粮源布局，另一方面也不利于实现双边贸易的稳健发展。如果未来我国可能增加自美国的农产品进口，这势必导致自巴西、阿根廷农产品进口短期断崖式下降，从而出现“大落”。这提示我们，应处理好北美和南美农产品进口的平衡关系，立足长远，逐步释放巴西和阿根廷的农产品进口增长潜力。

（五）加强与巴西、阿根廷的农业政策沟通对话

巴西、阿根廷作为全球重要的农产品出口国，中国作为全球重要的农产品进口国，双方既有保持农产品市场稳定、保障农产品质量安全等共同的政策立场，也有在国内支持政策、边境措施等方面的分歧，应加强沟通，增进对各自农业政策立场的理解。应进一步完善中国—巴西高层协调与合作委员会农业分委会、中国—阿根廷农业联合委员会的沟通机制，推进农业科技、生产、加工、贸易等各领域全面深入地务实合作，积极研究推进中巴、中阿自由贸易协定谈判。加强双方供给与需求相互依赖的战略互信，协调双方在 WTO 农业议题谈判上出口大国和进口大国的不同立场，以双方的供需耦合、互利共赢为基础联合推进多边规则对供需互利的保障，积极发挥供给大国和需求大国影响力联合促进全球粮农治理体系的改革。

执笔人：程　郁　叶兴庆

专题报告十二

日本快速工业化进程中应对农业开放的主要做法及启示

中国和日本同属东亚小农农业区，有着相似的小农农业历史、小农户家庭经营形式和精耕细作的生产方式。日本比我国更早经历了快速工业化和城镇化进程，也更早遇到我国农业当前所面临的许多突出问题，其中包括应对农业开放压力和挑战。日本农业应对开放的一系列经验教训，对于当前正处于快速工业化和城镇化时期的我国农业更好地应对高水平开放带来的压力和挑战具有重要参考借鉴意义。

一、遭遇“压缩式”工业化的日本小农农业

日本在第二次世界大战结束后迅速从战争创伤中恢复，经过高速经济增长，用20年左右时间基本完成工业化和城镇化，迈入发达国家行列，乃至成为世界第二大经济体。而伴随“压缩式”工业化过程的，则是日本小农农业在高度保护的农业政策环境下，比较优势的迅速丧失。

（一）战后日本的“压缩式”工业化

20世纪50年代初，以日美安保条约缔结和1955年日本加入关贸

总协定（GATT）为标志，日本结束战后恢复期并进入战后发展阶段，从此开启了持续20年左右的经济高速增长期。在这20年中，日本国民生产总值的增长率达到欧美国家的2~3倍，经济总量从1960年仅相当于原联邦德国、英国和法国水平的一半到1970年超过这三国，人均国民收入从2600美元到突破1万美元，实现迈入发达国家行列并成为世界第二大经济体。日本的经济高速增长源于以重化学工业为核心的快速工业化，出口结构从以轻纺工业产品为主转向以汽车等重化学工业产品为主，面向美国的工业产品出口成为日本贸易顺差的主要来源。也正因为此，推动能够扩大重化学工业产品出口的自由贸易对于日本有重要的意义。

（二）日本小农农业的弱势化

战后日本在美国占领军主导下完成农地改革，确立了以自耕农为主体的小农农业模式。农地改革后，日本农民的户均农地规模长期小于1公顷，仅为欧洲家庭农场平均规模的1/50到1/30，不到美国家庭农场平均规模的1/100。尽管日本农业部门一直试图改善农地经营规模但收效甚微，直到2015年日本农民的户均农地规模也仅为2.2公顷。工业化能够极大地提高劳动生产率，从而在快速工业化时期依靠工业扩张推动经济高速增长。然而，小农农业模式却限制了农业劳动生产率的同步提升，在1955~1970年的经济高速增长期内，日本农业劳动生产率从相当于工业的1/2下降到1/4（速水佑次郎、神门善久，2003）。

日本农业相对劳动生产率下降限制了农业产值相对工业产值的同步增长，农业对其国民经济的贡献能力下降。在其非农业部门因快速工业化而急剧扩张，以经济高速增长带动其国民收入水平提升的同时，农业部门对日本国民生产总值的贡献从 1960 年的 9.0% 下降到 1975 年的 3.8%（晖峻众三，2011）。相比重化工业比较优势的不断增强，日本农业迅速丧失比较优势，其经济地位日益边缘化。

农业相对劳动生产率下降限制了日本农业部门吸纳就业容量的同步扩大，农业对就业的吸引力下降。工业化带来日本的非农业部门扩张使劳动力市场迅速扩大，较高的工资水平和更好的工作环境、生活条件吸引劳动力从农业部门向非农业部门转移。1960～1975 年，除北海道外的日本农户数减少了 17%，农村人口减少了 20%，而农业劳动力减少了近一半，一些农村出现了“过疏化”现象。日本农户日益兼业化，其家庭收入来自农业的收入比重到 1980 年已降至 20% 以下，农业成为农户的“家庭副业”。从事农业的劳动力也日益老龄化，农业经营日益粗放，表现为耕地利用率和复种指数下降。农业劳动力数量减少和质量下降，日本农业发展能力日益弱化。

农业相对劳动生产率下降限制了日本农业部门农产品供给能力的同步提升，农业在满足其国民消费需求方面的重要性下降。在经济高速增长带来的日本国民收入和生活水平迅速提升的同时，食物消费额在日常生活消费额中的占比减少，表现为恩格尔系数的持续下降（从 1955 年的 52% 降至 1995 年的 17%）。以作为日本主要口粮的大米为例，日本人均大米消费水平自 1962 年达到 118 千克峰值后，到现在已下降了一半多（Shinichi Shogenji，2019），城市居民家庭生活开支中用于购买大米的支出比重从 1955 年的 13% 下降到 1980 年的 2%，现在已不足 1%（速水佑次郎、神门善久，2003）。而在食物消费额中，来自消费其本国农产品的比率也不断下降（从 1955 年的 55% 降至 1995 年的 16%）。日本农产品进口快速增加，自给率急速下降，水果、肉类的自给率从 1955 年的 104%、100% 分别降至 2000 年的 44%、52%，小麦、玉米、大豆等主要品种几乎完全依赖进口（晖峻众三，2011），日本农业保障农产品供给的能力日益萎缩。

（三）日本“基本法农政”对小农农业的高度保护

1961 年，日本制定了有“农业宪法”之称的《农业基本法》，结合 1952 年颁布的日本《农地法》、修订的日本《粮食管理法》，以及日本《农业协同组合法》等一系列法规，共同构成了当时日本的农业政策法规体系，即所谓日本“基本法农政”。这一政策体系在其整个快速工业化时期内保持了相对稳定，直到 1999 年被更加适应 WTO 体制的日本《食物・农业・农村基本法》的新体系所取代。

日本“基本法农政”针对其快速工业化进程中面临的两大问题：一是如何保障农产品生产能够满足其迅速扩大的非农就业人口、城镇居民的食物需求，保持日本工业在人力成本上的比较优势；二是如何应对日本农村因为城乡发展水平拉大导致的资源流失，防止其农民在工农收入差距扩大情况下陷入相对贫困。因此，其政策目标设定为尽力提升日本农业的生产效率和供给能力以支持快速工业化，同时尽力缩小农民和城市居民的收入差距以避免农民贫困化。为实现政策目标，日本积极推动以改良化、良种化、化学化和机械化为代表的农业现代化，对农业给予价格支持和贸易保护，同时推动培育自立经营农户。①

日本“基本法农政”对农业的高度保护主要体现在价格支持和贸易保护。例如，根据 1952 年修订的《粮食管理法》，日本政府对大米的国内流通和国际贸易进行直接控制。日本在其稻米国内流通方面实

---

① 所谓自立经营农户，指专门从事农业经营、具有一定规模、能够获得同城市居民相当收入的农户。

行政府统购统销，以“确保稻米再生产”的较高收购价格统一收购其国产大米，以“稳定国民生活”的较低销售价格通过零售商向其国民销售，中间差价部分由其财政资金进行补贴（叶兴庆，2017；张永强，2018）。日本在其稻米国际贸易方面实行政府管制，在日本国内外市场价差悬殊的情况下，1968～1995年大米进口量几乎为零（速水佑次郎、神门善久，2003）。对于其他农产品，日本也通过政府垄断、进口数量限制、高关税、进口后加价销售等方式限制进口，以保护其国内市场免受冲击（速水佑次郎、神门善久，2003）。

二、高度保护下的日本农业面临的问题和困境

在日本“基本法农政”下受到高度保护的日本小农农业避免了因弱势化而导致的农民贫困化，城乡居民收入差距逐步缩小，到1973年日本农民的人均收入水平已经超过了城市居民（谢剑锋、宋艳菊，2014）。然而，当其快速工业化进入后期、经济增长减速时，长期处于高度保护下的日本农业自身问题日益凸显，负面影响渐趋显现，且因为其陷入保护依赖而改革面临重重阻力。

（一）高度保护下的日本农业自身问题凸显

高度保护下的日本农业竞争力下降，表现为其国内外农产品价格倒挂严重，农业收入主要依靠补贴支持。贸易保护下的日本主要农产品国内市场价格远高于世界市场价格，其小麦、猪肉等国内市场价格是世界市场平均价格的2～6倍，日本大米的收购价格更达到世界市场平均价格的8倍以上（吴进进，2016），在价格上几乎完全没有竞争力。同时，日本农业收入主要来源是日本政府的各种价格支持和补贴，

1986～1990 年日本农业产值 60% 来自各类补贴，其中价格补贴占到总支持量的 90% 以上。OECD 调查结果显示，日本 2000 年对农业的补贴达到其国内生产总值的 1.4%，而同期农业产值只占 1.1%，日本农业几乎完全沦为依靠补贴而生存的产业（程伟，2008）。

高度保护下的日本农业供给能力下降，表现为土地利用低效化，农业生产日益萎缩。其农业比较收益低下驱使其农民弃耕撂荒土地，或以较低成本的粗放方式经营，1999 年日本耕地面积跌破 500 万公顷警戒线，比 1960 年减少了 20%，耕地利用率下降至 94%（晖峻众三，2011）。在其农产品消费需求随国民收入不断增长、其农产品进口数量成倍增加的同时，其国内生产却日益萎缩，农业总产值和包括肉、奶、水果等农产品产量和产值在 1985 年以后都呈现下降态势。在农产品消费扩大、进口增加和生产萎缩共同作用下，日本食物自给率（按热量计算）从 1965 年的 73% 下滑至 2000 年的 40%（晖峻众三，2011）。

高度保护下的日本农业发展能力弱化，表现为农业从业者数量减少、兼业化和老龄化，而农户自立经营始终难成气候。日本农户数量从 1970 年的 534 万减少到 2008 年的 175 万，农业就业人数从 927 万减少到 299 万（张玉林，2011），以非农收入为主的兼业农户和不销售农产品的自给农户所占比重从 1960 年的 32.1% 上升到 2010 年的 73.2%。2015 年在日本农业从业者中 65 岁以上的占比达 64.7%，其平均年龄达 67 岁，日本农业面临后继乏人的危机。尽管日本“基本法农政”希望能通过扩大农户经营规模来提高自立经营农户比重，但高补贴下的日本农民缺乏彻底退出土地、离开农业的动力，导致农地迟迟难以集中。随着日本工农业劳动生产率差距扩大，自立经营标准被不断抬高，其自立经营农户比例反而从1960年的9%下降到1997年的5%，其所经营耕地比例从24%减少到18%（速水佑次郎、神门善久，2003）。

（二）对农业的高度保护已经成为日本经济发展的拖累

随着日本完成工业化进入后工业化发展阶段，消费成为其国民经济的主要推动力，更加依赖经济全球化和自由贸易。此前其用以维护工业低成本优势而对农业的高度保护已经成为拖累国家经济发展的因素。

日本对农业的高度保护最终要由其纳税人和消费者买单，从而给日本和其国民带来巨大经济负担。日本一般财政预算中农业预算占比在1980年、1990年、1999年分别达7.1%、3.2%、3.2%，其中80%为各类农业补贴费用（包括由其财政负担的大米购销差价），而同期通商产业预算占比不到1%。日本农业补贴占用大量财政预算资金既降低了其财政资金使用效率也加重了纳税人负担（速水佑次郎、神门善久，2003）。同样，各种价格支持使日本的国内食品价格普遍高于其他发达国家。近年来，日本居民恩格尔系数在25%左右，而其他发达国家多在15%以下，食品价格过高加重日本国民的生活消费负担（叶兴庆，2017）。

对农业的高度保护已经成为日本参与国际自由贸易和经济合作的主要障碍。作为一个工业高度发达而资源极度短缺的国家，日本的资源获取和产品销售高度依赖国际贸易，甚至宣称“以贸易立国”，因而也是自由贸易的积极推动者。然而，日本对农业的高度保护饱受各国批评，往往成为其在多边和区域自由贸易谈判中的软肋，要求日本开放农业领域成为谈判中对方要价的筹码。例如，尽管日本全力支持

GATT 和 WTO 自由贸易体制，依然在农业领域频频遭受美国的诉讼并被迫开放市场；日本积极推动的同墨西哥、泰国的区域经贸合作协定谈判，往往因农业领域开放问题而陷入僵局（程伟，2008）；而在“跨太平洋伙伴关系协定”（TPP）谈判中，日本被迫接受扩大零关税进口美国大米数量的条件，[①] 以换取美国降低从日本进口汽车的门槛。

（三）高度保护下的日本农业改革面临阻力

长期以来对农业的高度保护，在日本国内形成一个庞大的农业利益集团，成为反对和阻挠日本农业改革和扩大开放的主要力量。

日本农协将日本几乎全部的农业人口都吸收成为会员，并拥有从日本国家级别的农协中央会到市町村基层农协完整的组织体系，业务涵盖了农业生产经营、农村社会事业和农民生活的方方面面。因此，农协能够成为日本全国农民利益的代表，而日本政府的各项农业政策也需要通过农协来推行。同时，日本特殊的选举制度使仅占日本 5% 的农业人口能控制其 25% 的选票（程伟，2008），日本农协即可借此影响国会的“农林族议员”和政府的农林部门，左右政府农业政策。在日本参与 TPP 谈判过程中，农协为反对日本就农业开放做出让步，一边发动日本民众游行抗议和组织舆论宣传，一边利用其政治影响力推动地方政府和议会表达反对立场，通过“农林族议员”和日本政府农林部门向其内阁施加压力（蔡亮，2012）。面对以农协为代表的具有高度垄断性、控制力和政治影响力的农业利益集团，日本政府任何调整现有保护机制、扩大农业对外开放的改革都会面临重重阻力，长此以往使日本农业渐渐积重难返。

---

① 农业部农业贸易促进中心政策研究所：“日美 TPP 谈判或大米换汽车”，《世界农业》2015 年第 3 期。

三、日本农业对外开放历程

尽管面临重重阻力，但是日本在外部贸易自由化与市场开放压力和内部由工业化、现代化带动的消费需求压力共同作用下，其农业市场大门被一点点撬开，高度保护下的日本农业仍然踏上艰难而缓慢的对外开放之路。

（一）20世纪60～70年代：伴随"选择性扩大"的"选择性缩小"

在"基本法农政"时期，日本政府一方面通过各种政策措施促进农业增产，满足其工业化、城市化和国民收入水平提升对大米、肉类、蔬菜等农产品的需求，即"选择性扩大"；另一方面针对部分农产品采取了放弃国内生产，以扩大进口（主要是从美国进口）来满足其国内需求的策略，即"选择性缩小"。随着工业化快速推进和日益融入GATT体制，仅依靠其国内生产已无法满足日本国民对农产品的消费需求，在保证部分农产品"选择性扩大"的同时有越来越多的农产品必须"选择性缩小"。为此，日本政府在1960年出台的《贸易、外汇自由化计划大纲》中正式启动了农产品进口自由化进程，同年即对黑麦、咖啡豆、牛脂等121种农产品实现进口自由化。此后，日本农产品进口自由化率由1959年的43.0%迅速提升至1974年的95.4%，到1974年仅有22种农产品依然限制进口（晖峻众三，2011），"选择性缩小"的农产品种类数量远远多于"选择性扩大"的农产品。

（二）20世纪70～80年代：日美贸易摩擦撬动日本农业开放大门

第二次世界大战后日本在政治、军事上深受美国影响，经济上高度依赖全球自由市场，其工业化主要依靠美国的技术转移和市场开放。到20世纪70年代，随着日本经济实力提升和美国全球战略受挫、实力相对下降，特别是美国本土产业面对日本工业品竞争而日益萎缩，使日美之间长期积累的矛盾显现并激化，成为20世纪70～80年代的日美贸易摩擦的背景。

在日美贸易摩擦中，农业成为双方博弈的焦点，美国出于其国内农产品生产过剩的压力而极力要求日本开放农业市场，并以抬高日本工业品进入美国的门槛相要挟。在此情况下，日本被迫从1984年起大幅增加对美国牛肉、柑橘及其果汁的进口，并在1990年和1991年完全实现这两类产业进口的自由化（段淑琴，1984；晖峻众三，2011）。

（三）1986～2006年：日本为适应WTO框架而做出的农业政策调整

作为GATT成员方，日本参加了于1986年启动的GATT乌拉圭回合谈判，并在1994年成为WTO的创始成员方。为履行签订WTO《农业协定》时的承诺，日本对本国农业支持保护政策做出大幅调整。一是以适应WTO《农业协定》的新政策体系取代“基本法农政”，包括在1994年废除日本《粮食管理法》，实现粮食流通的完全市场化，1999年以日本《粮食·农业·农村基本法》取代日本《农业基本法》。二是调整国内农业支持政策，削减支持总量，减少价格支持比重。日本将1995～2000年的国内支持水平在1986到1988年的平均支持水平基础上削减20%，2008年日本再次承诺将价格补贴占农业支持总量的比重从1986年的90%降低到2006年的88%，到2012年进一步降低至79%。三是进一步扩大农产品进口的自由化水平。对除大米以外的农产品不再由日本政府管制贸易，实现关税化下的自由进口（吴进进，2016）。

（四）2007年以来：日本以有限的农业开放换取双边和区域自由贸易协定达成

日本长期以来致力于参与并维护以WTO为代表的全球多边自由贸易体制，而对区域自由贸易协定表现不积极。直到北美自由贸易协定签署后，日本担心被排挤在外，才开始与墨西哥开展双边自贸协定谈判。自2007年起，出于对WTO多哈回合谈判迟迟未有进展的失望，日本转向积极推动双边和区域自由贸易协定。截至2016年12月，日本已经与新加坡、墨西哥、马来西亚、印度尼西亚、越南、文莱、菲律宾、印度、智利、瑞士、泰国、澳大利亚、秘鲁等国家签署了双边自由贸易协定，正在与中国、韩国、加拿大、蒙古国、欧盟等国家和地区进行自由贸易协定谈判（周焕月，2018）。2013年，日本决定参加TPP谈判，并在美国中途退出的情况下于2017年同其他11国达成了CPTPP。2019年，日本同中、韩、澳、新和东盟全体成员方达成《区域全面经济伙伴关系协定》（RCEP）。日本特别强调市场开放的综合性与高水平，更加注重市场规则的制定，因此更倾向于使用“经济伙伴关系”（EPA）而非“自由贸易区”（FTA）。EPA的协定内容比FTA更加丰富，除了最大限度消除关税壁垒使货物贸易自由化以外，EPA还涉及知识产权、服务贸易、技术性壁垒、竞争政策等。

日本签署双边和区域自由贸易协定的进程同其他发达国家相比并不快，在东亚地区落后于韩国，而农业开放问题则是协定谈判中的主要障碍（李明权，2015）。在谈判中，日本一方面希望达成自由贸易协定，另一方面又力图最大限度保留对其农业的保护，并为此针对不同对象国家而采取不同的谈判策略。例如，同泰国的谈判以协助发展汽车、钢铁工业来换取对方在农产品关税减让问题上的让步，同墨西哥、印度尼西亚等国的谈判则以主动开放日本不出产的对方优势农产品进口来换取对本国优势农产品的保护，对于澳大利亚等农业出口大国则力保大米等关系核心利益农产品（王厚双，2016）。在 TPP 谈判中，日本对其一直力保的所谓“五大圣域”（大米、小麦、砂糖、乳制品、猪牛肉）农产品在关税、配额等方面都做出让步，但也通过设立紧急进口限制等缓冲措施尽力减小市场开放带来的冲击（李明权，2018）。

四、日本应对农业更高水平开放的主要做法

加入 CPTPP 使日本农业面临第二次世界大战后最大限度的对外开放。按照 CPTPP 协定要求，日本要对所列 1841 个 HS9 位税号农产品中 51% 的品种立即取消关税，10 年内取消关税的品种占 68.8%，最终将有 85.8% 的品种取消关税。日本国内多数观点认为这种开放将使日本农业遭受巨大冲击，农业产能、产值和吸纳就业能力进一步萎缩，食物自给率将进一步下降，日本农协称之为“毁灭性的打击”（吴昊、姜保中，2014）。为应对冲击，日本采取了一系列改革措施，主要包括改变边境保护策略和提升产业竞争能力。

（一）改变边境保护策略

为应对 WTO《农业协定》和 CPTPP 等区域贸易协定对取消政府管制和降低甚至取消关税的要求，日本政府改变边境保护策略，一方面设置缓冲措施缓解关税壁垒取消带来的冲击，另一方面充分发挥各种非关税壁垒的保护功能。在自贸协定谈判中，日本尽可能争取到对农业开放采取各种缓冲措施的权利，这些缓冲措施包括延长关税取消期限（最长达 21 年）、降低税率但不取消关税（猪肉、牛肉、乳制品

等)、配额制（小麦制品）、季节性关税（橙子）、根据国别采取差异性减让政策等（李明权，2018）。对于关系核心利益的农产品（大米），日本始终坚持高关税壁垒下有限开放进口，并限定进口大米用于工业、储备和对外粮食援助等非口粮用途，避免冲击其国内口粮大米产业（叶兴庆，2017；贺平，2016）。在降低和取消关税壁垒的同时，日本更加重视发挥非关税壁垒的保护功能，包括技术性壁垒和卫生检疫措施等（郁鹏，2017）。日本政府以保护国民食品安全与健康的名义制定极为严格的进口农产品质量和卫生检疫标准，例如日本《植物防疫法》和《肯定列表制度》。《肯定列表制度》为日本每种进口农产品、食品平均规定了200项残留限量标准，最多的达400多项，还可根据需要增加检验项目或提高标准（阚大学等，2016），从而起到对特定国家和品种限制或禁止进口的功能。

（二）提升农业竞争力

日本将过去保护主义的防御型农业战略转向以提升竞争力为目标的进攻型农业战略,[①] 在开放条件下提高农业经营效率，发挥比较优势，主动参与国际市场竞争。力推日本加入TPP的安倍内阁将进攻型农业作为“安倍经济学”结构改革的关键一环，希望借助开放带来的倒逼效应推动多年来举步维艰的农业结构改革，并成立了“进攻型农林水产业推进本部”“农林水产业·地域活力创造本部”等机构，出台了日本《实现进攻型农林水产业最新政策纲要（第2版）》等一系列政策法规。2014年修订的日本《农林水产业地区活力创造计划》提出了日本农业未来发展的三大战略目标，分别是市场需求扩大（农产

① 日文是“攻めの農林水産業”，也有译作“进取型农业”。

品出口2020年达到1万亿日元，2030年达到5万亿日元）、产业价值链提升（2020年“六次产业化”市场规模达到10万亿日元）、生产经营结构优化（到2020年实现80%农地向主要经营主体集中，新进入农业经营主体数量翻倍，法人经营主体数量达到5万个）（胡凌潇、周应恒，2018）。日本为提高农业竞争力，新实施的政策致力于通过加大科技投入、降低生产成本（如开放饲料进口）、强化质量认证与品牌打造重点培育日本农产品的品质优势，通过保护与利用好乡村资源、推动“六次产业化”发挥农业多功能性优势提升农业附加值。为了将竞争力转化为国际市场上的竞争优势，日本政府实施“FBI战略”,[①] 通过设立专门机构向海外大力宣传日本“和食”文化、推广日本料理产业，希望以此带动日本农产品出口。[②]

五、从日本农业开放历程和当前应对做法中得到的启示

（一）认识农业对外开放的必然性和必要性

开放和鼓励竞争的市场环境是国家经济社会整体发展的必然要求，也是农业自身健康发展的必要条件，应当充分认识农业对外开放的必然性和必要性。第二次世界大战后日本农业发展历程告诉我们，依靠扭曲市场和管制贸易的高度保护并不能扭转农业的弱势地位，长此以往还会使农业因为安于现状而缺乏改革动力、错失改革良机，最终深陷困境而积重难返，并损害国家发展的整体利益。我国当前正处于工业化的产业升级爬升期，同日本经历的快速工业化时期相类似，

① “FBI战略”，即Made From Japan，Made By Japan，Made In Japan（可译为“日本原料、日本工艺、日本生产”）。

② 乐绍延，日本料理助推农产品出口．经济参考报，2015-9-8（4）。

国民对农产品的需求、工业对原材料的需求都在快速增加，需要在更大的范围配置资源来降低成本，同时也需要更广阔的市场来消化产能。因此，推动国家间的贸易自由化和经济合作符合我国发展的整体利益，农业需要服从国家整体利益并顺应这种开放潮流。并且，当前我国农业同时面临着消费端需求结构变化和质量要求提升，供给侧生产成本高企和资源环境压力巨大等多重挑战，必须转变只重产量而不计效益、过度依赖资源消耗的发展方式。通过扩大开放主动衔接国际市场，我们能够更好地利用国内外两个市场、两种资源，从而为开展农业结构调整提供机遇，为转变农业发展方式提供动力，推动我国农业供给侧结构性改革。

（二）把握农业对外开放的主动权和自主权

农业对外开放事关国家粮食安全和农民生计，必须牢牢把握农业对外开放的主动权和自主权。把握农业对外开放的主动权，一方面是对农业开放要有自觉认识，对开放与应对措施能够主动谋划、预先布局，从而在农业开放布局上棋得先手、赢得主动，在面对压力挑战时有备而来、从容不迫；另一方面是主动推动国际间农业相互开放，能够提出中国的农业开放方案，以“中国方案”推动国际间农业开放。把握农业对外开放的自主权，即农业对外开放应从我国自身实际情况和需求出发自主决策，农业开放的品种、方式、水平和时机等应自主决定，根据国家整体利益需要、推动农业健康发展要求、国内市场实际需求和调控目标进行。农业对外开放的决策和方案设计应有利于国家重大战略实施，有利于发挥我国农业比较优势和促进农业供给侧结构性改革，有利于满足人民群众对更美好生活的需求。

（三）应对开放须找准我国农业的比较优势

应对开放要靠农业自身具备竞争力，而找准自身比较优势是提升农业竞争力的先决条件。日本农业尽管受到市场开放带来的冲击，但最终通过转变发展战略，在找准小规模农业比较优势的基础上提升产业竞争力，从而在市场竞争中赢得了一席之地。我国的小规模农业同样具备在高品质和多功能性方面的比较优势，能够依靠农产品的高品质来支撑高价格，以高价格覆盖高成本，并通过对农业多功能性的开发来拓展农业增值空间、提升农业附加值。同时，我国地域广阔、人口众多，由此形成在世界上独一无二的全面且多样的农业门类和超大规模市场，也是我国农业重要的比较优势。超大规模市场的容量能够最大程度消解开放带来的外部冲击，并以庞大的国内需求总量来消化局部农产品过剩压力，减少对国际市场的依赖。丰富的农业门类意味着许多农产品品种、农业产业和消费市场为我国所独有，国外进口农产品对这些特色产业和地域市场难以构成影响。

（四）以供给侧结构性改革提升我国农业的竞争力

要将我国农业的比较优势转化为现实竞争力，还需要通过一系列供给侧结构性改革让比较优势能够充分发挥。一是产业结构调整，引导要素资源流向具有比较优势的劳动密集型、优质特色、鲜活农产品生产，对不具备比较优势的土地密集、资源消耗、单位价值低、国内外市场价格倒挂严重的农产品则适度放开进口。二是经营结构调整，将更多小农户、小规模经营主体纳入产业化经营体系，通过建立土地流转中介机构、实行土地先整理后流转、鼓励土地经营权乃至承包权退出等方式促进土地的适度规模化和向新型经营主体集中。三是产业体系建设，以科技投入、标准化、品牌打造提高农产品品质，以产业链延伸、产业融合、新产业新业态开发农业多功能性，以倡导“本土本物”“地产地销”和“国产农产品质优价高”“以消费国产农产品为荣”的消费文化帮助农产品实现优质优价，以向海外宣传推介中华农耕文明和饮食文化带动我国优质农产品出口。

执笔人：宁　夏

参考文献

[1] 速水佑次郎，神门善久．农业经济论（新版）．北京：农业出版社，2003.

[2] 晖峻众三．日本农业150年．北京：中国农业大学出版社，2011.

[3] Shinichi Shogenji. Japan's Position in the Context of Agricultural Trade Issues. Japanese Journal of Agricultural Economics，2019（21）：56－62.

[4] 叶兴庆，伍振军，周群力．日本提高农业竞争力的做法与启示．世界农业，2017（9）.

[5] 张永强，蒲晨曦．日本大米政策的演变及启示．现代日本经济，2018（3）.

[6] 谢剑锋，宋艳菊．日本农业与农民问题的不一致性及启示．沈阳师范大学学报（社会科学版），2014（3）.

[7] 程伟．弱质农业对日本参与区域经济合作的影响．现代日本经济，2008（3）.

[8] 张玉林．“现代化”之后的东亚农业和农村社会．南京农业大学学报（社会科学版），2011（3）.

[9] 蔡亮．试析农业利益集团对日本政治的影响．日本学刊，2012（5）.

[10] 段淑琴．美国的农产品贸易攻势与日本农业．外国问题研究，1984（1）.

[11] 吴进进．日本农业福利国家的兴起．国外理论动态，2016（12）.

[12] 周焕月．日本签署自由贸易协定中农业议题谈判研究．世界农业，2018（1）.

[13] 李明权．日本FTA进程落后于韩国的原因探析．日本学刊，2015（4）.

[14] 王厚双．日本FTA农业议题谈判模式研究．日本学刊，2016（1）.

[15] 李明权．安倍政府的农业改革评析．日本学刊，2018（1）.

[16] 吴昊，姜保中．日本围绕参加TPP谈判的争论．现代日本经济，2014（3）.

[17] 叶兴庆．日本大米支持政策的改革动向及启示．农业经济问题，2017（12）.

[18] 贺平．东亚的粮食安全与大米储备．农业经济问题，2016（4）.

[19] 郁鹏．日本非关税壁垒与中国农业出口产品质量升级．世界农业，2017（8）.

[20] 阚大学，赵煌杰，尹小剑．中日农产品贸易摩擦现状、原因及对策．世界农业，2016（1）.

[21] 胡凌潇，周应恒．提升小农竞争力：日本农业新政策的指向及启示．中国农村经济，2018（2）.

[22] 张永强，蒲晨曦．日本大米政策的演变及启示．现代日本经济，2018（3）.

专题报告十三

英国、德国早期工业化进程中应对农业开放的做法及启示

在工业化的进程中，资源禀赋不利国家的农业人工和土地成本趋于上升，农业比较优势趋于下降。对于这一变化，各国的认识和采取的应对措施不同，产生的影响也不同。我国正处在农业比较优势明显下降的阶段，作为工业化先行者的英国、德国在工业化早期阶段应对农业开放的历史经验，对我国如何应对农业开放具有借鉴意义。

一、英国、德国在早期工业化进程中对农业从保护转向开放

（一）英国1815年《谷物法》的出台、影响及调整

1. 英国1815年《谷物法》的出台

英国历史上出台过一系列管理谷物贸易的法规。17世纪时，英国奉行重商主义，出台了鼓励出口的《谷物法》。当国际价格低于目标价格时，出口补贴开始生效；等到国际价格高于目标价格时，便停止出口补贴。18世纪工业革命时期，随着工业化推进和人口增加，英国逐渐变为粮食输入国。为稳定粮食生产，英国谷物法的性

质也转变为限制进口。当其国内谷物价格低于目标价格时，禁止进口或征收高额关税。

在19世纪初的拿破仑战争（1803～1815年）期间，法国对英国实施大陆封锁政策。英国的粮食进口量锐减，其国内谷物价格不断攀升。以小麦为例，英国小麦价格从1800～1809年的每夸脱84.71先令，迅速攀升到1810～1814年的每夸脱102.45先令。战争期间，为保障本国粮食供应，在英国政府鼓励下，土地所有者大量开发贫瘠土地，投入资金扩大粮食生产，赚取高额利润，地主、农场主和农业工人由此获得可观收益。农场主预期谷物价格将长期高位运行，积极续租土地，并且做了大量投资于土地。但拿破仑战争结束后，英国打破了大陆封锁，欧洲大陆的廉价粮食涌入英国，谷物价格下跌，地主和农场主的投资没有获得预期回报。为免受损失，他们呼吁进一步加强对英国农业的保护，将英国国内谷物价格维持在较高水平上。于是，1815年《谷物法》出台，规定其国内市场的小麦价格等于或高于每夸脱80先令时，可以免关税进口外国小麦；但低于80先令时，则禁止进口外国小麦。

2. 英国1815年《谷物法》的影响及调整

英国1815年《谷物法》旨在维护其国内谷物价格，抵制国外低价进口谷物竞争。它保护了农民和地主的利益，但也导致食品价格升高，抬高城市工人的生活成本。到19世纪三四十年代，英国工业化发展进入成熟阶段，英国的技术水平、工业生产能力远超其他国家，需要推广自由贸易，以利于英国工业品占领广阔的世界市场。但《谷物法》招致欧洲国家的关税报复，阻碍廉价的英国工业品扩大出口，其工商业主也强烈呼吁废除《谷物法》。

针对城市工人和工商业主诉求，英国政府在1815年《谷物法》

的框架下多次下调目标价格和关税水平。1822 年英国《进口法》规定，“当国内谷物价格达到每夸脱 80 先令时，可以允许谷物进口；但国内谷物价格低于每夸脱 70 先令时，则禁止谷物进口”。1828 年，英国再次修改《谷物法》，确定新的浮动关税，“当国内谷物价格不高于每夸脱 52 先令时，关税为 34 先令 8 便士；当谷物价格升至 73 先令，关税下降至 1 先令”。1842 年进一步下调浮动关税，规定当谷物价格降到每夸脱 51 先令及以下时，关税为 20 先令。1845 年，英国农业歉收，粮食匮乏，迫切需要放开粮食进口。终于，英国于 1846 年通过废除《谷物法》的议案，给予英国农业 3 年缓冲期，逐步降低关税。在缓冲期内，当小麦国内价格低于每夸脱 48 先令时，关税为 10 先令，随着价格上涨，关税逐渐降低，当价格上升到 53 先令以上时，关税降至 4 先令。其他谷物的进口关税也实行类似的标准。1849 年 2 月 1 日以后，英国所有谷物的进口关税统一降至每夸脱 1 先令。

1846 年废除《谷物法》是英国由贸易保护转向自由贸易的一个重要里程碑。为推行其贸易扩张政策，英国在国际上积极倡导自由贸易。1860 年，英法签订《科布登 - 谢瓦利埃条约》（《英法通商条约》），互相给予最惠国待遇，降低关税。由于英国的领头羊地位，欧洲各国纷纷跟进，与其签署降低关税的双边贸易协议。1860 ~ 1880 年，英国与欧洲诸国共签订贸易条约 31 个。英国还凭借其强大的海上力量和经济实力，迫使许多亚非拉国家打开市场，使这些国家逐渐沦为英国的原料产地和销售市场。自由贸易政策降低了原材料进口成本，使英国工业品的价格更具竞争力，“世界工厂”的商品涌向世界各地。英国贸易开放后的数十年，其经济发展势头良好，工业水平和综合国力处于世界领先地位。

（二）德国《关税保护法》的出台、影响及调整

1. 德国《关税保护法》的出台

19 世纪中期，德国的粮食和食品足以满足其国内市场需求，还能向英国等国家出口。此时的德国农业界支持自由贸易，以便于出口谷物、食品和牲畜。随着工业化推进，德国对农产品的需求日益增加，加上其国内农业生产成本不断上升，谷物供应形势开始趋于紧张。特别是 19 世纪 70 年代，新铁路干线的兴修和远洋轮船的应用降低了国际大宗产品贸易运输成本，俄国、美国等国的谷物大量涌入，不仅把德国谷物从英国市场上挤了出去，[①] 还直接出口到德国国内，使得德国谷物价格不断下滑，[②] 农业阶层利益受损。德国迅速由谷物出口国变为进口国，开始强调本国粮食安全，主张农产品贸易保护。1879 年，在时任宰相俾斯麦的力主下，德国议会通过了《关税保护法》，对谷物等多种进口产品征收进口关税，小麦、黑麦和燕麦进口关税为每吨 10 马克，大麦为每吨 5 马克。然而，这一关税水平较为温和，不足以有效阻挡外国廉价农产品进入。虽然德国谷物进口有所减少，但谷物出口减少得更多，谷物贸易逆差反而扩大了。从 1878～1884 年，德国谷物贸易逆差由 143.6 万吨扩大到 231.7 万吨（见表 13－1）。

有鉴于此，德国于 1885 年再次调高谷物进口关税，将小麦、黑麦进口关税提高到每吨 30 马克，燕麦和大麦每吨 15 马克（见表13－2）。由于农业状况仍未好转，德国于 1887 年第三次上调谷物关税，小麦和黑麦关税上调到 50 马克，燕麦进口关税上调到 40 马克。

---

① 到 1879 年，德国几乎完全丧失了英国谷物市场，那里 68% 的谷物需求已改从美国和加拿大进口。

② 从 1872～1878 年，德国的小麦价格从 238 马克/吨跌至 194 马克/吨，黑麦价格从 163 马克/吨跌至 132 马克/吨。

表 13 – 1　　1878 年与 1884 年德国谷物贸易情况　　单位：万吨

	1878 年			1884 年		
	进口	出口	逆差	进口	出口	逆差
小麦	105.5	78.5	27	58.253	3.61	54.634
黑麦	94.5	19.6	74.9	84.253	0.628	83.625
大麦	43.45	26.6	16.85	43.354	3.726	39.628
燕麦	29	13.45	15.55	36.596	1.852	34.744
麦芽	11.4	2.065	9.335	19.199	0.041	19.158
总计	283.85	140.215	143.635	241.655	9.866	231.789

资料来源：武瑞沙．德意志帝国时期农业贸易保护政策研究，2016。

表 13 – 2　　1879 年与 1885 年德国主要谷物进口关税对比　　单位：马克/吨

类别 年份	小麦	黑麦	燕麦	大麦	玉米	麦芽
1879	10	10	10	5	5	12
1885	30	30	15	15	10	30

资料来源：武瑞沙．德意志帝国时期农业贸易保护政策研究，2016。

2. 德国《关税保护法》的影响及调整

随着德国工业实力迅猛增长，其国内市场已无法满足德国工业生产能力的需要，迫切需要从国际市场进口原材料，并向国际市场出口工业品。然而，从 19 世纪 70 年代中叶开始，在德国调高关税的同时，欧洲其他国家也纷纷转向贸易保护。当时，除了工业强大的英国以及瑞士、比利时等国坚持自由贸易以外，法国、俄国和奥匈帝国都放弃了自由贸易转而实行高关税政策。德国的贸易保护虽然保护了其农业，但国际上愈演愈烈的关税战妨碍了德国工业品的出口。另外，德国实行谷物进口高关税后，其国内谷物价格逐渐回升，引起了食品价格上升，加重了消费者负担。1890 年俾斯麦辞职后，主张刺激工业品出口的卡普里维上台，德国开始与主要贸易伙伴国进行谈判，对奥匈帝国、意大利、俄国等农业国降低农产品关税，以此换取别国对其工业品降低关税。1891～1892年，德国迅速与奥匈帝国、意大利、比利时和瑞士缔结了贸易条约，把小麦和黑麦的进口关税从每吨50马克降低到35马克。奥匈帝国、意大利、比利时和瑞士则给予德国工业品相应的低关税。所有商品的关税税则有效期为12年。1893年，德国与罗马尼亚、塞尔维亚签订贸易条约；1894年，德国与俄国签订贸易条约。数年间，德国与奥匈帝国、罗马尼亚、俄国等主要贸易伙伴国签订条约，条约国之间适用建立在双边贸易互惠基础上的协定关税，非贸易条约国适用自主关税，协定关税要低于自主关税。这一时期，协定关税与自主关税并存的“双重税率”机制为德国工业品出口创造了良好的外部环境。

以德国与俄国的贸易条约为例，由于德国农业的高关税，俄国对德国工业品实行高关税报复，两国贸易关系恶化。1892年2月，为了满足其国内农业政党的诉求，德国大幅提高了俄国谷物的进口关税，俄国随即提高了德国工业品的进口关税进行报复。1893年8月，德国再次以提高50%的关税来回应俄国。最终，双方认识到贸易战只会两败俱伤，于1894年3月达成协定，德国将谷物关税降低至每吨35马克，俄国则降低德国工业品关税，并且两国承诺10年内不增加关税。两国贸易关系由此趋于缓和，俄国谷物出口大幅增加，德国取代英国成为俄国最大的进口来源国。

二、英国、德国应对农业开放的对策

在英国、德国分别取消《谷物法》《关税保护法》，实行农业开放的进程中，随着运输条件改善，美国、俄国等具有农业比较优势的国家，凭借面积辽阔的可耕地和肥沃的牧场，以低廉的土地和人工成本生产英国、德国最需要的小麦、肉类、羊毛等大宗产品，导致英德两国农产品进口迅速增加，其国内农产品价格下跌，对两国农业造成巨大外部冲击。

（一）英国取消《谷物法》后发展农业的主要做法

19世纪40年代，随着《谷物法》的废除，英国开始实行自由贸易政策，英国经济迅速上升，其农业也欣欣向荣。一是农业机械大量推广。19世纪初，英国冶铁和制造业取得了巨大进步，蒸汽犁、排水泵、扎束机、收割机、便携式脱粒机等新型农业机器的发明，使得其农业生产效率大为提升。二是使用化肥改善地力，提高了产量。1841～1859年，英国平均每年进口海鸟粪1.5万吨，骨粉6万～7万吨；到19世纪50年代，英国每年进口氮肥29.8万吨。三是农业基础设施建设逐步完善。英国提供长期低息政府贷款，为农业基础设施建设提供资金支持。1847～1872年，为修建排水设施所发放的政府贷款达到738.1万英镑。[①] 贷款以土地作为抵押物，有时偿贷期高达20年以上。排水设施贷款利息大约为3.5%，低于同期商业银行贷款利率。通过这些措施，英国农作物亩产明显提高。1836～1871年，小麦单产从21蒲式耳/英亩上升到28蒲式耳/英亩，大麦单产从30蒲式耳/英亩上升到34蒲式耳/英亩，燕麦单产从33蒲式耳/英亩上升到43蒲式耳/英亩（见表13－3）。

---

① 英国多沼泽地和涝地，经过排水后的土壤就变成了可供耕作的农田，扩大了耕地面积。1846～1865年，英国的耕地面积增加了46.4万英亩。

表 13 - 3　　1801 ~ 1871 年英国主要粮食作物单产　　单位：蒲式耳/英亩

	1801 年	1836 年	1871 年
小　麦	22	21	28
大　麦	29	30	34
燕　麦	32	33	43

资料来源：张梦醒. 论 19 世纪中期英国农业的繁荣，2014。

英国在机械、肥料等方面的投入抬高了农业生产成本，工业化和城市化浪潮又使得大量劳动力从农村流入工业领域和城市，造成农业劳动力不足，农业用工成本也有所提高。同时，航海技术取得巨大进步，减少运费并缩短运输时间，使得国外谷物在英国市场上更加具有价格优势。此时，俄国、印度、美国、加拿大、阿根廷、澳大利亚能够大量廉价地生产羊毛、肉类、小麦等大宗农产品，英国以高投入、高成本、高产出为特征的农业生产模式逐渐难以应对这些国家廉价进口农产品冲击。19 世纪 30 年代，英国进口粮食的比重只有 2%，废除《谷物法》后，19 世纪 60 年代的比重迅速上升到 24%，到 19 世纪 80 年代则进一步升高到 45%。

到了 19 世纪 70 年代，在进口农产品冲击下，英国农业在经历了 30 年的繁荣之后开始陷入危机。此时，要求回归贸易保护的论调再次抬头。贸易保护主义者主张改变开放政策，倡导以帝国特惠制为核心的关税改革，即对进口农产品一律征收关税，对在本国殖民地的农产品给予关税减免等优惠。但是，英国民众认为这会引起食品价格上涨，增加生活成本，普遍反对恢复关税保护。负责调查农业危机的委员会也认为，以恢复关税保护来缓解外国农产品竞争压力不具可行性。最终，英国政府没有采纳调高关税的贸易保护方案，继续坚持自由贸易导向。

为了应对廉价外国农产品冲击，英国采取成立新的农业委员会、减免农业税收等措施，以加强对农业的管理，促进英国农业降低生产成本。1889 年，英国合并原有一些农业管理机构及其职能，[①] 并增加鼓励农业教育和培训、向教授农业知识和技能的非公立学校提供资金支持、搜集和整理农业数据等新职能，成立新的农业委员会。根据规定，此农业委员会是管理农业事务的行政核心，一切与农业相关的事务都在其管理范围之内。事实上，这个农业委员会就是日后英国农业部的前身。1896 年，英国出台农业税费法案，将农业用地的税收负担减半。此外，英国还出台一系列法案，例如保护农场主免受假肥料和饲料的危害、调整农业生产关系等。

（二）德国取消《关税保护法》后发展农业的主要做法

取消《关税保护法》、实施开放政策后，德国农业生产能力大幅提升。一是提高农业机械化程度，增加化肥使用量。德国农业直至 19 世纪 70 年代仍然是遵循传统生产方式，犁、耙、辊子、打谷棒等是主要生产工具。19 世纪 80 年代以后，德国农业机械化程度迅速提高。与 1882 年相比，德国 1907 年简易脱粒机从 26.8 万台增至 94.7 万台，蒸汽脱粒机由 7.6 万台上升至 48.9 万台，播种机由 6.3 万台增加到了 29.0 万台，割草机则由 2.0 万台上升为 30.1 万台。1896～1913 年，德国化肥使用量增加了 184%。二是调整农业种植结构。扩大马铃薯、甜菜和饲料作物种植面积，马铃薯种植面积从 19 世纪中叶的 140 万公顷增加到 19 世纪末的 300 万公顷，甜菜种植面积从 19 世纪中叶的 6.5

---

① 例如，被并入的部门有 1882 年成立的土地委员会，以及应对牛瘟、羊痘等疫情的行政部门。

万公顷增加到第一次世界大战前夕的50万公顷。种植结构调整，有力地促进了畜牧业发展。

农业生产能力提升大大提高了德国粮食单产，以小麦为例，1908～1912年，每公顷的小麦产量为2.07吨，比1883～1887年增加了55%（见表13－4）。

表13－4　德国粮食单产量变化情况　单位：吨/公顷

	1883～1887年平均	1908～1912年平均	增加
黑　麦	1.00	1.78	78%
小　麦	1.34	2.07	55%
土　豆	8.74	13.31	53%
燕　麦	1.13	1.90	68%

资料来源：周小粒，袁施松．试析德国农业与第一次世界大战，2003。

德国农业总产量也大幅提高（见表13－5）。1871～1875年，德国平均每年生产谷物1501万吨、马铃薯2196万吨、甜菜280万吨。到了1908～1913年，德国平均每年生产谷物2737万吨、马铃薯4578万吨、甜菜1592万吨，分别是1871～1875年平均年产量的1.8倍、2.1倍和5.7倍。

表13－5　德国粮食总产量变化情况　单位：万吨

	1871年	1900年	1905年	1911年	1913年
小　麦	261	384	370	348	466
大　麦	233	300	292	350	567
燕　麦	504	709	655	915	971

资料来源：周小粒，袁施松．试析德国农业与第一次世界大战，2003。

与1883年相比，1913年德国畜产品产量大幅提升，牛的数量增加了33.3%，马的数量增加了30.3%，猪的数量增加了177.4%（见表13－6）。

表 13-6　　德国牲畜数量变化情况　　单位：万头，万匹

	1873 年	1883 年	1912 年	1913 年
牛	1578	1575	2025	2099
马	355	350	450	456
猪	380	925	2200	2566

资料来源：1873 年和 1913 年数据引自裴元伦．德国工业化时期的农业，1988；1883 年和 1912 年数据引自周小粒，袁施松．试析德国农业与第一次世界大战，2003。

德国长期进行农业耕作，并没有多少荒地可供开垦，[①] 德国农业提高产量主要靠深化资本投入。但同时其农业生产成本也大幅提高，德国农产品在与美国、俄国等外国农产品竞争中处于不利地位。农业开放后，德国农产品进口迅速增加，农产品价格也趋于下降。1909～1913 年，德国粮食进口总额比 1873～1877 年上升了 4 倍。1891～1894 年，德国黑麦价格从 208 马克/吨下降到 118 马克/吨；小麦价格从 222 马克/吨下降到 135 马克/吨。20 世纪初，德国小麦进口量大约占到其消费总量的 1/3，大麦进口量占到其消费总量的 2/5，所有谷物的进口量大约占到其国内谷物消费总量的 1/6。

面对农业开放后国际竞争加剧的新形势，德国工业界和农业界都同意在卡普里维时期签订的互惠条约到期前对关税法进行修订。德国政界、学界、业界就是否回归农业保护展开了激烈讨论，当时主要有三种观点：贸易保护、自由贸易、对部分品种进行保护的折中派。主张贸易保护者认为，德国工商业发展一直以牺牲农业为代价，农业衰败会导致粮食供应严重短缺，必须维持其国内谷物生产，增加粮食自给率。因此，要提高粮食和肉类进口关税，促进农产品价格上涨。主张自由贸易者针锋相对地认为，谷物关税将引起物价上涨，下层民众

① 1883～1887 年，德国耕种面积年平均值为 2208 多万公顷，1908～1912 年，耕种面积每年达 2330 多万公顷。25 年来只增加了 5.5%。

利益受损最大。同时，关税保护实际上是允许低效率农业存在，不利于德国农业向现代农业转型。并且，高关税将引起外国对等报复，使德国工业品出口受阻。他们反对提高农产品进口关税，并且建议从德国农业比较优势考虑，应当放弃其高成本的谷物生产，进口国外廉价谷物，而着重生产奶制品和肉制品等。折中派大体上支持调高农业关税，但不同意对农业全面保护，认为应当分品种施策，不过他们对应当保护哪些品种则各执一词，有的认为应当提高小麦等谷物关税，但不应提高玉米、燕麦和大麦等饲料作物的关税；有的认为不应提高谷物关税，只应提高牲畜和肉制品关税等。

1900 年，新上台的毕洛夫政府在农产品关税上基本采取贸易保护者的观点，积极推动修改关税法和贸易协定。1902 年，德国议会通过了新的关税法案，绝大部分关税都有所提高，主要是谷物、牲畜和肉制品。各种人工肥料和以前一样享受进口免税。此新关税法案规定，针对签订贸易条约国家的最高关税①为小麦 70 马克/吨，黑麦和燕麦 65 马克/吨；最低关税为小麦 60 马克/吨，黑麦和燕麦 55 马克/吨，最低关税水平都要高于旧有关税。随后，德国以 1902 年关税法规定的最低关税为谈判底线，在此基础上与各国协商新的贸易条约，有效期同样是 12 年。考虑到卡普里维时期的贸易条约有些尚未到期，新关税法案延迟到 1906 年生效。②

---

① 对农产品实行“双重关税”。对凡未与德国签订贸易条约的国家一律实行“自动关税”，即最高进口税率，对已缔结贸易条约的国家则实行最低关税限制。

② 1905 年 2 月 22 日，德国通知 1891 ~ 1893 年与德国签订互惠条约的 7 个国家，有 1 年的缓冲期来接受新关税，所以新关税迟至 1906 年 3 月 1 日才生效。

三、启示与建议

（一）开放背景下农业的根本出路在于提高竞争力

英国、德国在取消农业进口保护措施后，一度大力推广农业机械、使用化肥、完善基础设施建设等，农业生产效率明显提升。但与美国、俄国等土地资源禀赋丰富的国家相比，两国土地成本、人工成本都更高，当先进耕作技术带来的效率改进释放完后，两国谷物生产越来越不具有比较优势。但英国、德国仍采用高投入、高产出、高成本的生产方式，对本国农业竞争力估计过高，导致其农业和农民利益受损。

英德两国的历史教训表明，由于农业比较优势下降，在开放条件下，农业必须适时做出战略性调整，从产量导向转为竞争力导向。随着工业化和城镇化的推进，我国农业生产成本逐年上升，农产品贸易逆差呈扩大态势，迫切需要提高农业竞争力。一方面，应加大农田基础设施、农业科技推广投入力度，加快建设农业社会化服务体系，着力降成本、提效率。另一方面，应正视我国在土地成本和人工成本等的劣势，扬长避短，发挥农产品品质、文化特色等的优势，延长农业产业链，提升产品附加值，与进口的低价产品形成错位竞争。

（二）应着眼于未来趋势，设计具有前瞻性的农业贸易政策

英国《谷物法》和德国《关税保护法》的废除，是英国、德国农业从保护走向开放的重要标志。这段历史表明，农业保护在一定时期内有利于稳定国内农业生产，维护国内农民利益。但是，对农业的保护势必引起食品价格上涨，抬高居民生活成本和企业用工成本，同时容易引起外国反制，不利于本国工业品出口。随着工业化推进，农业

保护的负面影响逐渐凸显，两国把握历史潮流，对农业保护未来可能产生的负面影响做出预判，前瞻性地推动农业从保护转向开放，为工业化和农业现代化开辟了新的空间。

英德两国的历史经验表明，应在预判国内国外农业变化趋势的基础上设计具有前瞻性的农业贸易政策，为未来发展留出空间。我国处于农业生产成本长期上升的通道，农业比较优势下降成为必然趋势，农产品贸易逆差将长期存在。在多边贸易体制改革的大国博弈中，我国将面临更严约束和更大开放压力。应基于这一态势对农业政策进行战略性调整，坚持开放立场，更加注重规则等制度型开放，提高贸易自由化便利化程度。积极参与农业贸易规则制定，与主要进口国、资源禀赋近似国家在共同关注的议题上加强协调。积极参与全球粮农治理机制改革，推动多双边自由贸易协定谈判，推动形成更加透明、包容、平衡的农业贸易规则体系。

（三）妥善应对农产品进口增加的冲击，维护国家粮食安全

英国、德国农业开放后，以牺牲农业为代价优先发展工商业，鼓励工业品出口。随着工业化和城市化的发展，农产品进口迅速增加，两国的粮食自给率不断下降，给其国家粮食安全带来了隐患。

英德两国的历史教训表明，农业开放绝不能轻视农业，更不能忽视国家粮食安全。在进口农产品的冲击下，我国必须理顺国内外两个市场、两种资源的关系，以我为主，确保产能，牢牢守住粮食安全底线。面对农产品进口持续增加这一长期趋势，应在品种上确定优先序，采取“有保有放”的策略。应深入实施“藏粮于地、藏粮于技”战略，增强农业综合生产能力，确保谷物基本自给、口粮绝对安全。同时，应加强与“一带一路”沿线国家和地区，尤其是周边国家和地区

的产能合作，优化重要农产品的进口布局，加快构建多元稳定的农产品国际贸易体系。

执笔人：周群力

参考文献

[1] 刘杰. 19 世纪 70 年代的英国农业危机及其影响. 世界历史，1999 (3).
[2] 刘成. 英国废除《谷物法》刍议. 史学集刊，2013 (1).
[3] 裘元伦. 德国工业化时期的农业. 世界农业，1988 (1).
[4] 王静强. 论英国谷物法废除的影响. 首都师范大学学报（社会科学版），2009 (增刊).
[5] 武瑞沙. 德意志帝国时期农业贸易保护政策研究. 华中师范大学硕士学位论文，2016.
[6] 徐继承. 德意志帝国时期城市化研究（1871～1890）. 华中师范大学博士学位论文，2012.
[7] 张梦醒. 论 19 世纪中期英国农业的繁荣. 南京大学硕士学位论文，2014.
[8] 周小粒，袁施松. 试析德国农业与第一次世界大战. 历史教学问题，2003 (4).

专题报告十四

近 20 年美国农业支持政策的主要特点及启示[①]

作为农业发达国家，美国农业生产与出口处于全球优势地位，是其自然资源丰富、技术水平领先、农业支持政策有力等方面综合作用的结果。美国联邦政府将美国农业法案作为主要的农业政策工具，通过短期立法与中长期立法相结合，保障联邦政府短期政策的时效性与中长期政策的稳定性相融合。美国政府应对加入 WTO 的对策，实际就是保持并增强政策强度，通过农业法案支持美国农业稳定发展。

一、2000 年前美国农业支持政策的主要特点

至 2001 年，美国农业支持政策经历了三个重要阶段：

第一阶段是 1933 ~ 1985 年，以限制农产品播种面积、联邦政府建立农产品储备调节市场供求关系、扩大农产品出口、扩大农产品的工业用途和实行食物分配计划为主要特征。

第二阶段是 1985 ~ 1996 年，开始以市场化办法调整其农业政策。

---

① 本文资料主要来源于农业农村部、财政部、商务部网站。

1985 年法案的变化有四点：其一，降低农产品目标价格，固定对农产品补贴，减少对农产品的价格补贴。其二，调低最低保护价，即在过去5 年平均价格的基础上减少 15%。其三，出台“市场价格贷款”，即如果国际市场价格低于美国国内最低保护价时，棉农、稻农可从政府得到低于最低保护价的市场价格贷款，将其产品到国际市场出售，差价由美国政府支付。其四，增加对谷物类尤其是小麦的出口补贴。1985 年美国农业法的市场导向延续到其 1990 年农业法案。

第三阶段是 1996 ~2002 年。《1996 年联邦农业完善与修改法》的基本精神是农业市场化，主要变革有三点：一、取消小麦、稻米、饲料和棉花的休耕面积计划。二、扩大农民的种植自由，农民可在土地上种除水果和蔬菜以外的任何作物，按市场需求进行生产和销售。三、采取与产量逐步脱钩的补贴方式，用 7 年时间逐步向市场化过渡。在此期间，对农民实行与生产和市场脱钩的固定补贴，补贴额逐年减少。同时，继续推行扩大出口政策，对参加出口计划的出口商遇到“不公平竞争”时，给予补贴，对过去实行的出口短期中期贷款继续发放。

二、2002 年美国农业支持政策的主要内容

2002 年美国农业法案的主体是对农产品的支持补贴计划，包括提供营销贷款、不挂钩直接支付和反周期支付三大计划，其经费支出占整个法案总支出的 66%。其中，与价格有关的反周期支付最大，说明此法案的重点是提高农民抵御市场风险的能力。该法案决定，在 1996 年美国农业法的基础上，增加对农业投入和补贴。据美国农业部门估算，按照 1996 年农业法规定，2002 ~2007 年的各项农业补贴约为 666 亿美元，新法案在此基础上又增加了 519 亿美元，6 年总计达 1185 亿

美元。按 10 年推算，则按原来计划为 1073 亿美元，新增加 827 亿美元，合计 1900 亿美元，平均每年 190 亿美元。新法案的产品补贴由三个部分构成。

第一项为“营销援助贷款和贷款差价支付”，这是延续原来的做法。新法案中对各种产品规定了新的贷款率，这是每一单位（一般是蒲式耳）农产品做抵押可以从美国政府获得的贷款额。贷款率作用在于保护价格，农民可以按照贷款率水平，将产品抵押给美国政府，获得贷款收益。如果市场价格低于贷款率，农民就可以放弃抵押产品，而不需要偿还贷款；如果在抵押贷款以后，市场价格变得高于贷款率，那么农民还可以将已经抵押的产品要回出售，并偿还贷款及相应的利息。“营销援助贷款和贷款差价支付”与当年的生产产品类型、数量和市场价格直接相关，属于黄箱政策范畴。新法案与 1996 年美国农业法案的主要区别是：提高了除大豆之外的大部分产品的贷款率，并新增加了一些产品，包括花生、羊毛、马海毛、蜂蜜、各种干豆类等。

第二项为“直接支付”（或称直接补贴），即所谓的“不挂钩补贴”，也是延续原来法案的做法。直接支付额为“支付率”与该产品的支付面积和支付单产之乘积。各种产品的支付率已经在新法案中明确规定，支付面积是农场基期种植面积的 85%。新法案确定的基期面积是 1998 ~ 2001 年 4 年的平均值。支付单产是指 1995 年确定的水平；新增加的大豆和其他油料的支付单产根据该农场 1998 ~ 2001 年 4 年平均值乘以一个系数，该系数是美国全国大豆和其他油料作物 1980 ~ 1985 年平均单产与 1998 ~ 2001 年平均单产之积。支付面积和支付单产一经确定，便保持不变，与以后每年的生产情况无关，也与市场价格无关。这也就是“不挂钩”的含义。这项政策是 1996 年实行政策的延续，本来属于“绿箱”政策。但是，由于基期面积由以前的 1991 ~

1995 年平均值更新为 1998～2001 年平均值，对生产可能产生一定的影响，因为农民可以预期基期面积的定期调整，从而不再是完全不挂钩了。新法案增加了大豆、花生和其他油料作物，同时提高了原有产品的直接支付率。

第三项为“反周期支付”。单位产品的反周期支付是由两个价格之差决定的：一是目标价格，新法案中对各种产品的目标价格水平做出了明确规定，理论上这个价格被认为是较为理想合理的价格。二是“有效价格”。新法案中对有效价格的界定是：当市场价格高于贷款率时，有效价格等于美国平均市场价格与直接支付之和；当市场价格低于贷款率时，有效价格等于贷款率与直接支付之和（实际上即为市场价格、营销差价支付与直接支付之和）。在美国平均市场价格与直接支付之和（即有效价格）等于或大于目标价格的情况时，不进行反周期支付，因为这时农民的收益已经达到或超过了目标价格。反周期支付的存在，在理论上使农民的实际所得之和为目标价格，只不过在不同的市场条件下，收入的组成部分有所不同。一个农民可以获得的总反周期支付等于单位产品反周期支付额与支付面积和支付单产之乘积。其中的支付面积与支付单产的确定与直接支付相同，是根据基期情况确定的，而单位产品支付额则与当年的市场价格情况直接相关。这种特殊机制，是由反周期支付的渊源所决定的。反周期支付是由 1998～2001 年实行的“市场损失援助”政策演变而来的。市场损失援助政策本身是由于实际市场价格发展情况与美国决策者原来的预期不相符合而产生的。这项补贴直接与当年的价格相挂钩，带上了明显的“黄箱”政策特点，在补贴方式上、补贴强度上成为各国不满的焦点之一。

2002 年美国农业法案大幅度提高了农业补贴，扭转了 1996 年颁布的许多农产品改革，标志着美国农业政策由自由市场化重新转向保守。它保留了1996年开始实行的直接差额支付，但新增了反经济周期补贴，美国农民能够获得农产品目标价格与固定差额支付之间的差价，这些补贴影响了世界农产品市场，被美国贸易伙伴看成是自由贸易的障碍。

三、2007年美国农业法案主要内容

总体上看，2007年美国新农业法对美国农业支持水平有所提高，但支持重点有所调整。新农业法涉及金额2900亿美元，执行期为2007～2012年。大约2/3的资金用于其国内营养项目，如食品券和紧急食品援助，以帮助贫困者应对食品价格上涨问题；400亿美元用于农业补贴；约300亿美元将用于鼓励农民休耕土地和其他环境保护项目。

与2002年美国的农业法相比，该法案扩大了对美国农作物种植者的补贴额度和范围。新法案除了维持目前对玉米、小麦、大麦、大豆等农作物的补贴外，还将补贴范围扩大到了其他所谓的专业农作物，如水果以及蔬菜等，后者在美国已经接近于自由市场。按照当前的水平，未来10年内（2008～2017年）美国农业支持的基线水平约为6185亿美元。其中，营养计划预算为4386亿美元，占71%；商品计划为745.6亿美元，占12%；生态保护为487亿美元，占8%。根据美国农业部提案，2008～2017年商品计划的预算将削减45亿美元，生态保护、研究和能源等预算将增加，分别为提高78亿、15亿和9.8亿美元。

美国农业补贴政策调整的基本意图是将其国内支持政策中争议较大的扭曲性补贴转向分歧相对较小的直接补贴，具体包括以下几个方面。

（一）直接支付大幅增加

直接支付计划预算增加55亿美元，同时新增加了“新进入农户的直接支付计划”和“生态保护增强支付选择”，预算分别达到2.5亿美元和5000万美元。同时，对奶制品的专项补贴大幅增加，削减了糖的专项补贴。

2008～2009年和2013～2017年的直接支付率在保持当前水平基础上，对部分产品加大了补贴力度，主要包括大麦、大豆和高地棉。为了降低市场低迷的风险，2010～2012年额外提高了直接支付水平，此法案提高了12种作物的补贴率，还将4种新作物纳入补贴范围。直接支付面积继续保持在基期面积的85%，且不更新计划支付的基期和产出。

由于新农户进入农业生产的障碍较大，此新农业法进一步增强对新进入农户的直接支持力度。对于新农户从事农业生产的第一个5年期，直接支付率确定为一般直接支付率的1.2倍，5年期结束后将不再享受更高的支付率。同时，在此基础上建立“生态保护增强支付选择”政策，对于履行特定生态保护要求以及放弃营销援助贷款和反周期支付项目的农户，直接支付率将提高到一般支付率的1.1倍，而且，直接支付的上限也上调10%，由11万美元上升到12.1万美元。

（二）营销援助贷款改革

为了最小化市场扭曲性和不确定性影响，此新农业法要求建立一个以市场为基础的贷款率，即以“5年奥林匹克平均”（除去最高年份和最低年份，最近5年的市场价格的平均值）的85%作为贷款率的确定标准，并确定一个最大的贷款率作为限制条件。同时，对营销援助贷款和贷款差价支付率的偿还率的参考价格进行了重要调整。

（三）反周期支付重点改革反周期支付的操作方式，建立“基于收益的反周期支付”，以替代2002年农业法确定的“基于价格的反周期支付”

美国此时采用的反周期支付是基于固定的产量和面积，当市场价格下降至触发反周期支付时，补贴将不会考虑实际的产量水平，由此导致在产量下降时补偿偏低，而在产量增加时补偿偏高。例如，当产量处于上升趋势，可能导致市场价格下降，但是，更高的产量能够弥补低市场价格带来的损失，而这种支付方式将导致对农户的过分补偿。类似地，相反情况出现将可能导致补贴偏低。根据此新农业法的政策调整，当某种产品每单位实际收益低于目标收益时，“基于收益的反周期支付”将被触发。“基于收益的反周期支付”将能够更准确地反映实际的生产和市场情况，从而保证农户的收入更稳定。

（四）其他强化支付与资格限制

重点调整的内容包括：把限制支付的调整后总收入上限从250万美元大幅降低到20万美元；在维持现有有效支付限额36万美元的同时，直接支付限额从8万美元增加到11万美元，反周期支付限额从13万美元降低到11万美元，营销贷款支付限额从15万美元降低到14万美元；取消蜂蜜、花生、羊毛和马海毛专项支付限制，实行综合的支付限制，不分产品品种。该政策旨在解决补贴不平等问题，以扶持中小农场的发展。

（五）取消种植灵活性限制

2002年美国农业法限制了在基期面积中水果、蔬菜和野生大米的灵活性种植，这被WTO成员质疑违背了“绿箱”政策。2007年美国新农业法取消了该规定，允许农户在基期面积上灵活性种植。糖业政策要求进行修改，以保证纳税人不承担净成本；当农场被出卖作为非农用途时将取消或削减种植基期等。此外，此新农业法鼓励大幅增加生物能源的使用量，使其到 2022 年达到 360 亿加仑，约合 1.2 亿吨，其中纤维素乙醇的使用量为 210 亿加仑，约合 0.7 亿吨。

四、2014 年美国农业法案主要内容

2014 年美国农业法案的主要内容包括：2014～2018 年，美国政府将安排总额度为 9564 亿美元的财政预算，用于支持农产品贸易、农业研究、可再生能源和粮食援助等项目。除财政预算有所减少之外，该法案还对上一个 5 年农业法案做了较大修改，尤其是取消了饱受其他国家争议的直接支付，并决定以优惠价格为农民提供农作物保险。其主要内容有以下几方面。

（一）农业支持手段重大调整

根据 WTO 农业协议，国内农业支持手段主要有三类：一是不引起贸易扭曲的“绿箱”政策，如美国农业法案中的环境保护、营养计划、灾害救济、农村社区发展和能源计划等项目。二是可能产生贸易扭曲的“黄箱”政策，如美国农业法案中的商品计划、价格支持、贷款计划和投入补贴等项目。三是与限产计划相关的支付可免予减让承诺的“蓝箱”政策。另外，根据经济合作与发展组织（OECD）的生产者支持等值计算方式，农业支持又可以分为：市场价格支持、与生产挂钩的补贴、与生产不挂钩的补贴以及投入品使用补贴。2014 年美国新农业法案对农业支持手段作出重大调整，取消了直接支付、反周期补贴和平均作物收入选择补贴等项目，加大了农业保险的支持力度

和覆盖范围。同时，新设立价格损失保险计划和农业风险保障计划两个项目，属于与生产不挂钩的补贴形式。这表明美国农业支持手段“黄箱”政策出现“绿箱”化趋势。

（二）农业支持预算总量稳中有降

运用市场调节手段，创造农业领域的投资机会，增加社会资本的投资收益，是近年来美国联邦政府化解财政压力的主要手段之一。2014 年美国新农业法案决定削减“补充营养支持计划”的项目金额。该项目和其他营养计划占农业法案支出的比重最大，约为 75%。新法案规定，2014 ~ 2018 年，联邦政府每年将削减约 9 亿美元的项目资金，占总计划的 1%，同时取消每年 50 亿美元的直接支付补贴项目。预计 2014 ~ 2018 年 5 年，财政支出规模将削减 53.10 亿美元；2014 ~ 2023 年 10 年，财政支出规模将削减 165.04 亿美元。

（三）扩展农业支持领域

美国农业法案是一个综合性农业支持法案，涉及美国整个农业产业与农村生态系统等多个领域，在减少对自然环境的破坏、创造就业、提高农业综合开发水平以及振兴其农村经济等方面发挥着重要作用。美国 2014 年新农业法案的支持领域继续扩展，除改革收入补贴项目、强化农业保险项目之外，还加大力度支持生态环境保护，改善社区建设，促进可再生能源的开发与利用，积极为其本土企业及食物系统提供资金支持。在新增项目部分，该法案安排专项经费改善农村供水及废水处理基础设施，支持农村用电系统更新升级，并提出要提高农村宽带覆盖率及入网率。农村基础设施的整备为其农村发展提供了基础性动力。积极鼓励帮扶新生代农场主和牧场主，发展特种作物和有机农产品，为农村振兴增添活力。此外，此新农业法案还整合相关项目资金，鼓励基础性、关键性科学研究，资助非营利研究机构设立。如该法案将使美国农业部能够将额外的4亿美元用于农业研究，包括研究气候变化如何影响农业和林业。

（四）改革收入补贴政策

2014年美国新农业法从名义上取消直接支付、反周期补贴、平均作物收入选择补贴，保留营销援助贷款项目。该法新设立了两个项目——价格损失保障和农业风险保障，生产者可以二选一。实际上，价格损失保障可以视作对反周期补贴的调整，能在一定程度上补偿价格下跌造成的损失；而农业风险保障则可相当于平均作物选择补贴的升级版，针对的是收入的损失。因此，总体上，2014年美国新农业法取消的补贴是直接支付。价格损失保障主要覆盖小麦、饲用谷物、水稻、油籽、花生、豆类等大宗商品。这个补贴首先设定参考价格，如果市场价格低于参考价格，则向生产者提供补贴。价格损失保障的补贴率是参考价格和其年度全国均价之间的差额。和以往年度对比，2014年新农业法案的参考价格比目标价格有所提高，其中玉米从2008年的2.63美元/蒲式耳提高到2014年的3.7美元/蒲式耳、大豆从6美元/蒲式耳提高到8.4美元/蒲式耳、小麦从4.17美元/蒲式耳提高到5.5美元/蒲式耳，提高幅度均为40%或40%以上。

美国农业生产者可以在其县农业风险保障补贴和个人农业风险保障补贴之间做出选择。县农业风险保障获得补贴的情况为年度中某种作物真实的县水平收入低于县农业风险保障收入基准的86%。

个人农业风险保障补贴与县农业风险保障补贴的相似之处在于，真实个人收入低于个人农业风险保障收入的时候，补贴启动；与县农业风险保障补贴不同的是，个人农业风险保障补贴无法以单个产品来获得补贴，只能将全部农作物纳入项目中。

（五）2014 年美国新农业法案的影响

2014 年美国新农业法案取消了每年 50 亿美元的直接支付补贴项目，将会降低农业生产者的种植积极性。但同时，美国新农业法案提出 10 年内增加 70 亿美元的农场主农作物保险，并为水稻种植户和花生种植户设立新的补贴。这一措施将降低农业自然风险与市场风险，反过来又会提高农场主的生产积极性。2014 年美国新农业法案加大了农作物保险支持力度，农产品销售收入占农场总收入的比重将会降低，从而导致农业生产者能够接受较低的市场价格。此外，2014 年美国新农业法案取消直接支付补贴与削减“补充营养支持计划”的项目金额，将从生产者和消费者两个方向冲击美国农产品市场，反过来又会推动农产品价格上涨。因此，美国国内农产品价格将会面临双向波动压力。美国取消农业直接补贴，而是以农业保险的方式支持农产品的生产与流通，将会提高美国在与贸易伙伴谈判中的地位，推动其他国家农业直接支付补贴的削减。

五、2018 年美国农业法案主要内容

2018 年美国农业法案有效期为 2019～2023 年，预计 5 年支出约 4000 亿美元。其主要特点如下。

（1）在此新法案中，农业补贴“黄箱”潜在额度增加，对美国农民保护程度更高。新法案对价格损失补贴中的参考价格设定了 115% 的上浮率，提高了单位产量，这两项措施从价格和单产上增加了美国

农民潜在的获得补贴的空间。把棉种列入补贴范围，允许棉花与棉种以2.4:1的比率换算基础单产，为棉花重新列入补贴范围开启了“后门程序”。

此新农业法案提高了农产品营销援助贷款率，将这一“托底”性质、与价格挂钩的补贴顶部抬高，也深化了“黄箱”的色彩。计补面积和单产上更加重视当期播种面积和单产权重，甚至允许遭受严重干旱影响的农场主调低当年度申报的实际单产，从而获得较高的补贴。

此新法案还在补贴项目的选择上赋予农场主更多自主权。根据美国国会预算局估计，未来 5 年，每年美国农民获得的价格和收入补贴将会超过 53 亿美元。此外，法案为美国奶业生产者提供了更优惠的利润保险，以保障其利润。

（2）2019 ~ 2023 年美国农业财政支出增幅最大的是资源保护项目，增幅将达到 5.55 亿美元。新法案最终把休耕面积上限定为 2700 万英亩，一般休耕补贴率上限设定为所在县平均地租的 85%，持续休耕的土地补贴率设定为不超过所在县平均地租的 90%。

（3）营养项目加入了部分工作资格要求。营养项目是美国农业法案中支出最大的一项，包括补充营养援助、学校营养午餐项目等民生福利。平均每月有 4210 万美国人（约占美国居民的 12.9%）以各种形式获得补充营养援助。

（4）贸易项目每年安排资金 2.55 亿美元，其中市场准入项目不低于 2 亿美元，外国市场开发资金不低于 3450 万美元，新兴市场开发资金为 1000 万美元，特殊作物技术援助为 900 万美元，在特殊作物技术援助项目下更加强调应对绿色贸易壁垒。相比于整个农业法案的支出，有关贸易的支持资金额虽然不大，但其重要性不可忽视。长期以来，美国农产品生产相对过剩，需要海外市场来消化美国农产品，美国农业法案当中对国际贸易设立了种类繁多的项目，以期促进美国农产品拓展海外市场。2018 年下半年以来，为了应对农产品贸易受到的反制，美国实施为其农民提供了 260 亿美元的临时性援助补贴，支持农产品国际贸易。

六、对中国农业支持保护政策的启示

（一）坚持政策强力支持农业农村发展方针，并逐步加强力度

美国对农业的支持保护一直没有改变，支持强度一直在不断增强，其充分体现在联邦财政安排中。2000 ~ 2020 年，美国农业年度财政预算由 700 多亿美元逐步增加到 1000 多亿美元。在农业从业人员大体保持稳定的情况下，政府财政支持如此增强，为美国农业保持世界农业优势竞争地位提供了强力保障。

（二）坚持市场在资源配置中发挥决定性作用总基调，逐步完善农业补贴政策

发达国家发展经验表明，市场应当在资源配置中发挥着决定性作用，农业补贴政策既要与市场调节相结合，又要与农业、农村发展目标吻合，还要与农情、国情相融合。要处理好二者的关系，关键是要准确界定二者的效用边界，发挥好各自功能。美国农业的市场化与农业补贴的特点值得借鉴。第一，除休耕和环境保护因素外，其对农业、农场主的支持保护是全方位的，包括国际贸易的贷款、补贴，甚至由国家层面直接进行农产品国际市场开拓。第二，其政策操作设计特点是设立门槛，如低于该指标则美国政府即给予资金支持，如高于该指标则美国政府一般不给予。就是说，美国政府在支持农业、农场主的同时，又留出市场经营空间。

（三）要善于利用国际农业支持保护规则和话语体系，完善农业支持保护体系

美国对农产品补贴的具体方式和方法发生过很多变化，令人眼花缭乱，但其支持农业的强度没有减弱，还不断增强，其中的奥秘有二。一是其在项目设计、名称与环节上做文章，不断变化，使其与WTO规则靠近，使其他国家难以抓住其补贴增加的把柄。二是农产品市场稳定工具的社会政策化。耕地的保质，被划入自然资源环境保护范围，为农场主带来补贴利益。最突出的是其营养项目，其支出一般占美国农业财政预算的50%以上，近几年来该支出年500亿美元以上。这对美国农产品需求显然起到重要的托底作用。但在名称和操作方式上，几乎看不出其与经济调控手段有关联，其只是一项社会福利项目，可见其巧妙。

（四）农业支持政策的重心是确保农民收入较高

美国农业支持政策内容繁多，但其重心是确保农场主收入保持高于全美家庭平均收入之上，从而确保农业产业竞争力稳居全球首位。比如，2017年，美国家庭农场平均年收入高于美国家庭收入中位数，只有4%家庭农场家庭财产低于美国家庭财产的中位数。在此方面，我国还需要做更多努力。2018年，我国农民可支配收入分别只及全国城乡居民可支配收入、全国城镇居民可支配收入中位数的51.8%、37.2%。现阶段此种农业经营收入水平较低状况，对促进农业可持续高质量发展十分不利。

我国农业经营的情况复杂，要大幅度提高所有涉农经营者的收入水平显然不现实。当前迫切需要解决的是怎样有效提高纯农业经营主体的收入水平，尤其是在农产品主产区，使农业成为有吸引力、有奔头的产业。可以考虑，以城镇居民收入水平和社会保障福利政策为标

准，以提高纯农业经营主体收入为目标，提高农业经营的吸引力，培养长期稳定的农业经营中坚群体。比如，鼓励农业经营达到一定规模标准，并对达到规模经营标准的家庭农场制定“优惠政策包”，涵盖从租地到销售系列化的产业优惠政策，并优惠享受城镇居民的社会保障福利待遇，从产业政策和社会政策两方面提高农业经营者的经济社会地位。

（五）规范管理与政策弹性有机结合

家庭农场占美国农场总数的97%，是美国农业的主体。美国农业部对家庭农场的法律组织形态管理灵活多样，既有利于政府管理，特别是在给予补贴等支持操作方面，也在制度设计上便于减轻家庭农场的税赋。这种规范管理与政策弹性有机结合，是贯穿其政策设计的重要特点。

我国目前农业经营主体的状况很复杂，要对2亿多农户采取精细化政策管理扶持，短期内还难以实现。但是，可以从一部分农户开始进行精细化管理扶持，特别是在农产品主产区重点实施，逐步扩大直至全覆盖。比如，从法律上看，目前我国农户家庭承包经营还是自然人经营而不是企业法人经营，许多农户还不懂得获取工商经营执照的重要作用及怎样取得，政策上一般是鼓励经营规模较大农户进行工商登记。这种状况，既不利于政府对大量农户规范管理，又不利于提高农业经营水平，特别是不利于农户家庭承包经营发育为家庭农场经营。应鼓励有长期经营农业意愿的小农户取得个体经营者法律地位，帮助其逐步发展发育为家庭农场，使其成为农业经营的主要力量，对我国农业整体发展十分有利。

执笔人：肖俊彦

专题报告十五

文献综述

一、关于农业多边贸易体制改革

长期以来，农业贸易被排除在全球多边贸易规则之外，在GATT框架下获得一系列豁免。在WTO成立之前，包括美国、加拿大、欧共体（欧盟前身）、日本、挪威和瑞士等在内的高收入国家为农业提供较高的关税保护和扭曲贸易的农业补贴（ICTSD，2018）。1986年9月，GATT在乌拉圭启动了新一轮谈判，于1994年4月达成协议，并形成乌拉圭回合《农业协定》，即后来的WTO《农业协定》，全球农业多边贸易规则正式确立。2001年11月，在卡塔尔多哈召开的WTO第四届部长级会议通过了《多哈部长宣言》，全面启动包括农业等领域的多哈回合谈判。多哈回合农业谈判，以乌拉圭回合《农业协定》为基础，以建立"公平且面向市场的农业贸易体系"为目标。尽管农业一直处于多哈回合谈判的中心位置，经历了多轮农业磋商和多届部长级会议谈判，但农业领域改革只向前迈进了几小步。自2015年内罗毕第十届部长级会议至今，主要围绕市场准入、国内支持和出口竞争等三方面，进一步推动全球农业多边贸易规则改革。相关研究也主要围绕这些方面进行。

一是对市场准入改革的研究。乌拉圭回合对市场准入的要求是，非关税壁垒的关税化；关税减让，各方承诺在实施期内将关税削减到一定水平；实施关税配额管理，规定最低市场准入机会。近几年，在多哈回合背景下，关于市场准入改革的研究集中在以下方面：第一，削减关税。拉博德通过对平均约束关税和平均实施关税的研究发现，自 2001 年多哈回合启动以来，市场准入壁垒已经下降（Laborde，2012）。各国约束关税税率从 2001 年的平均 24.6% 下降到 2010 年的 18.7%，实施关税税率（包括特惠关税）已从 15.8% 降至 13.8%。同期，发展中国家成员的关税削减幅度更大，约束关税税率从 31.1% 降至 23.2%，而实施关税税率已降至 19.8%。然而，根据 2018 年各成员方关税报告，美国虽然采取了比较低的平均实施关税，但对个别农产品采取的最大实施关税高达 350%，保护本国要保护的农业产业；欧盟 28 国、日本和韩国虽然采取了较低的平均实施关税，但个别产品设置了非常高的实施税率，分别为 189%、736% 和 887%，是其平均实施关税的 17.5 倍、55.3 倍和 15.6 倍（WTO，2018）。通过关税平均值掩盖了少数关税细目中异常高的“关税高峰”的持续存在。第二，非关税壁垒关税化。奥里菲斯利用 1996 ~ 2010 年各成员向 WTO 通报的数据进行实证分析发现，虽然关税保护在降低，但非关税贸易措施中的卫生及植物卫生措施、技术性贸易壁垒的使用频率快速上升（Orefice，G.，2015）。非关税壁垒的关税化实践效果不尽人意。第三，关税配额合法化。关税配额在乌拉圭回合《农业协定》中作为市场准入工具被引入并合法化。拉罗什分析了 1997 ~ 2002 年欧盟 87 项农产品关税配额的实施情况，结果表明除了极个别农产品外，关税配额有利于减少壁垒，以较低配额成本改善市场准入（Laroche，2017）。

四是农业特殊保障措施的分歧。是否允许发展中国家成员在进口激增或价格下跌时临时提高关税，即适用特殊保障机制的权利，各方意见分歧较大。

二是对国内支持改革的研究。乌拉圭回合《农业协定》将国内支持措施分为三类，即没有或较小贸易扭曲的“绿箱”政策、产生贸易扭曲的“黄箱”政策和“蓝箱”政策，并规定国内支持以 1986 ~ 1988 年的 AMS 为基础进行削减。自 1995 年起，发达国家或地区成员在 6 年内逐步削减 20% 的 AMS，发展中国家成员在 10 年内削减 13% 的 AMS。如果对特定农产品的“黄箱”支持未超过该农产品相关年度生产总值的 5%（发展中国家为 10%），以及非特定农产品的“黄箱”支持未超过农业生产总值的 5%（发展中国家为 10%），则无须计入 AMS 进行削减。近几年，对国内支持改革的研究主要围绕以下几点：第一，AMS 的不平衡。科南德里亚斯根据发展中国家成员向 WTO 农业委员会通报的国内支持措施分析发现，仅有 10 个发展中国家成员使用了微量许可内的支持措施，14 个有 AMS 授权的发展中国家成员使用了限额内的 AMS 支持措施（Konandreas，2014）。布林克认为，对于大多数发展中国家成员，微量许可水平就是 AMS 上限水平；而大多数发达国家或地区成员，微量许可水平就是入门水平，AMS 是该国承诺减让表要约束的支持量；在全部可以使用的 AMS 授权中，发达国家或地区成员和发展中国家成员占比分别为 92% 和 8%，欧盟 28 国就占了总量的一半以上。AMS 权利在发展中国家成员和发达国家或地区成员间的分布极不平衡（Brink，2015）。第二，AMS 和微量许可限制的不公平。乔斯林质疑《农业协定》关于农业补贴的结构和分类是否有存在的意义（Josling，2015）。联合国粮农组织（2018）的研究表明，拥有 AMS 权利的国家在价格支持上比那些只有微量许可权利的国家灵活得多，而且上限约束额也比较大，这仅仅是因为这些国家在加入

WTO前已经对农业进行了支持，AMS权利相应数量更多，而大部分发展中国家成员的AMS数量为零或极少，AMS规则和微量许可限制的规则给发展中国家成员带来不公平待遇，对这一领域的WTO规则进行重新调整，具有经济性和公正性的双重意义。

此外，对出口竞争、粮食安全公共储备、发展中国家的粮食主权等也进行了较多的研究。2006年后，世界粮食价格的急剧上涨，导致部分发展中国家再次陷入了饥饿的境地，并在一定程度上影响了这些国家的经济发展和社会稳定，粮食主权问题被提出以反对牟利性的贸易自由化，并要求国际贸易规则必须保护小农和其他农村边缘群体免受粮食倾销和不公平竞争的伤害（余莹，2011；赵放、陈阵，2009；徐忱、程同顺，2017）。2012年初，联合国人权理事会粮食权特别报告员奥立维尔·舒特（Olivier Schutter）发表了题为《世贸组织与后全球粮食危机时期议程》的报告，提出现有的WTO多边贸易体制限制了发展中国家维护粮食安全的能力，完全由市场决定农业生产不可能根本改善发展中国家粮食安全状况，WTO贸易规则和对农业政策的改革应首先考虑粮食安全，贸易自由化应放在次要地位。

二、关于我国农业对外开放的机遇与挑战

在中国入世前后，直面入市的现实问题，出现了对农业对外开放的讨论高潮，对农业对外开放是利大于弊还是弊大于利成为争论的焦点。

一是积极支持开放的观点。这类观点认为，农业的开放有助于减少农业生产领域的行政干预和扭曲，有助于推动我国农业依据比较优势原则进行结构调整，有助于我国具有竞争优势的农产品出口增长，

开放的好处远大于坏处。林毅夫（2004）认为，加入 WTO 后中国会进口越来越多的土地密集型粮食和其他农产品，而出口越来越多的蔬菜和水果等劳动密集型农产品，从经济学的角度来看，这将有利于改善资源配置、促进农业结构调整和农民收入增加。卢锋、梅孝峰（2001）根据我国农产品贸易趋势估计，入世会强化基于比较优势的贸易结构特征，增加粮食、油料等土地密集型大宗农产品进口，促进蔬菜、水果、水产品等劳动密集型产品出口；而绝大部分西部和边远地区，出口扩张效应和进口替代压力都比较小，入世引起的结构调整冲动也比较小。程漱兰、徐德徽（2000）认为，入世前中国农业处于负保护状态、价格低于国际市场水平，入世短期内不会带来粮食大进大出，中国农民有时间调整产业结构，因而应顺应全球化潮流，以土地密集型的粮食的让步换取劳动密集型鲜活农产品的更多的出口。程国强（1993）假定复关条件模拟预测研究的结果显示，中国开放农产品市场短期内因为国内市场缺陷，国际竞争压力会大于所获得利益，但随着国内市场深化，中国农业将从国际竞争中获得发展与增长的长期利益；而且因为中国农业当时处于负保护状态，应该在积极开放步伐中，参考国际经验给予农业符合国际多边纪律的保护。

二是提倡稳妥开放的观点。这类观点认为，农业对外开放既有机遇也有挑战，机遇虽然大于挑战，但加入世贸组织对中国农业的负面影响和冲击仍不可低估。黄季焜等（1999）的中国农业政策分析和模拟模型研究显示，农产品贸易自由化的正面影响包括资源配置和农业生产结构将得到改善，长期有利于提高整体农民的收入，消费者福利水平将进一步提高，畜产品和园艺作物产品的出口将增长；负面影响包括种植业生产将相对萎缩，粮食自给率将下降，种植业部门就业将进一步减少，以种植业为生计的较贫困的农民将是贸易自由化过程中最主要受害者，因此加入 WTO 必须在农业发展战略和相关政策方面做好充分的应对冲击的准备。王斌、尹翔硕（2001）基于局部均衡模型的模拟结果发现，加入 WTO 总的来看可以带来比较大的福利净收益，但福利的得益是以农业生产者的巨大损失为代价的，而且农业生产者损失是福利收益的几十倍，因此开放必须要做好对农业生产者的保护支持。李善同等（2000）运用动态的可计算一般均衡模型定量评估入世影响的结果显示，农业贸易自由化并不会损害中国的粮食安全，但由于加入 WTO 对农业部门的冲击，农村居民的实际收入将会比基准情景下降 2.1%，而城镇居民的人均实际收入则会增加 4.6%，从而加大城乡收入分配的不均。黄季焜等（2002）进一步研究又显示，入世会导致土地密集型农产品价格下降，种植玉米、棉花、小麦、大豆、糖料及油料等农作物的农民收入会减少，劳动力相对密集型的农产品（如蔬菜、水果、花卉、大米、畜产品、水产品等）出口将增加，从而带来国内生产和价格的上涨，使农民受益；入世不仅影响开放程度高的地区的农业与农民收入，受国内市场传导效应，边远贫困地区农民也会分担入世对中国农业的负面影响，而且因为其应对能力较弱，存在收入分配不均恶化的可能。陈锡文（2002）认为，入世的直接影响将是农产品进口的增加，不同的产品因为承诺的减让程度不同所受影响程度也会不同，对粮食主产区农民收入和就业将会受到的影响不能低估。马晓河和蓝海涛（2002）测算了入世后农产品进口对农民收入的影响，尽管认为关税配额完成率不会超过 1/3，市场准入承诺对农业生产及农民就业和收入的影响会比预想的要小，但因为集中冲击经济发展比较落后的有关农产品的主产区，必须有重点、有策略地加大农业生产环节的补贴力度，以维护敏感产品生产和敏感人群收入的稳定。

三是不支持开放的观点。这类观点认为，农业是关系国计民生的基础产业，开放将会威胁国家粮食安全、冲击大量小农而影响社会稳定。加入 WTO 后的低粮价可能会给农民带来巨大损失，尤其是发达国家的粮食倾销会使许多中国农民破产，中国粮食产业遭受重创（Zhou，2001）。对于国际粮食禁运和发达国家粮食霸权（Hufbauer，Schott，1985；李曼，2010；成万犊，2011；周立，2010；威廉·恩道尔，2008；拉吉·帕特尔，2008）的担忧，也强化了这类认识。约翰·马德莱（2005）认为，WTO《农业协定》下，发展中国家成员被迫打开本国市场大门，发达国家大量的高补贴粮食趁机涌入，或借粮食援助的名义大肆进行低价倾销，发展中国家数以百万计的农民被迫离开自己的土地，或将传统的粮食生产转向烟草、水果、蔬菜、园艺产品等有利于创汇的经济作物，导致发展中国家粮食生产和购买能力的下降，严重影响发展中国家的粮食安全。

三、关于农业开放对我国农业影响的实证分析

加入 WTO 后，很多学者采用不同方法、从不同方面对入世后的影响进行了研究，总体的评价是入世后对部分产业确实产生了较大冲击，但负面影响并没有想象中那么大。柯炳生（2005）认为，入世对我国农业总体的影响不大，2003 年我国农产品出口总额占农业生产总值比重不到 6%，农民所得部分不到 1%，由于农产品进口使农民减少市场份额 4% 左右，但大豆、棉花等部分品种进口激增，对产业和农民收入产生了明显不利影响。牛盾（2011）指出，尽管入世后部分农产品新增需求市场被进口过度挤占，供需波动和市场风险明显加大，外资对某些产业的大量进入给部分农产品的供给安全和产业安全带来

了潜在风险，但入世促进了农业改革的深化和农业政策的调整，加快了农业结构调整和区域布局优化步伐，增加了农产品有效供给，减缓了国内农业资源和环境压力，推动了农产品质量安全体系的完善和安全水平的提高。

（一）开放对农业产业的影响

入世对粮食生产有一定负面影响，影响程度随开放程度的加深有一定的扩大。在入世初期，研究者普遍认为入世对粮食生产的负面影响不大，自给率的微弱下降不会影响粮食安全。蒋庭松（2004）通过区域一般均衡模型模拟显示，加入 WTO 会对中国农业产生负面影响，使整体粮食自给率下降，城乡收入差距恶化，但影响的程度不会太大，模型估计入世后谷物自给率仅下降 0.06%，这主要是因为中国的农业保护水平在入世前就比较低。樊明太等（2005）认为，贸易自由化会导致粮食自给率下降 0.11% 或 0.1 个百分点，与基准情景比较，稻谷自给率由于货物贸易自由化而增长 0.2%，玉米、小麦、大豆和其他粮食会由于货物贸易自由化而分别下降 0.56%、0.18%、0.14% 和 0.2%。但近年来由于生产成本快速上升，国内农产品价格竞争力缺乏，而导致了粮食进口的大幅增加，对国内粮食生产产生了明显负面效应。李敏、熊德平（2017）运用中国 2001～2014 年省级面板数据实证检验了中国粮食进口对粮食种植结构的影响，结果显示：粮食进口对粮食种植结构具有比较显著的负向影响，即粮食大规模进口，由此导致粮食供过于求；大米进口增加对水稻种植比例具有显著的正向影响，小麦与大豆进口增加对自身的种植结构比例均具有显著的负向影响。孙致陆、李先德（2018）对入世后我国农产品贸易结构分解的研究显示，入世以来中国粮食出口呈现“种类少、价高、量少”特点，粮食出口种类和数量的同时减少引致粮食出口额减少；粮食进口呈现“种类多、价高、量大”特点，粮食进口种类、价格和数量的同时增加促进了粮食进口额增长，由此导致了粮食贸易由顺差转为了逆差。

入世后从短期看，对我国部分农产品存在一定负面影响，但长期来看有利于促进农业产业结构优化调整和发展环境的整体改善。耿晔强、田文波（2010）运用 ATPSM 模型模拟美国、欧盟和 G20 贸易集团提出的开放改革提案影响发现，中国土地密集型农产品小麦、食糖、油籽和植物油等进口都会增加，而农产品出口大国的土地密集型农产品出口却在大幅度上升，这说明中国将会比现在进口更多的土地密集型农产品；与此同时，苹果等劳动密集型农产品出口大幅增长，这为中国扩大出口提供了可能。倪洪兴（2010）认为，像大豆、棉花、羊毛等开放度高、缺乏调控手段的产品受入世冲击比较大，导致了对产业链控制力削弱和生产者经营风险加大，但整体上看国内支持政策有效保障了农业产业的总体安全。白描、田维明（2011）对加入 WTO 影响评估的研究显示，中国整体贸易开放程度的提高不利于农作物与谷物的生产，加入 WTO 后各地区的粮食生产确实受到了不同程度的冲击，但在支农惠农政策的支持下总体而言影响并不大，而且扩大贸易开放促进了资源的优化配置，加快了国内农业生产结构与区域布局的调整。高颖等（2013）的研究则认为，加入 WTO 后扩大出口和进口产生了不同的影响，扩大出口带来了农业总产值的提高但却未能同步提高增加值，而扩大进口则对农业生产能力产生负面影响，同时开放的市场也使农业生产受国际市场价格波动影响大，增加了输入性波动风险。孙会敏、张越杰（2016）运用 VAR 模型和脉冲响应分析对我国主要农产品进出口额和农业结构变动的协整检验研究发现，农业结构调整总体上对我国农产品进出口有正向效应，出口产品中鱼、甲壳动物、食用蔬菜及肉对我国农业结构优化有正向促进效应，进口产品中动植物油脂进口对农业结构的负向冲击较大，大豆和谷物进口对农业生产结构造成了负面影响。陈恭军、田维明（2013）运用一般均衡方法模拟比较入世与未入世的结果差异，结果显示：如果中国当初未加入 WTO，中国的国民经济发展水平和福利水平将显著下降，而对世界其他地区的国民经济发展水平和福利水平影响较小；中国大多数农产品的生产、消费和价格都会下降；在分类农产品贸易上，奶类、油料和油脂这些中国具有比较劣势的农产品进口量将大幅度减少，而蔬菜、水果和水产品这些中国具有较强国际竞争力的农产品出口量将明显萎缩。欧阳小迅、黄福华（2013）通过实证研究发现，入世使得我国农产品流通效率 ACE 值较入世前总体提高了约 34.2%，而且这种影响将是长期的、动态渐进的，长期影响效应超过短期效应 83.3%，这主要得益于入世推动了我国在农村物流基础设施、农村信息化水平、地区农业分工及农村劳动力质量等方面的明显改善。

（二）开放对农民就业和收入的影响

开放会因为对农业生产的影响进而影响农民就业与收入。部分学者认为开放能够扩大农产品贸易规模和促进农业产业结构优化发展，由此带动就业和增收。程国强（2004）对农产品出口贸易的就业效应进行了估算，仅在 2002 年，农产品出口就创造了 4704.5 万个就业岗位，占中国就业人口的 6.38%。乜国婉和马述忠（2006）的研究也发现，农产品贸易促进了中国贸易结构和产业结构的升级，拓宽了农民的就业渠道，农民增收效果明显。赵涤非等（2012）的研究认为，农产品贸易自由化会使农业贸易水平和结构发生变化，使农产品贸易朝着更适于国内具有优势生产资源条件的方向发展，产品贸易的开放会带来农民收入的增加，农产品贸易依存度每增加1%，会带来农民收入0.189%的增加。

而更多的学者则认为，开放的扩大对带动我国农民增收的效应是不同的，这种影响将会导致农民收入差距的扩大。郭占庆（2002）认为，入世会造成以种植业生产为主的我国农民收入的下降，影响其发展粮食生产的积极性，尤其是那些以种植业为主且收入水平较低的中西部地区的农民，而同时因为部分产业受冲击对劳动力的需求会出现下降趋势，新兴产业则对劳动者的素质有更高的要求，将制约劳动力转移而影响非农收入。黄季焜团队利用农业政策分析和预测模型（CAPSiM）的系列研究结果表明，贸易自由化对中国农业的总体影响利大于弊，但是对贫困农户的不利影响要大得多，贸易自由化可能有助于一些地区缓解贫困，但会恶化另一些地区的收入分配，同时会加剧地区内部农户的收入不均现象，西部、北部地区的贫困农民在农业生产中将遭受损失（徐志刚等，2005；黄季焜等，2005）。陈恭军、田维明（2012）的研究发现，在我国外向型农业发达地区和沿海外向型经济发达地区，农村居民纯收入增加的速度明显要快于内陆相对封闭地区；我国农业出口扩大、农产品生产价格的提高、强化农业国内支持以及第二、三产业的发展都对促进农村居民收入提高产生积极作用。马铁群（2018）认为，农产品进出口均会增加我国农民收入，在农产品贸易对我国农民收入的影响中，农业技术进步具有中介作用，提高市场化水平、扩大开放程度、提升人力资本可以增加农民收入，但在区域间存在差异；农产品出口的增长有利于缩小区域间农民收入差距，农产品进口的增长则会扩大区域间农民收入差距，农业技术进步的中介效应在区域间较为一致，农产品贸易经由农业技术进步影响农民收入差距的作用，主要受区域间农产品贸易规模差异的影响。

还有学者认为开放带来对农民的就业增收的净效应可能是负的。朱晶等（2012）运用1994～2009年数据对入世前后农产品贸易开放引致的农业就业效应进行实证分析发现，我国贸易引致的农业就业在入世后呈现明显的替代效应，土地密集型为主的进口产品引致的就业替代效应显著增长，而劳动密集型为主的出口产品引致的就业创造效应并没有发挥明显作用，导致我国贸易引致的农业就业总体体现为“净替代”效应。

四、关于农业开放条件下的粮食安全与风险应对

加入WTO后实际的影响清晰呈现，一些最初预想的冲击并没有那么严重，市场形成自发的调节能力。然而随着国内需求和生产形势的变化，也带来很多我们预想不到的问题，包括农产品贸易由顺差转为逆差、农业补贴由负水平提升逼近承诺上限、农产品价格由低于变为高于国际市场水平等，形成倒逼农业改革的新压力，并推动了更理性地思考农业开放问题。由此，对农业对外开放的必然趋势形成相对一致的看法，即必须依靠国内国际两个市场、两种资源保障粮食安全，但同时必须加强战略性布局防范国际农产品市场贸易风险。大量研究发现，受我国农产品消费需求刚性增长、资源环境压力加大以及国内外生产成本等因素的影响，我国粮食供需进入紧平衡状态，利用国际市场平衡调剂和满足多元化互补需求的诉求增加，我国农产品进口持续增长并成为一种长期趋势，深化国际农业合作和寻求稳定的农产品贸易渠道的必要性和迫切性增加（黄季焜，2004；国务院发展研究中心课题组，2009；吕新业、胡非凡，2012；汪希成、吴昊，2016；张元红，2016；罗丹、陈洁，2016；谢高地等，2017；刘洋，2018；金

三林等，2018；等等）。基于这样的研究判断，学术界和政策界均提出了要树立新的粮食安全观，即从“粮食安全”观念向“食物安全”观念转变、从粮食自给向口粮自给转变、从封闭保守向开放布局转变，利用国内国外两个市场、两种资源来谋划粮食安全战略，平衡好合理保护与适度进口的关系（黄季焜等，2012；姜长云等，2014；仇焕广等，2015；张云华，2018；金三林等，2018；成升魁等，2018；蒋和平等，2018；毛学峰、孔祥智，2019）。

程国强（2012）指出农业对外开放对中国农业产生了深刻而积极的影响，中国农业与世界市场的关联度日益增强，但我们对统筹利用国际国内两个市场、两种资源战略的认识不深入，对农业国际化战略的总体规划和统筹管理不足，农产品国际市场风险管理机制不完善等，这些问题应该引起重视。我国在深度参与全球农产品贸易中也越发感到了国际市场的瞬息万变与风险压力。具体表现在以下几方面：一是受国际市场农产品价格波动的影响加大，使国内调控供需平衡、保障重点农产品生产和农民收入的难度增加（丁守海，2009；李先德、王士海，2009；李光泗等，2018）等。二是我国作为一个需求大国，大规模进口产生了大国效应，引起国际市场价格上涨，但我国的刚性进口却导致了不能随国际市场调节进口量的“扭曲效应”，使我国粮食进口价格高于国际市场价格（杨燕、刘渝琳，2006；范建刚，2017；马述忠、王军，2017；陈传兴、李静逸，2011；赵峰等，2018）。三是非必需进口大量增加，“进口农产品入市、国内农产品入库”，导致了国内高库存压力（农业部农业贸易促进中心课题组，2017；夏志红，2018）。四是部分农产品的进口依赖度高，进口地区高度集中，进口份额较大的主要来源国出口产出弹性小于 1，主要供应国的自然风险、生产变化、物流不畅、贸易冲突等因素会增加我国依靠国际市场保障食物安全的不确定性（王帅，2017，2018；赵明正，2015）。五是艾地盟、邦吉、嘉吉、路易达孚4大巨头控制了全球80%的粮食贸易额，全球农产品贸易额在几大跨国公司的集中度高，杜邦先锋、拜耳、陶氏等跨国公司在种子、农药、化肥等领域的市场垄断控制力强，市场开放后我国产业链的主导权和调控能力下降，产业安全受到威胁（李建平、刘冬梅，2006；倪洪兴，2010；朱考金，2016）。

执笔人：程　郁　韩　杨

参考文献

[1] 白描，田维明．加入WTO对中国粮食安全的影响．中国农村观察，2011（4）．

[2] 陈传兴，李静逸．中国大豆与玉米进出口贸易的“大国效应”分析．国际观察，2011（2）．

[3] 陈恭军，田维明．扩大贸易开放对我国农民收入的影响研究．农业技术经济，2012（11）．

[4] 陈恭军，田维明．入世对中国农业发展影响的事后评估——基于GTAP模型的实证分析．财贸研究，2013（1）．

[5] 陈锡文．加入世贸组织与我国农业的发展．农业经济问题，2002（6）．

[6] 成升魁，李云云，刘晓洁，鲁春霞，谢高地，王灵恩，吴良，刘爱民．关于新时代我国粮食安全观的思考．自然资源学报，2018，33（6）．

[7] 成万犊．美国利益侵蚀全球粮食安全．产权导刊，2011（11）．

[8] 程国强．中国农业补贴：制度设计与政策选择．北京：中国发展出版社，2011．

[9] 程国强．世界贸易体系中的中国农业．管理世界，2005（5）．

[10] 程国强．中国农业：对外开放与保护．中国农村经济，1993（7）．

[11] 程国强．中国农业对外开放：影响、启示与战略选择．中国农村经济，2012（3）．

[12] 程漱兰，徐德徽．加入WTO对中国粮食经济的短期影响及长期因应之道．改革，2000（3）．

[13] 仇焕广，李登旺，宋洪远．新形势下我国农业发展战略的转变——重新审视我国传统的“粮食安全观”．经济社会体制比较，2015（4）．

[14] 丁守海．国际粮价波动对我国粮价的影响分析．经济科学，2009（2）．

[15] 樊明太，郑玉歆，齐舒畅，陈杰．中国贸易自由化及其对粮食安全的影响——一个基于中国农业CGE模型的应用分析．农业经济问题，2005（增刊）．

[16] 范建刚．“大国效应”的有限性与我国粮食外贸的政策选择田．经济问题，2007（8）．

[17] 高雪，李谷成，魏诗洁．农产品贸易开放、农业增长与农业环境．华中农业大学学报（社会科学版），2018（4）．

[18] 高颖，田维明，张宁宁．扩大农产品市场开放对中国农业生产和粮食安全的影响．中国农村经济，2013（9）．

[19] 耿晔强，田文波．后危机时代多哈回合农业谈判对农产品生产和贸易的影响．经济问题，2010（11）．

[20] 郭占庆．加入世界贸易组织对我国农民收入的影响及其对策．农业经济问题，2002（6）．

[21] 国家统计局重庆调查总队课题组．我国粮食供求及“十三五”时期趋势预测．调研世界，2015（3）．

[22] 国务院发展研究中心课题组．我国粮食生产能力与供求平衡的整体性战略框架．改革，2009（6）．

[23] 胡冰川．开放条件下的农业供给侧结构性改革：形势、目标与策略．理论学刊，2016（4）．

[24] 黄季焜．中国农业的过去和未来．管理世界，2004（3）．

[25] 黄季焜，Scott Rozelle，解玉平，张敏．从农产品价格保护程度和市场整合看入世对中国农业的影响．管理世界，2002（9）．

[26] 黄季焜，李宁辉，陈春来．贸易自由化与中国农业：是挑战还是机遇．农业经济问题，1999（8）．

[27] 黄季焜，徐志刚，李宁辉，Scott Rozelle. 贸易自由化与中国的农业、贫困和公平．农业经济问题，2005（7）．

[28] 黄季焜，杨军，仇焕广．新时期国家粮食安全战略和政策的思考．农业经济问题，2012（3）．

[29] 姜长云，李显戈，董欢．关于我国粮食安全与粮食政策问题的思考——基于谷物自给率与日韩相关经验的借鉴．宏观经济研究，2014（3）．

[30] 蒋和平，杨东群，王晓君．新时代我国粮食安全导向的变革与政策调整建议．价格理论与实践，2018（12）．

[31] 蒋庭松．加入 WTO 与中国粮食安全．管理世界，2004（3）．

[32] 金三林．以“量能分治”思路进一步健全粮食调控政策体系．中国经济时报，2018-10-30.

[33] 金三林，柳岩，刘乃郗．全球粮食安全长期趋势对中国的影响及战略．中国发展观察，2018（17）．

[34] 金三林，孙小龙，夏海龙，柳岩．加快角色转变积极参与全球粮食安全治理．国务院发展研究中心《调查研究报告》，2018 年第 216 号．

[35] 柯炳生．入世三年来我国农业发展的分析与前景展望．农业经济问题，2005（5）．

[36] 拉吉·帕特尔，郭国玺，程剑锋译．粮食战争：市场、权力和世界食物体系的隐形战争．北京：东方出版社，2008.

[37] 李光泗，王莉，谢菁菁，钟钰．进口快速增长背景下国内外粮食价格波动传递效应实证研究．农业经济问题（月刊），2018（2）．

[38] 李建平，刘冬梅．外资并购对我国农业企业发展的影响及对策．农业经济问题，2006（11）．

[39] 李曼．霸权主义视角下的美国粮食安全战略研究．世界经济与政治，2010（6）．

[40] 李敏，熊德平．粮食进口对种植结构的影响研究——基于中国 2001～2014 年省级面板数据的实证分析．中国发展，2017，17（4）．

[41] 李善同，翟凡，徐林．中国加入世界贸易组织对中国经济的影响——动态一般均衡分析．世界经济，2000（2）．

[42] 李先德，王士海．国际粮食市场波动对中国的影响及政策思考．农业经济问题（月刊），2009（9）．

[43] 联合国粮农组织．粮食安全、发展中国家和多边贸易规则．北京：中国农业出版社，2018.

[44] 林毅夫．入世与中国粮食安全和农村发展．农业经济问题，2004（1）．

[45] 刘洋，罗其友，周振亚，尤飞，高明杰，唐曲．我国主要农产品供需分析与预测．中国工程科学，2018，20（5）．
[46] 刘宇，黄季焜，杨军．新一轮多哈贸易自山化对中国农业的影响．农业经济问题，2009（9）．
[47] 卢锋，梅孝峰．我国入世农业影响的省区分布估测．经济研究，2001（4）．
[48] 罗丹，陈洁．新常态时期的粮食安全战略．北京：上海远东出版社，2016.
[49] 吕新业，胡非凡．2020 年我国粮食供需预测分析．农业经济问题，2012（10）．
[50] 马翠萍．农产品入世“过渡期”结束后中国粮食贸易的演变．中国软科学，2017（9）．
[51] 马述忠，王军．我国粮食进口贸易是否存在“大国效应”——基于大豆进口市场势力的分析．农业经济问题，2012（9）．
[52] 马轶群．农产品贸易、农业技术进步与中国区域间农民收入差距．国际贸易问题，2018（6）．
[53] 毛学峰，孔祥智．重塑中国粮食安全观．南京农业大学学报（社会科学版），2019，19（1）．
[54] 毛学峰，刘靖，朱信凯．中国粮食结构与粮食安全基于粮食流通贸易的视角．管理世界，2015（3）．
[55] 倪洪兴．开放条件下我国粮食安全政策的选择．农业经济问题，2009（7）．
[56] 倪洪兴．开放条件下我国农业产业安全问题．农业经济问题，2010（8）．
[57] 牛盾．我国农业入世十周年回顾与展望．农业经济问题，2011（12）．
[58] 农业部农业贸易促进中心课题组．粮食安全与“非必需进口”控制问题研究．农业经济问题，2017（7）．
[59] 欧阳小迅，黄福华．入世对我国农村农产品流通效率的影响．农业技术经济，2013（1）．
[60] 孙会敏，张越杰．中国农产品进出口与农业结构优化的关系研究——基于 VAR 模型和协整检验的实证分析．农业技术经济，2016（12）．
[61] 孙致陆，李先德．中国粮食贸易逆差之谜：种类、价格抑或数量．国际贸易问题，2018（9）．
[62] 汪希成，吴昊．我国粮食供求结构新变化与改革方向．社会科学研究，2016（4）．
[63] 王斌，尹翔硕．加入世界贸易组织对中国农业福利的影响．中国农村经济，2001（1）．
[64] 王东辉，秦天放．新一轮粮食安全与贸易自由化之争．农业贸易研究，2012（7）．
[65] 王帅．全球粮食贸易中关键点的风险与我国粮食安全．国际经济合作，2017（11）．
[66] 王帅．全球治理视角下的粮食贸易风险分析．国际贸易问题，2018（4）．
[67] 王小虎，程广燕，周琳，黄家章，唐振闯．未来农产品供求调控重点与思路途径．农业经济问题，2018（8）．
[68] 威廉·恩道尔著，赵刚等译．粮食危机．北京：知识产权出版社，2008.
[69] 夏志红．非“适度进口”的风险防范．法学杂志，2018（12）．
[70] 谢高地，成升魁，肖玉，鲁春霞，刘晓洁，徐洁．新时期中国粮食供需平衡态势及粮食安全观的重构．自然资源学报，2017，32（6）．
[71] 徐忱，程同顺．食物主权：全新的政治学概念．国外社会科学，2017（6）．
[72] 徐玉波．中国农业对外开放的经济学分析——农业利用 FDI 对中国农业的影响实证研究．世界农业，2016（3）．
[73] 杨燕，刘渝琳．“大国效应”的扭曲及实证分析．国际商务—对外经济贸易大学学报，2006（4）．
[74] 约翰·马德莱，熊瑜好译．贸易与粮食安全．北京：商务印书馆，2005.
[75] 张元红．中国食物自给状况与变化趋势分析．中国农村经济，2016（4）．
[76] 张云华．关于粮食安全几个基本问题的辨析．农业经济问题，2018（5）．

[77] 赵涤非，陈宴真，郭鸿琼．我国农产品贸易开放对农民收入增长影响的实证研究．东南学术，2012（3）．
[78] 赵放，陈阵．粮食主权与 WTO 农业贸易体制的重新审视．中州学刊，2009（4）．
[79] 赵峰，宋学锋，张杰．地域性失衡、“大国效应”扭曲与我国粮食安全战略研究．江西社会科学，2018（3）．
[80] 赵明正．玉米国际市场可依赖程度研究基于四种粮食作物的对比分析．国际贸易问题，2015（9）．
[81] 周立．美国的粮食政治与粮食武器——食物商品化、食物政治化及食物帝国的形成和扩展．战略与管理，2010（5~6）9.
[82] 朱晶，张姝，曹历娟．入世前后中国农业贸易引致的就业“创造与替代”．中国人口·资源与环境，2012，22（6）．
[83] 朱考金．跨国农业公司在中国垄断以及对中国粮食安全的影响．世界农业，2016（9）．
[84] Brink L. Policy Space in Agriculture under the WTO Rules on Domestic Support. International Agricultural Trade Research Consortium. Mimeo, 2015.
[85] Brown. Lester R. Who Will Feed China? Wake-up Call for a Small Planet. New York: W. W. Norton & Company, 1995.
[86] ICTSD. Achieving Progress in Multilateral Trade Negotiations on Agriculture. Geneva, Switzerland, International Centre for Trade and Sustainable Development. September, 2018.
[87] Josling T. Rethinking the Rules for Agricultural Subsidies. Geneva, Switzerland. International Center for Trade and Sustainable Development and World Economics Forum, 2015.
[88] Konandreas P. WTO Domestic Support Disciplines: Opinion for Alleviating Constraints to Stockholding in Developing Countries in the Follow-up to Bali. Roma, FAO, 2014.
[89] Laborde D., Martin W., Van Der Mensbrugghe, D. Implications of the Doha Market Access Proposals for Developing Countries. World Trade Review, 2012, 11 (1): 1-25.
[90] Laroche Dupraz C., Matthews A. Agricultural Tariff Rate Quotas in the EU 1997-2002: Do Developing Countries Enjoy Quota Rents? Seminar Paper for European Association of Agricultural Economists (EAAE). October 25-27, 2007.
[91] Orefice G. Non-Tariff Measures, Specific Trade Concerns and Tariff Reduction. Working Papers, 2015, 40.
[92] WTO, World Tariff Profiles 2018. Geneva, Switzerland.
[93] Zhou, Zhangyue. Joining WTO and China's Food Security. Association for Chinese Economic Studies (Australia) Newsletter, 2001 (3).